系列读本之三

The Theory and
Method of
Legal Anthropology

法律人类学的
理论与方法

张晓辉 / 著

图书在版编目(CIP)数据

法律人类学的理论与方法/张晓辉著. —北京:北京大学出版社,2019.11
ISBN 978-7-301-30911-7

Ⅰ. ①法… Ⅱ. ①张… Ⅲ. ①法学—人类学—研究 Ⅳ. ①D90-059

中国版本图书馆CIP数据核字(2019)第239643号

书　　　名	法律人类学的理论与方法
	FALÜ RENLEIXUE DE LILUN YU FANGFA
著作责任者	张晓辉　著
责 任 编 辑	李　铎
标 准 书 号	ISBN 978-7-301-30911-7
出 版 发 行	北京大学出版社
地　　　址	北京市海淀区成府路205号　100871
网　　　址	http://www.pup.cn
电 子 信 箱	law@pup.pku.edu.cn
新 浪 微 博	@北京大学出版社　@北大出版社法律图书
电　　　话	邮购部 010-62752015　发行部 010-62750672　编辑部 010-62752027
印 刷 者	涿州市星河印刷有限公司
经 销 者	新华书店
	730毫米×980毫米　16开本　27印张　470千字
	2019年11月第1版　2023年2月第2次印刷
定　　　价	86.00元

未经许可,不得以任何方式复制或抄袭本书之部分或全部内容。
版权所有,侵权必究
举报电话:010-62752024　电子信箱:fd@pup.pku.edu.cn
图书如有印装质量问题,请与出版部联系,电话:010-62756370

序言

林文勋

本书是张晓辉教授贡献给学术界的又一新成果,同时是一位学者学术追求的精神展现。面对此书,我不由对晓辉教授敬佩有加,也感慨万千。

晓辉教授与我虽然不是学习和研究同一学科,但我们很早就彼此熟悉。我认识他时,他是云南大学法学院的副院长、民族法学学科的领头人。在我的记忆中,他对工作高度认真负责,整天忙学科建设、学院工作、自己的科研和教学。晓辉教授不仅在法学研究方面独树一帜,而且为学校民族学学科做出了重要贡献。后来,我才知道,晓辉教授的妻子尚在年轻时就患有严重的类风湿关节炎,还出现了双侧股骨头坏死,他常年承担着照顾妻儿的家庭重任。晓辉教授正是在这样的情况下屡创佳绩,其精神和贡献令我肃然起敬。自然,我们之间的交流也就更多。

晓辉教授是一个有责任心的人,也是一位有远见和抱负的人。正当他准备将学术、学科建设和学院发展的蓝图进一步付诸实践的时候,天有不测。2005年,急性脊髓炎突袭晓辉教授。一时之间,他的事业、他的家庭陷入了难以言状的境地。但这并没有摧毁他的意志,他仍然坚持教学、科研。回望过去的14年,他在艰难的处境中做出了不可磨灭的新业绩。

从晓辉教授的身上,我们体会到了一位学者的优秀品质,这就是崇尚学术、追求真理;我们感悟到了一位人民教师的高尚情怀,这就是忠诚教育、立德树人;我们领悟到了一位优秀共产党员的崇高精神,这就是不忘初心、默默奉献。本书正是体现着一位学者的品质、情怀与精神。

　　当前,云南大学正在全力推进一流大学建设。建设一流大学,我们需要晓辉教授身上所体现的那种精神、那种力量。古人说:见贤思齐。我们当倍加努力,以不辜负这个时代,不辜负人生。

　　对于本书的内容,因为我不是研究法学的学者,故不作具体评述,留待读者去品味。这里,我想说的是,这是一本有故事的书。孟子说:读其书,不知其人可乎？希望读者阅读本书时,更多地关注书背后的人生故事,从而更好地去领悟学术、领悟人生。

　　是为序。

2019年8月16日于云南大学

前言

回想起来,我最初接触西方法律人类学是1994年在英国阿伯丁大学法学院。1993年我在云南省政府出国留学基金的资助下获得出国访学的机会,在查询英国大学目录时,第一眼就看见因字母顺序排在第一位的阿伯丁大学,其法学院有一位名叫杰弗瑞·麦克考迈克(J. MacComack)的教授正在开设法律人类学课程,他的研究领域为法学理论、法律人类学和中国法律史。我随即与麦克考迈克教授取得联系,他十分热情,很快给我发来邀请,并为我争取到阿伯丁大学法学院访问教授的职位和独立的办公室。在阿伯丁大学做访问教授的那一年,我旁听了麦克考迈克教授的课程,阅读了较多的法律人类学书籍,方才知道法律人类学是什么样的学科。1995年回国后,我继续在云南大学法学院教授法学专业的课程,但是,研究上开始转向从人类学的视角研究少数民族地区的法律问题。1998年,云南大学获得民族学二级学科博士授权点,我作为其中民族法学方向的博士生导师于1999年开始招收博士生。从第一批博士生入学,我就为他们开设了法律人类学课程,至今已有18届博士生听过我的这门课。长期以来,我一直是述而不作,学生们都希望我能将讲稿整理后出版为著作,可是由于身体原因和资料的问题,我一直没有动笔。2013年,在学校科研处和我的学生的鼓励下,我申报了教育部人文社会科学研究规划基金一般项目,并获得基金资助。该项目推动着我努力收集资料,思考问题,完成从手写的讲稿到著作的过程。

这本书的内容反映着我对法律人类学的认识,这些认识建立在这样一些基础上:其一,我国的法律人类学研究起步较晚,虽然有一些民族志的成果和国外法律人类学家的评介著作,但是至今仍然没有完整介绍西方法律人类学理论和方法的著作或教材。因此,本书的出发点是想尽量全面地介绍西方法律人类学的理论与方法,让学界和学生通过这本书了解西方法律人类学过去和现在研究的问题和做出的理论贡献。其二,由于我的学术背景是法学专业,教的学生大多也是具有法学学位的学生,所以,我在讲课时总是从法学和人类学混杂的视角来谈法律人类学,更多关注如何用人类学的理论和方法解释法学理论中的问题和社会中的法律问题,我自诩这是投到人类学门下的法学家所做的法律人类学研究。其三,在讲课过程中,经常有学生问我当代法律人类学有什么新理论新方法,这也督促我不时地关注国外法律人类学的新进展。过去国外资料获取困难,每当我有机会出国,总是会到书店去淘书,只是囊中羞涩,每次都是踌躇半天,才下决心买上一两本书。倒是我在香港工作的同学和在国外访学的朋友、学生,不时复制一些图书送给我,解决了我对资料的部分需求。现在有了图书馆的数据库,资料获取容易多了,及时掌握国外法律人类学研究的最新成果已经不成问题,可是人老眼花,阅读速度缓慢,效率不高。尽管这样,这本书还是尽量用了大量一手的外文材料,想让读者从这些材料中了解这门起源于西方的学科,发现我们在理论方面的不足。其四,多年来,我一直在用法律人类学的视角研究少数民族地区的法律问题,发表了一些论文,在本书中,我选取了其中与法律人类学理论与方法相关的几篇论文和民族志,作为中国问题的研究呈现给读者,也想让初入门者,尤其是具有法学背景的学生透过我的经验,不再畏惧人类学学科门槛,勇敢地尝试用人类学的理论与方法研究法律问题。只有关注和运用法律人类学的人越来越多,法律人类学的学科发展才有前途。如果说这本书有什么特点的话,上述四点就是本书的特点。

  本书共有13章,40余万字。主要内容包括:第一章"人类学与法律人类学",介绍了人类学和法律人类学的学科起源、基本理论与方法、学科特点以及学科间的界限。第二章"法律人类学的研究对象",将法律人类学研究对象放在时代背景中加以考察,分析了19世纪中期以来的时代背景和在不同背景下法律人类学研究对象的特点及变化。第三章"法律人类学的理论发展(上)",对19世纪中期—20世纪20年代以前的早期法律人类学的辉煌与沉寂作了评介。第四章"法律人类学的理论发展(下)",将20世纪20年代以来的现代法律人类学分成三个阶段分别作了评介,特别考察了当代的发展情况。第五章"法律的成长与历史",评介了历史法学派、现实主义法学派、法律与发展研究运动以及法律人类学关于法律的起源与成长的理论。第六章"法律与社会控制",从民族志材料出发对法律人类学中有关社会控制的观点作了全面的评介,并对西方当代从社会控制转向文化控制的倾向作了较详细的分析。第七章"法律与语言",解释了索绪尔和萨丕尔—沃夫冈的语言学理论以及法学研究中的语言问题,进而用语言学的理论分析了中国社会中的法律与语言问题。第八章"文化的传播与法律的移植",介绍了人类学关于文化传播的理论,进而讨论了法学理论中关注的法律进化论与法律建构论,评介了三篇中国学者关于法律移植的论文。第九章"法律多元理论",对法律多元理论的起源、发展和主要观点作了评介,分析了法律多元理论的局限性,提出法律多元理论在当下只是一种分析概念,正在退出法律人类学核心理论的舞台。第十章"纠纷与纠纷解决",对法律人类学的纠纷研究进路和纠纷理论作了细致的介绍,认为纠纷理论是法律人类学的核心理论,并运用法律人类学的纠纷理论分析了医疗纠纷中的权力博弈和过程控制。第十一章"西部少数民族创世神话的规范价值",基于人类学的神话理论,对西部少数民族神话史诗中的规范在历史、现实和社会变迁中的价值作了分析。第十二章"民族志中的家族法",根据20世纪50年代中国少数民族社会历史调查的民族志材料,对20世纪50年代以前西部少数民族的家族法的内容和功能作了较详细的分析。第十三章"少数民族民间法在现代社会中的变迁与作用",运用云南大学2000年以来民族村寨调查的民族志材料,分析了当代中国少数民族村寨的民间法的历史与现状。

能够在母校北京大学的出版社出版自己的著作,是我人生中的一大幸事。在书稿付梓之时,除了首先感谢教育部人文社会科学规划基金的资助外,我要感谢将我引入法律人类学之门的麦克考迈克教授;感谢那么多年听过这门课并一直激励我前行的博士生们;感谢给予我安身立命之所的云南大学,尤其要感谢我的老朋友、云南大学党委书记林文勋教授,他在百忙之中为本书亲笔手书了情深意切的序言;感谢为我送来法律人类学经典著作和资料的冯巍先生、潘维大教授、周勇博士、玛丽雅(Anna Maria C. Ludberg)教授和刘本(Benjamin van Rooij)教授;感谢王启梁教授和张剑源副教授为本书出版付出的辛劳;感谢北京大学出版社;还要感谢一直陪伴我、支持我的老伴陈华林女士,以及我的儿子儿媳和我的两个小孙子。

云南大学法学院 张晓辉
2019 年 9 月 10 日

目 录

1　第一章　人类学与法律人类学

　　2　第一节　人类学简史
　　16　第二节　人类学研究方法的特点
　　26　第三节　法律人类学

35　第二章　法律人类学的研究对象

　　36　第一节　早期法律人类学的研究对象(1860—1925)
　　41　第二节　现代法律人类学的研究对象(1926—1969)
　　52　第三节　当代法律人类学的研究对象(1970—现在)

77　第三章　法律人类学的理论发展（上）

　　78　第一节　19世纪法律人类学研究中的法学家
　　81　第二节　19世纪法律人类学的时代背景和理论渊源
　　84　第三节　19世纪法律人类学的学术目标

89　第四章　法律人类学的理论发展（下）

　　90　第一节　经典时期的法律人类学理论
　　102　第二节　法律人类学理论的争议与反思
　　109　第三节　法律人类学理论的发展与超越

129　第五章　法律的成长与历史

　　130　第一节　法学中关于法的成长的理论

142　第二节　人类学中关于法律史的理论
149　第三节　法律与发展的理论
163　第四节　法律成长的一个实例：傣族的早期法律

173　第六章　法律与社会控制

174　第一节　社会控制的一般理论
181　第二节　初民社会的社会控制
195　第三节　现代社会的社会控制
203　第四节　两篇关于社会控制的民族志

213　第七章　法律与语言

215　第一节　语言与法律的一般理论
225　第二节　法律中的语言现象
235　第三节　民族语言与法律

247　第八章　文化的传播与法律的移植

248　第一节　人类学关于文化传播的理论
254　第二节　法律移植：缘起与理论
260　第三节　法律移植之争
265　第四节　法律移植的中国经验：以三篇论文为例

273　第九章　法律多元理论

274　第一节　法律多元的理论依据和研究维度
282　第二节　多彩的法律多元理论
289　第三节　法律多元理论的学术贡献和局限性
294　第四节　法律多元与中国法治建设的路径选择

第十章　纠纷与纠纷解决　301

- 第一节　人类学的纠纷研究进路　302
- 第二节　纠纷的理论　307
- 第三节　纠纷解决机制　317
- 第四节　纠纷过程中的权力博弈和过程控制——以医疗纠纷为例　328

第十一章　西部少数民族创世神话的规范价值　337

- 第一节　创世神话中的早期规范　338
- 第二节　创世神话中的"活法"　344
- 第三节　创世神话中的规范变迁　347

第十二章　民族志中的家族法　355

- 第一节　家族法的类型、特点与功能　356
- 第二节　家族成员的人身关系　365
- 第三节　家族的婚姻　371
- 第四节　家族的财产关系　377
- 第五节　对违反家族法行为的惩罚　383

第十三章　少数民族民间法在现代社会中的变迁与作用　391
　　　　　——关于云南 25 个少数民族村寨民间法律文化的分析

- 第一节　少数民族民间法的渊源　394
- 第二节　少数民族民间法的基本内容　398
- 第三节　少数民族民间法的变迁　404
- 第四节　少数民族民间法在社会控制中的作用　412

第一章　人类学与法律人类学

第一节　人类学简史
第二节　人类学研究方法的特点
第三节　法律人类学

法律人类学是运用人类学的理论和方法研究法律问题的学科。虽然这个学科是人类学与法学的交叉学科,但是,对于从事法学研究和实践的人来讲,很少有人涉猎过人类学的知识。所以,法律人进入法律人类学的门槛主要是对人类学理论与方法的了解和掌握,只有在具备人类学专业知识的基础上,才有可能运用人类学的理论与方法对法律问题进行法律人类学视角的研究。有鉴于此,本书的开篇就从介绍人类学的基础知识开始,然后再来认识法律人类学的学科位置和学术魅力。

第一节　人类学简史

人类学(Anthropology)是一个发源于西方的社会科学学科。人类学的概念有广义和狭义之分,广义的人类学将研究人类和人类生活方式的学科包含其中,有体质人类学、考古学、语言人类学和社会文化人类学,以及运用上述学科的理论与方法对专门社会领域或社会问题进行研究的应用人类学。狭义的人类学仅指社会文化人类学,它是一门研究人类社会结构和文化起源、发展、变迁过程及其差异性,揭示人类社会中社会事实的社会价值和文化意义的科学。在本书中所讲的人类学,指的就是这种狭义的人类学。社会文化人类学是一个合成词,它对应的是人类学在学科发展中出现的英国传统和美国传统。在英国,狭义人类学的名称叫作社会人类学(Social Anthropology),其学科传统是对人的需求和社会结构以及相关的功能进行研究,以揭示人类社会和人类行为的一般性规律。在美国,狭义人类学的名称叫作文化人类学(Cultural Anthropology),其学科传统是对人类社会的文化事实、文化模式和文化意义进行研究,以揭示人类社会不同族群的文化现状和文化变迁。实际上,社会需要和社会结构是社会文化的表现,而社会文化也与社会需求和社会结构有着紧密的联系,所以,社会人类学和文化人类学在理论和方法上基本是一致的,只是它们在研究路径的选择上,社会人类学偏重对人的需求和社会结构的研究,而文化人类学偏重对社会文化和文化解释的研究。在当代,随着学科的发展,英美人类学的传统虽然还存在,但是,在人类学的研究中采取一种社会与文化路径混合的方式,已经成为当代人类学研究的趋势,作为这种趋势的反映,在狭义人类学的命名上就有了社会文化人类学(Social-Cultural Anthropology)一词。

既然提到人类学的学科传统,就不妨顺着这个思路简略地梳理一下英国、美国人类学和欧洲大陆国家民族学的学科发展史。

一、英国的社会人类学

英国是社会人类学的发源地,英国人类学家的勤勉和创造性为人类学理论的发展做出了重大贡献。早在 19 世纪中期,伴随着探险、海外贸易和殖民扩张,一些英国学者便借助海外的材料探寻人类社会和人类文化的起源,形成了以泰勒(E. B. Tylor)和弗雷泽(J. G. Frazer)为代表的"古典进化论学派",该学派秉持进化论的原则,采用比较的方法研究不同时代、不同地方、不同种族的事实,主张人类及其文化是演进而来,并且可以独立发展,逐渐进步,试图在没有文献材料的情况下或在相关文献证据出现之前,用"心智同一性"的单线进化论对人类历史进行拟构。[1] 19 世纪末至 20 世纪 20 年代,以里弗斯(W. H. R. Rivers)、史密斯(E. Smith)、佩里(W. J. Perry)为代表的"传播学派",通过对世界文化传播过程的研究来揭示人类文明发展的轨迹。里弗斯认为文明的发展依靠人类的迁徙和文化交流,民族志的核心问题体现在对人类迁移和文化借用的全球文化史进行重构这一任务之中。史密斯、佩里主张人类的文明起源于一个中心,通过传播扩散到各地,而这个中心就是埃及。[2] 尽管传播学派的研究对于了解欧洲和北非及美拉尼西亚之间的文化关系有明显的贡献,但该学派理论中缺乏证据的假设和存在容易与种族主义发生纠缠的观点,使该学派一直面对着批评。[3] 20 世纪 20 年代初期,以马林诺夫斯基(B. Malinowski)和拉德克利夫-布朗(A. R. Radcliffe-Brown)为代表的功能主义学派兴起,该学派强调以整体论的视角研究人类社会,通过长期的田野工作获取实证材料,对社会状态进行共时性(Synchronic)分析,而不是历时性(Diachronic)分析,主张不同文化的生存权利平

---

[1] 〔挪威〕弗雷德里克·巴特等:《人类学的四大传统——英国、德国、法国和美国的人类学》,高丙中等译,商务印书馆 2008 年版,第 14—15 页。
[2] 朱炳祥:《社会人类学》,武汉大学出版社 2004 年版,第 24—25 页。
[3] 〔挪威〕弗雷德里克·巴特等:《人类学的四大传统——英国、德国、法国和美国的人类学》,高丙中等译,商务印书馆 2008 年版,第 23—24 页。

等,非西方文化具有合理性,通过对异文化的研究,有助于西方文化的自我反省。① 功能主义学派内部因为理论观点的不同又分为功能论和结构功能论两个阵营。以马林诺夫斯基为代表的功能论主张通过对族群生活方式和生产方式的研究,揭示社会文化制度与人的生物和心理需要之间的关系。不同族群的需要不同,便有不同的社会文化制度存在,社会文化制度具有满足和适应人的需要的功能。因此,社会文化制度并无优劣之分。以拉德克利夫-布朗为代表的结构功能论主张通过社会结构与功能的研究,揭示社会结构与功能的平衡关系,以及人与文化适应的结构方式。社会结构是指人与人之间的社会关系以及安排这些社会关系的社会组织和社会制度,社会组织和社会制度的功能与社会结构具有平衡关系,有什么样的社会结构就会有与之相适应的稳定的社会组织与社会制度。功能主义的方法和理论为人类学贡献了一种新的研究方法和一套概念体系,极大地促进了西方人类学的发展。

20世纪40年代,英国的功能主义人类学理论受到来自田野材料和殖民地社会变革的挑战和质疑。批评者认为,在拉德克利夫-布朗结构功能学派的范式里,基本不涉及社会变迁的问题;同时,在社会共识和规范一体的理论前提下,功能主义也不承认社会中存在冲突,而是强调社会结构的稳定和社会结构各部分之间的平衡。这样的理论一方面不符合民族志反映出来的社会事实,另一方面,也限制了人类学家的研究,因为对社会情况的描述本身就容易招致变迁的困境,为了谨守理论原则,研究者往往表现得胆小而保守,而共时性视角的运用以及社会人类学写作中民族志现在时的写作手法的使用,更使时间和社会变迁等问题的概念变得模糊。②

在这样的理论困境下,通过新的民族志材料来弥补理论漏洞,构建具有说服力的新理论,成为当时英国社会人类学家在学术上的集体追求,并形成了一个直到20世纪70年代都处于人类学主流的新理论流派——新功能主义。由罗德斯—利文斯顿研究所(Rhodes-Livingstone Institute)和曼彻斯特大学人类学系的人类学家组成的曼彻斯特学派是新功能主义的先锋,他们将古典进化论的历时性视角和功能主义的共时性视角结合起来,对社会冲突和社会变迁进行动态平衡的分析,运用矛盾论和整体论对社会不同领域的衔接进行探索,弥补了古典进化论与功能主义的不足,对英国人类学理论和方法的创新和发展做出了重要

---

① 朱炳祥:《社会人类学》,武汉大学出版社2004年版,第55页。
② 〔挪威〕弗雷德里克·巴特等:《人类学的四大传统——英国、德国、法国和美国的人类学》,高丙中等译,商务印书馆2008年版,第48—49页。

贡献。① 例如,曼彻斯特学派的代表人物格拉克曼(M. Gluckman)认为,社会总是处于变迁之中。在社会变迁中,社会制度不断重复和不断变化,既有的社会秩序或文化对于历史事件有一种包含能力。过去包含着现在,因为我们看待过去的历史时总是习惯于以现在的社会、文化或个人的框架去理解过去的事件,同时,现在也包含着过去,因为现在的结构总是从过去脱胎而来的,现在总是多少带有过去的形式或影子。② 格拉克曼还认为社会冲突具有不可避免性,并从对仪式的解释中分析社会冲突的价值和解决冲突的途径。在仪式中现实的社会冲突以戏剧化的夸张形式表现出来,从而达到消除不满,维护统治秩序的目的,使冲突有利于社会秩序的恢复并最终走向社会的整合。③

20世纪70年代以来,英国的社会人类学先后受到法国结构主义人类学和后现代主义思潮的影响。结构主义人类学给英国的社会人类学留下了明显的印记。例如,利奇(E. Leach)自20世纪50年代开始将结构人类学引介到英国学界,并尝试提出以高度抽象的类似物的探索及模型操作为基础的另一种结构主义。玛丽·道格拉斯(M. Douglas)也从结构主义的理论中获得灵感,写出了人类学经典著作《洁净与危险》(1966)。后现代主义对社会人类学的影响主要表现在对以往的人类学研究进行反思性的自我批判,这些反思集中在关于人类学与殖民机构的关系、人类学的伦理、人类学田野调查的客观性、实用性和必要性、民族志文本的写作等问题的讨论上。④

二、美国的文化人类学

相比英国人类学的历史,美国人类学虽然起步稍晚,但却发展迅速,在人类学学术史上占有重要的地位。早在1851年,美国律师摩尔根(L. H. Morgan)就出版了研究美国印第安人组织结构、宗教信仰和风俗习惯的著作《易洛魁部落》,以后又陆续出版了三部著作,即《人类家族的亲属制度》(1862)、《古代社会》(1877)和《美洲土著的房屋和家庭生活》(1881),研究了原始社会的婚姻制度与亲属关系、人类社会的发展规律和印第安人的生活方式。摩尔根的研究对当时的人类学和社会科学产生了重大影响,摩尔根也被誉为美国的人类学之父。

---

① 张晓辉、王秋俊:《论曼彻斯特学派对人类学的理论贡献》,载《思想战线》2012年第6期。
② M. Gluckman, *Politics, Law, and Ritual in Tribal Society*, London: Bail Blackwell, 1965, p. 285.
③ M. Gluckman, *Custom and Conflict in Africa*, Oxford: Blackwell, 1956, p. 116.
④ 〔挪威〕弗雷德里克·巴特等:《人类学的四大传统——英国、德国、法国和美国的人类学》,高丙中等译,商务印书馆2008年版,第56—64页。

摩尔根属于主张进化论的人类学家,随着进化论的衰落,摩尔根的理论也受到诸多质疑。① 19世纪末期,曾于1883年在加拿大巴芬岛做过爱斯基摩人调查的德国人博厄斯(F. Boas)从德国移民至美国,开启了美国文化人类学的发端和繁荣。博厄斯早年在德国学习地理学,1881年毕业于基尔大学,获得物理学博士学位,1887年加入美国国籍,先后从事过杂志社编辑、大学讲师和博物馆馆长等工作,1899年以后长期在哥伦比亚大学担任人类学教授,培养了一批此后在美国人类学界叱咤风云的年轻学者。博厄斯创造了一种以田野调查为基础的人类学研究范式,即将体质人类学、考古学、语言人类学和文化人类学作为对无文字文化进行研究和历史重构的互补手段,通过听取长者的讲述或是对文本的记录、整理的田野调查,获得研究文化的材料,继而进行历史学或心理学路径的研究。历史学路径的研究特别关注可以用来说明文化特质分布的可追溯的过程,而心理学途径将语言视为进入土著人内心状态的渠道,研究不同文化的人在心智方面存在的差异。②

博厄斯和他的学生的研究所形成的文化人类学的理论和方法有别于英国人类学传统,在学术史上被称为历史特殊论学派(也称为"博厄斯学派"),该学派认为,每个文化集团都有自己独一无二的历史,这种历史一部分取决于该社会集团特殊的内部发展,一部分取决于它所受到的外部影响。以往人类学理论中的传播论和古典进化论关于文化的普遍规律皆不能用来成功地解释世界各地许多相似的文化现象,因为各种文化是各个社会独特的产物,文化现象的相似性实际上都有其各自发展的历史线索和特殊原因。在上述历史特殊论的基础上,博厄斯学派提出了文化相对论的文化理论,认为民族的文化是由各民族的历史、社会环境和地理环境所决定的,所以,各民族的文化都是适合其民族生存与发展的,具有平等的价值,不存在优劣和高低之分,衡量文化的标准是相对的,每种文化都有独特之处,应当用"他者"的视角来评价文化。③

博厄斯的许多学生都是活跃于20世纪初期至中期美国文化人类学界的大家,例如,克虏伯(A. R. Kroeber)、威斯勒(Clark Wissler)、戈登卫塞(A. Goldenweiser)、萨丕尔(E. Sapir)、罗维(R. H. Lowie)、本尼迪克特(R.

---

① 徐国栋:《家庭、国家和方法论——现代学者对摩尔根〈古代社会〉和恩格斯〈家庭、私有制和国家的起源〉之批评百年综述》,载《中外法学》2002年第2期。
② 〔挪威〕弗雷德里克·巴特等:《人类学的四大传统——英国、德国、法国和美国的人类学》,高丙中等译,商务印书馆2008年版,第313—314页。
③ 参见朱炳祥:《社会人类学》,武汉大学出版社2004年版,第25、29页。

Benedict)、米德(M. Mead)等,他们分别提出了文化形貌理论、文化清单工作法、图腾理论、语言人类学的萨丕尔—沃尔夫假说、初民社会理论、文化模式理论、文化与人格理论,这些理论和方法推动着文化人类学的发展,奠定了美国人类学走向世界人类学理论前沿的学术基础。

在20世纪30—40年代,新进化论的理论开始出现于美国人类学界。新进化论的代表人物主要有两位,即怀特(L. A. White)和斯图尔德(J. H. Steward)。怀特为摩尔根的理论辩护,并提出了"怀特定理",即食物和生产工具不是进化的标志,文化的进化是伴随着每年每人所利用的能量数量的增长而实现的。与怀特的单线进化论不同,斯图尔德提出的是多线进化的观点,他认为将生态适应性标准与复杂性次序结合在一起,可以提出一个包括游群、部落、酋邦和文明社会的含蓄的进化论理论体系。历史上产生的文化被特定的环境所制约,文化变迁的过程就是适应环境的过程。文化与生态环境相互影响、相互作用、互为因果。相似的生态环境会产生相似的文化形态及其发展线索,而相异的生态环境则造就了与之相应的文化形态及其发展线索的差别。由于世界上存在着多种生态环境,所以形成了多种文化形态及其发展线索。①

20世纪60年代,象征人类学在美国兴起,其最初的代表人物是1964年加入美国国籍的英国曼切斯特学派的重要成员特纳(V. W. Turner)。特纳在英国就关注象征符号及其意义的研究,移居美国后更是将象征符号的研究作为重要的研究对象,推动了象征人类学的发展。象征(symbol)或象征主义(symbolism)在人类学中运用广泛,却又有不同的解释,不同的人类学家在使用象征一词时有不同的理论定向。例如,斯奈德(D. Schneider)将象征包含在认知人类学之中;特纳认为,象征是社会过程的一个部分,等等。人类学在关于象征的研究中借鉴了跨学科的资源,包括语言学、社会语言学、微观社会学、民俗学、文学批评和符号学。尽管对象征有不同的解释,但在研究中人类学家普遍关注象征的意义和表达。特纳注重研究行动中的象征,关注象征和符号在动态中的问题,以及象征、符号、世界和经验之间的自然关系。特纳认为,在早期,符号和象征表示的是与世界相关的表征关系,后来,则表示与人的内在经验相关的图像关系。指示符号与图像符号之间的区别和转喻与隐喻之间的区别一样,早期是二者可以简单地互换使用,后来则各自意味着一种复杂的表达。指示符号(index)、图像符号(icon)、转喻(metonym)、隐喻(metaphor)这些词在不同的作者那里有不同的意

---

① 参见朱炳祥:《社会人类学》,武汉大学出版社2004年版,第40页。

义,如果这些具有特点的用法不做详细说明,将会造成思维的混乱。特纳用指示符号和图像符号来区别符号和象征之间的关系,他说,通过符号,我们可以熟知世界……通过象征,我们可以熟知自己。对于特纳来说,象征具有促动的性质,它们勾连着自然的和感性的意义。斯奈德反对将表达与实践作区别的观点,认为这种区别分隔了人类学象征主义的进路。他主张把意义和象征作为一个整体的系统进行文化研究,而不是孤立地研究文化的象征。在20世纪90年代,象征人类学的重心偏向研究象征主义和仪式中的表演和创造,认为在这些表演和创造的行为中,人类扩展和反思着他们的意识。①

与象征人类学几乎同时兴起的还有一种新的人类学研究范式——阐释人类学。虽然人类学界有人将阐释人类学归类于象征人类学,但是,二者的差别却比较明显,象征人类学关注符号的象征意义,而阐释人类学则更关注对意义的解释。阐释人类学的创始人和代表人物格尔兹(C. Geertz)在《文化的解释》(1973)中说:"我与马克斯·韦伯一样,认为人是悬挂在由他们自己编织的意义之网上的动物,我把文化看作这些网,因而认为文化的分析不是一种探索规律的实验科学,而是一种探索意义的阐释性科学。我追求的是阐释,阐释表面上神秘莫测的社会表达方式。"②阐释人类学的一个重要的关键词是"深描",格尔兹在对勾勒深描的叙述中,分析了记叙事实的民族志与采取深描方式撰写的阐释人类学民族志之间的区别:"如果民族志是深描,民族志学者是深描者的话,那么为了确定任何这类情况,不管是随笔性的田野日志还是马林诺夫斯基那种大规模的专题著述,我们就应该问:它是否把眨眼示意和抽动眼皮区分开来,把真的眨眼示意和模仿的眨眼示意区分开来。我们在衡量自己解释的说服力时所必须依据的,不是大量未经阐释的原始材料,不是极其浅薄的描述,而是把我们带去接触陌生人生活的科学想象力。"③格尔兹说:"阐释人类学的基本使命不是回答我们最深切的问题,而是让我们了解在其他山谷中放牧其他羊群的其他人所给与的回答,从而把这些答案收入可供咨询的有关人类学言说的记录当中。"④

阐释人类学对当代的人类学研究和其他人文社会科学学科的研究产生了深刻的影响,凡是涉及文化研究的问题,各学科均难以回避对相关文化事实的意义

---

① C. Seymour-Smith, *Macmillan Dictionary of Anthropology*, London: The Macmillan Press LTD., 1986, p. 273.
② 〔美〕克利福德·格尔兹:《文化的解释》,纳日碧力戈等译,上海人民出版社1999年版,第5页。
③ 同上书,第19页。
④ 同上书,第34页。

解读和阐释,而文化多样性所导致的不同的意义阐释,更让研究者不但关注主流文化立场上的阐释,而且关注边缘文化立场的价值阐释,从而真正理解这个世界的他者与自我。

三、欧洲大陆国家的民族学和人类学

欧洲大陆国家是人类学的发源地之一。"人类学"一词最早出现于德国学者洪德(M. Hundt)在1501年出版的著作中,洪德把这部研究人体解剖和生理的书命名为《人是万物之灵》。其后三百余年间,人类学一词一直被人们用于对研究人类自然历史学问的称谓。① 19世纪以来,受民族主义的影响,德语区国家广泛流行着对民俗文化的研究兴趣,而这种研究对象的民族性和在研究方法上偏重历史学方法的特点,使得跨文化传统的民俗研究与研究人类生物属性和生理特征的体质人类学有着很大的差别,很难用人类学的名称来包容二者。在法国,19世纪中叶形成了两种不同的研究趋势,即偏重民族历史和种族历史的研究导向与偏重民族地理和语言的研究导向,一些学者致力于将关于民族的研究拉离生物学,成为独立的学科。② 由于这样的历史原因,在德国、法国、俄罗斯等一些欧洲大陆国家,人类学一般用来称呼有关体质人类学的研究,而关于人类社会和文化的研究被称为民族学。当然也有不少学者用人类学的称谓命名对社会与文化的研究。实际上,欧洲大陆国家的民族学与英美的社会人类学和文化人类学在理论和方法的取向上并没有太大的差别,名称的差别只是缘于学术史上的传统不同而已。

19世纪中后期的德国民族学在学科建设上有两个重要的标记,一是1867年成立了柏林人类学、民族学和前史学协会;二是1873年在柏林建立了皇家民族学博物馆。尽管进化论的理论曾经对德国学界有较大的影响,但是,这个时期处于学术中心的民族学理论是反进化论的。皇家民族学博物馆第一任馆长巴斯蒂安(A. Bastian)倡导一种非进化论的经验主义实证论,认为理论的民族学应当是对通过严格描述获得的民族志结果进行分类和概括。在巴斯蒂安的博物馆分类中,民俗学研究的是研究者自己的文化,而民族学研究的是其他文化。③

在19世纪中后期,比英国的传播学派风头更甚的德奥传播学派兴起,其代

---

① 陈国钧:《文化人类学》,台湾三民书局1992年第3版,第4页。
② 〔挪威〕弗雷德里克·巴特等:《人类学的四大传统——英国、德国、法国和美国的人类学》,高丙中等译,商务印书馆2008年版,第91—92、196—197页。
③ 同上书,第102页。

表人物是拉策尔(F. Ratzel)、弗罗贝纽斯(L. Frobenius)、格雷贝内尔(F. Graebnet)和施密特(W. Schimidt)。德奥传播学派认为,人类的创造力是有限的,但人类的模仿力则很强,因此,文化传播是人类社会发展、变迁的主要动力。传播学派的理论主要有四个要点:(1)文化是从某一点向四周或世界传播的;(2)不同地区的文化可能会含有相同的要素;(3)文化的传播会形成一定范围的文化圈;(4)人类历史是文化联系、冲突、借用、转移的现象和过程。学界常常用石子投入水中产生的涟漪来形象地表示传播学派的文化圈理论:水中的涟漪以石子的落点为中心,一圈一圈地向外扩散,涟漪的波纹也随着扩散逐渐由清晰向模糊、由小圈向大圈过渡,在这个过程中,波纹的相似性也在减弱。

传播学派的理论具有明显的缺陷,其中隐含的种族歧视偏见在20世纪30年代被纳粹法西斯利用。在纳粹时期,以体质人类学为中心的德国人类学和民族学都被纳粹政府捆绑在反人类的种族评估、歧视和灭绝的战车上,甚至有的人类学家还参与了纳粹的种族迫害和种族屠杀活动,或参加了纳粹的战争准备和支持战争的研究活动,或为纳粹的德意志民族至上和种族主义进行学术宣传活动。第二次世界大战以后,在清算法西斯的过程中,德语区国家都对纳粹时期的人类学和民族学进行了去纳粹化的批判和反思,在以后很长一段时间里,德语区国家的人类学和民族学一直处于缓慢重建的过程中。[①]

法国人类学(民族学)的特点十分明显。一方面,涂尔干(D. E. Durkheim,也译作"迪尔凯姆")的社会学理论为法国的人类学(民族学)提供了坚实的理论和方法论基础,使得法国的人类学家能够安心地用涂尔干的理论来教授和写作民族志;另一方面,法国的人类学家往往采取一种反理论的立场,认为民族志是人类学的真正基础,倾向于直接从民族志材料出发来创造理论。不过,尽管有理论与民族志实践之间的鸿沟存在,来自法国的涂尔干社会学理论和列维—施特劳斯(C. G. Levi-Strauss)结构主义人类学却是人类学史上具有里程碑价值且最具影响力的经典理论。[②]

在学术史上,法国社会学派也被视为人类学的学派之一。社会学派奠基人涂尔干的社会整体论是社会学派的核心理论。该理论有四个核心思想:第一,社会文化与生命形式一样,它只以整体的形式存在。第二,整体对于个体具有超越性、支配性和强制性。整体虽由个体组合,但构成整体后则具有独特的性质,不

---

① 〔挪威〕弗雷德里克·巴特等:《人类学的四大传统——英国、德国、法国和美国的人类学》,高丙中等译,商务印书馆2008年版,第130页。
② 同上书,第183—186页。

但不受个体的影响,反而支配和影响个体。第三,一种社会事实不能脱离社会系统的整体去研究。第四,比较法只能在社会类型相同的情况下运用。①涂尔干的社会学思想在他的五部主要著作中得以展现,这些著作是《社会分工论》(1893)、《自杀论》(1894)、《社会学方法的准则》(1895)和《宗教生活的基本形式》(1912)以及涂尔干和莫斯(M. Mauss)合著的《原始分类》(1901)。

列维—施特劳斯创立的结构人类学是人类学理论中对其他学科影响最大的理论,20世纪50—70年代,结构人类学作为一种具有哲学价值的人类学思想在世界范围内得到广泛传播,对人类学以及人文社会科学和自然科学的许多领域产生了影响。结构人类学之所以有这样的命名,是因为其核心概念"结构",但是,结构人类学所讲的结构与英国结构功能主义所讲的结构并不是一回事。为了弄清两个学派的"结构"差别,需要将列维—施特劳斯的著述与拉德克利夫-布朗的著述做一个比较。

拉德克利夫-布朗在《社会人类学方法》(1958)一书中对结构和社会结构有专门的论述,其要点是:其一,结构是指在某个较大的统一体中,各部分的配置和相互间的组合。社会结构就是由相互联系的个人的配置组成,也就是说,在由制度即社会上已确立的行为规范或模式所规定或支配的关系中,人的不断配置组合。其二,在寻找社会生活的结构特点时,要首先寻找各种现存的社会群体,然后考察这些群体的内部结构,除了群体中个人配置之外,还可以在群体中发现社会阶层和类别的配置。其三,某个具体时期某个地区的结构,是由那个地区的人们置身其中的整套社会关系组成的。其四,结构具有连续性和一贯性。其五,通过制度可以描述社会结构,而通过构成社会生活的行为和相互行动也可以发现该社会的制度关系。②

列维—施特劳斯在一篇题为《民族学中的结构概念》(1952)的演讲中,概括了结构人类学关于结构的观点:其一,社会结构的概念跟经验现实并无联系,而是跟在后者基础上建立起来的模型发生联系。其二,社会关系是用来建立能够显现社会结构本身的模型的原材料。因此,社会结构在任何情况下都不可归结为可在一个既定社会里观察到的社会关系总和。其三,模型必须满足下述四个条件,才可被称为结构:首先,一个结构表现出系统的特征。对于它的某一组成成分做出任何变动都会引起其他成分的变动。其次,任何一个模型都隶属于一

---

① 朱炳祥:《社会人类学》,武汉大学出版社2004年版,第43—44页。这些内容还可以参见〔法〕E. 迪尔凯姆:《社会学方法的准则》,狄玉明译,商务印书馆1995年版,第11—12页。
② 〔英〕拉德克利夫-布朗:《社会人类学方法》,夏建中译,华夏出版社2002年版,第159—167页。

组变化,其中每一种变化都对应于同类模型内的一个模型,以致所有这些变化加起来便构成一组模型。再次,上述特质使我们能够预见,当模型的某一成分被更改的时候,该模型会如何反应。最后,构拟一个模型应当使其运行能够解释全部被观察到的事实。①

四、反思人类学

反思人类学是 20 世纪 60 年代以来出现的一股世界性思潮。美国人类学家马库斯(G. E. Marcus)这样描述反思人类学思潮的兴起和影响:"整个 1960 年代,甚至在此之前,出现了一股针对主流社会文化人类学的反话语(Counter-discourse)。人类学是殖民主义的一部分,而且在当下也无法回避过去。在学术界界定人类学的实证主义话语得不到田野工作的方法类型的支持,尤其是在 1967 年马林诺夫斯基的日记出版之后,作为为特殊而严密的调查方式提供正当理由的人类学的概念或者文化的观念带上了瑕疵。但是,人类学总是对自己的基础持反思性的自我批评和健康的怀疑态度,这具有建设性意义。在 1980 年代的状况是,许多其他学科,尤其是像历史和文学研究这样的人文学科,努力在自我更新其社会价值,他们对许多人类学所建立的框架性概念和立场表现出浓厚的兴趣。在文学、历史和艺术中,人们对文化差异和表达方式的本质、对通过文化革新和生产来操演权力所产生的兴趣,成为汹涌的潮流。"②

反思人类学属于后现代主义的思潮,并在后现代主义的思潮中扮演着先锋的角色,正是诸多学科对自身科学性的质疑和反思,形成了波及整个人文社会科学的对现代主义检讨和批判的后现代主义运动。现代主义是西方 19 世纪以来形成的一套思维方式和认识论进路,它有三个核心的体系:一是"在现场"的实证主义研究方法,强调研究的材料应当是可观察、可验证的材料,研究者处于获取材料的现场可以保证材料获取的客观性。二是"逻各斯"的概念体系,认为历史上积累的人类常识表现为知识上的各种公认或通用的概念,人类的认识建立在这套概念体系的基础上,不能违背这套概念体系。三是追寻普遍性的抱负和实践,认为人类的认识能力是无限的,能够探索和把握事物发展的规律性,因此,也能够认识和揭示社会发展和人类行为具有普遍性的规律。然而,在后现代主义

---

① 〔法〕克洛德·列维—斯特劳斯:《结构人类学(1)》,张祖建译,中国人民大学出版社 2006 年版,第 297—298 页。
② 〔美〕詹姆斯·克利福德、〔美〕乔治·E. 马库斯编:《写文化——民族志的诗学与政治学》,高丙中等译,商务印书馆 2006 年版,第 6 页。

的质疑中,上述体系存在着重大的缺陷,并不能成立。其一,"在现场"的实证主义方法并不能保证研究材料的客观性,因为,观察者的立场、参与度、知识结构以及事件的复杂程度都会影响材料获取的客观性和真实性,所以,眼见为实并不可靠。其二,所谓"逻各斯"概念体系,不过是西方的概念体系,反映的是西方人对世界的认识,以这套概念体系来认识社会和建构对社会的理论,实际上是一种西方中心论。其三,人类的认识能力是有限的,并不能认识或把握社会和人类行为的普遍性和规律性,只能在对社会的认识中,以现有的知识揭示和解释社会以及人类行为,所以,研究的目的不是追寻理论的普遍性。

反思人类学对人类学的反思集中在以下几个方面:

(一)人类学与殖民主义的关系

现代人类学以研究非西方文化的"他者"作为学科特点,在对非西方文化的研究中,殖民地社会的研究往往成为人类学家的首选。其中,许多研究是受到宗主国的资助或应殖民当局的委托进行的,一些成果也提供给宗主国政府和殖民当局,作为管理殖民地的理论或经验依据。在英国,阿萨德(T. Asad)主编的《人类学与殖民遭遇》一书提出了这样的质疑:英国人类学家在 1930—1960 年代中,是否与其帝国殖民环境相适应并受其影响甚至可能充当了其帮凶。[①] 这一问题讨论的并不仅仅是责难人类学家的过失,尽管这是一个历史事实,该问题更涉及人类学的伦理、政治立场和学术目的,所以,对它的反思意义深远。

(二)田野调查的问题

田野调查工作法是人类学的基本研究方法,长期以来,投身田野调查一直被人类学界认为是成为一位人类学家的必要条件。20 世纪 70 年代以来,田野调查工作法也成了人类学家反思的对象,这种反思触及了人类学的基础,故受到广泛的重视。人类学家在田野调查中受到诸多因素的影响,例如,调查者与被调查者的性别、知识结构、文化立场、调查者与被调查者的关系、观察和访谈的程度以及经费、经费提供者的立场、研究目的等因素。在田野工作过程中,人类学家与被调查者的关系平等吗?人类学家是否会忽略某些社会事实?人类学家获取的材料是否全面客观?这些问题都涉及田野调查工作法的认识论基础和实践经验。

这里仅以两部著作为例证明这些问题的实在性。

---

① 〔挪威〕弗雷德里克·巴特等:《人类学的四大传统——英国、德国、法国和美国的人类学》,高丙中等译,商务印书馆 2008 年版,第 61 页。

拉比诺(P. Rabinow)在《摩洛哥田野作业反思》(1973)一书中,对田野调查中人类学家与被调查者的关系进行了反思,他认为,人类学家在田野工作中,不能居于自我陶醉的优越者的地位去审视被调查者的社会行为,"人类学是一种阐释的科学。它所研究的对象,即作为他者遭遇的人性,是在同一认识论水平上的。人类学家和他的资讯人都生活在一个经文化调适过的世界,陷于他们自己编织的'意义之网'。这是人类学的立足点。没有任何特权的地位,没有绝对的观点,也不可能有效地抹去我们和他者活动中的意识。当然,可以通过假装无视此核心事实的存在而避开它。二者都是可以固化的。我们可以假装我们是中立的科学家,收集着毫无意义的资料,假装我们所研究的人们无意识地生活在各种决定因素的支配中,他们对其一无所知,只有我们才有理解之密钥。然而,这仅仅是假象而已。人类学事实是跨文化的,因为它是跨越了文化的界限而被制造出来的。它们本是活生生的经历,却在询问、观察和体验的过程中被制作成事实,人类学家和他所生活在一起的人们都参与了这一制作。"[①]

维娜(A. B. Weiner)在《妇女的价值与男人的声望》一书中,通过其重返特罗布里恩德群岛的调查,发现女人在岛上的经济体系中居于重要地位,而不是像马林诺夫斯基所说的,女人只是因为能生儿育女才显得重要。维娜从女性的视角对马林诺夫斯基的特罗布里恩德群岛研究提出质疑:"马林诺夫斯基在理解岛上诸事时,未能给予女人与男人同等的关注、考虑妇女在社会和政治生活中的重要地位,这并不令人惊讶。人类学家也是直至近时才开始意识到认真思考女人之事的重要性。在诸如中东或澳洲土著之类的文化中,民族志研究者也很难跨越文化上区分男女的仪式世界。但在过去,无论男女民族志研究者,都是从男性视角出发,来分析他们所研究的那个社会。在性别角色的研究中,'女性视角'被严重忽视,因为人类学家一般都认为女人只不过是生活在男人的阴影下——因为在社会分工中,女人主要负责家庭,而不是公共事宜,比如,女人负责喂奶洗尿布,而不是从事经济或政治性事务。"[②]

(三)民族志的文本与表达

民族志是人类学家呈现给读者的研究成果,它是对族群的社会事实和行为方式等文化现象的记述和文化阐释。写作民族志的材料来自人类学家的田野调

---

① 〔美〕保罗·拉比诺:《摩洛哥田野作业反思》,高丙中、康敏译,商务印书馆2008年版,第144—145页。
② 转引自〔美〕霍莉·彼得斯—戈尔登:《改变人类学:15个经典个案研究》(第5版),张经纬等译,北京大学出版社2012年版,第273页。

查所获得的"在现场"的实证材料,这些材料在人类学家对社会的整体考虑和对文化理解的基础上被整合为内部逻辑一致的民族志。这样的民族志呈现出来的社会事实是否具有客观性?抑或民族志是人类学家构想出来的社会事实?制约民族志写作的因素是什么?民族志应当如何写作?这样一些问题是反思人类学对民族志的质疑。

对于决定民族志写作的因素,詹姆斯·克利福德(J. Clifford)认为:"民族志的写作至少以六种方式被决定:(1)从语境上(它从有意义的社会环境中汲取资源并创造有意义的社会环境);(2)从修辞上(它使用有表现力的常规手法,也被后者使用);(3)从制度上(写作既处于特定的传统、学科和观众读者之中,又对立于所有这些);(4)从一般意义上(民族志通常区别于小说或游记);(5)从政治上(表达文化现实的权威是不平等地分配的,有时候是有斗争的);(6)从历史上(上述所有常规和限制都是变化的)。这些决定因素支配了内在一致的民族志虚构的铭写。"①确实,在民族志的写作中,上述决定因素的作用显而易见,那么,在这些决定因素支配下写出来的民族志是一种文学作品还是一种科学研究的成果呢?民族志具有文学的品质,它需要使用修辞和叙事的方法构建社会事实,但民族志不是纯粹的文学作品,人类学的作品在追求作者所知道的客观性,在探究社会事实中作者能够辨识的"部分真理"——一种作者承诺的不完全的真理。在对田野工作的反思中,民族志出现了一些新的文本,民族志学者尝试打破主客观平衡的方式写作民族志,或者说,这是一种以主位观察法为主要写作方式的民族志。其中,列维—施特劳斯的《忧郁的热带》(1955)就是一部经典作品,该作品在20世纪60年代以后备受热捧。另外一种新的民族志写作的体裁是自我反思的"田野工作叙述",这些反思性叙述或是人类学家在田野调查中经历的暴力、欲望、疑惑、斗争与交易,或是通过对话或讲述展现个人之间的传统,它们实际上在讨论人类学中涉及认识论、社会存在和政治与权力关系的广泛问题。②除此之外,一些人类学家也在探索新的民族志写作方式,例如,以多点田野调查为基础展开对更大范围社会进行比较的民族志;以长期跟踪、重复调查展开历史过程的民族志;以微观场景与宏观场景相结合展示社会全景的民族志;以深描探索意义阐释的民族志等,都是对民族志写作的有益实验。

总之,在民族志的反思中,民族志并没有失去它的学术魅力,正如马库斯所

---

① 〔美〕詹姆斯·克利福德、〔美〕乔治·E.马库斯编:《写文化——民族志的诗学与政治学》,高丙中等译,商务印书馆 2006 年版,第 34 页。
② 同上书,第 32—43 页。

说:对当代现实主义描述的某些特定模式的质疑,"为人类学家发展各种写作策略打下了基础,这些人类学家仍然关注着民族志的传统,探索它的局限以及它的各种可能性。通过对那些民族志的各种术语的批评和对典范的民族志作品进行另类的读解,我们试图揭示出以往民族志中的多种可能性,从而使它切合于当前的实验精神。"①

第二节 人类学研究方法的特点

研究方法属于认识论的范畴,它要解决的是一个学科如何认识世界、构建社会事实、解释社会文化和人类行为的问题。不同学科的差别,往往不仅仅是由于研究对象的差别,而且是由于认识事物的研究方法不同所致。所以,每个学科都有与本学科研究对象和研究视角,以及所持有的认识论相适应的特殊的研究方法。

人类学最核心的研究方法就是田野工作法,这一方法的特殊性,奠定了人类学区别于其他学科的基础。作为人类学家,田野调查工作法是其成为人类学家的必须接受的学术训练,也是其从事人类学研究必须掌握的看家本领。而这一方法中包含的人类学的价值取向、学术抱负、理论自觉和操作技能,是人类学方法论的精华。所以,本节的内容将以田野工作法为中心,进而介绍人类学研究方法的特点。

一、田野工作法

包含着规则和标准的田野工作法是马林诺夫斯基创立的人类学特有的研究方法。在这种方法出现之前,人类学家也有很多调查活动,如探险、旅行、访问、考察等,但是,这些活动往往是个性化的、无统一范式的活动,而马林诺夫斯基的贡献在于,他用自己的田野工作实践、民族志成果为人类学家树立了一套基

---

① 〔美〕詹姆斯·克利福德、〔美〕乔治·E.马库斯编:《写文化——民族志的诗学与政治学》,高丙中等译,商务印书馆2006年版,第320页。

于整体论立场,能够保证调查质量和效率,具有完整性和操作性的田野工作方法。

既然田野工作法来源于马林诺夫斯基的人类学研究的实践和经验,那么我们有必要用追溯的视角,通过马林诺夫斯基对特罗布里恩德群岛的田野调查,了解田野工作法的来源和内容。

1914年,30岁的伦敦经济学院讲师马林诺夫斯基成为马雷特(R. R. Marett)教授澳大利亚考察项目的助手,并得到澳大利亚政府的资助,随大不列颠科学促进协会前往澳大利亚参加会议。会议结束之时,第一次世界大战爆发,参战国分为两个阵营——同盟国和协约国。马林诺夫斯基虽然是波兰人,但在法律上却是属于同盟国中奥匈帝国的国民;而英国和澳大利亚属于协约国的成员。交战双方充满敌意,对不同阵营的国民也严加提防,如果马林诺夫斯基回英国或是留在澳大利亚,都有可能面临被拘留的问题。所幸的是,开明的澳大利亚政府允许马林诺夫斯基去靠近澳大利亚的新几内亚的特罗布里恩德群岛做研究,而后马林诺夫斯基又得到来自英国的捐赠和奖学金,以及澳大利亚政府和个人的资助,使得他能够在特罗布里恩德群岛进行长时间的调查研究活动。1914—1918年马林诺夫斯基对特罗布里恩德群岛进行了三次调查,其中,第一次是1914年8月—1915年3月,第二次是1915年5月—1916年5月,第三次是1917年10月—1918年10月,调查时间持续两年半多,除第一次是8个月外,第二、三次都是一整年。另外,他在第一次调查中聘请了翻译,但自己也努力学习当地语言,并掌握了当地语言,在第二次和第三次调查中,他已经能够自如地与当地人交谈,而不需要翻译了。①

马林诺夫斯基在《西太平洋的航海者》(1922)一书的导论"研究课题、方法与范围"中,结合他在特罗布里恩德群岛进行田野调查的实践,系统而全面地论述了田野工作法的内容和规范。因此,这里我们采取"回到原著"的方式,直接用马林诺夫斯基的原著来呈现其创立的人类学田野工作法的规范和技能。

以下内容均摘录于马林诺夫斯基的《西太平洋的航海者》一书。

> 在民族志中,原始的信息素材是以亲身观察、土著陈述、部落生活的纷繁形式呈现给学者的,它与最后权威性结论的提出,往往存在着极其巨大的

---

① 参见〔英〕马凌诺斯基:《西太平洋的航海者》,梁永佳、李绍明译,华夏出版社2002年版,"前言""鸣谢",第11—12页、第17—18页。

距离。民族志学者从涉足土著人海滩并与他们接触的一刻起,到他写下结论的最后文本为止,不得不以长年的辛劳来穿越这个距离。略述一下一个民族志者的磨难,比如说我自己的,要比任何冗长的讨论更有启示作用。①

那么,一个民族志者唤起土著人的真正精神,展示部落生活的真正图景,靠的究竟是什么魔法呢?一如常理,成功只能靠耐心以及系统地运用科学法则,而不能指望不经努力和挫折就发现某种神奇的捷径。方法原则可以归纳为三条:首先,学者理所当然必须怀有科学的目标,明了现代民族的价值和准则;其次,学者理所当然必须具备良好的工作条件,主要是指完全生活在土著人当中而无须白人介入;最后,他得使用一些特殊的方法来收集、处理他的证据。②

但如果你是独自一人住在村落中,附近没有白人,你会寂寞地花上个把钟头散步,再回来时你会非常自然地钻到土著人的圈子里,这回则是为排遣孤独了,就像你有和别的伙伴在一起的愿望一样。通过这种自然的交往办法,你学着去了解土著,逐渐谙熟他的风格和信仰,这比把他仅仅当成是个领报酬的而且常常是很无聊的资讯人要好得多。偶尔钻入土著人群和真正地同他们接触相比是全然不同的。后者意味着什么呢?就民族志者方面而言,它意味着他的生活就在村落中,开始时是位稀客,有时不大愉快,有时则饶有兴味,不久就采用相当自然的方针与环境非常协调地融为一体。③

良好的理论训练以及对其最新成果的熟悉,与"先入为主的成见"不同。假如一个人出去考察,决定要证实某种假设,若是他不能在证据的压力下经常改变自己的观点并弃之如敝屣,不用说,他的工作将毫无价值。但是,他带到田野的问题越多,根据事实铸造理论和运用理论看待事实的习惯越强,他的装备就越精良。先入之见在任何学科中都是有害的,但预拟问题却是科学思考者的主要禀赋,这些问题是通过观察者的理论学习发现的……当然,他可能同时既是理论家又是田野工作者,因而,他能够从其自身汲取理论激励,然而,这两种功能是分开的,在实际研究中,也要在不同的时间和工

---

① 〔英〕马凌诺斯基:《西太平洋的航海者》,梁永佳、李绍明译,华夏出版社2002年版,第3页。
② 同上书,第4页。
③ 同上书,第5页。

作条件下进行。①

民族志田野工作的首要理想,在于清晰而明确地勾画一个社会的构造,并从纠缠不清的事物中把所有文化现象的法则和规律梳理出来。他必须首先探知部落生活的骨架,这一理想迫使我们必须把全面调查作为第一要着,而不要专挑那些耸人听闻,独一无二的事情,或等而下之,找那些滑稽可笑和离奇古怪的事情,把土著人当作一幅扭曲了的、孩子式的漫画提供给我们,我们可以忍受这种描述的时代已经一去不复返了。这幅图画是虚假的,而且,像许多谎言一样,它也被科学戳穿了。田野民族志者进行的严肃、冷静的研究,达到了包括部落文化每一方面现象的程度,对那些平常、乏味,普通的事与那些令人惊诧和异乎寻常的事一视同仁,同时,对整个部落文化的所有方面都给予研究。从每一方面中取得的一致性、法则和秩序,也能够对之加以结合,成为一个清晰的整体。②

确定了上述非常一般的原则之后,让我们更细致地考虑一下方法。如前所述,民族志者在田野工作中面临的任务,是理出部落生活的所有原则和规律,理出那些恒久而确定的东西,剖析他们的文化,描述他们的社会结构。然而,这些东西尽管是具体而固定的,却不是现成的。不存在写好了的或明白表述过的法律准则,整个部落传统、整个社会结构,被隐藏在所有材料中最扑朔迷离的材料——人——之中。甚至在人的意识和记忆中,这些法则也不可能是现成的。……有鉴于此,民族志者不得不寻求一个权宜之计来克服这个困难,那就是收集具体的证据资料,并为自己理出大体的推论。这个办法看似容易,但在受到科学训练的人员接手田野工作之前,尚未发现或至少尚未在民族志中付诸实施。③

尽管我们不能向一个土著人询问抽象的、一般性的规则,但我们总可以打听某一给定的案例是如何处理的。……从那里开始,就不难引导他们继续谈论其他相同的案例,回忆其他实际发生的事件,从而使他们讨论这些事件的全部内涵及方方面面。从这些材料之中——当然,这些材料应尽可能穷尽实例,经过简单的归纳就可得到推论。④

---

① 〔英〕马凌诺斯基:《西太平洋的航海者》,梁永佳、李绍明译,华夏出版社2002年版,第6—7页。
② 同上书,第8页。
③ 同上书,第8—9页。
④ 同上书,第9页。

我发现构思工作与实际观察之间相互增益是极有价值的,缺少这点,我想我是不可能取得真正进展的。我提及这点微不足道的个人经历,仅仅是为了表明,以上所说的一切绝非纸上谈兵,而是切身体验的结果。本书提供的,是对一种大型制度的描述,这一制度与诸多活动相互联系,并呈现出诸多特色。任何人想一想这个课题都会明白,对于一个如此复杂、分支众多的现象,没有构思立论的尝试与经验核查之间的穿插照应,就不可能获取任何程度的精确与完备的信息。①

每一现象应该就其具体表现作尽可能广泛的研究,每一研究都应对详细例证作穷尽的调查。如果有可能,应该把结果简化为某种图表,既用作研究的工具,又用作民族学文献。凭借这类文献和这类实际的研究,土著人在最宽泛意义上的文化框架,以及其社会的构造,就能以清晰的轮廓呈现出来了。这种方法可以称作具体证据统计文献法。②

居住在村落里,没有别的事务,只是追踪土著人的生活,你就能一遍又一遍地看到风俗、庆典和交易,你就能得到土著人赖以为生的信仰实例,抽象结构的骨架也就能很快得到实际生活的血肉来充实。这便是为什么在上述条件下工作的民族志者能对部落体制的粗糙轮廓增添某些关键的东西,并以行为、场合及细微事件的详细内容来为之补充的理由所在。……换言之,有一系列十分重要的现象不能用询问或计算资料的方式记录下来,而只能在完全具体的状态中观察,我们不妨称之为实际生活的不可测度方面。

实际生活与典型行为的不可测度方面,要用具体的方法在田野中观察和记录。毫无疑问,在这里,观察者的个人能力要比收集定型化了的民族志资料显得更为重要,但即使在这里也必须力求让事实本身说话。如果你每天走在村里,发现某些细微的事件,如人们进食、交谈、干活的特别方式,总是频频出现,就应该马上记录下来。在研究一个地区的过程中,应尽早地开始记录印象的工作,这是很重要的。因为某些微妙的特征在新奇的时候会给人以深刻的印象,一旦习以为常就不再受到注意了。而其他的东西,只有相当了解当地情况后,才能被觉察到。从事这类研究时,做民族志日记是一种理想的办法,应该系统地贯穿于考察的整个过程中。……在观察仪典或

---

① 〔英〕马凌诺斯基:《西太平洋的航海者》,梁永佳、李绍明译,华夏出版社2002年版,第10页。
② 同上书,第13页。

其他部落事件时,民族志者不仅要记下由传统和风俗规定的行动过程的核心事件和细节,而且,也必须细致而精确地记下参与者和旁观者的行动本身。……再者,在这类工作中,民族志者偶尔也要把照相机、笔记本和铅笔放在一旁,亲自参与到事件中去。他可以参与土著人的游戏,可以跟着他们串门和散步,坐下来倾听他们的交谈。①

除了部落组织的固定轮廓与定型化的文化项目(它们形成了骨架),除了日常生活与普通行为的资料(它们是血肉),还存在着必须予以记录的精神——土著人的观点、意见与说法。这是因为,在部落生活的每项活动中,首先存在着由风俗和传统规定的常例,其次存在着行动得以实施的具体方式,最后存在着包含在土著人观念中的对行动的评论。……田野工作的第三个戒条便是:找出典型化的思想和情感,使之与某一给定社区的习俗和文化对应,并以最有说服力的方式理清结论。②

在这一章的最后,马林诺夫斯基总结了关于田野工作的论点,他说:

我们的研究表明,要达到民族志田野的工作目标,有三条必由之路:1. 部落组织及其文化构成必须以翔实明确的大纲记录下来。这一大纲必须是以具体的、统计性的资料的方式提供。2. 这一框架应以实际生活的不可测度方面以及行为类型(type of behaviour)来充实。这方面的资料必须通过精细的观察,以某种民族志日记的形式来收集,而这只有密切接触土著人的生活才有可能。3. 应当提供对民族志陈述、特殊叙事、典型说法、风俗项目和巫术程序的汇集,作为语言材料集成和土著人精神的资料。这三条路线都导向最终目标,一个民族志者对这目标要时刻铭记在心。简单地说,这目标就是把握土著人的观点、他与生活的关系,搞清他对他的世界的看法。③

概括地讲,马林诺夫斯基创立的田野工作法,其规范性的要旨是:以整体论的思想为指导,对研究对象进行为期不少于一年的田野调查,调查者应当熟练地掌握和运用调查对象的语言,田野调查采用参与观察和深度访谈的方式,贴近和深入到被调查者的生活中,收集和记录一切能够反映被调查者社会组织、文化构成和思想及情感的资料,继而构思和写作民族志文本,作为人类学研究的学术

---

① 〔英〕马凌诺斯基:《西太平洋的航海者》,梁永佳、李绍明译,华夏出版社2002年版,第15—16页。
② 同上书,第16—17页。
③ 同上书,第18页。

成果。

二、人类学研究方法的特点

如果以田野工作法为核心,我们可以对人类学研究方法的特点进行一个大致的概括。

(一)整体论的立场

人类学的整体论立场来自涂尔干的社会学理论。整体论要求,首先,人类学家的田野调查应当收集反映当地社会生活全貌的资料,而不能仅仅将收集材料的范围限制在某一具体问题之上。其次,人类学家在审查和构思民族志材料时,应当从整个社会的配置上来安排田野调查的材料,即应当将调查材料置于社会整体中来认识该材料反映的社会情况。再次,人类学家在对某一社会问题进行解读时,应当用其掌握了的全部必需的资料来回答该问题,并把这些资料结为一体。最后,在民族志中,应当在全面准确地呈现被研究者社会情况的基础上,从社会整体出发,理解和解释所研究的问题。

(二)参与观察与深度访谈的工作方式

参与观察是指研究者贴近被研究者,通过参与被研究者的生活和生产活动,近距离地观察和记录被研究者在日常生活中的行为。深度访谈是指研究者通过与被研究者较为随意、不设目的的交谈,了解被调查者对社会事实的观念和情感。

参与观察和深度访谈是相辅相成的。参与观察只能看到被调查者的外部行为,而深度访谈则能了解被调查者的内心所想。所以,在田野调查中,我们通过深度访谈知道了被调查者的观念和情感,再通过参与观察,可以发现被调查者的行为是否与他讲的一致,或者被调查者的观念和情感被隐藏的原因。

参与观察与深度访谈是人类学家获取实证材料的基本方式,在时间和距离上有严格的规范,在语言和技能上也有细致的要求,这些规范和要求,在上文引用的马林诺夫斯基著作原文中已经得以展现,这里不再赘述。

(三)小地方、大问题——独特的研究策略

通常,人类学家在研究人类生活不同方面及其相互之间的关系时,其起始点是对一个特定社会或被描画的社会环境中的小地方生活的详细研究,因此,人类学的一个重要的特色是,从一些小地方的研究中提出人类学家对人类社会重大

问题的观点。尽管这个特色随着世界和学科本身的变化已经不再是对人类学的一个准确的描述了,但是,它仍然是人类学的一个研究策略。①

人类学关注小地方的缘故,与田野调查的方法相关。人类学家的田野调查往往是一个人的行动,限于参与观察和深度访谈的要求,他不可能在广大的区域进行田野调查,只能在一个相对较小的地方展开田野调查。然而,人类学家的学术抱负并不局限在对小地方社会生活的描述,他的学术抱负是通过小地方的研究,理解单个社会内部的关系和不同社会之间的关系,进而理解人类社会文化的多样性,揭示和解释人类社会共同面对的生存与发展的大问题。

(四)他者和他者的眼光——注重异文化的研究旨趣

在学术传统上,人类学与社会学的差别体现在研究对象的选择上,前者研究的是小规模的非西方社会,后者研究的是大规模的现代社会。当然,随着当代人类学展开对西方社会的研究,两个学科间的这个差别已经很模糊了。不过,在研究中,以他者的眼光来进行研究的旨趣是人类学的一个特点。

"他者"是一个相对的概念,对于人类学家来说,非西方社会相对于西方社会是一个他者,与人类学家在族群、阶层或语言等方面不同的被研究者也是他者;而相对于被研究者来说,人类学家是他者,西方社会对于非西方社会也属于他者。

对他者的研究,在传统上主要指对非西方文化的研究,当然也指研究不同于人类学家本土文化的文化,这种存在文化差异的文化被称为异文化。人类学认为在对异文化的研究中,人类学家对文化的敏感性能够帮助他认识文化的差异,进而对不同文化进行比较。

在对异文化的研究中,人类学要求研究者用他者的眼光来观察和理解他所研究的异文化社会。所谓他者的眼光,就是马林诺夫斯基所说的"土著眼里的世界",指的是研究者在研究中应当设身处地地思考问题,用被研究者的视角来看待和理解被研究者的社会和行为,避免因研究者的主观性带来对异文化的误读和曲解。

(五)主位与客位观察法——对价值取向的追求

主位与客位是20世纪40年代美国结构语言学家派克(K. L. Pike)从语音

---

① 〔挪威〕托马斯·许兰德·埃里克森:《小地方,大论题——社会文化人类学导论》,董薇译,商务印书馆2008年版,第7—8页。

中的音素和音位引申出来的两个概念,其中,音素反映的是语音的物理属性,音位反映的是语音的社会属性,所以,主位与客位分别指语音之间的客观关系和语音的意义。后来这两个概念被引入人类学研究中,作为对文化进行研究的两种进路。① 在人类学的研究中,主位观察指当地人或被研究者的视角,是由当地人或被研究者按照自己的经验建构的社会事实。客位观察指人类学家的视角,是外部观察者通过观察和分析而建构的社会事实。这两种观察法都有自己的优点和缺陷,所以,同时采取两种观察法来建构社会事实,有助于建立可比较的社会模型。

然而,人类学界对于人类学家能否建构主位观察的事实存在争论。有人质疑说,尽管人类学家的目标是用受访者的感知方式复制现实,但是,由于语言翻译的失真、口述与文字转化中的意义改变和人类学家与访谈人的差异性,人类学家的主位观察的结果不可能成为一种主位描述,唯一真正可能的人类学主位描述只能是由当地人所写的东西。②

(六) 反观自省的审视法——一种文化自觉

反观自省是指人类学的反思性,人类学家对异文化研究的目的之一,是在文化比较中实现对西方社会的反思,进而改善西方社会的制度与文化观念。对西方社会的反观自省包含三个方面:其一,在文化多样性的社会事实中,树立文化平等的观念,对西方中心论进行反思和批评。其二,承认人在认知上的局限性,揭示人类学在文化分析中存在的固有弱点,从而打破既有观点的稳固地位。其三,通过对人与自然的重新定位,对人类中心主义进行反思和批评。③

反观自省是一种文化的自觉。费孝通先生说:"'文化自觉'就是要求我们要在了解自身文化的基础上展望世界,对于自身在世界之中的地位要有'自知之明'。21世纪,中国人类学要得到发展,不仅要在不同文化的接触和对话中解释'文化自觉'的问题,而且还要以学科的'文化自觉'为己任,对中外不同知识传统展开'补课'和学习。"④这里,费孝通先生将文化自觉分成两个方面,一是将自身的文化放到世界文化之中进行反思,以达到对自身文化的正确认识;二是反思中

---

① 庄孔韶主编:《人类学通论》,山西教育出版社2002年版,第189页。
② 〔挪威〕托马斯·许兰德·埃里克森:《小地方,大论题——社会文化人类学导论》,董薇译,商务印书馆2008年版,第51页。
③ 朱炳祥:《社会人类学》,武汉大学出版社2004年版,第5页。
④ 费孝通:《现代人类学经典译丛·总序》,载〔英〕雷蒙德·弗思:《人文类型》,费孝通译,华夏出版社2002年版,第3页。

国人类学的不足,虚心学习中外不同知识传统。

(七)民族志文本——人类学家写的文化

民族志是人类学田野工作的书面成果,它建立在田野工作的基础上,同时又是人类学家对田野调查材料的解读、构思和安排,以文本形式呈现的人类学家关于社会和文化的认识。由于人类学家田野工作的起点和终点都是围绕着民族志展开,所以,人类学家又将自己称为民族志者或民族志学者。

民族志的文本有以下一些特点:第一,民族志是人类学家田野工作的记述,它展现的是人类学家田野工作获取的实证材料;第二,这些实证材料的呈现不是简单的堆砌材料,而是人类学家在整体论的指导下,通过分类、构思和解读,按照一定的秩序安排呈现给读者的;第三,民族志一般采用叙事的风格记述社会事实,人类学家以讲故事的方式用田野材料构建社会事实,从而使民族志具有文学(诗学)的风格;第四,民族志一般以定性研究作为研究的取向,通过对材料的记述和解读,达到对社会和文化的本体及其性质特点的认识;第五,民族志文本反映了写作文本的人类学家的田野工作质量和其对社会文化整体的呈现与理解能力;第六,在当代,民族志除了记述社会事实之外,还具有深描的责任,即对社会事实的文化意义进行阐释。

对于民族志的写作,1970年代以来,人类学界有很多讨论,也取得了一些共识。[①] 例如,在理论和政治对民族志影响的问题上,"人们逐渐认识到:民族志或有关人的写作不可能不通过理论对我们选择所描述的事件,以及我们描述这些事件的风格进行引导。理论并非是中立的。它们总为某种目的而被选择,或为引起我们以及我们的读者注意,或为社会生活的某些方面,以及为对提出事件之间的因果联系。虽然我们的渴望可能简单地被当成尽我们所能完整描述社会生活,我们的写作却带有一个目的,即使在更广或更小程度上,从我们自己的时间与空间,我们自身的生活经验中滋生出来。我们应永不忘记我们所写的应该引导或证实他者在未来的活动。理论与政治有难解难分的密切关系。我们对理论在人类学中所扮演的角色理解越透彻,越能充分意识到它的危险性与它的有用性。"[②]

[①] 关于民族志写作的讨论,参见〔美〕詹姆斯·克利福德、〔美〕乔治·E.马库斯编:《写文化——民族志的诗学与政治学》,高丙中等译,商务印书馆2006年版。

[②] 〔英〕罗伯特·莱顿:《他者的眼光:人类学理论入门》,蒙养山人译,华夏出版社2005年版,第193页。

第三节　法律人类学

将法律作为人类学的研究范畴是法律人类学的学科特征。在法学中,法律人类学独特的研究工具——人类学的理论与方法,使其区别于法学理论的其他分支学科,如法社会学或法经济学等;在人类学中,法律人类学所关注的特定范畴——法律,又使其区别于人类学的其他分支学科,如经济人类学、生态人类学等。对于法律人类学的界定,有不同的认识。有的学者从研究进路上来界定,认为法律人类学是在社会、政治、经济和智识的语境中展开的法律研究。它的研究对象不局限于西方政府和法院定义的法律,它包括反映社会与法律关系的正式司法制度及其制度环境,也包括在其他社会领域中用于建构秩序的类似法律的行动和过程,在不同的社会中,法律的表现形式可以是正式的或非正式的、官方的或非官方的。① 有学者从研究视角上来界定,认为法律人类学是从跨文化和比较的视角研究法律的学科。② 有学者从研究对象上来界定,认为法律人类学不研究法律是什么,而是研究法律在做什么,因此,它是研究法规之外的法律制度、法律结构、法律过程、法律行为、法律从业者和法律文化的学科。有学者对此种界定提出质疑,认为规范是社会生活的重要内容,也是权力和影响力的载体,规范是社会秩序"应为"的制度安排,也是道德秩序的公众表达。法律人类学应当将规范以及相关的法律思想、契约和文本纳入其研究领域。③

在本节的内容中,我们将从法律人类学的命名、学术魅力和学科位置等几个侧面来认识这个学科。

一、法律人类学的命名

尽管在19世纪中叶古典人类学创立之时,法律的起源、遗存和不同社会法

---

① S. F. Moore, *Law and Anthropology: A Reader*, Malden: Blackwell Publishing Ltd., 2005, p.1.
② James M. Donovan, *Legal Anthropology: An Introduction*, Lanham: Bowman & Littlefield Publishers, Inc., 2008, p.137.
③ F. Pirie, *The Anthropology of Law*, Oxford: Oxford University Press, 2013, pp.9-10.

律制度的比较就已经成为人类学进化论学派的研究范畴,但是,法律人类学的命名却姗姗来迟。类似法律人类学的名称最早出现于法国人波斯特(H. E. Post) 1890 年出版的《民族学法学概论》(Grundriss der Ethnologischen Jurisprudenz)一书中。① 马林诺夫斯基在 1926 年出版的《初民社会的犯罪与习俗》一书的导论中,有两个词涉及法律人类学的命名:一是初民法学(Primitive Law),马林诺夫斯基将这一学科定义为,它是对初民社会内部创造秩序、均衡和团结的一切力量进行研究的学科。二是人类学法学(Anthropological of Jurisprudence),用来指 19 世纪中叶的人类学对法律的研究。②

在当代的法律人类学文献中,除了人类学法学的名称外,关于法律人类学也有几种命名。例如,法律与人类学(Law and Anthropology),这个命名好理解,凡是涉及法学与人类学的跨学科研究都可以纳入该名称的范畴中。最常见的命名有两个,一个是法人类学(Anthropology of Law),另一个是法律人类学(Legal Anthropology)。法人类学和法律人类学在有的人类学家看来存在着很大的差异,它们分别代表着两种不同的研究进路。格尔兹在《地方性知识》(1983)一书中指出,法律人类学意味着具有法律家倾向的研究,法人类学意味着具有人类学家倾向的研究,这种区分源于这两类人之间既近且远的关系:"前者的工作,套用霍姆斯(Holmes)的话,在于给我们提供'在法庭上的知识或不触犯法律的知识';而后者的工作,套用霍贝尔(Hoebel)从克拉克洪(Kluckhohn)那里借来的话说,则在于构造一面大镜子,透过它我们能够'从(我们所具有的)无穷多样性中发现(我们自己)'。"③简单地说,在格尔兹眼里,从法学出发的法律人类学关注不同社会中法庭的程序、概念和适用规则的比较,即法学中的比较法取向;而从人类学出发的法人类学,则将法律视为社会生活的一部分,从社会整体上研究法律,关注一个社会发生纠纷或问题时法律如何运作,并从多样性中反思自身社会中的法律。不过,格尔兹所做的区分未免过于勉强,比较法学是法学中的一个历史悠久的学科,虽然它擅长比较不同社会的法律制度,但它是一个纯粹的法学学科,在研究取向、方法和视角上与人类学的差距很大,也从来不会以法律人类学作为学科名称。英国的法人类学家罗伯兹(S. Roberts)在一篇题为《我们需要法

---

① N. Rouland, *Legal Anthropology*, translated by Philippe G. Planel, London: The Athlone Press, 1994, preface, p. Ⅶ.

② B. Malinowski, *Crime and Custom in Savage Society*, London: Kegan Paul, Trench, Trubner & CO., LTD., 1926, pp. 2-3.

③ 〔美〕克利福德·吉尔兹:《地方性知识:事实与法律的比较透视》,邓正来译,载梁治平编:《法律的文化解释》,生活·读书·新知三联书店 1994 年版,第 74 页。

人类学吗》(1978)的论文中,批评法人类学(Anthropology of Law)的法律研究过度地使用法学中的法律分析方法,以至于不能获得令人满意的研究成果。[①] 由此可见,法律人类学的名称并不是具有法学倾向的人类学法律研究的专属名称。

实际上,对法律人类学和法人类学的区分,反映的是 20 世纪 70—80 年代曾经存在的人类学对法律研究的学科倾向,但在当代人类学界,这两个词的界限已经模糊了,人类学家不再纠结二者的界限,而是根据自己的习惯选择其中的一个词来使用。所以,只要是用人类学的理论和方法研究法律问题,都可以称为法律人类学或法人类学。

二、法律人类学的学术魅力

一般来说,在研究取向上,法律人类学关注人类法律制度的变迁,不发达或发达人群和社区的法律文化及社会控制;在研究目标上,法律人类学注重"认明何种社会,会产生何种法律制度,以及发现何种特定的社会条件中,有哪些法律程序、原则、规范和概念在运作";并将"法律事件、纷争和规则放在时间变化里,做连续事件来研究",以认识它们在社会生活中的地位和影响[②];在研究方法上,法律人类学强调以田野调查为主的实证分析比较方法为研究的首选方法,也注重以问题研究的方式将法律现象作为一种社会事实进行研究,实际上是用社会—文化人类学的方法和观点来研究和认识人类社会中的法律问题。

以田野调查为基础的法律人类学研究在研究方法上有许多讲究,它以参与观察和深度访谈的田野调查方式获取的直接经验为主要研究材料,这就要求研究者必须对研究对象进行较长时间的深入调查。为了保证在一定时间内的细致观察和深度访谈,研究者需要认真地选择调查的地点和研究的对象,并将调查地点和研究对象限制在相对狭小的范围内。同时,由于研究者需要从社会变迁过程中对相关问题作出合理的文化解释,所以,在选择调查地点和研究对象时,还得考虑历史文献、文物、遗俗等间接材料是否可以再现历史的场景。更要紧的是,在这样一个小地方,还要研究大问题,研究者必须考量其所研究的问题是否具有普遍性以及该调查地点能否为问题的解决提供充分的经验材料。在研究中,法律人类学不是单纯地研究法律问题,而是把法律问题放在整个社会的环境中加以考察,以便从整体论的视角解释法律问题的文化意义。

---

① Simon Roberts, *Do We Need an Anthropology of Law*, Rain, Issue 25. (Apr., 1978), p.4.
② 参见〔美〕穆尔(S. F. Moore):《法律与人类学》,黄维译,载李亦园编:《文化人类学选读》(修订 3 版),台湾食货出版社 1980 年版,第 231—232 页。

这里,我以张钧博士的《农村土地制度研究》①为例,谈谈法律人类学在学术研究中的运用。

为了满足法律人类学研究的上述要求,该书作者选择了云南省楚雄彝族自治州禄丰县的禄村作为调查地点和研究对象。禄村是一个由7个村民小组组成的自然村,人口1322人,人均土地0.77亩,是典型的以农田为主要生产资料进行生产经营活动的小型农村社区,农村土地制度对该社区的农业生产经营活动和农民的利益有重要的影响。禄村虽小,但却名扬四海。1938年著名社会学家和人类学家费孝通先生曾对禄村进行过调查,写作并出版了具有广泛影响的名著《禄村农田》;此后近60年的时间里,国内外学者持续对禄村予以跟踪调查,形成了关于禄村社会经济发展研究的丰富材料。从该书的内容可以看出,禄村的历史与现实以及相关的材料,十分符合法律人类学研究方法对于调查地点和研究对象的要求,从而使作者在写作中能够充分运用本人参与观察和深度访谈获得的直接经验材料描述禄村土地制度现状,并将这些直接经验材料与不同年代关于禄村的间接经验材料相比较,生动而客观地展现禄村60年来土地制度的变迁和民间法的运作轨迹。作者运用法律多元理论较有说服力地论证了我国农村土地制度由国家法和民间法共同组成,在农村的土地生产经营活动和土地管理活动中,民间法扮演着重要的角色。民间法的存在有效地弥补了国家法自身的缺陷,成为稳定农村生产经营活动秩序,维护农民权益的制度资源。作者在写作中和我讨论的两个问题可以说明法律多元理论的认识路径。在书中,有一部分内容专门讲"面子"的问题。作者在禄村调查时,发现禄村人很讲"面子",甚至种田也是为了"面子",而且,在有文字记载的材料中,即使在60年前,"面子"也盛行于禄村。那么,"面子"是什么?我们认为,"面子"是一种意识或观念,也是一种惯例,它约束着禄村人的行为,调整着禄村的人际关系。例如,不种田或种不好田的禄村人会"没面子",其实,这种意识背后隐藏着一条被普遍遵守且含有价值判断的规范性惯例,即农民以种田为本分,不会种田的人不是农民。正是这种惯例和意识使禄村人视种田为正道,视农田为生命。在法律多元的理论中,惯例属于法律的范畴,所以,将"面子"作为民间法的内容,分析"面子"在调整禄村土地关系中的功能,就是法律人类学视野中的应然之研究。另一个问题涉及禄村村规民约的一项规定,即禄村限制本村未婚女性"招姑爷",规定上门姑爷要交纳"农田水利建设基金及公共福利设施费"4000—5000元人民币。如果纯粹从法律

---

① 张钧:《农村土地制度研究》,中国民主法制出版社2008年版。

的角度分析这一规定,会认为该规定违反了我国《婚姻法》确立的男女平等原则,因为娶进村的媳妇不需要交纳这笔费用;还会认为该规定限制了夫妻双方选择婚后居住地的自由权利。按照我国《村民委员会组织法》第20条第2款的规定,禄村村规民约中关于上门姑爷交费的规定属于违反国家法律,应当取缔的内容。但是,在法律人类学的视角下,上门姑爷交费的规定具有合理性。作者从禄村"男娶女嫁"的传统文化和村民利益的角度解释了这项规定。实际上,上门姑爷是农村现行的"男娶女嫁"传统婚姻的例外,如果沿袭"男娶女嫁"的通婚模式,每年因为婚姻而发生的人口增减会基本平衡。反之,如果放任上门姑爷这种例外发生,将加剧禄村人口增长与农田减少的矛盾,侵害全村人的利益。所以,禄村人以村规民约的方式来抵制上门姑爷。而以交费的方式进行的限制也仅仅是一种较温和的抵制,并不危及禄村的正常通婚和人口繁衍。由此看来,得到禄村人普遍认同的关于上门姑爷交费的村规民约合情合理,对于稳定禄村的生产生活秩序具有重要的作用。

除了以田野调查为基础的法律人类学研究之外,当代的法律人类学也通过方法论的创新,将研究的视野扩展到更大的社会场域和更长期的社会历史中,不再局限于民族——地方(国家)的研究传统。通过对同类事件、问题的综合性研究和对过往研究的再研究或反思,法律人类学可以对大规模的社会,诸如地区、国家、国家间以及全球性的社会进行现实和历史的研究,研究材料不仅来自研究者的田野调查,也来自历史档案、官方或非官方文件、新闻观察等渠道。

三、法律人类学与法社会学和民族法学

在我国,法律人类学的相邻学科是法社会学和民族法学,甚至被认为是法社会学或民族法学的分支学科。然而,法律人类学与法社会学和民族法学还是不同的学科。

法社会学是法学与社会学之间的交叉学科,社会学和法学均把法社会学视为本学科的分支学科,指的是用社会学的理论和方法对法律问题的研究。法社会学与法律人类学的学科界限在于,前者对法律问题进行社会学研究,后者对法律问题进行人类学研究。具体来说,法社会学的学科基础是社会学的理论与方法,而法律人类学的学科基础是人类学的理论与方法;法社会学的传统研究对象主要是大规模的现代社会,法律人类学的传统研究对象主要是小规模的非西方社会;法社会学的研究方法是社会学的社会调查法,即以统计调查、问卷调查和实地调查等方法收集实证材料,而法律人类学的研究方法是田野工作法,强调通

过参与观察和深度访谈获取实证材料。两个学科也有很多共同点,例如,理论来源、整体论的立场、实证主义的方法论、叙事的文本风格,等等。随着两个学科在研究对象和研究方法上逐渐融合,现在两个学科的界限已经变得模糊,一些学者栖身于两个学科之中自由地行走,也不会觉得有学科间的障碍。不过,法律人类学所固守的田野工作法仍然让法律人类学保持着人类学研究的传统。

民族法学是我国法学学科分类中的一个二级学科,该学科立足于中国的现实,探索少数民族地区的法治之路和国家解决民族问题的法律途径,研究成果集中于三个方面,即处理民族关系的现行法律研究、少数民族传统法律文化的研究、多民族地区法律实施的研究,是民族学与法学之间的交叉学科。中国是一个多民族的国家,民族问题是国家生活中的重大问题,也是社会科学研究中一个颇受关注的领域。[①]

相对于其他社会科学学科来讲,我国理论界从法学的角度来研究民族问题是比较早的,1986年便有学者提出创建民族法学学科的建议[②],1990年2月国家民族委员会牵头成立了"民族法学研究会筹备组",并向中国法学会提出"关于建立'民族法学研究会'的请示报告",同年3月中国法学会复函同意成立"中国法学会民族法学研究会",该研究会为中国法学会所属的一个分支学科研究会。1991年正式成立的民族法学研究会标志着中国法学界对民族法学学科的认可,也使一批从事民族法研究和实务的人员找到了一个可以视为学术归宿的团体。

民族法学是一个复杂的、边缘性的学科。从该学科创立之初到现在,复杂与边缘性的特点一直伴随着它的发展。该学科的复杂性表现在两个方面,一是研究内容的复杂性,二是研究人员构成的复杂性。民族法学的研究内容复杂,它涉及法律方方面面,几乎没有任何法律可以避开民族问题,因为在一个多民族的国家中,各民族的成员分布在全国各地,而各民族及其成员参与的社会生活又是如此丰富,即使是一般性的法律(非专门调整民族关系的法律),在实施过程中也会碰到如何在民族地区实施的问题。当然这种复杂性也包括民族法学研究的一些问题十分敏感,涉及国家的统一和民族间的团结。民族法学研究队伍的构成也

[①] 1949年以后,我国在解决民族问题的过程中,形成了一个新的学科"民族学"。1990年后,民族的问题渗透到其他学科的研究中,出现了一些新的学科名称,如民族法学、民族经济学、民族政治学、民族语言学等。

[②] 吴宗金:《试论民族法学的地位和作用》,载《贵州民族研究》1987年第1期。

很复杂,它基本上是一种以民族工作者为主体,法学家和民族学家参与其中的结构。① 民族法学的边缘性是指其研究的领域虽然涉及法学、民族学,但均不是法学和民族学研究的内核性问题。对于法学来说,民族法学研究的是特殊群体和区域的法律问题;对于民族学来说,民族法学研究的是涉及法律的民族问题,因此,无论是法学或是民族学都可以把民族法学包容在其中,而民族法学在研究方法和研究视角上的新颖性,也为法学和民族学的研究带去一阵阵清新之风。② 所以,民族法学实际上是介于法学和民族学之间的一个边缘性学科,它的发展离不开法学与民族学的理论支撑。

民族法学是我国的一个独特学科,严格说它与法律人类学并非同一学科。民族法学与法律人类学相比,有诸多的区别。其一,研究的领域不同。民族法学的研究领域十分广阔,它随着法的调整范围渗透到与少数民族相关的社会、经济、文化等领域;它关注民族法的制定、少数民族权利的保护、民族地区的法律实施;也关注少数民族传统法律文化的变迁和民族地区的社会控制。而法律人类学所关注的是人类法律制度的变迁、不发达或发达社会的法律文化及社会控制,并不限于对少数人群体的研究。实际上,法律人类学所研究的内容仅是民族法学中的一部分领域。其二,研究的目标不同。民族法学的研究目标一开始就定位在民族法制之上,即为国家的民族立法和民族法的实施服务。③ 法律人类学的研究目标是将"法律视为一种被假设和观念赋予了意义的社会形态加以考察,运用严格的社会整体论的方法,对形形色色、各不相同的社会现象贴上适当的法律标识,同时找出它们之间的模式、共性和关联。法律人类学的任务是描述而不是给出对策,通过最直接的进路,找出法律现象共同的特征和概念,然后,像某些法哲学家一样,描述这些现象以便进行分析。不过,人类学家的研究项目更为广泛,他们更关注法律现象的不同和差异。法律人类学的作品虽然少了哲学的语境,却多了社会事实的细节和对社会事实细致入微的描写。从另一个方面看,法律人类学为法哲学的研究提供了便利且丰富的经验材料"。④ 两相比较,民族法学将研究目标主要放在国家对民族关系宏观调控的法律手段选择上,法律人类学则把研究目标放在微观社会中,或把研究目标放在大规模社会的事件、问题上

---

① 民族工作者可包括在各级政府、人大、党的机关中从事与少数民族相关工作的人员,以及在少数民族地区工作的各类人员。
② 民族法学的研究论文散见于法学、民族学类的学术杂志,相比之下,民族学类的学术杂志登载的民族法学论文要多些。
③ 中国法学会民族法学研究会一直强调要把坚持为民族法制建设服务作为民族法学研究的宗旨。
④ F. Pirie, *The Anthropology of Law*, Oxford: Oxford University Press, 2013, pp.23-24.

来认识文化与法之间的互动关系。其三,研究方法不同。民族法学强调的是用法学的方法和观点来研究和认识民族问题,诸如规范分析法、演绎法是民族法学主流研究中的基本方法,而法律人类学强调以田野调查为主的实证分析和比较方法为研究的首选方法,实际上是用人类学的方法来研究和认识民族社会中的法律问题。正是由于上述差别的存在,目前民族法学只能在较狭小的范围内与西方的法律人类学展开对话。

第二章 法律人类学的研究对象

第一节 早期法律人类学的研究对象(1860—1925)
第二节 现代法律人类学的研究对象(1926—1969)
第三节 当代法律人类学的研究对象(1970—现在)

研究对象是对一个学科进行定位的重要指标,通过研究对象,可以从一个侧面了解该学科与其他学科的差别所在。同时,在一个学科中,研究对象可能会随着社会的发展和社会问题的变化而被调整,致使不同时期的具体研究对象会存在差别,研究对象的范围也会有很多不同。

法律人类学的研究对象虽然是社会中的法律问题,但是,在学术史上,不同历史时期的法律人类学,由于人类学理论和方法的改变、社会发展和法律问题的变化以及其他学科的影响,总会导致法律人类学研究对象发生改变,人类学家通过对法律问题关注点和研究旨趣的改变来应对和解释不同时期的社会与法律难题。因此,本章的内容,将从学术史的视角切入,分三个时期展示法律人类学研究对象的内容和变化。

第一节 早期法律人类学的研究对象(1860—1925)

以 1860 年作为早期法律人类学的起点,是因为在 19 世纪 60 年代,一些重要的人类学著作面世,引人注目的是其中几部影响深远的著作均由具有法律家身份的作者所撰写。这些研究早期社会和初民社会法律制度和习俗的著作,既是早期人类学的经典著作,也是早期法律人类学的重要学术成果,它们拉开了人类学和法律人类学学科发展的序幕。[①]

一、时代背景

19 世纪中叶至 20 世纪初叶是西方资本主义国家社会发展的重要时期。起始于 1760 年的第一次工业革命,伴随蒸汽机的广泛运用和车床等机器的发明,使西方国家的经济和贸易取得了令人瞩目的成就。以英国为例,到了 19 世纪 20 年代,英国占有了世界贸易 20% 的贸易量以及一半的制造业产品份额。19 世纪

---

① 有关这些早期法律人类学家的评介可参阅本书第三章的内容。

70年代,以电力和内燃机的发明和推广为标志的第二次工业革命又在美国和欧洲展开,使西方国家的生产力有了很大的提高,人们的生活水平也得到了提高,饮食、住房和卫生状况有了改善。然而,随之而来的是市场经济所导致的繁荣与萧条交替发生的苦恼,在19世纪下半叶出现了几乎每10年就有一次的经济危机,也使得社会下层的人们饱受经济调整和失业的痛苦。①

在社会治理方面,自然法学派的"天赋人权"和"社会契约"的观点奠定了西方国家政府合法性的理论基础,法治成了一种社会共识。在英国,法治的倡导,一方面促进了对合法权利的保护,从而抵消了工业革命引发的"革命性"后果,化解了企图从变化中创建新政治制度的多次尝试;另一方面,法律法规的渐进式演变也为其他方面的政治变革提供了范型。例如,20世纪初,英国政府为了解决贫穷和公平的社会问题,先后通过的学校的免费餐、养老金计划、劳工介绍所、国民保险法等法案,被视为现代福利国家的首批立法。② 与英国不同的是,经历了1789—1830年大革命的法国在19世纪中叶仍然处于不安的变革之中,一方面是工业革命带来的经济进步,另一方面则是对制度和现状的不满带来的反抗行动。其中,1871年通过革命建立的巴黎公社被马克思称为"人民群众获得社会解放的政治形式"③。

在思想意识上,这个时期出现的思潮和理论直到今天也在这个世界发生着影响。例如,达尔文(C. R. Darwin)的进化论思想;斯宾塞(H. Spencer)的社会进化论;马克思(K. Marx)的历史唯物论、辩证唯物论和政治经济学理论;涂尔干和韦伯(M. Weber)的社会学理论等。在法学的理论中,这个时期出现的分析法学派,使法学形成了自然法学与分析法学长期对垒的理论格局。

这个时期的殖民扩张十分引人注目,西方国家在亚洲、非洲、美洲的殖民地迅速扩大,殖民地的经济和贸易为西方国家源源不断地提供着资源和财富。在19世纪的最后40年,非洲、远东和太平洋地区被西方列强疯狂掠夺和瓜分,"到19世纪与20世纪之交,英国夺得了958万平方公里的领土连同5700万人口;法国夺得了932万平方公里的领土连同3650万人口;德国夺得了259万平方公里的领土连同1470万人口;比利时夺得了233万平方公里领土连同3000万人口;葡萄牙夺得了207万平方公里领土连同900万人口。……整个非洲大陆94.4%

---

① 〔英〕哈维(Christopher Harvie)、〔英〕马修(H. C. G. Matthew):《19世纪英国:危机与变革》,韩敏中译,外语教学与研究出版社2007年版,第182、188、274页。
② 同上书,第177、322页。
③ 《马克思恩格斯选集》(第3卷),人民出版社1995年版,第95页。

的土地是殖民地(19 世纪 70 年代以前只有 10.8%)。其中法国占领的非洲土地面积最大,达 1097 万多平方公里,约占非洲总面积的 36%,相当于法国本土面积的 20 倍。其次是英国,占有 866 万多平方公里,约占非洲总面积的 29%,为英国本土面积的 36 倍"①。

在美国,继 19 世纪初叶政府强迫西部印第安人签订割让土地条约,从而获取了西部印第安人的庞大土地之后,1830 年国会又通过了《印第安人迁移法》,并拨给必要的资金,购买密西西比河东部印第安人部落的所有土地,并为在西部重新安置他们提供资金。政府通过使用压力、操纵与公然的欺诈等多种手段,逼迫印第安人从他们故乡的土地上迁徙到政府安排的印第安人领地。在迁徙过程中,印第安人遭受到了可怕的磨难,其中,被称为五大文明部落之一的切诺基人出发时的 2 万人中,有几乎四分之一在长途跋涉中死于疾病、劳累或是过度悲伤。② 1851 年国会通过了一项新政策,意图将中部平原地区打开作为到太平洋沿岸的道路,并许诺为当地的印第安人部落确定保留地。南北战争结束后,印第安人对政府的政策和安排进行了反抗,结果政府动用军队进行镇压,强行将印第安人驱赶到保留地。1890 年最后一次印第安人反抗政府的战争被军队扑灭后,大平原上印第安人与政府之间的武力冲突才告结束。③

1914 年 7 月—1918 年 11 月的第一次世界大战是西方国家为重新瓜分世界,争夺世界霸权而引发的一次世界规模的大战,参战国分为协约国和同盟国两个军事集团,一共有 39 个国家卷入战争,包括欧洲、亚洲、非洲、北美洲、拉丁美洲和大洋洲的国家。④ 这次战争不仅重创了世界经济,也使世界的政治和经济格局发生了重大改变。

二、研究对象

在早期法律人类学家的著作中,研究对象主要集中在以下几个方面的问题:法律与制度的起源,古代社会的法律制度及其比较,古代法律与制度的遗存,初民社会(不发达社会)的奇风异俗和社会制度,资本主义社会法律制度优越性的论证。

---

① 李植枬主编:《宏观世界史》,武汉大学出版社 1999 年版,第 215—216 页。
② 〔美〕卡罗尔·帕金、〔美〕克里斯托弗·米勒:《美国史》(上册),葛腾飞、张金兰译,东方出版中心 2013 年版,第 463、515、519 页。
③ 同上书,第 323—329 页。
④ 李植枬主编:《宏观世界史》,武汉大学出版社 1999 年版,第 244 页。

(一) 法律与制度的起源

在进化论的启示下,19世纪的欧洲学者"觉得自己有义务探讨人类在不断追求完美的过程中,所经历的漫长而艰辛的路程。这种动机,促使当时的欧洲人对部落社会感兴趣,而且把原始部落的形态当作欧洲史前文化的早期形态"①。早期的法律人类学家也是受这样的动机驱使,萌发了探索人类社会法律和制度起源的渴望,并将它付诸学术实践,而殖民地官员、探险者和旅游者对初民社会的描述,更坚定了他们揭示法律与制度起源的信心。关于法律和制度起源的研究,涉及这样一些问题:(1)父权制与母权制争论。主张父权制的学者(如梅因H. S. Maine)认为,人类最早实行的是以父权为核心的制度,法律起源就是父亲的命令。而主张母权制的学者(如巴霍芬J. J. Bachofen)认为,人类最早的社会形态是母系社会,女性家长早于男性家长出现,因此,人类的早期社会建立的是以母权为核心的制度,法律起源于女性的权力。(2)法律进化的模式。法律的内容和形式经历了从低级向高级的发展过程,这个过程具有普遍的模式,如家长的命令——习惯法——法典的模式(梅因),或是习惯法——学术法——法典的模式(萨维尼F. K. Von Savigny)。

(二) 古代社会的法律制度及其比较

在早期法律人类学家的研究中,古代社会往往指的是史前的人类社会,尤其是欧洲国家的古代社会。由于缺乏文字记载和考古发掘材料,古代社会的法律制度并不清晰,这种情况对于西方的人类学家而言,等于处于对自身社会历史的无知状态,虽然,按照进化论的观点,从初民社会可以看到西方社会的过去,但是,从学术价值上看,这种进路显然不如以西方古代社会的材料为基础的研究。因此,早期法律人类学家致力于发现西方古代社会法律制度的研究。这方面的研究包括:(1)研究方法。面对研究材料缺乏的困境,法律人类学家找到了两种研究古代社会的方法。一是梅因提出的史诗研究法,即通过史诗对史前社会的记述,发现古代社会的法律制度。二是巴霍芬提出的艺术研究法,即在很少有传统社会能够留下历史学家所需要的书面材料的情况下,可以选择将有关史前社会的艺术,特别是神话作为研究的材料,这样就能摆脱对文字材料的依赖,从而

---

① 〔英〕陆一士(Loan M. Lewis):《社会人类学导论》,黄宣卫、刘容贵译,台湾五南图书出版公司1985年版,第31页。

论证习惯法与穿越时空界限的法律体系之间的联系。①（2）比较法律制度。在发现和找到古代社会法律制度的基础上，具有法学知识背景的法学家运用法学的比较方法对古代制度进行比较，试图发现不同古代社会法律制度的异同，揭示古代社会法律制度与资本主义国家法律制度之间的联系。

（三）早期社会法律与制度的遗存

按照进化论的观点，人类社会在进化过程中，早期社会的制度和生活方式不会完全消失殆尽，它会在现代社会中留有痕迹，这些痕迹就是早期社会的法律与制度遗存。而且，社会发展中还会出现退化的现象，从这种退化的现象中也能发现早期社会的法律与制度遗存。英国著名人类学家泰勒(Sir E. B. Tylor)认为，遗存(survival)一词用于指一些风俗与信仰，这些风俗与信仰就像人类的盲肠一样，本身是没有用处的，但却阴差阳错地留存下来，出现在它所不该出现的情景中。把握住遗存的现象，敏锐的演化论者无疑掌握了早期历史的重要线索。② 这方面的研究沿着两种进路推进，一是通过对西方国家早期社会与现在社会的比较，发现现时社会存在的早期社会的法律与制度遗存；二是通过对初民社会与西方社会的比较，发现习惯或制度上存在的共同性，而这种具有共性的习惯或制度，就是早期社会留存于西方社会的法律和制度遗存。例如，麦克伦南(J. F. Mclennen)关于抢婚习俗的研究；摩尔根(L. H. Morgen)关于亲属称谓的研究等。

（四）初民社会的奇风异俗和社会制度

对初民社会的研究来源于两种完全不同的兴趣，一种是纯粹的学术兴趣，通过初民社会的研究获取对初民社会制度的认识，进而发现人类社会发展的一般规律。如摩尔根的研究。一种是追溯自身历史的兴趣，对于一些人类学家而言，他们苦心收集初民社会的资料，是期望了解自身社会的来源。对于后一种兴趣，有批评家讥讽道："这些早期安乐椅上的人类学家，很少与部落的习俗有直接的接触，而他们之所以对部落习俗感兴趣，只不过想从活人身上找到一些线索，以便更容易了解死去的祖先而已。此种对祖先历史的着迷，激起了他们无穷的欲

---

① Norbert Rouland, *Legal Anthropology*, translated by Philippe G. Planel, London: The Athlone Press, 1994, p. 22.
② 参见〔英〕陆一士(Loan M. Lewis):《社会人类学导论》，黄宣卫、刘容贵译，台北五南图书出版公司1985年版，第37页。

望,而去收集野蛮人的奇风异俗,只要这些资料能让他们厘清祖先的朦胧形象就好。"①对初民社会奇风异俗和社会制度的研究主要有这样一些问题:(1)亲属关系与亲属称谓。初民社会中的亲属关系和亲属称谓包含着初民社会的传统和习惯,这些传统和习惯就是初民社会中的制度。(2)婚姻家庭的模式和演进。不同的初民社会存在着不同的婚姻家庭模式,不同历史时期的初民社会也存在着不同的婚姻家庭模式,从这些婚姻家庭模式中,可以找出人类社会婚姻家庭制度由野蛮向文明发展的不同阶段。以上两个问题均是摩尔根研究的内容。(3)对奇风异俗的描述和分类。如泰勒使用了350个不同社会中相关习惯行为的调查来描述不同文化中关于回避行为的规定,并区分出三种不同的回避习俗。②

(五)资本主义社会法律制度优越性的论证

19世纪西方国家在政治、经济和文化上的发展,使当时的学者们乐观地认为他们的社会进入了最好的时代。在早期法律人类学家的比较研究中,通过与初民社会和西方早期社会的比较,资本主义社会在制度上的优越性是那么明显,因此,在研究中自然地流露出来的就是为现实的制度叫好的情感和论证其合理性的激情。这是这个时期法律人类学家的一种普遍的学术取向。

综上所述,这个时期法律人类学研究对象具有以下几个特点:(1)研究对象宏大,一般都是对整个人类社会的研究,试图找寻人类社会进化的一般规律。(2)在研究兴趣上,偏重历史学的旨趣,试图发现历史,构建人类社会的演进史。(3)研究资料缺乏,并存在主观片面、真实性难以确认的问题。(4)以演绎推理作为理论论证的主要方法。

第二节 现代法律人类学的研究对象(1926—1969)

以1926年作为现代法律人类学的开端,主要是因为这一年马林诺夫斯基出

---

① 〔英〕陆一士(Loan M. Lewis):《社会人类学导论》,黄宣卫、刘容贵译,台湾五南图书出版公司1985年版,第32页。
② 同上书,第38页。

版了现代法律人类学的经典著作《初民社会的犯罪与习俗》(1926),该书的出版撇清了现代法律人类学与早期法律人类学在理论和方法上的界限,也标志着现代法律人类学的诞生。

一、时代背景

1926年到1969年仅仅是40多年的时光,可是,这段时光中整个世界经历着激烈动荡和迅猛发展的双重境遇,战争与和平、冷战与合作、人权与法治、殖民与发展、经济的萧条与繁荣、科技的发展与危险等等都是这个时期的主题。限于篇幅,这里只能择其与法律人类学相关的主题,简略地予以介绍。

第一次世界大战后,经过短暂的战后重建,重回正轨的世界经济居然很快进入了一个短暂的繁荣期。在美国,1920—1928年被称为繁荣的"十年",以电力和内燃机为代表的第二次工业革命的成果凸显。1920年,美国经济已经彻底工业化,以汽车工业为代表的现代大型企业得到快速发展,小汽车成为中等收入消费者的宠爱之物,到了1927年,福特汽车公司已经生产了1500万辆汽车。汽车工业拉动了其他产业的发展,并改变了美国人的生活方式。然而,1929年,经济繁荣表象之下的危机爆发了,经济疲软、生产过剩、收入分配不均、超额的赊账购买,以及政府经济部门管理职能的弱化,最终导致了全国性的经济危机,美国进入了大萧条时代。① 欧洲的经济在战后也得到了恢复,就连战败国德国也在美国资本的扶持下于1927年将工业生产恢复到了战前水平,并在1929年超过英、法,成为欧洲第一经济大国。但是,美国的经济危机很快波及欧洲,导致银行倒闭,货币贬值,工业、农业以及贸易都受到冲击。② 这次经济危机对西方各国的历史进程产生了深远的影响,美国在罗斯福新政的激励下实行了一系列改革,而德国、意大利和日本则通过强化国家机器和政府控制来扭转危机,致使法西斯掌握了国家政权,开始为发动战争进行准备。

法西斯(fascist)一词来自拉丁文 fasces,本义是"束棒",意指万众团结一致,服从一个意志,一个权力。1919年意大利的墨索里尼及其党徒将在米兰成立的组织命名为"战斗的法西斯",并于1922年取得意大利政权。在德国,以希特勒为党首的法西斯纳粹党(德国国家社会主义工人党的简称)于1933年取得政权。在日本,法西斯组织在1930年代初得到快速发展,并通过日本军部控制了政权。

---

① 〔美〕卡罗尔·帕金、〔美〕克里斯托弗·米勒:《美国史》(中册),葛腾飞、张金兰译,东方出版中心2013年版,第560、564、626页。
② 李植枬主编:《宏观世界史》,武汉大学出版社1999年版,第272、277页。

在德、意、日法西斯主义盛行的影响下,法西斯主义成为第二次世界大战前的一股强大的势力。虽然各国的法西斯主义和政权各具特点,但其共同点是:主张国家主义,宣扬国家至上;奉行极权主义,强调确立领袖、元首至高无上的地位;鼓吹种族主义或极端民族主义,认为自己民族是优等民族,应当对劣等民族实施统治;推行军国主义,美化战争和暴力,蔑视和平。①

第二次世界大战从 1939 年 9 月 1 日德国入侵波兰开始,到 1945 年 9 月日本签署无条件投降书结束,历时 6 年,以美、英、苏、法、中为核心的反法西斯同盟国取得最终胜利。战后,整个世界在重建的过程中反思战争的原因、过程和结果。这些反思最明显的成果就是联合国的建立,并将避免战争,维护和平,保护人权作为世界发展的主题。

然而,第二次世界大战后的世界并不太平。一是以美国、北大西洋公约组织为主的资本主义国家阵营与以苏联、华沙条约组织为主的社会主义国家阵营的对抗,成为左右世界格局的主线,从 1947 年开始一直持续到 1991 年,最后因为苏联解体,德国统一,华沙条约组织解散才告结束。这段时期被称为"冷战时期"。二是战争削弱了西方殖民地宗主国的实力,也激起殖民地国家和民族的独立运动,出现了很多新兴的国家,开启了以此为特征的后殖民时期。三是局部战争不断,仅在亚洲,就发生了具有世界性影响的朝鲜战争和越南战争。

第二次世界大战后,各国的经济在 1950 年代进入了快速发展的时期,"以原子能、电子计算机、航空航天技术引领的科技浪潮,极大地推动了社会生产力的发展,促进了资本的集中,国际垄断组织和跨国公司大量出现,国家垄断资本主义获得高度发展,使各国经济上的相互依赖空前加强,世界经济一体化趋势日益明显"②。

在简要描述了这个时期整体的时代背景之后,有必要转入对与人类学相关的一些特殊事件的描述。

(一)殖民地的治理

19 世纪末到 20 世纪初的殖民地扩张,一方面增强了西方国家对世界的影响力,另一方面,殖民地的治理成为宗主国不得不精心考虑的问题。为此,殖民国家和殖民当局加强殖民地行政机构的设置和扩展,并对治理方式进行改善,意图更严格地控制殖民地。基于长期经营殖民地的经验,英国于 20 世纪 20 年代在

---

① 王红生:《二十世纪世界史》,北京大学出版社 2009 年版,第 112—113 页。
② 李植枬主编:《宏观世界史》,武汉大学出版社 1999 年版,第 320 页。

殖民地推行直接统治与间接统治两种形式并举的制度，一是由宗主国派出的总督和各级官员对殖民地进行直接统治，二是利用殖民地原有的传统组织和部族首领管理本地方的事务，但要求他们向宗主国宣誓效忠，这就是所谓的间接统治。① 同时，为了掌握殖民地的社会情况，英国政府和殖民当局还提供经费，在殖民地设立研究机构，资助或委托学者去殖民地开展研究活动，为治理殖民地提供咨询报告和专题研究报告。例如，罗兹—利文斯顿研究所成立于1937年，位于北罗德西亚（现在的赞比亚）当时的殖民地首府利文斯顿。罗德斯—利文斯顿研究所从设立之初就成为英国人类学家的重要研究基地，特别是格拉克曼1949年担任曼彻斯特大学社会人类学系主任之后，罗德斯—利文斯顿研究所为曼彻斯特大学的师生提供了稳定而长期的田野工作基地，使其对于非洲中南部能够进行大范围、历时性的研究。在此期间，曼彻斯特大学的人类学家和他们的学生依托罗德斯—利文斯顿研究所，参加了英国在中部非洲开展的社会人类学实地调查重大研究项目。参加这些项目的包括英国当时最为知名和有影响力的社会人类学家，如格拉克曼（M. Gluckman）、科尔森（E. Colson）、米切尔（C. Mitchell）、特纳、爱泼斯坦（A. L. Epstein）、卡普费雷尔（B. Kapferer）等。②

赞比亚是英国重要的殖民地，通过赞比亚的殖民史，可以很好地了解非洲国家的形成、殖民地管理和殖民地独立的过程。

赞比亚最初是作为一个公司国家建立起来的，它被称为北罗德西亚，名称来源于英国南部非洲公司创始人罗兹（C. J. Rhodes）的名字。1890年该公司与巴罗策的酋长签订条约取得了对北罗德西亚的控制权，进而在这个地区的西部和北部建立了独立的行政机构。1924年，北罗德西亚成为英国政府的直属行政区，由一名总督负责行政管理事务，总督向英国殖民地部负责，领导着一个由9名英国官员和5名英国非官方人员组成的立法会。总督在行政委员会和立法会的支持下，设立了服务于英国和殖民者利益的中央政治机构。殖民地的政治和非洲的行政管理方式的关系最初是模糊不清的，由于没有足够的资源从外部对整个殖民地进行直接统治，殖民统治很难深入到偏远的乡村地区。为了纠正这种状态，1928年，英国殖民机构开始推行间接统治的政策，利用当地组织机构（酋长和当地法院）去管理非洲人，并于1929年出台了《本地政府条例》和《本地法院条例》，试图把英国法移植到赞比亚，规范殖民地的政治和法律事务。但此举并没

---

① 陈启能主编：《大英帝国从殖民地撤退前后》，方志出版社2007年版，第8页。
② R. Brown, Passages in the Life of a White Anthropologist: Max Gluckman in Northern Rhodesia, *The Journal of African History*, Vol. 20, No. 4. (1979), pp.525-527.

有完全取代非洲的习惯法，却形成了英国法与非洲习惯法制度并存的格局。1964年赞比亚获得独立。①

（二）美国印第安人政策的变化

1887年美国国会通过了《道斯土地占有法》，该法旨在改变印第安人土地属于族群所有的制度，实行土著个人土地所有制，用19世纪白人公民的形象改造印第安人，让印第安人"变文明"。按照该法的规定，保留地被分割为若干160英亩一块的家庭农场，一旦每个家庭收到了分配的土地，剩余的保留地土地就被政府出卖，收益用于印第安人的教育。这部法律被称为"夺取印第安人土地的法案"，向印第安人分配土地后，余下还有大约70%的保留地，大部分被立即卖掉。② 到了1900年，印第安人占有的土地从17世纪的19亿英亩缩减到约4600万英亩，这些土地大小不一，分布在中西部一些州，构成联邦印第安人保留地体系。③

《道斯土地占有法》表达了美国政府破坏印第安人保留地制度，同化印第安人，根除印第安人文化的政策。1920年代初，政府试图将一部分保留地租借给白人开发者，并取消普韦布洛印第安人对河流沿岸所有权，遭到激烈反对，并直接导致美国印第安人保护协会的成立（1923）。在印第安人保护协会和其他组织的努力下，美国通过了几部有利于印第安人的新法律，包括1924年给予所有土著美国人完全公民权利的法律。④

1934年在联邦政府印第安人事务专员的极力坚持下，国会通过了《印第安人重组法》，该法规定结束分割印第安人的土地，将剩下的土地归还给部落所有，禁止个人拥有部落土地的所有权；印第安人在保留地实行自治。⑤

20世纪60年代，印第安人以新的活力组织起来，以各种形式伸张他们的权利，并通过全国性大会提出《印第安人目标宣言》（1961）。这些活动迫使联邦政府宣布美国土著应该享有与其他美国人同样的社会权利，并签署了《印第安人公民权利法》（1968）。然而，直至21世纪，印第安人仍然是美国最贫穷且受教育最

---

① 〔美〕穆永兹威·哈马伦华：《赞比亚的法律制度：历史中的法律、政治与发展》，载〔美〕P. 艾伯·邦茨—辛普森主编：《第三世界的法律与发展》，洪范翻译小组译，法律出版社2006年版，第33—36页。
② 〔美〕卡罗尔·帕金、〔美〕克里斯托弗·米勒：《美国史》（中册），葛腾飞、张金兰译，东方出版中心2013年版，第353—354页。
③ 同上书，第250页。
④ 同上书，第593页。
⑤ 同上书，第671页。

少的少数族裔之一。①

（三）法学理论的发展

这个时期的法学理论出现了许多新的进展。1920年代兴起的美国现实主义法学逐渐成为美国理论法学的主流学派。现实主义法学不满足于仅仅将英国普通法作为美国司法的法律适用准则，认为在美国独立之后，经过100多年的司法实践，美国已经具有建立由本土案例构成的判例法体系的基础，因此，应当从美国自己的社会现实和司法现实出发，鼓励法官通过本土的判例创制具有美国特点的法律。为了从理论上论证法官创制法律的合理性，现实主义法学提出了一系列针对分析法学学派的理论主张，试图颠覆分析法学的理论。现实主义法学对本土资源的重视，与人类学一拍即合，一些现实主义法学家自觉地接受人类学的理论，将其运用到法学的研究中（霍姆斯 O. W. Holmes）；还有的现实主义法学家（卢埃林 K. Llewellyn）与人类学家（霍贝尔 E. A. Hoebel）合作，运用人类学和现实主义法学的方法和理论研究美国印第安人部落的案例。

第二次世界大战之后国际法庭对战犯的审判也促使法学家对"恶法"与"良法"的性质展开了争论。纳粹政权制定的那些灭绝种族、反人类的恶法是一种"非法"，还是一种正常的法律？如果按照分析法学的观点，法律无涉价值，是一种纯粹的客观评价，那么，纳粹的恶法也是法，按照"不溯及既往"的原则，对纳粹分子实施的灭绝种族、反人类的行为以及战争行为，就难以按照战后制定的新法追究他们的法律责任。但是，如果按照自然法学的观点，恶法非法，即恶法违背人类的良知和道德，它不具有法律应有的价值观，在本质上不是法。因此，纳粹分子实施的灭绝种族、反人类的行为以及战争行为，是一种非法行为，应当追究法律责任。显然，自然法学的理论成为国际法庭审判战争罪犯的理论依据，并导致新自然法学派的兴起。时至今日，道德与法律之间的关系仍然是法学理论的一个历久弥新的问题。②

1960年代，英国法学家哈特（H. L. A. Hart）对分析法学的理论做出了一定的革新，以回应法学界对分析法学的批评。哈特的理论受到法学界的普遍关注，被称为新分析法学。新分析法学理论从日常生活的语言中分析法律行为的方法和对法律概念的界定，对法律人类学有较大的影响。

---

① 〔美〕卡罗尔·帕金、〔美〕克里斯托弗·米勒：《美国史》（下册），葛腾飞、张金兰译，东方出版中心2013年版，第250—252页。

② 参阅田雷：《法理学"永恒的洞穴"：解读富勒的"洞穴探险者案"》，载《博览群书》2006年第9期。

二、研究对象

美国法律人类学家纳德(L. Nader)在题为《法律的人类学研究》(1965)的综述性论文中,把法律人类学的研究对象归纳为:"一个多世纪以来,法律人类学研究的主题主要是以下问题:法律普遍存在于所有社会吗?什么是已被揭示的法律的普遍特征?法律是如何与其他文化和社会组织发生联系的?(法律)变化的范围能否被限定和模式化,以致法律类型可以被建构,并被用于理解法律与其他文化与社会组织的关系?随着时间的推移,法律怎样改变,为何改变?不同文化群体的法律制度互相碰撞会有什么后果?同一社会中多种法律制度的并存有什么影响?我们应该怎样描述法律制度?在什么条件下及怎样进行法律制度的比较是可能的?"①

另一位美国法律人类学家穆尔(S. F. Moore)在题为《法律与人类学》(1969)的综述性论文中,把这个时期法律人类学的研究对象概括为两大类,一类是关于法的定义的研究;一类是关于隐藏在经验中的法律的研究。在第二类研究中,包括以下一些具体问题:(1)殖民地的习惯法;(2)疑难案件;(3)规则的适用;(4)法庭技巧;(5)土著人的司法和推理;(6)初民社会的法律术语;(7)纠纷与社会控制。②

尽管上述两位法律人类学家的表述有差异,但如果仔细对比,其实两位列举的法律人类学研究对象大同小异,囊括了这个时期法律人类学的研究重点。下面就简略地评介一下这些研究对象。

(一) 法的概念

与法学相比,人类学是一个年轻的学科,在人类学诞生之时,古老的法学早就建立起一整套在西方被公认的概念体系。其中,关于法的概念深深地困扰着法律人类学的理论发展。法学中关于法的概念也不统一,但普遍认为法是国家制定的,具有国家强制力,能够普遍适用的规范体系。这种法的概念,直接否认了初民社会有法律的可能性,因为:初民社会没有国家,只有部落或氏族;初民社会没有法院和法官,只有部落酋长和纠纷调解人;初民社会没有国家的法,只有

---

① L. Nader, The Anthropological Study of Law, *American Anthropologist*, Vol. 67, No. 6. (1965), p. 4.
② 〔美〕穆尔(S. F. Moore):《法律与人类学》,黄维宪译,载李亦园编:《文化人类学选读》(修订3版),台湾食货出版社1980年版,第193—208页。

传统习惯或习俗。由此可见，如果完全依据西方法学的法的概念来否定初民社会存在法律的事实，就可能陷入西方中心主义的泥沼，不能正确地认识非西方社会中的法律现象。

法的概念对于法律人类学来说十分重要，如果其所研究的法与法学中的法不一致，或是不被认为是法，那么，法律人类学就会失去与法学对话的基础，而只是一门研究社会习俗的学科。

对于法的概念，人类学家也分成两派，而且两派的领军人物，还是功能学派的两位大师马林诺夫斯基和拉德克利夫-布朗。前者主张初民社会存在法律，认为在初民社会，"法律规范，即附有确定约束力责任的法规，不过是从习俗规范中分离而出并获得自己独立品性的"规范。这种不依赖禁止和制裁，而是基于相互义务、互惠和好的声望形成的约束力的规范，就是普遍存在于初民社会之中的法。① 而后者却认为，法"这个术语的一般定义是：'通过系统地运用政治组织化了的力量来进行社会控制'（庞德，Pound）。为了便于做社会学分析和分类，在这篇文章中，我们将采用这一有限定的用法。从而，在界限上，法这个领域将被看作是与有组织裁定的领域相同的。在没有法律裁定的社会里，强加给个人的义务一般被看成是习俗，而不是法律。在这个意义上讲，尽管任何社会都有得到制裁支撑的习俗，但一些简单的社会却没有法律"②。

（二）殖民地的习惯法

初民社会有没有法律？这个问题实际上并不是一个纯粹的理论问题，而是一个与实践相关的问题。对于讲求实证的科学来说，如果能够发现初民社会中的法律以及这些法律建构的秩序，那么，就意味着奠定了初民社会存在法律的实证主义基础。因此，法律人类学家试图通过对殖民地习惯法的研究，发现初民社会的法律。除此之外，殖民当局为了加强对殖民地的治理，也需要了解殖民地的本土制度、习俗、习惯法。殖民当局的这种需求以及为满足这种需求而为人类学家提供的经费，也为法律人类学家提供了研究的条件。

马林诺夫斯基的《初民社会的犯罪与习俗》就是从发现初民社会的法律入手，回答初民社会是否存在法律以及法律如何进行社会控制的问题。1930年代，法律人类学家沙比拉（I. Schabera）应博茨瓦纳殖民当局的邀请，写作了一部名

---

① 〔英〕B. 马林诺夫斯基：《初民社会的犯罪与习俗》，许章润译，载〔英〕B. 马林诺夫斯基、〔美〕T. 塞林：《犯罪：社会与文化》，许章润、么志龙译，广西师范大学出版社2003年版，第20—21页。
② 〔英〕A. R. 拉德克利夫-布朗：《原始社会的结构与功能》，潘蛟等译，中央民族大学出版社1999年版，第237页。

为《茨瓦纳法律与风俗手册》(1938)的书①，该书对茨瓦纳部落中的传统与宗主国法律相关的风俗进行了记录和释义，目的是为殖民当局提供殖民地管理的基础资料。

（三）疑难案件

疑难案件研究来自美国现实主义法学，现实主义法学认为，在司法实践中，法律规定并不能完全对应现实案件，所以法官不仅要对案件的事实做出解释，还要对规则甚至规则所依据的原则或观念做出解释，以便对案件作出具有独立性和最终性的判决。所谓疑难案件，就是法律实践中具有争议的案件。这种案件有两个特征，一是在法律规定和案件之间缺乏明确的单一的逻辑关系，以至于法律规定或是显得模糊不清，或是会导致判决不公，或是存在漏洞而不能得出具体结论，或是没有对应的规定，或是有多种可以适用或相互冲突的规定。二是从法律规定推出的若干结论之间没有明显的正误之分，各个结论对规则的理解都有道理，因此，判决只是对其中的某个结论进行选择而已。在疑难案件的处置中，法官的判决可能是一致的，但是，法官推论的理由却不同。这种推论的重要特点是推论的依据不限于法律规范，它可能包括法律中的原则、社会政策和道德原则。所以，通过疑难案件的研究，可以发现适用规则的原则和法律精神。②

在20世纪30年代，现实主义法学家卢埃林和人类学家霍贝尔就是运用上述现实主义法学的方法和理论，成功地对美国的一个印第安人部落进行了田野调查，收集并研究部落中发生的疑难案件，找出了印第安人部落适用规则背后的法律原则。他们的著作《夏安人的方式》出版之后，疑难案件成为法律人类学的研究对象之一。

（四）司法和推理

司法与推理是关于初民社会中，司法机构的组织、法律规则适用、法庭运作和法官推理等问题的研究。初民社会并不存在与西方国家一样的国家机构，但是，初民社会存在着与西方法院一样具有解决纠纷功能的组织，这些组织的设置、人员的构成、解决纠纷的过程等问题，被法律人类学家所关注。法律人类学家沿着发现初民社会的司法（纠纷解决机制），描述司法的过程和功能，进而与西方的司法进行比较，得出一般性结论的进路展开研究。

---

① I. Schapera, *A Handbook of Tswana Law and Custom*, London: Oxford University Press, 1938.
② 刘星：《法律是什么？：20世纪英美法理学的批判阅读》，中国政法大学出版社1998年版，第57—64页。

在这方面,格拉克曼的研究格外引人注目。在 1930—1949 年间对赞比亚的田野调查中,格拉克曼提出并实践了法庭观察法,用参与观察和深度访谈的方法,旁听了许多案件的审理,并用案件扩展研究的方法,通过案件对赞比亚巴罗茨部落社会进行整体研究。最为突出的是,他将非洲部落社会的法理和法官在案件审理中运用的推论、技巧,与西方的法理和法官进行比较,认为非洲部落社会的法理学观念与西方的法理学观念具有相同性,非洲的法官与西方法院的法官运用的推论和技巧具有相似性。①

(五)纠纷与社会控制

任何社会都有纠纷,纠纷的发生会引起各种各样的冲突,而解决纠纷的观念和规则,反映了初民对世界的观念和初民社会的社会控制。纠纷和纠纷解决制度的存在,说明初民社会中初民并不是天生就有遵守规范的倾向,初民社会的秩序也不是一种自然而然形成的秩序,初民社会存在着违反规则的行为,也存在着建构和维护秩序的社会控制。

马林诺夫斯基在《初民社会的犯罪与习俗》一书中曾用一种讲故事的叙事文体描述了特罗布里恩德群岛发生的一起纠纷及其与纠纷相关的社会控制方式。由于这种具有文学性的叙事方式是法律人类学通过案例构建社会事实的典型方式,这里有必要将马林诺夫斯基的原文录下,以便认识法律人类学构建社会事实的方式。

  一天,一阵痛哭声和嘈杂熙攘告诉我,附近某处有人死了。有人对我说,我熟识的一个年轻小伙子凯叻(Kimai),约莫 16 岁,从可可树上跳下自杀了。

  我急忙赶到事件发生的邻村,正好看到了丧悼活动的全过程。虽然与此同时村中发生了一两起应当引起我怀疑的不寻常现象,但由于这是我在岛上经历的第一例死亡、哀悼和安葬事件,因此,我只顾注意仪礼的文化人类学内容,却对当时的悲剧气氛视而不见。我发现,另一个青年也因某些神秘的不寻常原因而受重伤。葬礼中,死者死亡地的村庄与安葬地的村庄间明显存在着普遍的敌意。

  只是在很久以后,我才发现了这些事件的真实含义:那位少年犯了自杀罪。事实真相是,他违反了外族通婚规则,犯罪同伙乃是他的表妹,即他母

---

① S. F. Moore, Certainties Undone: Fifty Turbulent Years of Legal Anthropology, 1949-1999, *Journal of the Royal Anthropological Institute*, Vol. 7, Issue 1. (Mar., 2001), pp. 98-99.

亲的姐（妹）的女儿。此事暴露后，遭到了普遍的反对，但在姑娘决定与情人一刀两断以前，并没有发生什么。这个小伙子想娶她，觉得自己受到了伤害，于是先发制人，他的竞争者首先威胁说要用妖术来对付这个有罪的青年，但没什么效果。后来，一天晚上，他当众侮辱被告——在整个村民参加的审判中，他指控被告乱伦，并用一个初民难以忍受的恶语诅咒他。

对此，只有一个整治的办法，留给这个不幸青年的，唯有一条摆脱之路。翌晨，他穿戴上节日的盛装和装饰，爬上可可树，枝叶纷披间，他向全体村民慷慨陈词，以示永诀。他解释了自己走此绝路的原因，并含蓄地控诉了那个逼他致死者。为他报仇雪耻，乃成某族人的责任。然后，像习俗所要求的那样，他放声恸哭，从 60 英尺高的树上跳下，当场摔死。就在竞争者被打伤的那个村中，一场混战随即爆发，葬礼上又发生了争吵。①

接着，马林诺夫斯基就初民社会对此种犯罪行为的社会控制作了分析。他认为，男子对氏族内所有女子皆以姐妹相称，一切禁忌也依此而设。初民对于违犯外族通婚禁律的念头深觉恐怖，他们相信，疼痛、疾病甚至死亡，会随着氏族乱伦接踵而来。这就是初民法的理念。对于外族通婚禁律的违犯，假如事情是在秘密状态下进行，且没有惹麻烦，那么，舆论只把这件事当作饭后茶余的谈资，并不要求严惩。相反，如果丑闻暴露——那么每个人都会转而谴责这一对罪人，一个或被放逐或受辱骂，另一个则可能被逼自杀。初民还有一种被认为能整治这种罪过的病态后果的极其完备的传统方法，这是一套由符咒和在水上、草滩与石上表演的典仪所构成的巫术体系，倘予以正确运用，便能完全消除氏族乱伦的恶果。②

（六）法律的术语与法民族志的表达

对异文化的法律进行研究，法律人类学家即使能够用掌握的当地土著语言发现和了解土著的法律，但是在用西方的语言翻译和描述异文化的法律时，能否准确地表达异文化的法律？西方的法律术语能否用来表达异文化的法律？这些问题随着格拉克曼与博安南的争论，开始成为法律人类学家关注并质疑的问题。

格拉克曼在他撰写的关于非洲初民社会法律和司法的著作中用英语描述土著人的法律，用西方法律术语表达土著人的法律概念和法律行为。这本来是当

---

① 〔英〕B. 马林诺夫斯基：《初民社会的犯罪与习俗》，许章润译，载〔英〕B. 马林诺夫斯基、〔美〕T. 塞林：《犯罪：社会与文化》，许章润、么志龙译，广西师范大学出版社 2003 年版，第 46—47 页。

② 同上书，第 47—48 页。

时法律人类学家的一种普遍做法,但是,博安南(P. Bohannan)在《提夫人的司法与裁判》(1957)中认为,以西方的法律系统名词来解释提夫人的系统,将违反提夫人的概念和民俗系统。换言之,用任何分析名词,而不用土语名词的研究,可能会使研究资料有相反的印象。①

综上所述,这个时期的法律人类学的研究对象具有以下特点:(1) 在民族—社会的整体研究中,法律被置于社会整体的背景下予以研究;(2) 研究对象主要是小规模的异文化社会;(3) 注重规则的发现和规则的适用;(4) 以叙事的和归纳的方法做定性的研究;(5) 以小地方大问题的研究策略,揭示法律存在与运行的普遍规律;(6) 田野工作法成为法律人类学的主要研究方法。

第三节 当代法律人类学的研究对象(1970—现在)

以1970年作为当代法律人类学的起点,主要是因为20世纪70年代出现了许多新的社会运动和思潮,致使法律人类学进入了反思的时代,研究领域得以扩大,研究视角和理论有了新的突破,较之于现代法律人类学,当代法律人类学的研究对象有了许多具有时代性的变化。

一、时代背景

1970年以来,世界的变化是许多人未能预见的。在不到50年的时间里,世界的政治、经济和文化格局发生了持续而激烈的变化。

在政治方面,有几个方面的局势需要注意:

一是冷战结束。以美国和苏联对立为标志的长时间冷战,终于在1990年代初宣告结束,世界进入以和平与发展为主题的发展阶段。冷战的核心是意识形态的对立,冷战的结束并不意味着这种对立的消失,只是标志着世界开始全面走向追求和平与发展的格局。

---

① 〔美〕穆尔(S. F. Moore):《法律与人类学》,黄维宪译,载李亦园编:《文化人类学选读》(修订3版),台湾食货出版社1980年版,第203页。

二是局部战争频发。战争是政治的极端手段。这个时期的一些战争大大影响了世界的格局和交战国的内政,比如,自 1959 年开始的越南战争终于在 1975 年以越南民主共和国统一越南全境而结束。这场战争期间美国国内掀起了广泛的反战运动,并引发了民众对政府掩盖战争罪行的愤怒和对美国政府施行的内外政策的质疑。[①] 除了越南战争之外,中东战争、印巴战争、两伊战争、阿富汗战争、海湾战争、科索沃战争等都对国际政治和国际秩序产生了深刻的影响,也使投入战争的国家发生了重大的政治变革。20 世纪末以来,局部战争的形式也发生了一些变化,比如,"不接触战争"和"代理人战争"等。"不接触战争"指在不直接接触对方军队的前提下,通过空中或海上的武器系统对敌方进行攻击。"代理人战争"指在战争地区扶持当地或外部武装势力,以其作为自己的代理人进而达到攻击敌方的目的。

三是反对恐怖主义。恐怖主义是一种以特定的政治或宗教目的,针对无辜民众实施暴力的主张和活动。冷战后,被美苏对抗格局压制的各种冲突和矛盾凸显出来,领土争端、宗教问题与民族问题纠合在一起,为恐怖主义的发展提供了土壤;文化、宗教、意识形态等领域的差异,也成为恐怖主义得以产生的主要源头之一。宗教激进主义是冷战后发展最快、影响最大的恐怖主义的思想依据之一,它催生了在亚洲、非洲等地活动猖獗的恐怖主义组织——基地组织。针对国际恐怖主义的活动,国际社会在 1990 年代就采取了一系列反恐怖主义的行动,1996 年,联合国在菲律宾召开了第一届国际反恐怖主义大会,并通过了一些抑制恐怖主义活动的文件。[②] 但是,国际恐怖组织的活动却有增无减。2001 年 9 月 11 日发生在美国的恐怖袭击,是最为惨烈的恐怖袭击之一,4 架被恐怖分子劫持的民航客机成为飞行炸弹,造成 3000 多人死亡。至今为止,主要的几个西方国家都先后遭到过恐怖主义的袭击,如英国、法国、德国、西班牙等;一些陷入内战的国家,恐怖袭击更是频繁发生,如伊拉克、阿富汗、利比亚、斯里兰卡、叙利亚。据统计,恐怖主义组织的活动范围遍及亚洲、非洲、欧洲、拉丁美洲,有 100 多个国家遭受过恐怖主义的袭击。面对恐怖主义的危险,各国纷纷采取立法或武力的手段,对恐怖主义宣战。以美国为首多国参与的阿富汗军事行动、伊拉克战争、利比亚战争和叙利亚战争都是以反恐怖主义的名义进行的局部战争。在这些军事行动中,西方国家提出并实践了对恐怖主义或恐怖主义国家实施先发制

---

① 〔美〕卡罗尔·帕金、〔美〕克里斯托弗·米勒:《美国史》(下册),葛腾飞、张金兰译,东方出版中心 2013 年版,第 274 页。
② 金重远、冯玮、李海东:《世界现当代史》,复旦大学出版社 2004 年版,第 411—412 页。

人的、预防性军事打击的主张。近年来,国际社会相继达成一些反恐怖主义的国际公约和国际条约,国际的司法协助、情报共享和边境控制得以加强。①

四是人权运动。第二次世界大战以后,国际社会对战争反思的重要成果之一就是对人权和人权保护的再认识。1948年联合国通过了《世界人权宣言》,"人人生而自由,在尊严和权利上一律平等"的主张成为国际社会的基本政治准则。20世纪60年代,联合国又通过了两个重要的人权法案,即《公民权利和政治权利国际公约》和《经济、社会及文化权利国际公约》。一些地区也通过了区域性的国际公约宣示对人权的保护,如《欧洲人权公约》(1950)、《美洲人权公约》(1969)。另外,联合国还通过了一些关于特别对象人权的国际法和国际法文件,如《消除一切形式种族歧视公约》(1963)、《消除对妇女一切形式歧视公约》(1979)、《禁止酷刑公约》(1984)、《儿童权利公约》(1989)、《残疾人权利国际公约》(2006)等,以及联合国通过的有关少数人权利保护的三个重要文件:《种族与种族偏见问题宣言》(1978)、《消除基于宗教信仰原因的一切形式的不容忍和歧视宣言》(1981)、《关于在民族或族裔、宗教和语言上属于少数人的权利宣言》(1992)。这些国际法和国际法文件,极大地推动了世界范围内各国的人权保护,使人权和人权保护成为持久的热点问题。以美国为例,20世纪50年代爆发的以反对种族歧视为主题的民权运动,迅速在美国蔓延。1963年马丁·路德·金在华盛顿发表的"我有一个梦想"的演说,鼓舞了美国有色人种反抗种族歧视的抗议活动。在这些抗议活动的推动下,美国国会分别于1964年和1965年通过了《民权法》和《选举权法》,确认了黑人的公民权利和不受限制的选举权。到了20世纪70年代,人权保护的口号又转到白人群体,他们抱怨政府施行的平权措施限制了白人的工作岗位和教育机会,构成了对少数族裔的优先待遇。在这种社会抱怨的情绪中,反平权的群体和个人行动不断增长,反映了这个时期的社会陷入分裂的情况。② 人权问题也被西方国家用于改变原有国际秩序的理由,1999年,美国以南联盟地区出现人道主义危机为由,推动北约组织发动了对南联盟70余天的空中轰炸,迫使南联盟屈服。这场战争中西方宣扬的所谓"人权高于主权"的主张,破坏了国际法和国际关系的原则,也开启了第二次世界大战之后,西方国家联盟不经过联合国授权即对他国进行武装攻击的先例。

---

① 李恒、贾宇:《当前欧美国家反恐形势、特点、政策及其对中国的启示》,载《宁夏社会科学》2018年第3期。
② 〔美〕卡罗尔·帕金、〔美〕克里斯托弗·米勒:《美国史》(下册),葛腾飞、张金兰译,东方出版中心2013年版,第204、293页。

五是后殖民时期的发展问题。第二次世界大战后独立的原殖民地国家面临着严重的国内发展问题,一方面它们想摆脱原宗主国的控制,实现政治、经济、文化的独立和现代化,另一方面长期的殖民统治,使这些新独立的国家在政治、经济和文化上对宗主国有深深的依赖,难以割断与宗主国之间的历史和现实联系。与此同时,西方国家也试图通过另外的方式重新控制这些新兴的发展中国家。于是,在现代化的幌子下,西方国家在1960—1970年代兴起了一股现代化的思潮,在与原殖民地进行经济往来的同时,由政府主导极力向原殖民地国家输入西方国家的制度。这种做法不但没有成功,还遭到原殖民地国家的抵制,就连西方国家的学者也批评这种现代化无视发展中国家的现状,注定要失败。[①] 一些西方国家还奉行新殖民主义,采取种种手段保持其殖民地时期的利益。以英国为例,面对殖民地独立运动,英国在所谓的"宪政改革"过程中,大力扶持亲英势力,或是寻找合作伙伴,从而进行政治操纵,维护英国利益。在内部和外部的因素影响下,后殖民时期的原殖民地国家在政治、经济和文化的发展中困难重重,进程缓慢。[②]

在经济方面,20世纪70年代以来尽管有过危机,但世界经济取得了巨大的发展,出现了许多新的局面。

一是各国经济有了明显的发展。这个时期先有亚洲四小龙(新加坡、韩国、中国香港、中国台湾)通过发展外向型经济迅速成为富裕发达的国家或地区;接着,中国在1978年开始实行改革开放,经过数十年的持续发展,取得了举世瞩目的成就;其他发展中国家通过国际合作和自身努力也有了明显的发展。西方国家在经历了20世纪70年代短暂的经济衰退的时期后,经过不断的调整,经济得到持续发展,仍然保持着世界领先的地位。

二是科技进步推动经济发展,经济发展对科技的依赖有增无减。20世纪70年代开始的产业革命,以微电子、生物工程和新材料为主角,大大提高了生产力,改善了生产条件和产品质量。20世纪90年代以来,经过数十年发展的互联网取得了巨大成就,信息技术对社会的政治、经济、文化以及人们的日常生活产生了深刻的影响。近年来,新的科技革命为跨国公司实施全球产业链重构提供了动力。例如,在生物科学和纳米技术领域大量变革型研究成果正在催生出全新的工业,而伴随生产领域的产品创新而来的是商业竞争模式的转化;数字制造技术

---

① B. Z. Tamanaha, The Lessons of Law-and-Development Studies, The American Journal International Law, Vol. 89, Issue 2. (April, 1995), p.472.
② 陈启能主编:《大英帝国从殖民地撤退前后》,方志出版社2007年版,第175页。

改变着传统的产业空间组织模式;制造业的数字化发展、易用机器人的广泛运用等,大大改变了生产成本构成;由于产品的数字化,仿制变得十分容易,知识产权的保护成为社会的热点问题。①

三是全球化的浪潮。全球化一词大约在20世纪80年代才出现,最初的概念是指"商品、服务、资本和技术在世界性生产、消费和投资领域中的扩散"②。后来,随着研究的深入,不同学科对全球化的定义也不尽相同。在经济学的意义上,全球化是指跨国商品和服务交易使世界各国经济的相互依赖性增强。③ 其主要特点是:国际分工日益分化;国际贸易迅速发展,全球贸易体系形成;国际投资快速增长,投资范围遍及全球;国际金融活跃,资金流量急剧增加,国际金融市场融为一体;跨国公司大量出现,其活动渗透到地球各个角落;市场经济全球化,世界市场经济体系形成。④ 在社会学的意义上,全球化是指那些强化着世界范围内的社会关系和相互依赖性的过程。它不仅是一种世界体系的发展,也是一种影响所有人日常生活的地方性现象。⑤ 尽管全球化是一种越来越强的世界趋势,并且渗透到政治、经济和文化之中,给世界带来了巨大的发展。但是,全球化在其进程中,也带来了一些社会问题,比如,跨国公司的垄断、不平等的国际分工、环境破坏、世界性社会风险(诸如全球性的经济危机、社会动乱、国际对抗)、国家与地区间的发展不平衡等。因此,全球化也遭到批评和抵制。批评者认为,全球化使财富进一步集中到少数人手中,加剧了世界大多数人口的贫困;全球化中发挥作用的国际组织受到世界上最富裕的国家左右,发展中国家没有话语权;全球化导致政治经济权力集中于少数核心国家;全球化不能保证对所有地方的人都有利。⑥

四是国际经济组织的作用增强。第二次世界大战后,为了恢复和发展经济,国际社会建立了一些国际性经济组织协调各国的经济政策和生产贸易行为。如1945年12月成立的世界银行(1947年成为联合国的直属机构)和国际货币基金组织。世界银行的宗旨是为成员国提供贷款和投资,推进国际贸易均衡发展。国际货币基金组织的宗旨是促进各国货币合作和建立经常性交易的多边支付制

---

① 王庭东:《新科技革命、美欧"再工业化"与中国要素集聚模式嬗变》,载《世界经济研究》2013年第6期。
② 参见何顺果主编:《全球化的历史考察》,江西人民出版社2010年版,第1页。
③ 国际货币基金组织编:《世界经济展望》,中国金融出版社1997年版,第45页。
④ 金重远、冯玮、李海东:《世界现当代史》,复旦大学出版社2004年版,第381页。
⑤ 〔英〕安东尼·吉登斯:《社会学》(第4版),赵旭东等译,北京大学出版社2003年版,第64页。
⑥ 同上书,第90—91页。

度。1946年联合国经社理事会主持起草世界贸易组织宪章,准备成立世界贸易组织,但终因美国的否定而未果。1947年在美国的推动下,从世界贸易组织宪章草案中单独抽出关税与贸易的条款,命名为《关税及贸易总协定》(简称"关贸总协定"),并成立了总部设在日内瓦的相应机构。该协定确立了以下基本原则:非歧视原则,关税保护原则,约束关税减让水平原则,公平贸易原则,一般禁止进口数量限制原则,豁免原则,普惠原则,争端解决机制。关贸总协定运行了近40年,对于推动全球经济的发展起到了重要的作用。1994年在摩洛哥举行的关贸总协定乌拉圭回合部长会议决定,成立世界贸易组织(WTO)取代关贸总协定,以应对全球化的世界贸易复杂情况。世界贸易组织奉行非歧视原则、市场开发原则、公平贸易原则和权利与义务平衡原则。① 2001年中国加入了世界贸易组织。截止到2016年7月,有164个国家或地区参加了世界贸易组织。② 除了上述三个全球性的国际组织之外,还有一些洲际或区域性的国际组织,如1981年成立的太平洋经济合作理事会,最初的参加者是各成员国的政治家、商人和学者,他们不代表国家,没有决策权。1989年,第一次亚太经合组织部长会议在澳大利亚堪培拉举行,与会国的外交部部长和贸易部长参加。以后的几次会议,确定了亚太经合组织的制度框架,使该组织成为亚太地区最重要的合作机制和官方论坛。1967年成立的东南亚国家联盟,共有10个国家参加,该组织冷战后致力于实现东盟经济发展与安全,构建东南亚共同体,成为亚洲的重要国际组织。美洲地区的经济合作开始于1988年美国和加拿大签署的《美加自由贸易协定》,之后又有1990年美国、加拿大、墨西哥签署的《北美自由贸易协定》,1994年美洲国家首脑会议决定将北美自由贸易协定扩大至整个美洲,建立美洲自由贸易区,实现美洲经济一体化。1994年在欧共体基础上成立的集政治和经济功能为一体的欧洲同盟,现有27个国家。英国于2016年经过全民公投退出欧盟。欧盟实行统一的关税、货币和出入境制度。1994年经非洲统一组织批准,非洲经济共同体正式成立,旨在推动经济协调发展,实现非洲经济一体化。2001年非洲联盟成立,2002年非洲联盟取代非洲统一组织,成为一个统管非洲政治、经济、军事、文化、社会等多方面事务的政治实体。③

---

① 何顺果主编:《全球化的历史考察》,江西人民出版社2010年版,第429—431页。
② 数据来源:世界贸易组织官网,"about WTO", https://www.wto.org/english/thewto_e/whatis_e/tif_e/org6_e.htm,访问时间:2019年3月28日。
③ 金重远、冯玮、李海东:《世界现当代史》,复旦大学出版社2004年版,第360—361、363—366、367—368、382、387—388页。

在文化方面,这个时期的哲学社会科学在反思中不断发展,文化多样性成为被接受和被包容的社会事实,不同文化间的交流较为活跃。上述判断可以从以下几个方面得以证实。

一是哲学思潮。20世纪下半叶,起始于20世纪初的分析哲学仍然是西方科学主义哲学的主流,它强调逻辑分析与语言分析,主张从日常语言和科学理性的视角探索社会和科学的普遍规律,为哲学社会科学和自然科学的研究提供了新的思想工具。与科学主义哲学共存的西方主流哲学是人本主义哲学,人本主义哲学包括现象学、存在主义等学派。人本主义哲学倾向于采用非理性主义的态度揭示事物的本质和意义,理解和解释人的存在,建构以人的本质和价值为中心的具有世界观意义的哲学思想体系,注重现实社会问题的研究。① 1970 年代开始,法国思想家福柯(M. Foucault)研究权力关系的政治哲学迅速席卷理论界,成为20世纪后期的哲学热点,对其他社会科学领域也产生了重大影响。福柯认为:"为了对权力关系进行具体的研究,必须放弃统治权的法律模式。它实际上把个人预设为自然权利或原始权力的主体,把认识理想化的国家诞生当作自己的目标;最终,它使法律成为权力的根本表现。不应当从关系的原始术语出发来研究权力,而必须从关系本身出发来研究权力,这个关系决定它涉及的因素:不是向理想的臣民探询他们自己身上或权力中有什么可以出让从而使自己被奴役,而是应当研究奴役关系怎样可以制造出臣民。同样的,不要力图得到一个统一的形式,一个中心点,所有的权力形式都是其后果或发展,而应当首先让它们在它们的复杂性中、它们的区别中、它们的特殊性中、它们的可逆性中得到评估:这样就把它们当作相互交叉、相互反射,焦距集中或相反针锋相对,趋向相互取消的力量关系。最终,与其赋予法律以权力表现的特权,不如试图对它实施的各种限制技术进行定位。"②福柯的思想被视为后现代主义的核心理论之一,而后现代主义是20世纪后期以来最具影响力的思潮。后现代主义发端于建筑学和艺术、文学领域,后波及整个人文社会科学领域。后现代主义的特征表现为对理论上的现代主义的批判和对现实社会的挑战,其中最为重要的方法就是对以往文本和思想的解构与反思,发现错误,并寻找新的解释和出路。

二是文化的多样性。文化多样性是指一个社会中存在着多种不同的文化,这种社会也称为多元文化的社会,意思是"一个社会——一个国家、一个民族、一

---

① 金重远、冯玮、李海东:《世界现当代史》,复旦大学出版社 2004 年版,第 264、267 页。
② 〔法〕米歇尔·福柯:《必须保卫社会》,钱翰译,上海人民出版社 1999 年版,第 248 页。

个地区、一个宗教甚至一个单纯的有界限的地理位置(诸如一个城镇或一个学校)——由属于不同文化的人群构成"①。与文化多样性相关的是一种对待多元文化的态度,即文化多元主义。文化多元主义的定义众多,莫衷一是,不过,共同的要点是强调对多元文化的认可、包容和尊重。如费孝通先生所说,对待多元文化,应当"各美其美,美人之美,美美与共,天下大同"②。文化多样性是一种历史现象,它展示了人类在历史发展中的文明成果;文化多样性是一种社会事实,它表明人类社会不同文化共存的现实和不同文化的冲突,面对多元的文化,人类需要的是对不同文化的包容和尊重;文化多样性是一种视觉,它反对我族中心主义和西方中心主义,提倡从不同文化的视角来认识世界;文化多样性也是一种对人类传统文化和少数人文化的保护意识,它将文化多样性作为人类发展的基础,正视文化消失的现象,倡导对传统文化和少数人文化的保护。

三是文化交流。随着全球化的进展和信息技术的发展,国家间的文化交流、地区或族群间的文化交流日益加强。在国际文化交流上,各国以签订国际文化合作、引进科学技术、培养人才等形式积极进行相互交流,文化交流范围拓宽,内容丰富,形式多样,既包括文学、艺术、体育、教育等方面的交流,也包括政治、社会管理和学术研究等方面的交流;既有政府间的交流,也有民间的交流。这些交流跨越了意识形态、社会制度、宗教信仰、种族差异、地缘界限,增强了各国之间、各民族之间的文化理解和认同,也促进了各个国家和整个世界的发展。③

习近平同志在党的十九大报告中对国际形势的判断,可以作为对当下时代背景的概括:"世界正处于大发展大变革大调整时期,和平与发展仍然是时代主题。世界多极化、经济全球化、社会信息化、文化多样化深入发展,全球治理体系和国际秩序变革加速推进,各国相互联系和依存日益加深,国际力量对比更趋平衡,和平发展大势不可逆转。同时,世界面临的不稳定性不确定性突出,世界经济增长动能不足,贫富分化日益严重,地区热点问题此起彼伏,恐怖主义、网络安全、重大传染性疾病、气候变化等非传统安全威胁持续蔓延,人类面临许多共同挑战。

我们生活的世界充满希望,也充满挑战。我们不能因现实复杂而放弃梦想,不能因理想遥远而放弃追求。没有哪个国家能够独自应对人类面临的各种挑

---

① 〔英〕C.W.沃特森:《多元文化主义》,叶兴艺译,吉林人民出版社 2005 年版,第 2 页。
② 费孝通:《人的研究在中国》,载费孝通《学术自述与反思:费孝通学术文集》,生活·读书·新知三联书店 1996 年版,第 142 页。
③ 李植枬主编:《宏观世界史》,武汉大学出版社 1999 年版,第 384—386 页。

战,也没有哪个国家能够退回到自我封闭的孤岛。

我们呼吁,各国人民同心协力,构建人类命运共同体,建设持久和平、普遍安全、共同繁荣、开放包容、清洁美丽的世界。要相互尊重、平等协商,坚决摒弃冷战思维和强权政治,走对话而不对抗、结伴而不结盟的国与国交往新路。要坚持以对话解决争端、以协商化解分歧,统筹应对传统和非传统安全威胁,反对一切形式的恐怖主义。要同舟共济,促进贸易和投资自由化便利化,推动经济全球化朝着更加开放、包容、普惠、平衡、共赢的方向发展。要尊重世界文明多样性,以文明交流超越文明隔阂、文明互鉴超越文明冲突、文明共存超越文明优越。要坚持环境友好,合作应对气候变化,保护好人类赖以生存的地球家园。"①

最后,作为背景性材料,还有必要简单介绍一下这个时期法学理论中与人类学相关的理论发展。

一是德沃金(R. Dworkin)的解释性法理学。20世纪70年代以来,社会科学界对社会科学的功用趋向于一个认识,即社会科学不是纯粹描述的问题,它在深层次上讲是阐释性科学。因为,世界不会向人们展开其结构和状况,让理论家的理论去简单地复制或描绘,理论不是现实世界的客观反映,而是我们的各种解释能力交互的结果。解释是一种表达,反映着人们对世界的认识,解释也是一种建构,不同的解释能力会建构出不同的社会事实,但是,不同解释能力在交互中,解释会在一个共同体(一种传统)中,以一种循环过程前进,努力以部分理解客体,以部分对整体的贡献来理解各个部分。由此,解释成为一种新的方法论。②德沃金将解释的方法引入法学,他说,他的研究得到的答案是:"法律推理是建设性阐释的一种运用,我们的法律存在于对我们的整个法律实践的最佳论证之中,存在于对这些法律实践做出尽可能最妥善的叙述之中。根据这一见解,只有当我们确认并区分出政治价值中各种各样而且往往相互竞争的不同方面,识别并辨明复杂的法律判断中交织在一起的不同思路,以求某种阐释经全面考虑总的说比其他任何阐释都能更好地体现法律叙述时,法律论证特有的构成和制约才能显示出来。"③

二是批判法学。批判法学也叫批判法学运动,是1970年代至1990年代在

---

① 习近平:《决胜全面建成小康社会 夺取新时代中国特色社会主义伟大胜利——在中国共产党第十九次全国代表大会上的报告》,中国政府网:http://www.gov.cn/zhuanti/2017-10/27/content_5234876.htm,访问时间:2018年5月10日。

② 〔英〕韦恩·莫里森:《法理学:从古希腊到后现代》,李桂林等译,武汉大学出版社2003年版,第442页。

③ 〔美〕德沃金:《法律帝国》,李常青译,中国大百科全书出版社1996年版,"前言",第Ⅰ页。

社会与法律研究中产生出来的一股思潮,其关注的是法律学说及其内在结构的意识形态性质。批判法学的范围很宽,凡是在这个时期从政治的视角批评主流法学理论的观点,都可纳入批判法学的范畴。上面提到的解释性法学的方法,也属于批判法学奉行的方法论之一。批判法学与人类学有直接的关系。"批判法学的关键方法论原则之一是向其他学科开放,拒绝承认法理学仅仅是有关法律思想的哲学讨论;它更宁愿认为,应当从多种视角和多学科角度来研究法律。这样的学科之一就是人类学。"①人类学为批判法学提供了批判西方文化的武器,即西方的文明其实是建立在对处于不发达社会的人的剥夺之上的,西方的文明并不清白。批判法学认为,主流法理学的理论是一种虚构,法律并不是理性发展的逻辑结果,因此,对主流法理学要坚持批判的方向。在批判法学之中,深深地浸润着质疑的旨趣以及对任何法律纯粹性主张的怀疑主义;它强调要考察法律作为一个行为领域如何维持它对社会的控制,如何采取措施维持这种制度的正统性。②

二、 研究对象

穆尔在《未竟的事业:法律人类学风雨50年(1949—1999)》(2001)一文中,对法律人类学研究对象在这个时期的变化有一个概括:在20世纪中期,在殖民统治的背景下,非西方族群的法律思想和法律实践,特别是他们的纠纷解决模式受到研究者的关注。这个时期出现并盛行着两种主要的学术思想:一种认为法律的解释应当以文化的观念为中心,另一种认为应当更多地关注法律的政治和经济背景以及利己行为对法律的影响。从20世纪60—70年代开始,非西方族群的法律研究虽然还在继续,但是,一些新的研究转向西方法律制度下阶级和统治的问题。人们注意到这样的事实:国家不是强制性规范的唯一来源,在与国家共存的其他许多地域内,也有规范制定和社会控制实施的现象,这种规范不统一的现象被称为"法律多元"。在扩大表达权和政治权利保障的研究上,这些研究工作取得了很高的成就,它们强调人权、民主要求和现实的障碍。在过去的半个世纪,作为人类学的分支学科,法律人类学已经将它的关注范围从非西方社会中的法律扩展到更广阔的法律领域。法律人类学不仅研究工业化的国家,而且还将它的研究从地方性法律问题扩展到全国性法律问题,进而扩展到跨国性法律

---

① 〔英〕韦恩·莫里森:《法理学:从古希腊到后现代》,李桂林等译,武汉大学出版社2003年版,第479页。
② 同上书,第453—454页。

问题。在地方性研究的传统发扬光大的同时,法律人类学的研究对象还包括国际条约,国际商务的法律基础,人权领域,散居民族、移民、难民和罪犯,还有对在人类学早期有限的社区概念中不容易把握的其他社会情况的研究。①

这个时期是法律人类学研究成果较多的阶段,就研究对象而言,主要涉及过程研究、法律多元、本土研究、法律变迁与法律史的研究、大规模社会的法律问题研究、法律人类学文本和国际法的研究等方面。

(一)过程研究

过程研究是法律人类学在 20 世纪 60 年代出现的一个重要的转向,之前的法律人类学研究以发现规则和分析个案为主要研究对象,而过程研究则是注重事件和个案在一定的时间维度和场域中发生、发展和结局的过程,以及在这个过程中各种社会力量的相互关系、博弈细节和控制过程的手段。实际上,格拉克曼提出的案例扩展研究,已经关注时间维度对案件的影响,但是,案例扩展研究的研究对象是案例,它以案例为中心展开研究。而过程研究则是以过程为研究对象,围绕过程扩展相关的社会与法律问题研究。以纠纷研究为例,以案例为中心的研究关注的是与案例有关的秩序和法律,而在以过程为中心的研究中,秩序和法律不再是判断纠纷能否解决的标准,而是将诸多分析工具纳入对纠纷全过程的研究中,这样,就将案例的研究转向为过程的研究。② 英国法律人类学家格利弗(P. H. Gulliver,又译为顾立福、古利佛)是较早提出过程研究的学者,他在《一个非洲社会的社会控制》(1963)中指出,在阿伦沙人(Azusha)的纠纷解决中,纠纷的解决决定于纠纷双方所聚集的支持品质和数量,依赖于社会组织的基础。相反,规范是不重要的,虽然在纠纷解决过程的连续讨论中,规范常常被引用,但是团体的相对势力在结案时比规范更重要。③ 时至今日,过程研究已经成为法律人类学的一个重要的学术标志,而过程研究也被推向更广阔、更深入的领域。如在 1990 年代后期纳德提出了"过程控制"(controlling process),将过程研究扩大到整个社会领域,研究各种社会权力如何对人的行为或事件进行过程控制。④

---

① S. F. Moore. Certainties Undone: Fifty Turbulent Years of Legal Anthropology, 1949-1999, *Journal of the Royal Anthropological Institute*, Vol. 7, Issue 1(Mar. ,2001), pp. 95-96.

② James M. Donovan, *Legal anthropology: An Introduction*, Lanham: Bowman & Littlefield Publishers, Inc. , 2008, p.137.

③ 〔美〕穆尔(S. F. Moore):《法律与人类学》,黄维宪译,载李亦园编:《文化人类学选读》(修订 3 版),台湾食货出版社 1980 年版,第 205 页。

④ L. Nader, Controlling Processes: Tracing the Dynamic Components of Power, *Current Anthropology*, Vol.38, No. 5. (December, 1997), p.712.

(二) 法律多元

法律多元是 20 世纪 70 年代提出的一个分析概念,最初是指后殖民地存在多种法律规范的情况,如原宗主国的法律、独立后的国家制定的法律以及部落的习惯法等。后来研究者发现,不仅在殖民地,而且在各个国家或地区均存在法律多元的情况,法律多元是一种普遍现象。法律多元不仅表现在规范多元上,还表现为法律观念和法律原理的多元。关于法律多元的研究,法律人类学家从不同的角度进行观察,形成了有关法律多元的多种理论,如地方性知识理论、半自治社会领域理论、法律层次理论、双重制度化理论、法律结构理论、法律多元的苛刻理论、去多元化理论等等。除了一般理论的研究外,研究者还对地域性的法律多元现象进行研究,比如,伍德曼(G. Woodman)在《非洲法律多元主义:国家确认习惯法的意义——以土地法为例》一文中,对非洲国家的法律多元观念和实践作了细致的分析,他认为,非洲国家现在通行的习惯法,是由殖民统治之前就已存在的习惯法派生而来的,只是它们已经被现实的社会环境发展和改造了。在现代国家体制下,这些建立在殖民统治的法律制度和规范的基础上的习惯法,引出了习惯法的确认问题。当前,虽然确认习惯法的政策已经被法学界和现实社会所接受,但是,在当代非洲法律多元的语境下,这些政策也对国家法的实施提出了挑战。各种各样的习惯法在内容的确认上有很多困难,这些困难导致不能以编纂习惯法法典或重述习惯法的方式来进行习惯法的确认。然而,如果不做彻底的修正,习惯法的大部分内容就难以在现行国家制度中被适用。依据政策,习惯法的确认将使习惯法的一些内容被停用,而这又会使那些保留下来的习惯法被曲解。当习惯法,或者说继受法,将来被适用时,社会发展会对法律规则的选择起决定性的作用。这些困难已经影响到非洲的法律多元主义政策的基础性设计。[①] 同样是研究非洲的法律多元,有学者则是关注法律多元导致特定群体权利难以平等保护的结果。如 2006 年,时任国际法院第一副院长的 A. Kuenyehia 在《法律多元语境下妇女、婚姻与无遗嘱继承制度的问题》一文中指出,现在的非洲存在着两种区别明显、时而发生冲突的法律体系,即习惯法和国家法,习惯法通常调整的是家庭和亲属关系,国家法则调整日常生活其他领域中的社会关系。由于习惯法具有歧视妇女和损害妇女权利的规定,所以,在承认法律多元的语境

---

① Gordon Woodman, Legal Pluralism in Africa: The Implications of State Recognition of Customary Laws Illustrated from the Field of Land Law, *Acta Juridica*, Vol. (2011), p. 35.

下,就会出现妇女权利难以保护的现象。在非洲的大部分地区,妇女是在经济和政治上易受侵害的群体,法律多元主义加深了对妇女及其权利的否定。尤其是在婚姻和继承领域,对妇女权利的否定更为明显。继承的问题对于妇女来说十分重要,因为,这是她获得诸如土地等经济资源的途径之一。大部分非洲地区都是以农业为基础的经济,土地这种主要资源的缺乏,会使妇女失去经济上的独立,并阻碍她们为自己和家庭争取经济自给的努力。而作为实行法律多元的结果,继承法却充满对妇女权利不确定和不平等的规定。①

(三) 本土研究

本土研究是指法律人类学家对自己的本土(西方)法律文化进行的研究。将法律人类学研究对象的旨趣从异文化转向本土文化,有时代背景的因素,也有人类学家学术抱负的因素。从时代背景的因素看,首先,由于原殖民地国家的独立,殖民地的管理已经成为过去,政府批准的针对原殖民地的研究经费大大减少,难以支撑法律人类学对异文化的研究需要。其次,许多原殖民地国家独立后,出于对西方殖民者的痛恨,限制西方学者进入原殖民地进行研究活动,使得异文化的研究遭遇进入的困难。② 最后,自20世纪70年代以来,西方国家的社会矛盾日益突出,经济上行困难,社会分裂严重,政治丑闻不断,社会的不平等不公平的制度以及安排国家的政治、经济、法律制度备受质疑。③ 从法律人类学家学术抱负的因素来看,面对本土的社会问题,法律人类学家承担着解释和解决这些问题的责任,他们试图让法律人类学回归本土,在本土研究中施展法律人类学的学术魅力,从而获得对本土法律和法律问题的认识,为社会矛盾的解决提供法律人类学的智慧。美国法学家康利(J. M. Conley)和法律人类学家欧巴尔(W. M. O'Barr)是当代人类学家与法学家合作的典范,他们在一篇题为《法律人类学回家:法律民族志简史》(1993)的文章中讲到美国法律人类学家的本土研究:"在过去的几年里,出现了一种新的倾向:一些法律人类学家开始将人类学的方法运

---

① A. Kuenyehia, Women, Marriage, and Intestate Succession in the Context of Legal Pluralism in Africa, *U. C. Davis Law Review*, Vol. 40, Issue 2. (December, 2006), p. 387.

② J. Conley, W. O'Barr, Legal anthropology comes home: A brief history of the ethnographic study of law, *Loyola of Los Angeles Law Review*, Vol. 27, Issue 1. (November, 1993), p. 56.

③ 〔英〕韦恩·莫里森:《法理学:从古希腊到后现代》,李桂林等译,武汉大学出版社2003年版,第441页。

用到对美国法律体系的研究中。这一倾向部分归因于一些逻辑现实。①但更值得注意的是这种倾向反映了当代人类学对庞杂的、有历史的西方世界与传统的、静态的非西方世界之惯例性区分的抛弃。像其他领域一样,法律人类学的研究者已经承认他们的分析范式是种幻想。他们开始以民族志中窥探他人的视角(客位观察法)来审视他们自身和他们周边的环境,而这种民族志中的窥探曾经是用来审视非西方世界的'他者'。法律人类学的研究范围将美国社会包含在内,从而导致了以下几个问题:(1)在哪种程度上将法律视为一种独立的,不同于社会系统的一部分是恰当的?(2)个案研究方法如何才能作为一种分析范式来研究美国法律体系?和(3)在哪种程度上提到一个单一或统一的美国法律文化是恰当的?"②

(四)社会变迁与法律史的研究

人类学关于社会变迁和法律史的研究始于20世纪40年代出现的新功能主义学派。格拉克曼对社会变迁的问题一直保持着浓厚的兴趣,主张平衡是系统在其原有状态被侵扰后的一种恢复状态的倾向,是重复性平衡。对平衡的正确认识包括两个概念:内部干扰和由外部事件引起的可能性干扰。如果系统处于平衡状态,矫正程序就会吸收各种干扰,以便系统通过矫正程序启动后能在之前的相同条件下运行。社会系统中的平衡与干扰和变迁有联系。干扰会来源于由于人的性格缺陷产生的反秩序的行为,也会来源于由于食物、女人、声望和职位的稀缺产生的人与人之间的竞争。控制性和补救性的习惯能够抵抗和解除这些干扰。即使在上述平衡模式的系统中,社会也会逐步变迁。③

尽管社会变迁的研究突破了功能主义理论的限制,但是历史资料的缺乏仍然困扰着研究者。20世纪70年代以来,法律人类学一改过去因为缺乏历史资料

---

① 原文注:在我们各自的生涯中,就我们个人所观察到的而言,在最近的25年里,西方人类学家越来越少接触后殖民社会。早期的人类学家,从马林诺夫斯基到博安南都被殖民当局认为是有利用价值的,因为他们所发现的信息能够胜任对殖民地管理的实际任务。英国人类学家M.福蒂斯和E.E.埃文思-普理查德编的《非洲的政治制度》(1940)也许是这种有用的人类学最好的例证。因此,这些殖民势力尤其是英国对民族志研究提供支持与资金帮助。随着殖民主义的终止,人类学家因为他们与殖民主义的上述联系而在许多国家受到了质疑。此外,由于到异地研究花费昂贵,70年代到80年代间,资助机构开始反思:有必要为回答一个人类社会行为的基本问题而跋涉几千公里吗?

② John M. Conley, William M. O'Barr, Legal Anthropology Comes Home: A Brief History of the Ethnographic Study of Law, *Loyola of Los Angeles Law Review*, Vol. 27, Issue 1. (November, 1993), p. 56.

③ M. Gluckman, *Politics, Law, and Ritual in Tribal Society*, London: Bail Blackwell, 1965, pp. 279-280.

而不研究社会变迁的传统,法律人类学家以有文字记载的社会为研究领域,对社会的法律变迁和法律史进行研究,法律人类学家也根据不同时期人类学家对无文字社会所做的民族志对无文字的社会进行法律变迁和法律史的研究。除此之外,现代社会的法律档案也为法律人类学家提供了研究社会变迁和法律史的重要材料。因此,社会变迁和法律史的研究成为法律人类学研究异文化和本土化的重要对象。比如,穆尔在《社会事实与社会重构:1880—1980 乞力马扎罗的习惯法》(1986)的著作中,通过历史资料的查阅和其本人田野调查收集到的资料,对坦桑尼亚东北部乞力马扎罗地区一个世纪的社会变迁进行了梳理,包括前殖民地、殖民地以及后殖民地时期的政治、经济和法律状况和变迁。对于习惯法的传统,穆尔认为:从某种程度上而言,这个世纪乞力马扎罗地区的查加人之间差异性的基础在不断改变,因此包括对于传统规范实践的意义也在改变。在许多情形下,对传统的遵守其实是服务于现代社会的对象。也就是说,虽然"习惯"的形式与过去相关,但它真正的动力还是存在于现在。所以,现时的习惯规范并非早期模型的简单复制,不应当将"习惯"的连续性与一致性相混淆,那种将"习惯法"看作过去社会遗存的观点只不过是对社会现实的文化虚构。①

(五)社会中的政治与权力

涉及政治的人权、权力、民主、统治模式、意识形态等是法律人类学关注的问题。穆尔指出,人类学家们应用他们在法律方面的兴趣参与到政治问题的讨论中,并且比以前更直接地阐述了他们的观点。毫无疑问,在 20 世纪 80—90 年代经历的政治运动并不亚于前 20 年。我们生活在一个后社会主义、后冷战、后种族隔离的时代,很多政府都被推翻或者替代。有关新政权以及它们是否会变成"民主制"或"民主制"的含义是什么的问题层出不穷。世界上许多地方都在建立新政权、改造旧政权。这些过程中的法律问题也正开始吸引着新型人类学的关注。然而,对于国内政府的建构又不是可以脱离国际事务的过程。对全球化的关注不可避免地进入了这场讨论。关于这些问题的学术讨论是不易的,但是它开始了以新的方式对更大范围的社会背景的考察。"当人类学家追问何种条件下法律制度有助于民主实践时,他们会不经意地对刻意行为的可能性表现出某种乐观。这种追问表明,即使是那些具有职业性怀疑习惯的人也承认,也许一切都在向好的方向转变,至少状况会更好地被理解。为此,人类学要通过对法律田

---

① 参见李婉琳:《社会变迁中的法律——穆尔法人类学思想研究》,中国人民公安大学出版社 2011 年版,第 232 页。

野调查材料更为广泛和深刻地语境化,扩展其的学术分析。众所周知,法律是主要的政治工具,并且政治对法律如何适用总是说三道四。然而,最近几十年法律作为政治工具走得更远,甚至迫切地希望改变法律的构建方式。"①

例如,乌戈·马太(U. Matel)和纳德在《西方的掠夺:当法治非法时》(2008)一书中,"运用一系列事例和片段论证,在贯穿欧美历史的过程中,法律通常都是被霸权国家或其他强权主体用于论证掠夺的合理性。今天的法律,如世界贸易组织协议、国际货币基金组织和世界银行贷款条件以及本质上是种族主义中心的权利话语的法律其实是一种使掠夺合法化的法治,而这本身是不合法的。问题是,在殖民主义和帝国主义背景下的法治,到底是产生非秩序还是秩序?到底是助长了压迫的延续,还是终结了殖民的实践呢?"②

又如,对于政治符号在日常生活中的角色,库姆(R. Coombe)在《知识产权的文化生活》(1998)一书中指出,在大众媒体和知识产权的文化生活中,商标、被法律保护的名人标识和象征政府权威的标志成为引人注目的缘由或关于象征研究的趣事。可口可乐的标志、玛丽莲·梦露的形象以及政府机构的徽章为大众所熟悉,但却完全不能自由使用。我们的环境中充斥着这些人造的标签。通过商品广告和明星宣传而产生的产品需求填满了我们生活的空间和意识。"这些标志是如此流行,已渗透到生活的各个角落。它们构成了现在西方社会中人们生活的'文化'"。③

(六)大规模社会的法律研究

1970年代以来,以人类学视角研究跨国和国家层面的法律问题,成为法律人类学领域中与研究地方性法律问题相媲美的新研究对象。与传统的小规模社会研究不同,大规模社会法律问题的研究要以一种独特的田野工作方法去进行。例如,有的法律人类学家致力于考察私营企业分散于多国的生产营销网络中的规范,进而描述一个多元文化的国家体制如何运行;有的法律人类学家对国家间的条约和协议进行研究性评论,他们的研究材料来源于诸如欧盟、世界银行、国际货币基金组织等机构的政策和规范,这些政策和规范在大型的文献资料室和

---

① S. F. Moore, Certainties Undone: Fifty Turbulent Years of Legal Anthropology, 1949-1999, *Journal of the Royal Anthropological Institute*, Vol. 7, Issue 1. (Mar. ,2001), pp.107-111.

② 〔美〕乌戈·马太、〔美〕劳拉·纳德:《西方的掠夺:当法治非法时》,苟海莹译,社会科学文献出版社2012年版,第3页。

③ Rosemany J. Coombe, The cultural life of intellectual properties: *Autthorship*, *Appropriation*, *and the Law Durham*, Duke University Press, 1998, p.52.

图书馆都有收藏。研究大规模事件的调查者其实已经远离了早期的民族志研究模式的关注点,迈入了超越地方的场域。在这样的研究中,民族志的田野工作如何开展?个性化的访谈和参与观察如何进行?法律人类学家在研究中不得不改进或变革原有的研究方法,以便解决进入现场或获取资料的问题。当然,全球化的行动中也存在涉及特殊人群和地方的地方性事务,这些地方其实是全球化进程中维系跨国活动的脉络,这些地方的民族志能够作为研究全球化进程的背景材料。①

例如,康利和欧巴尔在《企业社会中的犯罪与习俗:关于公司不当行为的文化视角》(1997)一文中,通过涉及汽车销售公司、食品公司和烟草行业的三个案例,对公司不法行为进行文化视角的研究。三个案例都是公司不当行为的案例,但从文化角度来看,它们几乎没有共同之处。这些差异不仅来自三个案件的不同事实,而且来自适当的独特文化模式,这些文化差异对责任和责任归因于公司实体,以及法律补救的可行性具有重要意义。此文是基于马林诺夫斯基的经典著作《初民社会的犯罪与习俗》之上所做的研究,作者在文中给出了研究西方工业社会的文化视角:"我们从犯罪与习俗中剥离出三个基本观点。第一个是民族志方法的解释力。简单地说,要理解各种制度是如何运作的,研究者必须观察每天都处于行动中的制度。而不是简单地考察那些声称拥有权威的人的说辞。第二点是需要将法律问题视为文化问题。在西方工业社会,法律是一种具有特殊目的制度,法律的程序像一面巨大的高墙将法律与其服务的社会隔离开来(想想最近那些要让陪审员知悉的引人注目案件,这些人之所以被选为陪审员,乃是因为他们对这个世界正在发生的事情没有自己的看法)。人类学的视角提醒我们,让法律回到其文化语境中对研究是有益的,我们强调法律与社会之间的联系,而正式的法律程序往往试图压制这种联系。第三点是,马林诺夫斯基的著作提醒我们,法律本身就是一个文化制度。法律的实践是人类的实践,人类总是以文化的方式进行实践。因此,就像我们观察家庭、宗教或社会组织一样,我们也可以通过观察法律和法律过程学习一些东西。接下来的问题是,人类学家是否能够在对企业不当行为的研究中做出贡献。简单地说,人类学家的研究有助于描述企业不法行为的形貌,也有助于让读者在文化要素中理解企业的不当行为。乍一看,这似乎是一个微不足道的贡献。有人可能会说,法官和律师非常清楚公司

---

① S. F. Moore, *Law and Anthropology: A Reader*, Malden: Blackwell Publishing Ltd., 2005, p.245.

的不当行为是什么，他们需要的是深入研究与此有关的惩罚和威慑的问题。但是我们对这种现象的本质有多少了解呢？在基本形式中，公司是一套由国务卿的印章赋予某种无形生命的文件。当一个公司获得行为能力或不当行为的能力时，公司的行为实际上是通过作为一个群体的人的活动来实现。说公司从事不当行为是说这个群体中有些人的行为不端，法律选择将其归咎于公司实体。但是，什么样的个人不端行为应该受到追究呢？在什么情况下，企业员工最可能有不端的行为？在未来，法律能提供什么样的激励或抑制措施来减少这种行为？对这些问题的传统法律答案是基于对个人行为、企业组织的性质以及个人和团体共同承担责任的一些假设。对这些问题的人类学回答，需要从公司的文化环境切入加以解释，在特定的文化环境中，公司是具有某种共同信仰并自我认同的人组成的群体，这个群体中的人从事着一系列独特而又相互理解的实践活动。"①

又例如，在全球化背景下的国际关系中，跨国交往频繁，因跨国行为引起的法律问题增多，这也促使法律人类学家关注跨国行为中的法律问题。吉尔博伊（Janet A. Gilboy）在一篇题为《准入审查：移民审查员的决策》的文章中，对美国一座国际机场的移民审查官员和外籍旅客的行为进行了民族志研究。在这个研究中作者面对的场域虽然是一个小地方（机场），但研究的外籍旅客却来自五洲四海，所以，这是一个地方性的跨国行为研究。作者的研究目的是解释社会控制中以个人决策为导向的模式，个人如何通过适应环境情势的分类和集中方式做出决策。在这项研究中，值得关注的是作者采用的一种适用于机场环境的田野工作方法：

> 为了收集这项研究的数据，我去了一个大都会的航空港，并且进行了102天的参与观察。1988年3月初开始了田野调查，最后一次去航空港是在1990年12月。选择大都会航空港在一定程度上是一个有关旅行和访问的选择。但是，更重要的是，该航空港是美国最大的国际机场之一，移民归化局（INS）每年处理成千上万的外国人、美国公民以及永久居民的入境申请，这就给我提供了一个极好的机会去看国家驱逐外籍人士的法律和程序是如何实施的。
>
> 我使用了各种方法，包括观察、非正式访谈和航空港发展的数据统计。我观察并正式采访了36名初级和中级审查人员和主管，了解机场审查工作

---

① John M. Conley, William M. O'Barr, Crime and Custom in Corporate Society: A Cultural Perspective on Corporate Misconduct, *Law and Contemporary*, Vol. 60, Issue 3. (Summer, 1997), p. 6.

的各个阶段。1988年,大多数的观察时间,我都在17名审查人员身边。我进行了一次为期29天的观察,看他们对旅客进行首次审查,并对大多数审查人员做了两次观察。我通常在中午到达航空港,然后拜访他们,在下午1点到7点的几个小时里与审查人员在一起。这个时间段是大多数国际航班的抵达时间,他们审查入境文件并询问到达的旅客。我花了大半天的时间与审查人员相处,以便建立融洽的关系,并花足够的时间来观察他们的工作,并与他们交谈,有时也会跟踪二次审查。根据航班的往来量,我每天都会观察到70多人次到几百人次的审查。因为我的学者身份不能参与审查过程,我便采用非正式访谈来扩大观察范围。访谈是一个挑战,因为旅客持续不断的流量,审查员需要快速处理旅客询问。我通常在旅客交替之间匆忙的几秒钟内询问有关情况。比如,"你是怎么决定允许那个乘客(进入)的?"或者"你在这种情况下是怎么想的?"让审查员可以自由地谈论他们的想法。[1]

(七)法律人类学民族志的研究

将人类学家撰写的民族志和人类学作品作为研究对象是反思人类学的贡献,在法律人类学中,以法律人类学家的民族志文本或法律人类学的田野调查经历为对象的研究,也是这个时期出现的现象。如康利和欧巴尔写的《回到特罗布里恩德群岛:马林诺夫斯基〈初民社会的犯罪与习俗〉的持续性影响力》(2002)[2]和《一个情不自禁的经典:〈夏安人的方式〉与法律人类学的案例方法》(2004)[3]。前文针对学界否定马林诺夫斯基的议论,客观地评价了马林诺夫斯基在法律人类学学术史上的地位,指出,马林诺夫斯基是一位在法律人类学学术史中最重要的学者,他第一次论证了两个事实:如果不以西方社会的情况为标准,那么所有的社会都能够假定为是存在法律的社会;他使人类学的象征——田野民族志——能够被有效地运用于法律研究。另外,马林诺夫斯基最杰出的贡献在于他是使用跨文化的视角考察法律性质的第一人。无论后人如何评论,马林诺夫

---

[1] Janet A. Gilboy, Deciding Who Gets In: Decisionmaking by Immigration Inspectors, *Law & Society Review*, Vol. 25, No. 3. (1991), pp. 576-577.

[2] John M. Conley, William M. O'Barr, Back to the Trobriands: The Enduring Influence of Malinowski's Crime and Custom in Savage Society, *Law & Social Inquiry*, Vol. 27, Issue 4. (Fall, 2002), pp. 847-874.

[3] John M. Conley, William M. O'Barr, A Classic in Spite of Itself: The Cheyenne Way and the Case Method in Legal Anthropology, *Law & Social Inquiry*, Vol. 29, Issue 1. (Winter, 2004), pp. 179-218.

斯基的这本著作对于法律人类学来说一直是最有影响力的著作。后文这样评价卢埃林和霍贝尔合著的《夏安人的方式》：尽管很多人听到过有人提过这本书，但现在的人类学专业的学生如果不选修法律人类学课程的话，他们是不会去读这本书的。也很少有法律专业的学生，甚至法学教授知道有这样一本书。然而，这本书在人类学和法学两个学科中具有不容置疑的深刻且持久的影响力。在人类学中，这本书理所当然地处于方法论里程碑的位置。在法学中，这本书代表着在后形式主义理论与日常生活的法律实践的真实世界之间架起了意义重大的第一座桥梁。

除了对以往的法律民族志经典进行反思性研究外，探讨当下法律民族志的理论与实践也是法律人类学的研究对象之一。美国法律人类学家斯塔尔（J. Starr）和古德尔（M. Goodale）主编的《法律民族志的实践：新对话，老方法》（2002），是一部探讨在不同社会、政治、法律语境中，理解复杂法律问题的各种研究技术的论文集。主编邀请的11位法律人类学家分别撰写了有关民族志研究理论与方法的论文，这些论文或是强调一个特别分析框架以解决民族志学者面临的问题，或是提出颇具特点且已被民族志实践证明实用性的数据模式或研究方法。主编认为，和所有的民族志一样，法律民族志也要求理论与方法的完美结合，而在不同地方、不同时间，理论与方法如何结合则是民族志学者面临的挑战。理论与方法存在着相互构建的关系，但是，无论是哪一方对另一方的构建都不是一个简单或僵化的过程。法律民族志学者在仔细考察研究涉及的理论，并琢磨何为与理论上的研究目的最相适应的研究方法后，方才开始进行研究项目。能够使理论与方法在动态中产生相互作用的，是研究者在研究过程中勇敢地迎接新的挑战，这些挑战会引导研究者反思理论假设和方法论的实践。理论与方法的发展路径不会是单线的；在一代接一代的研究者中，当研究过程中的具体问题逼迫研究者尝试和应用新的和不可预知的路径时，研究者总会发现有些确定的民族志方法——就像参与观察法和访谈法——仍然具有实用性和必要性。在完成研究项目之后和写作民族志过程中，研究者会讨论理论和方法是否会持续之前的实用性，什么新理论和新方法应当被认真考虑。这部论文集的作者从不同的进路，运用不同的方法研究法律现象的努力就是民族志锻造理论与方法的实践。民族志是一种渐进发展的学问，法律民族志学者在田野中会遭遇之前并不能预知的语境，它们挑战着基本的方法论假设。这种不确定性意味着民族志学者应当保持灵活性和适应性。当研究完成时，民族志项目并没有结束，相反，研究者会碰到新的理论文献，这些文献使其正在运用的关于研究发现的意义和性质的假设面临挑战。这种情况会激发出一种交叉聚集的研究。①

（八）国际法的人类学研究

人类学对国际法的研究最初是因为国际法涉及有关土著人和部落族群的规定,对于研究异文化的人类学家来说,为制定和执行这类国际法提供专业智识和行动策略是义不容辞的责任。人类学家通过参与国际法的制定和国际组织的工作,积极倡导国际社会赋予土著人和部落族群平等权利,并予以法律保护。例如,国际劳工大会1957年通过的《土著和部落居民公约》和1989年开放签字的《土著和部落民族公约》,均属于这方面的国际法文件。在这两个文件的起草和执行中,人类学家置身于社会冲突的最前沿,他们研究、确定、有时协助设计和执行旨在促进或阻碍土著和部落人民变革的方案。作为联合国机构的国际劳工组织试图为这些冲突确定一套最低标准,而有能力承担这些工作的正是人类学家。②

国际法与初民社会的法在制定和实施方面具有相似之处,这样的特点在20世纪50年代以前就受到法学家和法律人类学家的关注。例如,法学家凯尔森(H. Kalsen)就说:由于其权力分散,一般性的国际法具有原始法的特点,即它虽然设立立法、司法或行政机关,但却将职能留给个别主体和国际社会成员。国际法学家奥本海(L. F. L. Oppenheim)也认为国际法是"弱法",类似于原始社会的法律。③ 霍贝尔指出:"所谓国际法就是世界范围内的原始法……无论理想主义者的期望是什么,武力和以武力相威胁是解决国际争端最终所依赖的力量,这同国内或部落内以法律的方式解决纠纷的情况是一样的。"④当代法律人类学家对国际法的认识已经超越了将国际法与初民社会原始法的简单比较,坎贝尔(A. Campbell)认为,这种比较简单而无意义,应当拒绝这种比较。因为,国际法是现代法,它一般表现为成文法,且由国际组织和国家的制裁保证实施。另外,国际法产生和适用于复杂多元的国际社会,它要解决的问题完全不同于初民社

---

① J. Starr, M. Goodale, *Practicing Ethnography in Law: New Dialogues, Enduing Methods*, New York: Palgrave Macmillan Ltd., 2002, pp.1-3.

② Lee Swepston, Indigenous and Tribal Peoples and International Law Recent Developments, *Current Anthropology*, Vol. 30, No. 2. (Apr., 1989), p.264.

③ A. Campbell, International Law and Primitive Law, *Oxford Journal of Legal Studies*, Vol. 8, No. 2. (Summer, 1988), p.169.

④ 〔美〕E. A. 霍贝尔:《初民的法律——法的动态比较研究》,周勇译,中国社会科学出版社1993年版,第371—372页。

会。① 不过,纳德在对和谐社会的研究中,通过对墨西哥村镇自治、美国替代性纠纷解决机制和国际纠纷解决中国际法适用的比较研究发现,强制和谐是一种普遍存在于人类社会的现象。纳德指出,在国际纠纷解决机制中,非对抗性的谈判也作为解决纠纷的手段被提倡。由来自不同的领域——法律、经济、社会心理学、政治科学和心理治疗——专家组成的谈判团队,把注意力集中在促进国际关系体系的稳定和发展上,国际谈判不再是政府对政府的活动,而是政府的国际职能部门、非政府组织、公众人物等的活动。虽然国际关系稳定可能是一件好事,但是,它也意味着不公正和持续的不平等。许多关于国际谈判的著述都暗示存在着一种谈判者的"普适性外交文化",即国家政府官员、国际"科学界"和环境组织的共同文化。实际上,他们主张的普适性是一种解决纠纷的霸权主义视角。这种霸权主义是20世纪70年代在美国发展起来的,并出口到世界各地,是一种装扮为和谐意识的霸权主义。事实上,这是一种强制性的和谐,其主要功能是安抚。② 梅丽(S. E. Merry)也认为将国际法与村庄中的民间法进行比较是有趣的,通过这种比较可以认识和阐释两种法律在制定和实施上的进程。例如,二者都是多元的,并与其他法律秩序相交叉;二者都严重依赖互惠和被排斥的威胁,社会压力敦促其成员遵守国际法或村庄民间法;二者的合法性均产生于争论、协商和妥协的过程。梅丽认为人类学的国际法研究对国际法的理解和分析有着重要的贡献,它关注的小规模社会空间的意义和实践,无论是在村庄还是国际法院的走廊,使我们能够更深入地了解国际法的各个方面如何发挥作用。尽管这些法律在形式上存在着巨大的差异,但与村庄民间法的类比显示了对特定情况、个人行为、更广泛的结构不平等和意义体系进行分析的可能性。③

当代国际法的一个重要内容是关于国际人权的规定。国际人权涉及的权利包括生存、自由与平等权利、免受酷刑和法外杀戮的保护以及个人和群体的工作、发展、居住和健康的权利等。随着人权运动的发展,国际法中关于解决国际人权法与地方文化冲突的原则也引起了人类学家的注意。在人类学史上,曾经有一起公案一直被法学家诟病,即1947年美国人类学协会向联合国人权委员会提交了一份声明,认为即将提交联合国大会讨论的《世界人权宣言》是一项以法

---

① A. Campbell, International Law and Primitive Law, *Oxford Journal of Legal Studies*, Vol. 8, No. 2. (Summer, 1988), pp.194-195.
② L. Nader, Coercive Harmony: the Political Economy of Legal Models, in L. Nader (ed.), Essays on Controlling Processes 1996, *Kroeber Anthropological Society Papers*, No. 80. (1996), pp.7-8.
③ S. E. Merry, Anthropology and International Law, *Annual Review of Anthropology*, Vol. 35. (2006), p.101, p.106.

案形式表现出来的帝国主义行径,它将西欧和美洲国家的价值观作为权利宣言的内容,不应当适用于所有人。对于个人而言,只有当他按照社会对自由的定义生活时,他才是自由的。声明公开后,法学和人类学界对声明的看法莫衷一是。有法学家认为,人类学协会对地方文化采取无限宽容的态度,而这种文化相对主义的问题在于其对文化差异的宽容与对其他社会文化作出的道德评价不相容。这个声明给美国人类学协会带来的是持续50年的极大耻辱。[①] 对于声明中涉及的文化相对主义,人类学家认为,声明中所讲的文化相对主义更多的是关于文化适应,而不是文化宽容,它主张通过学习和社会化的过程,社会成员才能接受社会的价值观。[②] 实际上,声明发布时,一些人类学家就表达了对声明的不满,但这种不满主要针对的是声明的政治性质。例如,斯图尔德(J. H. Steward)质疑声明中所讲的文明国家的正当性,他指出,如果声明中尊重文化价值的诉求仅仅是指原始民族,那也没有什么不对的,因为,原始民族是文明的接受方,应当被给予更多的理解和宽容。但是,当人类学家将目光转向现代国家时,他们很清楚那里有更多该谴责的事情存在着。[③]

《世界人权宣言》在联合国大会通过后,联合国又相继制定了许多有关人权的公约和国际法文件,这些公约和文件在对不同领域人权的规定中,都以不同的形式强调着《世界人权宣言》第2条中关于人权平等的主张:"人人有资格享有本宣言所载的一切权利和自由,不分种族、肤色、性别、语言、宗教、政治或其他见解、国籍或社会出身、财产、出生或其他身份等任何区别。并且不得因一人所属的国家或领土的政治的、行政的或者国际的地位之不同而有所区别,无论该领土是独立领土、托管领土、非自治领土或者处于其他任何主权受限制的情况之下。"[④]例如,在1995年联合国第四次世界妇女大会(北京)通过的《行动纲领》第124条(a)中规定:各国政府应当"谴责对妇女的暴力行为,并且不以习俗、传统或宗教为考虑来逃避其按照《消除对妇女的暴力行为宣言》的规定消除对妇女的暴

---

① K. Engle, From Skepticism to Embrace: Human Rights and the American Anthropological Association, *Human Rights Quarterly*, Vol. 23, No. 3. (2001), p. 542.

② A. D, Renteln, Relativism and the Search for Human Rights, *American Anthropologist*, Vol. 90. (1988), p. 62.

③ J. H. Steward, H. Julian, Comments on the Statement on Human Rights, *American Anthropologist*, Vol. 50. (1948), p. 351.

④ 《世界人权宣言》,联合国网,http://www.un.org/zh/universal-declaration-human-rights/index.html,访问时间:2019年1月10日。

力行为的义务。"① 在对这些国际法文件的解读和宣传中,有的学者和官员将女性、少数民族和其他弱势群体所面临的不利因素归咎于文化。梅丽认为,一些国际法文件在强调文化多样性和回应文化差别的重要性的同时,又在人权制度中创造出跨国现代性,并以这种跨国现代性的普遍实施来促进普适性的模式和价值体系,文化被当作实现跨国现代性的障碍。基于对文化的误解,人权领域的法学家和记者排斥着人类学,他们认为文化整体论没有为变迁、争议或权力、实践和价值观之间的关联分析提供空间;反而,文化整体论成为普适性人权的改革计划的障碍。当文化被人权法妖魔化时,人权法也完全误解了人类学。事实上,人权法对确定性和普适性的追求,会不会丧失了什么?对文化相对主义的严厉批评和将文化定位于人权实践的障碍,是否造成了宽容和尊重文化差异原则的丧失? 在这些问题上,地方行动者和非政府组织与国际现代性拥趸对文化的想法大相径庭,他们关注的是把人权带回家,在地方性的背景和意义体系中接受人权。一种更复杂而动态的文化理解不仅会促进人权的理念,而且也会将人类学理论重置于这些论题的中心位置,而不是将它放逐至边缘。②

综上所述,这个时期法律人类学的研究对象具有以下特点:(1) 开始注重过程研究,完成了从以规范和案例为中心到以过程为中心的转变;(2) 法律多元成为法律人类学的核心概念和分析工具;(3) 民族—社会的整体研究与专题问题的整体研究成为法律人类学中并驾齐驱的研究进路;(4) 大规模社会的法律及其实践成为新的研究热点;(5) 法律与权力的研究开始脱离法理学,成为法律人类学独树一帜的理论。

---

① 《1995 年联合国第四次世界妇女大会行动纲领》,豆丁网,http://www.docin.com/p-81728798.html,访问时间:2019 年 1 月 10 日。
② S. E. Merry, Human Rights Law and the Demonization of Culture (and Anthropology along the Way), *PoLAR*, Vol. 26, No. 1.(May, 2003), pp. 71-72.

第三章　法律人类学的理论发展(上)①

第一节　19世纪法律人类学研究中的法学家
第二节　19世纪法律人类学的时代背景和理论渊源
第三节　19世纪法律人类学的学术目标

---

① 本章内容原载《石河子大学学报(哲学社会科学版)》2012年第5期,论文标题是《辉煌与沉寂:19世纪西方法律人类学学术史述评》,署名作者为张晓辉。

法律人类学形成于 19 世纪中叶,迄今已经有近 160 年的历史。在近 160 年的历史中,法律人类学走过了较为坎坷的路程,有过辉煌的时光,也经常处于沉寂的状态。作为法学和人类学的跨界学科,法律人类学领域充满来自理论和实践的各种挑战,但是,与法学家或人类学家相比,从事该学科研究的法律人类学家总是寥寥无几。① 尽管如此,一代又一代法律人类学家一直秉承严谨的科学精神,在法律人类学领域辛勤耕耘,发展并改善着不断积累的学术成果,直到终老仍然将法律人类学作为"未尽的事业"而苦苦追求。本章试图从学术史的视角回望 19 世纪的法律人类学家和他们在理论与方法上的贡献,并以此来理解法律人类学家为之献身的事业。

19 世纪中叶,巴霍芬、麦克伦南、梅因、摩尔根关于人类社会制度史的著作问世,标志着法律人类学在欧美学术界开始形成。19 世纪的法律人类学家用他们的著作回应当时的社会变革和理论思潮,并实现了自己的学术目标,即用进化论重构社会制度史,论证现行制度的优越性,寻找新的研究方法。他们的研究奠定了早期人类学的理论基础,也为法学和人类学贡献了比较研究和历史研究的方法论。然而,由于资料的匮乏和基本理论的缺陷,19 世纪的法律人类学很快从辉煌走向沉寂,完成了它为人类学奠基的历史使命。

第一节　19 世纪法律人类学研究中的法学家

早期人类学的发展与法学家的研究活动有密切的联系。19 世纪的许多著名的人类学家实际上都是职业律师、法官或法学家,以至于有这样一句法律谚语:如果你的学科是法律,便有一条通往人类学的平坦大道。② 当时,受进化论和启

---

① 这里所指的法律人类学家包括对法律问题有研究的人类学家,也包括对法律的人类学问题有研究兴趣的法学家,即使定义的标准已经很宽,但是,历史上或现实中的法律人类学家人数仍然较少。

② M. D. A. Freeman, *Lloyd's Introduction to Jurisprudence*, London: Sweet and Maxwell Ltd., 1994, p.790.

蒙思想家的影响,一些法学家和律师对法律的起源和原始社会的法等问题产生了浓厚的兴趣,他们或利用传教士、旅行者、殖民地官员收集的资料;或投身于对非西方社会的考察,以不同的方式研究人类社会的法律问题,提出了种种假说,在为法理学和早期人类学的发展做出贡献的同时,也开创了作为人类学分支学科的法律人类学。

在法律人类学的学术史中,记载着以下一些法学家的英名。

巴霍芬,瑞士法理学家和古代史学家,曾担任过巴塞尔大学罗马法史教授和巴塞尔法院刑庭法官。巴霍芬的著作《母权论:根据古代世界的宗教和法权本质对古代世界妇女统治的研究》(1861),被认为是社会人类学的奠基作品。在该书中,巴霍芬认为人类社会在发展中经历过乱婚时代—母权制时代—父权制时代的历史,他把家庭视为一种社会组织,试图通过家庭的历史证明母权先于父权的假说。① 恩格斯在《家庭、私有制和国家的起源》第四版序言中,用较多的文字概括了巴霍芬的观点,认为巴霍芬的著作标志着家庭史研究的开始,他关于母权制的论证"在1861年是一个完全的革命"。②

麦克伦南,苏格兰律师,1871年曾代表苏格兰担任议会法案起草人。麦克伦南长期关注和研究作为早期文化遗留的习俗和行为,著有《原始婚姻:婚姻仪式中掠夺形式源流考》(1865)和《父权论》(1885)。③ 在《原始婚姻》一书中,麦克伦南关注婚姻的演化,以抢新娘仪式论证了人类早期行为演化为仪式行为的理论,认为人类婚姻经由从乱交到群婚,再从多偶婚过渡到一夫一妻制,这一过程表现为合理的阶梯式的渐进发展,并第一个说明了外婚制和图腾崇拜是原始社会的普遍特征。④ 麦克伦南研究抢婚和婚姻形式演进的目的并不是想解释这些现象,而是为了说明现存制度的历史来源,即抢婚与外婚制的联系以及父系社会从母系社会发展而来的可能性。⑤

梅因,英国法学家,比较法理学的奠基人和历史法学派的代表人物,曾担任剑桥大学民法、国际法教授,牛津大学比较法教授,印度总督委员会成员。梅因

---

① 《简明不列颠百科全书》(第1卷),中国大百科全书出版社1985年版,第428页。
② 《马克思恩格斯选集》(第4卷),人民出版社1972年版,第5—8页。
③ 恩格斯对麦克伦南也有评价。在《家庭、私有制和国家的起源》第4版序言中,恩格斯肯定了麦克伦南的两项功绩,即指出了外婚制的到处流行及其重大意义;认定母权制的世系制度是最初的制度。由于麦克伦南的许多观点与美国人类学家摩尔根的观点相左,恩格斯对麦克伦南的批评多于赞誉。
④ 〔挪威〕弗雷德里克·巴特等:《人类学的四大传统——英国、德国、法国和美国的人类学》,高丙中等译,商务印书馆2008年版,第13页。
⑤ 〔英〕爱德华·埃文思-普理查德:《论社会人类学》,冷凤彩译,世界图书出版公司2010年版,第26—29页。

最有影响的著作是其以讲授罗马法的讲稿为基础撰写的《古代法》(1861)。梅因主张人类社会只存在过父权制,家长制家庭是社会生活最初的和普遍的形式。人类最初分散在完全孤立的集团中,这种集团由于对父辈的服从而结合在一起,法律是父辈的语言。梅因将法律的发展分为"地美士第"①、习惯法和法典化三个阶段,在"地美士第"阶段,法律根据家长式的统治者个人的命令制定,人们认为统治者的裁判是按照神灵的启示行事;而在习惯法阶段,习惯法的运用和解释由垄断法律知识的贵族或特权阶级掌握;到了法典化阶段,法律被铭刻在石牌上,向人民公布,以代替单凭有特权的寡头统治阶级的记忆而存在的惯例。② 梅因认为人类社会的进步是从以血缘为纽带的系统到以地缘为纽带的系统,从身份到契约③,从民事法到刑事法的运动。④

摩尔根,美国执业律师,曾先后担任美国纽约州众议会议员和参议院参议员。摩尔根于1942年开始从事律师业务时就参加了一个研究印第安人的学会,成为该团体的积极分子,毕生支持印第安人为反对白人压迫而进行的斗争,并致力于印第安人、亲属关系系统和社会进化理论的研究,他出版了四部著作,其中以《古代社会》(1877)影响最大。⑤ 摩尔根的理论主要包括以下一些观点:生活资料是由一系列顺序相承的技术使之增加并臻于完美的;人类社会的发展经过了蒙昧社会、野蛮社会和文明社会;政治的萌芽必须从蒙昧社会状态中的氏族组织中寻找,人类的政治组织是从氏族、部落、部落联盟发展到国家;家族的各个发展阶段体现在亲属制度和婚姻习俗之中,如果将二者综合起来观察,就可以有把握

---

① "地美士第"是希腊神话中"地美士"Themis(司法女神)的复数,指神授的审判权。
② 〔英〕梅因:《古代法》,沈景一译,商务印书馆1959年版,第72、6—12页。
③ 梅因的理论自其著作发表后就受到批评,尤其是梅因关于"所有进步社会的运动,到此处为止,是一个'从身份到契约'的运动"的著名论断,受到普遍质疑,涂尔干认为所有社会都有身份与契约共存的现象,只是传统社会更重视前者。20世纪的法人类学家霍贝尔等人也用民族志的材料证明身份和契约共存的事实,波斯比西更进一步,提出契约能够先于身份存在观点。参见 N. Rouland, *Legal Anthropology*, translated by Philippe G. Planel, London: The Athlone Press, 1994, pp.228-229.
④ Charlotte Seymour-Smith, *Macmillan Dictionary of Anthropology*, London: Macmillan Press Ltd., 1986.
⑤ 恩格斯对摩尔根一直赞誉有加,《家庭、私有制和国家的起源》一书的副标题为"为路易斯·亨·摩尔根的研究成果而作"。在该书的第1版序言中,恩格斯写道:"摩尔根在美国,以他自己的方式,重新发现了四十年前马克思所发现的唯物主义历史观,并且以此为指导,在把野蛮时代和文明时代加以对比的时候,在主要点上得出了与马克思相同的结果。"随着时间的推移,恩格斯也注意到摩尔根理论的缺陷,在该书第4版序言中,恩格斯承认在摩尔根《古代社会》出版后的14年间,关于原始人类社会历史的材料已经大大丰富起来,研究者提供的新材料、新见解,使摩尔根的某些假设被动摇,或甚至被推翻了。在20世纪,尽管摩尔根仍然受到人类学界的尊敬,但是,他的理论基本被新发现的材料和事实推翻。有关摩尔根理论在当今人类学中的命运,可参见徐国栋:《家庭、国家和方法论——现代学者对摩尔根〈古代社会〉和恩格斯〈家庭、私有制和国家的起源〉之批评百年综述》,载《中外法学》2002年第2期。

地追溯家族所经历的各个顺序相承的形态;在人类社会存在过五种家族模式,即血婚制家族、伙婚制家族、偶婚制家族、父权制家族和专偶制家族,与之相适应的婚姻模式为乱婚制、群婚制、多偶制、一夫多妻制和一夫一妻制;对财产的欲望超乎其他一切欲望之上,这是文明伊始的标志,这不仅促使人类克服阻滞文明发展的种种障碍,并且还使人类以地域和财产为基础而建立起政治社会。①

第二节 19世纪法律人类学的时代背景和理论渊源

19世纪的法学家之所以会在传统的法学领域开辟对法律起源、异族文化和古代法等法律人类学问题的研究,和19世纪欧洲与美国的社会情况和理论背景有很大的关系。

从社会背景来看,19世纪是欧洲资本主义社会发展的重要时期。以英国为例,一方面,工业革命的成功和海外殖民地的拓展,使英国的经济飞速发展,积累了大量的社会财富,成为世界第一强国。另一方面,英国完成了一系列重要的政治和社会改革,确立了君主立宪制度,在保证社会制度平稳过渡的同时,建立了资本主义的民主政治制度。经济的发展和政治的稳定,使英国在19世纪中期出现了长达20年的黄金时代,也使当时的知识分子产生了优越感,认为英国的社会制度是人类历史上最好的制度。②

大洋彼岸的美国在19世纪也发生了影响美国历史进程的很多重大事件:通过战争和金钱,美国的领土得以大规模的扩张,1846年,美国的国土面积已从建国时的230万平方公里扩展到777万平方公里;17世纪末开始的"西进运动",在促进西部开发和繁荣的同时,使印第安人遭到灭绝性的驱赶和屠杀,到19世纪末,西部印第安人的人口数量从原来的100多万锐减到24万,并且被安置在政

---

① 〔美〕路易斯·亨利·摩尔根:《古代社会》,杨东莼、马雍、马巨译,商务印书馆1977年版,第3—7、382页。

② 工业革命的影响是渐进的、相对的,其效果只有事后反观时才显现出来。在英国,直到1830年左右,人们才意识到发生了实质的和持久的工业变革。而政治和社会变革是以立法和社会事件为标志的,它们是显而易见的事实。参见〔英〕哈维(Christopher Harvie)、〔英〕马修(H. C. G. Matthew):《19世纪英国:危机与变革》,韩敏中译,外语教学与研究出版社2007年版,第173页。

府划定的密西西比河以西的印第安人保留地内;19 世纪 40 年代末,美国东北部完成了工业革命,纺织、铁路、通信和机械制造业迅速发展,并带动了北部和西北部农业经济的发展;1861 年南北战争爆发,这场内战持续了 4 年,代表北方工业资本主义的联邦政府通过了一系列改革,废除了奴隶制度,最终取得胜利,也在全美确立了资本主义民主制度。①

从理论背景来看,自文艺复兴以来,欧洲知识界人才辈出,一直是思想家的摇篮。尤其是处于鼎盛时期的英国,在致力于解决本国面临的政治、经济、社会问题的同时,英国的知识界为 19 世纪关于人类社会制度起源和发展规律的认识提供了较为丰富的理论准备。这些理论包括:洛克的政治哲学,边沁的功利主义,奥斯丁的分析法学,达尔文的进化论和斯宾塞的社会进化论。

洛克(J. Locke)的著作大部分发表于 1688 年英国"光荣革命"前后,被誉为这场温和而成功的革命的倡导者。洛克的著述涉及哲学、道德和政治等领域,其中,洛克的政治哲学思想影响最为广泛。在洛克之前,霍布斯(T. Hobbes)在其著作《利维坦》(1651)中对中世纪经院学派的自然权利和自然法概念作了重新诠释,进而提出为了结束一切人对一切人战争的自然状态,以契约的形式将个人拥有的自然权利交给主权者(国王)或主权团体(议会)的假说,证明君主制的合法性。与霍布斯不同,洛克将自然状态与战争状态相区别,认为自然状态中的自然法赋予人们权利,保护人们的权利。在洛克的社会契约论中,获得权力的政府成为契约的一方,如果不履行契约中的义务,人民可以有正当的理由反对它;依据契约成立的政府,其权力绝不越出公益的范围以外;立法和行政部门必须分离,以防滥用权力。②

与洛克政治哲学大相径庭的理论,是英国著名法理学家和哲学家边沁(J. Bentham)提出的功利主义理论。在《道德与立法原理导论》(1789)中,边沁以"联想原理"和"最大幸福原理"为基础③,将功利主义积极地运用到种种实际中,取得了颇有说服力的效果,戳破了以往政治学说中美丽的假说。边沁认为,社会契约论中服从的义务应当来自功利原则,因为,它真实地说明,只有服从法律,才

---

① 金卫星、刘大明主编:《世界近代史》,高等教育出版社 1996 年版,第 287—298 页。
② 〔英〕罗素:《西方哲学史》(下卷),商务印书馆 1982 年版,第 71—73,159—172 页。
③ 按照英国哲学家罗素(Bertrand Russell)的解释,"联想原理"认为观念与观念的联合是普遍的心理现象,乙观念会引起丙观念,如果乙观念往往与甲观念相伴,会出现即使没有乙观念,甲观念的出现也会引起丙观念。这种原理类似巴甫洛夫的条件反射原理,只是前者属于心理学的范畴。"最大幸福原理"认为善就是快乐或幸福,在一切可能有的事态中,包含着快乐超过痛苦的最大盈余的那种事态是最善的。简言之,趋乐避苦就是幸福。参见〔英〕罗素:《西方哲学史(下卷)》,商务印书馆 1982 年版,第 327—328 页。

能实现最大多数人的最大幸福。在公共生活中,由某种痛苦形式构成的制裁是人们遵守道德和法律规则的保证。全部法律共有的目的是增加共同体的总体幸福,尽管惩罚在实现更大的快乐和幸福总量方面必定是有用的,但是,如果惩罚的结果只是增加共同体的痛苦,那么惩罚就没有正当性。按照这样的功利原则可以制定一部会自动使人善良有德的法典。因为,"自然把人类置于两种主宰即痛苦与快乐的统治之下。只有它们能够指出我们应当做什么,而且决定我们应该做什么。一方面是是非标准,另一方面是因果关系链,这两者都系在痛苦与快乐的宝座上。"①

边沁的功利主义理论中关于法律的学说很快就被英国法理学家奥斯丁(J. Austin)发展为系统的法学理论和方法论,从而成就了他作为分析法学派的奠基者和英国法理学之父的学术地位。奥斯丁对法理学的主要贡献包括法律命令说、实然与应然分野说和法律实证分析方法。② 在其主要著作《法理学范围之确立》(1832)和《法理学讲义》(1863)中,奥斯丁认为,法律是握有控制他人的权力的人为其目的而制定的规则,是一种责成个人或群体的命令。法律的存在是一回事,法律的功过则完全是另一回事。法律的价值评价好坏,不影响法律存在的事实。功利原则虽然是检验法律的最终标准,但应该将法理学与伦理学相区别,法理学所关心的是说明不同法律制度所共有的一些原则、概念和特点,应当在可感知、可观察的过去和现在的法律制度范围内进行归纳和分析。这种方法是法学对 19 世纪中叶在学术界盛行的实证主义思潮的响应。③

19 世纪中叶,来自自然科学领域的生物进化论对 19 世纪的自然科学和人文科学产生了巨大的影响,也对以往颇受质疑的政治与法律理论造成了更大的冲击,直到 19 世纪末,用生物进化论解释人类社会的发展一直是一种时尚的理论。在进化理论面前,洛克的政治哲学对社会的解释更显得苍白无力。英国生物学家、进化论的奠基人达尔文在《物种起源》(1859)中系统地建构了生物进化论。达尔文的进化论分为两部分,其一,各种生物全是由共同祖先逐渐发展出来的。

---

① 〔英〕韦恩·莫里森:《法理学:从古希腊到后现代》,李桂林等译,武汉大学出版社 2003 年版,第 197—203 页。
② 在这三个方面,边沁和奥斯丁都有相似的论述,尽管边沁的论述早于奥斯丁,并且年轻时的奥斯丁自称是边沁的信徒,但是,奥斯丁在法理学领域显然比边沁的名气更大,其中的原因很多,例如,边沁的研究领域广阔,不如奥斯丁专一;其相关著作成稿虽早,出版却晚于奥斯丁。参见〔英〕韦恩·莫里森:《法理学:从古希腊到后现代》,李桂林等译,武汉大学出版社 2003 年版,第 226 页注②、第 230 页注②。
③ 刘星:《法律是什么?:20 世纪英美法理学的批判阅读》,中国政法大学出版社 1998 年版,第 16、19、37、48—49 页。

其二,在一定的环境里,同种的个体为生存下去而竞争,对环境适应得最好的个体有最大的生存机会。所以在种种偶然变异当中,有利的变异在每个世代的成熟个体中会占优势。如果时间充分长久,这种机理过程可以说明从原生动物到人类整个漫长的发展。① 达尔文的理论很快就被一直主张社会进化观点的英国社会学家斯宾塞运用到对人类社会的解释中。斯宾塞的社会进化理论可以简化为两个命题,即机体生命形式和社会生活方式的发展是一个多样化的过程;复杂的组织结构形式是从较简单的组织形式发展而来,这是发展的总趋势。② 斯宾塞认为,文明和法律是生物的、有机的进化结果,而生存竞争、自然选择、适者生存则是这一进化过程的主要决定因素。③

19世纪发生在西方的社会进步和各种思潮的碰撞,表明随着方法论的更新和经验材料的积累,西方知识界关于人类社会的解释和对现行制度的论证已经不再拘泥于旧的学说,新的理论不断涌现,为影响20世纪的现代主义奠定了基础。

第三节 19世纪法律人类学的学术目标

对于上文提到四位法律人类学家来讲,他们从各自从事的法学研究或法律事务转向对人类历史的研究,除了当时社会背景和理论思潮激发了他们对历史的兴趣之外,更重要的是,他们试图借助19世纪的新方法论和新思潮,建构新的政治和法学理论以及新的研究方法。在他们的著作中,明显具有重构人类社会的制度史,继而论证现行社会制度的优越性,寻找新研究方法的学术目标。

---

① 〔英〕罗素:《西方哲学史(下卷)》,商务印书馆1982年版,第270—271页。罗素还指出:达尔文进化论的第二部分向来很受人反驳,大多数生物学家认为要附加许多重要的限制条件。据达尔文讲,进化的原动力就是自由竞争世界中的一种生物学经济。促使达尔文想到了生存竞争和适者生存为进化根源的,正是推广到动植物界的马尔萨斯的人口学说。参见〔英〕罗素:《西方哲学史》(下卷),商务印书馆1982年版,第271—272页。
② 〔英〕A.R.拉德克利夫-布朗:《原始社会的结构与功能》,潘蛟等译,中央民族大学出版社1999年版,第8页。
③ 〔美〕E.博登海默:《法理学——法哲学及其方法》,邓正来、姬敬武译,华夏出版社1987年版,第90页。

19世纪中叶,进化论和实证主义方法的流行,使得充斥于人类社会史中各种假说备受质疑,因此,用新的理论和方法重构人类社会史成为当时知识界的义务。① 19世纪法律人类学的四位奠基者就属于自觉履行这种义务的法学家。他们不满意以往政治哲学和法学理论关于制度史的解释,故将人类社会的制度史作为自己的研究领域,从不同的层面重构人类社会制度起源与成长的一般历史。② 梅因在《古代法》的开篇就对自然法学派关于制度史的理论予以批评:"凡是似乎可信的和内容丰富的、但却绝对未经证实的各种理论,像'自然法'(Law of Nature)或'社会契约'(Social Compact)之类,往往一般人所爱好,很少有踏实地探究社会和法律的原始历史的。"③梅因在书中用了较大的篇幅,批评霍布斯、洛克、边沁和奥斯丁的理论,为其提出的制度进步理论做铺垫。在对制度史的重构中,进化论无疑是一件符合当时思潮的锐器,所以19世纪的法律人类学也陷入进化论的泥沼,成为人类学古典进化学派的代表。在用进化论解释社会制度发展规律方面,摩尔根无疑是最坚定的进化论者。在《古代社会》的序言中,他写道:"现在,我们可以根据有力的证据断言,人类的一切部落,在野蛮社会以前都曾有过蒙昧社会,正如我们知道在文明社会以前有过野蛮社会一样。人类历史的起源相同,经验相同,进步相同。""在人类进步道路上,发明与发现层出不穷,成为顺序相承的各个进步阶段的标志。同时,各种社会制度,因与人类的永恒需要密切相关,都是从少数原始思想的幼苗发展出来的;它们也同样成为进步的标志"④。尽管19世纪的法律人类学家在重构人类社会制度史的过程中使用的材料、论证的命题、研究的进路和具体观点并不相同,但是,在进化论的理论前提下,他们"试图通过说明它们可能是怎样起源的、它们的发展阶段来阐释制度"⑤,重构的均是从低级向高级进化的制度史。

---

① 19世纪有关"人类"的研究被认为是一种历史学,通常以"一般历史"而著名。英国学者路易斯(Loan M. Lewis)对当时历史学研究的动机做过这样的分析:"那时,欧洲的学者被当时的科技成就冲昏了头,甚至认为自己的道德也是最高尚的,同时认为人类各方面的成就也必然逐渐增加,因此,他们觉得自己有义务探讨人类在不断追求完美的过程中,所经历的漫长而艰辛的路程。"〔英〕陆一士(Loan M. Lewis):《社会人类学导论》,黄宣卫、刘容贵译,台湾五南图书出版公司1985年印行,第31页。

② 19世纪时英国的人类学作品的特征之一就是所有问题都被认为是关于起源和渐进发展的问题,试图在没有文献材料的情况下或在相关文献证据出现之前即对人类历史进行拟构。参见〔挪威〕弗雷德里克·巴特等:《人类学的四大传统——英国、德国、法国和美国的人类学》,高丙中等译,商务印书馆2008年版,第14页。

③ 〔英〕梅因:《古代法》,沈景一译,商务印书馆1959年版,第2页。

④ 〔美〕路易斯·亨利·摩尔根:《古代社会》,杨东莼、马雍、马巨译,商务印书馆1977年版,"序"i—ii。

⑤ 〔英〕爱德华·埃文思-普理查德:《论社会人类学》,冷凤彩译,世界图书出版公司2010年版,第29页。

19世纪欧洲,尤其是英国,发生的在物质、政治、社会、哲学上的可喜变化,使信奉社会进步的法律人类学家相信欧洲已经步入人类社会的最高发展阶段,因此,通过文明阶段的划分和制度变迁的描述,可以论证现行制度的合法性和优越性,也能表达他们对急剧变化的社会政治和工业革命的理解。① 在对制度的论证中,他们从社会结构方面对制度进行社会学的研究,而不是从个体心理方面进行研究;他们避免推论性地论证有关人性方面的阐述,而试图从同一社会同一时代或较早的历史时期的其他制度来解释现行制度。例如,麦克伦南用制度遗存的观点,来解释现行制度的历史来源和合法性,并论证社会制度在作用上的相互依赖。② 而梅因在《古代法》中则将英国现行司法制度作为法律与社会相协调的典范,认为法律适应社会的手段有三,即法律拟制、衡平和立法。③ 摩尔根丝毫不掩饰对文明社会的赞美④,在《古代社会》中,他列举了文明社会的一系列发明和与这些发明相联系的制度,如近代的科学、宗教自由和公共学校、代议制的民主政治、设有国会的立宪君主制、封建王国、近代特权阶级、国际法、成文法和习惯法,继而指出:"近代文明吸收了古代文明中一切有价值的东西,并使之面貌一新;近代文明对人类全部知识的贡献很大,它光辉灿烂,一日千里。"⑤

对制度史的重构和对现行制度的论证需要新的方法,19世纪的法律人类学家试图在方法论上抛弃自然法学派的演绎推理方法,用实证主义方法论获得理论的创新,并提出新的假说。在认同实证主义以观察获得的经验材料作为研究对象的方法论基础上,19世纪的法律人类学家对实证材料及其使用方法有着不同的认识。摩尔根将人类社会的进步标志(各种社会制度、发明和发现)作为实证材料,认为它们"体现并保存了迄今仍然可以说明这种经验的一切主要事项。将这些事项综合起来,加以比较,就可以看出人类出于同源,在同一发展阶段中

---

① L. Nader, *The Life of the Law: Anthropological Projects*, Berkeley and Los-Angeles: University of California Press, 2002, pp.76-77.
② 〔英〕爱德华·埃文思-普理查德:《论社会人类学》,冷凤彩译,世界图书出版公司2010年版,第25—26页。
③ 〔英〕梅因:《古代法》,沈景一译,商务印书馆1959年版,第15—18页。
④ 尽管摩尔根赞美文明社会,但是,摩尔根对印第安人的同情和理解,使他对文明社会之前的社会制度不持批评态度,而是从一种人文关怀的立场做客观描述,其中的隐意是:从蒙昧社会和野蛮社会发展而来的文明社会应当善待仍处于蒙昧社会和野蛮社会的族群,因为,这些族群所处的社会是文明社会的前身。例如,摩尔根认为美洲的印第安人处于野蛮社会的三个阶段,"他们为人类文化顺序相承的三个阶段的社会状态都提供了例证"。〔美〕路易斯·亨利·摩尔根:《古代社会》,杨东莼、马雍、马巨译,商务印书馆1977年版,第14页。
⑤ 〔美〕路易斯·亨利·摩尔根:《古代社会》,杨东莼、马雍、马巨译,商务印书馆1977年版,第29页。

人类有类似的需要,并可以看出在相似的社会状态中人类有同样的心理作用"。①而梅因将古代的英雄史诗和历史上出现过的制度作为实证材料,运用比较的方法论证制度的变迁。在《古代法》中,梅因以荷马史诗再现了古希腊的法律制度,通过对英国法、罗马法、日耳曼法、印度法、阿拉伯法等不同法律制度的比较,论证了法律制度的进化过程和特点。当代美国法人类学家、耶鲁大学教授波斯比西(L. Pospisil)对梅因做过这样的评价:梅因对法理学和人类学的贡献更多的不是他那些结论性的观点,而是他在追寻这些观点时使用的实证方法、系统方法和历史方法,以及他坚持对其占有的实证材料进行归纳研究的努力。②

在实现上述学术目标的过程中,19世纪的法律人类学家有着很深的法律情结,他们虽然接受了进化论,改革了研究方法,但是,他们所受的法学教育与训练,还是使他们沿用法律思维来研究制度史。麦克伦南的著作被恩格斯评价为:"在这里,出现在我们面前的,不是天才的神秘主义者,而是一个枯燥无味的法学家;不是诗人的才气横溢的幻想,而是出庭辩护士字斟句酌的辩词"③。梅因的《古代法》通篇都是关于法律的研究,其中涉及不同时期的法学理论和法典,其提出的理论和使用的方法在法学领域被称为"英国的历史法学派"。对于欧洲的这几位学者来讲,他们仍然是法学家,而不是人类学家。④ 在摩尔根的《古代社会》中,摩尔根用法律作为分析工具,贯穿全文的法律分类方法和法律推理方法,使他能够有效地处理其所涉及的政治和法律问题。⑤ 事实上,在19世纪中叶,人类学还没有成为独立的学科,而类似法律人类学的术语"法律民族学"(Legal Ethnology)1890年才第一次出现在珀斯特(H. E. Post)的著作《民族学的法理学概论》中。⑥ 所以,将19世纪的这些法学家说成是人类学家或法律人类学家只是人类学或法律人类学构建自身学术史的需要而已。

尽管法律人类学的研究在19世纪曾经是人类学研究的重要领域,并且,法

---

① 〔美〕路易斯·亨利·摩尔根:《古代社会》,杨东莼、马雍、马巨译,商务印书馆1977年版,"序"ⅱ。

② L. Pospisil, *Anthropology of Law*: *A Comparative Theory*, New York: Harper & Row, Publisher, 1971, p.150.

③ 《马克思恩格斯选集》(第4卷),人民出版社1972年版,第8页。

④ 梅因曾在给摩尔根的信中强调自己是法理学教授,以表示他与人类学家毫无关系。参见 L. Nader, *The Life of the Law*: *Anthropological Projects*, Berkeley and Los-Angeles: University of California Press, 2002, p.81.

⑤ L. Nader, *The Life of the Law*: *Anthropological Projects*, Berkeley and Los-Angeles: University of California Press, 2002, p.79.

⑥ N. Rouland, *Legal Anthropology*, translated by Philippe G. Planel, London: The Athlone Press, 1994, p.21.

律人类学的研究为 20 世纪的现代人类学提供了传统的研究主题(亲属制度、异文化研究等)和研究方法(比较的方法和历史的方法),但是,由于古典进化论的衰落和早期社会材料的匮乏,建立在假设基础上的关于早期社会制度史的研究渐渐处于无人问津的地位,否定社会进化论的文化相对主义学派和功能主义学派的理论成为 20 世纪人类学的主流理论。马林诺夫斯基对 19 世纪法律人类学在 20 世纪初的境况有这样的描述:"正因为受制于资料的匮乏和假设缺乏依据,早期的人类学法学派便陷入了随意武断,徒劳无益的绝境。结果,它自己证明自己不能永葆持久的生命力,在最初短暂的兴旺之后,人们对于这一学科的兴趣乃急遽下降,事实上,几乎是兴味索然。"①

这就是 19 世纪法律人类学的结局:从辉煌走向沉寂。

---

① 〔英〕B. 马林诺夫斯基:《初民社会的犯罪与习俗》,许章润译,载〔英〕B. 马林诺夫斯基、〔美〕T. 塞林:《犯罪:社会与文化》,许章润、么志龙译,广西师范大学出版社 2003 年版,第 6 页。

第四章 法律人类学的理论发展(下)

第一节 经典时期的法律人类学理论
第二节 法律人类学理论的争议与反思
第三节 法律人类学理论的发展与超越

进入20世纪20年代,随着现代人类学的出现,法律人类学也进入了一个新的时代。在这个时代,法律人类学在发展中构建了人类学研究法律问题的基本方法和理论,成为人类学中的一个重要的分支学科。90余年来,法律人类学的研究取得了丰硕的成果,这些成果丰富了人类学和法学对法律问题的认识,也在一定程度上影响着人类学和法学理论的发展。本章的内容仍然是从法律人类学学术史的视角来评介法律人类学理论与方法,为了便于叙述,我们根据这个时代法律人类学理论的发展特点,从经典时期、争议与反思、发展与超越三个方面,对现代和当代的法律人类学理论与方法进行归纳。

第一节 经典时期的法律人类学理论

经典时期指的是1920年代至1960年代,之所以将这个时间段命名为经典时期,有两个考虑:一是这个时期是现代法律人类学的奠基阶段,其理论成果构建了法律人类学的基本理论和方法。二是,这个时期的很多理论成果至今仍然具有持续的影响力,被法律人类学家奉为经典。美国法律人类学家博安南(P. Bohannan)曾自豪地说:这个时期法律人类学的著作虽然不多,但几乎都是精品,这是其他分支学科所不能与之媲美的优势。[1]

既然是经典时期,我们就以经典作家的经典为依据,从中发现现代法律人类学构筑的基本理论和方法。

一、马林诺夫斯基的《初民社会的犯罪与习俗》

马林诺夫斯基的《初民社会的犯罪与习俗》出版于1926年,比研究特罗布里恩德群岛的第一部著作《太平洋的航海者》晚了4年。该书的出版意味着人类学

---

[1] P. J. Bohannan, Anthropology and Law, in S. Tax, ed., *Horizons of Anthropology*, Chicago: Aldine Publishing Co., 1964, p.199.

研究初民法的进路发生了根本性的转变,人类学家不需要翻译和信息员,不借助二手材料,也不依靠对规则的理论陈述,只是通过参与观察和深度访谈,就能获得对日常行为规律和纠纷现场实际发生情况的实证材料,进而撰写出描述初民社会法律、法律实施及社会控制的人类学文本——法律民族志。英国法律人类学家罗伯茨评论道:"马林诺夫斯基的研究方法以及他主张的关于秩序问题的观点,已证明对其他学者有着巨大的影响。可以毫不夸张地说,他的著作代表了小规模社会里社会控制研究的分水岭。继他的研究之后,一个完全崭新的研究进路得到发展,在这个进路之下,秩序和冲突的问题在被考察的时候逃脱了西方法理学的限制性框架。"①

在《初民社会的犯罪与习俗》的开篇,马林诺夫斯基便批评了当时在人类学界盛行的两种观点,一是认为初民社会只有习俗,没有法律;二是认为初民社会没有一种创制、实施和执行法律的确定机制,因此,初民社会中所有法律之所以被尊奉,系出于初民神秘的乐于守法的天然倾向性。马林诺夫斯基运用大量的实证材料证明,初民社会中有习俗,也有具有特殊品格的法律;初民社会的秩序是社会控制的结果,而不是"天然"的结果。初民社会"因循着人类本性中生理、心理和社会的要求,恰是稳定的法律和森严的传统的产物,法律和秩序渗透于初民的部落习俗中,支配着部落平平淡淡的日常生活和公共生活中的重大事件,不论它们是离奇有趣、耸人听闻的,还是重大而古老神圣的"。②

马林诺夫斯基提出的关于初民社会的法和秩序的理论,主要有:法律的概念、双向互惠原则、强制机制和社会控制模式。

（一）法律的概念

马林诺夫斯基认为,在特罗布里恩德群岛的初民社会中存在着两类规则,一种是单纯的习俗,一种是消融在习俗统一体中的法律。单纯的习俗主要是靠心理动因或强力维护的规范和传统戒律,如教导手艺人如何做生意的传统规则,如何处理与朋友、亲属、尊长、同辈各色人等关系的准则等淳良礼仪和风俗戒律,它

---

① 〔英〕西蒙·罗伯茨:《秩序与争议——法律人类学导论》,沈伟、张铮译,上海交通大学出版社2012年版,第150页。
② 〔英〕B.马林诺夫斯基:《初民社会的犯罪与习俗》,许章润译,载〔英〕B.马林诺夫斯基、〔美〕T.塞林:《犯罪:社会与文化》,许章润、么志龙译,广西师范大学出版社2003年版,第5页。

们无论在哪一方面都与具有法律性质的规则迥然不同。①"法律规则之不同于其他规则,在于它们被感知和当做是一个人的义务与另一个人的权利主张。它们不只是因着心理动因,而是如我们所知,是由建立在依赖基础之上的特定社会强力机制所强制执行的,而在互惠提供劳务的对等安排与将此种权利主张与错综复杂的社会关系网络协调连为一体的情景下实现的。"②马林诺夫斯基说,如果不得不用现代的标签命名的话,这种法律可以称为"民法"。"'民法',这一实在法统治着部落生活的一切,构成了在一方看来是权利,而在另一方则认做义务,而由他们社会结构中传世的互惠性和公开性这一特殊机制保证施行的具有约束力的责任。"③

除了"民法"之外,马林诺夫斯基认为还存在着另一类可以被视为"刑法"的法律。这些规则存在于宗教礼仪、亲属关系中,一旦有人违犯,就会引起整个村社同仇敌忾的反应,人们最终会诉诸部落的刑罚惩罚手段。"借助这一手段,人们捍卫了生命、财产,以及最后但并非无关紧要的个人的荣誉,人们也捍卫了诸如首领的领导地位、族外通婚的禁律、等级名分和婚姻等各项在他们的社会结构中具有极其重要的作用的制度。"④

(二) 双向互惠原则

马林诺夫斯基在书中讲了两个表现双向互惠的案例。第一个案例讲的是,在珊瑚岛内湖中,有很多以捕鱼为生的渔民,同一条独木舟上的渔民只有一人是独木舟的合法所有者,其他的是船员。根据某条规则,他们均属于某一亚氏族,彼此联系密切,并因着双方的义务与同村乡民联系起来。全民倾巷出外捕鱼之际,独木舟的主人不得拒绝,他必须亲自出船,或让他人前往。船员对他负有同样的义务。每个人都坚守岗位,恪尽职守。最终,每人会获得一份与其付出的劳作相当且份额公平的渔产。另一个案例则是讲,渔民捕鱼上岸后,所获渔产只留少量给自己,大量的渔产则是送给在岸边等候的内陆居民,这些内陆居民拿到鱼后,便携带所获匆匆跑回相隔数里的家。这里通行着一种双向互惠的制度,即内

---

① 对于习俗是否属于民间法或习惯法的范畴,一直存在不同的观点。在我认为,习俗中依外力强制得以实施和遵守的规范,仍然属于民间法或习惯法的范畴。马林诺夫斯基将它们排除于法律之外,主要是限于他对义务作为约束力的强调,他的标准是,没有互惠义务约束的规范就不是法律,而这里所讲的法律,实际上是所谓的"民法"。

② 〔英〕B. 马林诺夫斯基:《初民社会的犯罪与习俗》,许章润译,载〔英〕B. 马林诺夫斯基、〔美〕T. 塞林:《犯罪:社会与文化》,许章润、么志龙译,广西师范大学出版社 2003 年版,第 34 页。

③ 同上书,第 36 页。

④ 同上书,第 40 页。

陆居民向渔民供应蔬菜,临湖的渔民则回报以渔产。任何一方不得拒绝,也不得吝啬回报礼物,更不得拖延时日。这种双向互惠的制度不限于蔬菜和鱼,而且通行于其他形式的贸易和相互提供劳务的活动中。因此,每一互惠的链条都因作为整个互惠体系中的一部分和一环节而愈发具有约束力。"①

马林诺夫斯基认为,社会的二元结构所产生的结构对称性是互惠义务的基础。在初民社会,双向互惠原则为每一项规则都提供了约束力。究其原因,乃是因为在各种达成经济秩序的活动中,"初民的社会行为无一不是基于精确的予取计算,心理上总要核实无误,并竭力达致实际恒久的平衡。不存在只尽义务或纯享权利的情形,也不存在对于计算签筹和财产标记的'共产主义的'蔑视"②。

（三）强制机制

初民社会法律的约束力除了互惠义务之外,还有其他构成约束力的因素。马林诺夫斯基认为,互惠性、严密性、公开性和抱负性,是构成初民法强制机制的主要因素。例如,在贸易活动中,有关于交换礼仪的严格规定,作为礼物的食品必须装在特制的木盒中,依照既定的方式携带和展示,在礼仪的程序中,与一组海螺壳一起,贡送对方。没有什么比展示食品和对财富的抱负与虚荣心更能支配初民的心灵。在这些活动中,他们感受到力量的显现和人格的完善。家里储存食品的仓房也比自己居住的小屋建造得更好。"对他们来说,慷慨是最高尚的美德,财富则为攸关自己声望和地位的基本要素。与特定的公共礼仪相连的半商业性的贸易活动,通过特殊的心灵机制,为义务的履行提供了另一种强制力,这种心理机制是:表现欲、显示慷慨大度的愿望、对于财富和积累食品的崇高敬意。"③

（四）社会控制

既然初民不具有天然守法的倾向,那么,初民社会的秩序是怎样建构和维持的？也就是说,初民社会是如何实现社会控制的？马林诺夫斯基从以下几个方面分析了初民社会的实现社会控制的手段。

其一,法律控制。除了保障生命、财产和人格尊严的"刑法"之外,"在美拉尼西亚的初民生活中,确然存在着一类具有约束力的规则,控制着部落生活的大

---

① 〔英〕B.马林诺夫斯基:《初民社会的犯罪与习俗》,许章润译,载〔英〕B.马林诺夫斯基、〔美〕T.塞林:《犯罪:社会与文化》,许章润、么志龙译,广西师范大学出版社2003年版,第14—17页。
② 同上书,第19页。
③ 同上书,第20页。

部分,调节家庭成员、氏族成员和部落成员间的人际关系,确立经济关系、权力运作与巫术的施用,以及夫妻及其各自家庭的名分大义,对应于我们民法的,恰恰就是美拉尼西亚社会中的这类规则"①。

其二,非法律控制。当部落的秩序遭受破坏时,还可以使用非法律的制度来拯救秩序或恢复秩序。例如,巫术的正确运用,可以配合法律使初民社会因违犯规则导致的恐惧或麻烦,大事化小,小事化无。"事实上,最重要的方法不过是些非法律制度、习俗、有关的措置,以及偶然事件的副产品,诸如妖术、自杀、头领的权力、巫术的超自然的后果和个人的复仇行为。这些制度和惯例,其主要职能绝然不具法律性质,仅仅局部和有限地有助于维系和确保传统的约束力的目的的实现。"②

二、霍贝尔与《初民的法律》

1933年,作为研究生的霍贝尔,接受了哥伦比亚大学法律教授、著名现实主义法学家卢埃林的邀请,合作调查美国本土印第安人部落法律。两人的分工是霍贝尔负责田野调查、材料收集和民族志的撰写,卢埃林负责材料分析和理论观点,最后共同署名出版《夏安人的方式》(1936)。③ 该书不仅为法律人类学提供了发现规则的新方法——疑难案件研究法,还展示了人类学家与受过良好训练的法学家合作开展人类学领域研究所具有的巨大潜力。

波斯比西评价道:《夏安人的方式》开启了一个用人类学研究法律及法律与文化其他组成部分的关系的新时代。其理论上的伟大进步得益于法学家的合作,通过卢埃林丰富的理论假设和概念,以及霍贝尔对特定疑难案例的调查,法学家和人类学家将法律分析植入文化模型中,运用西方法学概念对部落社会进行比较分析。它打破了西方种族中心主义的不良传统和非经验性猜测,在当时,这些思维方式扰乱了法律科学研究,并且阻碍了重要事实的获取或理论进步。《夏安人的方式》之后,法律再次成为文化的一个组成部分,也成为一种不被"文明"社会垄断的商品。虽然《夏安人的方式》将法律作为一种独立的范畴进行分析,并将其与更广泛的夏安文化及其他社会控制模式(如习俗,禁忌)以及作者称

---

① 〔英〕B.马林诺夫斯基:《初民社会的犯罪与习俗》,许章润译,载〔英〕B.马林诺夫斯基、〔美〕T.塞林:《犯罪:社会与文化》,许章润、么志龙译,广西师范大学出版社2003年版,第40页。
② 同上书,第59页。
③ K. N. Llewellyn, E. A. Hoebel, *The Cheyenne Way*, Norman: University of Oklahoma Press, 1941.

之为"法律内容"的方式相关联,但它并未犯下马林诺夫斯基所犯的错误,即将法律分解成无处不在的社会义务或全能的"习俗"。比较、经验和归纳的案例法产生了意义深远的影响,其直接后果是促使一代人类学家再次转向法律。① 英国人类学家格利弗甚至将该书评价为"现代法学人类学研究的开端"②。

由于《夏安人的方式》在本书的其他部分还有介绍,故在此不再赘述。这里要评介的是另一部著作《初民的法律——法的动态比较研究》(1954),比起《夏安人的方式》,由霍贝尔独著的这本书更能体现他个人的法律人类学思想。

(一) 法的概念

在《夏安人的方式》一书中,从头至尾都没有给出"法律是什么"的概念,其原因可能与法学家卢埃林的严谨与保守相关。在《初民的法律》中,霍贝尔讨论了法律定义的问题。首先,他分析了做定义的困难。他指出,给出一个能够被普遍接受的法律定义的困难在于:一方面是由于人们的眼光过于狭窄,另一方面是因为法是社会网络中的一部分,与其他文化事实相比没有清楚的边缘,也与人类一切其他的行为方式没有截然的分别。③ 其次,他论证了法律定义的功用。他认为一个人无论从事哪个领域的研究,必须首先运用其在自身文化中所继承的语言工具和适当的概念名词。如果能完全不致歪曲事实和含义,又能用大家熟悉的术语讲述这类问题,这是最好的。因此,在对法的任何研究中,只要有可能运用法学已经提供给我们的术语和概念,就是人们所希望的。④ 再次,他解释了"法院"在初民社会中的模样。他说,在对其他民族的法的研究中,完全依照我们传统的法律概念来思考,会限制我们对不熟悉的法的形式的理解。在美国,法院是创制法律的机构,但不能以西方的法院为标准去判断初民社会的法院。初民社会的法院并没有特定的形式,它可以是一个组织,也可以是一个人或几个人,只要具有责任、权威和解决纠纷的方法,能发表意见,并且它的判决能够得以执行。在这个意义上,我们把初民社会的纠纷解决机构或人当作法院。⑤ 最后,他给出了法律的定义。霍贝尔深受现实主义法学的影响,为了提供研究初民社会使用

---

① L. Pospisil, E. Adamson Hoebel and Anthropology of Law, *Law and Society Review*, (1973), p. 538.
② P. H. Gullver, Introduction: Case Studies of Law in Non-Western Societies, in Laura Nader(ed.), *Law in Culture and Society*, Chicago: Aldine Publishing Company, 1969.
③ 〔美〕E. A. 霍贝尔:《初民的法律——法的动态比较研究》,周勇译,中国社会科学出版社 1993 年版,第 19—20 页。
④ 同上书,第 20 页。
⑤ 同上书,第 21、26—27 页。

的法的定义,他将法定义为:法是这样一种社会规范,当它被忽视或违犯时,享有社会公认的特许权的个人或团体,通常会对违犯者威胁使用或事实上使用人身的强制。① 在论证法的定义时,霍贝尔还专门引用了美国现实主义法学代表人物卡多佐法官(B. N. Cardozo)关于法的定义,两相比较,即可看出霍贝尔关于法的定义的来源。卡多佐说:法是这样一套确立了的行为规范或原则,它能够在适当的、确定的情况下,预言何种行为是正确的。如果其权威受到挑战,它将由法院强制执行。②

(二) 新进化论的研究立场

20 世纪 50 年代,正是新进化论在美国盛行的时期,霍贝尔比较保守地接受了新进化论关于历史发展的观点,将其改造为比较功能论,用来说明法律的发展史。他认为,在法的进化过程中,没有一条笔直的发展轨迹可循,作为社会进化一个方面的法的进化,同生物界中各种生命形式的进化一样,不是呈现一种不偏离正轨的单线发展态势。围绕着一个共同的生物结构和功能的核心而呈现的变异是一切生命形式的特征所在。各种形式的人类文化和作为这些文化的法律方面,也是各具特色的。特定的生命形式和文化有其来自变异和适应外界环境的自己的独特性,它们当中每一个的自然历史都是独一无二的。③ 显然,上述观点是一种多线进化论的理论。

但是,霍贝尔觉得新进化论的理论还是有明显的进化论色彩,不能用来自洽地解释法的发展。所以,在谈到法的发展时,霍贝尔又向功能主义方面退缩。他解释道:"把本书中所分析的几种法律制度仅仅作为一组情况不一的法律制度的代表,按照其复杂的程度由简到繁地排列,而不含任何对其发展先后次序的推断,也是完全恰当的。这样来表述,可以称为比较功能论。一旦涉及发展的先后顺序,这种论述就成为比较功能进化论。正如现代科学(包括自然科学和社会科学)所显示的,进化这一方面的重要性次要于功能的意义。"④

(三) 原始法的几种形式

霍贝尔在书中用了几乎一半的篇幅对不同地区初民社会的法律作了动态的

---

① 〔美〕E. A. 霍贝尔:《初民的法律——法的动态比较研究》,周勇译,中国社会科学出版社 1993 年版,第 30 页。
② 同上书,第 23 页。
③ 同上书,第 323 页。
④ 同上书,第 324 页。

比较,所谓动态比较实际上是对法律的变迁与发展进行比较。霍贝尔将初民社会的法分为5种形式:法的萌芽形式、私法形式、简单法律制度形式、制度化法律的形式和具有完好政治制度的复杂法律制度形式。在分析这些法律形式时,霍贝尔先给出这些社会的政治、经济、地理的背景,认为法律形式的不同,与其所在地区的人文环境和地理环境相关。但是,在地理环境因素相同的情况下,人的因素、社会结构以及社会观念的不同,也会导致法律制度的差别。

对于法律形式的发展结果,霍贝尔最后的结论是:"至此,我们所能看到的各种部落法很明显并不是征战的结果,维持这些法律制度的社会组织也不是得胜的部落。法是社会内部力量的固有产物,是人们努力求得和维持自己生存秩序的创造性的结果。这不是否认存在着在高级的初民社会发展水平上征战得胜的部落以令人生厌的法律制度加于弱小部落之上的情况……然而,需要强调指出的是,法律发展的主流不是作为一种压迫工具,而是社会的成员为了适应社会本身的内在条件,探求实现其基本的社会文化前提原理的措施和方法,以及对它们加以维护和解决其利益冲突的一种手段。"①

(四) 初民法的发展趋势

在分析了上述5种法律形式的基础上,霍贝尔模仿梅因"从身份到契约的转变"的叙事模式,提出了初民法的4种发展趋势。一是初民法经历着从简单到日益复杂的转变过程;二是追究不法行为和施以法律制裁的权力从个人和亲属团体手中转而逐渐由明确指定的代表整个社会的公共官员掌握的过程;三是以赔偿逐渐代替复仇;四是随着社会规模的扩大,以社会总体的含义和作为其利益的代表而制定的法律,在总体上得到了完善并取得了胜利。②

三、格拉克曼与非洲法律研究③

格拉克曼是曼彻斯特学派的创始人,也是曼彻斯特学派的领导者和核心人物。1911年,格拉克曼出生于南非约翰内斯堡的一个律师家庭,受父亲依曼努尔·格拉克曼(E. Gluckman)律师的影响,格拉克曼早年在南非金山大学(University of Witwatersrand)学习法律,并通过了法律学士(LI. B)的初级和中

---

① 〔美〕E. A. 霍贝尔:《初民的法律——法的动态比较研究》,周勇译,中国社会科学出版社1993年版,第367页。
② 同上书,第367—371页。
③ 该部分中的一些内容原载张晓辉、王秋俊:《论曼彻斯特学派对人类学的理论贡献》,载《思想战线》2012年第6期。

级考试,由于对人类学有浓厚的兴趣,进而转学社会人类学专业。1934年,他获得罗兹奖学金来到英国牛津大学学习社会人类学,并于1936年取得博士学位。1936年至1938年间,格拉克曼在祖鲁兰(Zululand)做田野调查。1939年格拉克曼成为罗兹—利文斯顿研究所的研究人员,1941年至1947年担任该所所长(Director)。1947年,他离开该研究所赴牛津大学任教。1949年,格拉克曼成为英国曼彻斯特大学社会人类学教授,并担任社会人类学系主任至1971年,1975年3月去世前他是该系研究教授。① 格拉克曼的学术品质和领导能力在曼彻斯特学派的形成过程中起到了关键作用。格拉克曼是一位有贡献的社会人类学理论家,他通过对非洲社会政治、法律、冲突的研究,在非洲人类学、法律人类学和仪式研究领域做出重要贡献②,丰富了功能主义的理论,他的研究依据、理论概念、理论假设和理论观点都成为人类学和法理学两个学科的分学科和跨学科研究中基本的、富有启发的理论来源。③

法律人类学的研究状况虽然在马林诺夫斯基的《初民社会的犯罪与习俗》后有所改善,但是法律人类学领域的研究者和研究成果一直比较少,很多人(包括曼彻斯特大学的师生)认为法律人类学过于边缘,偏离了社会人类学的正轨。有法学背景的格拉克曼试图在法律人类学的研究中有所作为,他孤军奋战,发挥其在人类学、法理学和西方法领域的知识优势,致力于法律的人类学研究,出版了一系列法律人类学学术史上堪称经典的论著,丰富了社会人类学的一般理论和概念。④ 这些著作中影响较大的有:《北罗德西亚巴洛茨人的司法过程》(1955)、《非洲巴罗茨洛人的法理学》(1965)和《部落社会中的政治、法律与仪式》(1965)。

这里介绍的只是格拉克曼论著中研究的几个主要理论问题。⑤

(一) 法的定义

法的定义一直是人类学与法学争论的焦点,它的意义不仅在于确定非西方社会有无法律的问题,也在于是否要按照西方中心主义的观点讨论法律问题,所以,即使在人类学家中对法的定义也有不同的主张。格拉克曼认为,法的定义是

---

① P. H. Gulliver, *Cross Examinations: Essays in Memory of Max Gluckman*, Leiden(NL): Brill Academic Pub., 1978, p. xi, p. xiii.
② Charlotte Seymour-Smith, *Macmillan Dictionary of Anthropology*, London: Macmillan Press Ltd., 1986, p. 132.
③ P. H. Gulliver, *Cross Examinations: Essays in Memory of Max Gluckman*, Leiden(NL): Brill Academic Pub., 1978, p. xi, p. xiii.
④ Ibid., pp. xiii-xiv.
⑤ 有关格拉克曼在法律人类学研究方法上的贡献和争议,可见本书其他部分的内容。

一个术语的问题,它是对重要社会现象的表达,应当有较为宽阔的意义范围,而不应当只有一种单一且严格的意义,更不应当只是在西方法理学的概念体系中讨论部落法律的问题。正如美国现实主义的法学家所说的那样,法律是不确定的,法律只是法院作出的影响特定人的决定而已。所以,与其争论不休,不如在一个宽松的意义上使用"法律"一词。① 格拉克曼给出的定义是:法律是被社会中所有普通人认同的确定权利和理性行为的规则体系,人们依照这个规则体系处理相互之间的关系,获得保护自身权利的途径。② 值得注意的是,在格拉克曼的法的定义中,没有提法的强制力特征,这无疑扩大了法的范围。

(二)法律的理性

法律的理性是法律的精髓,如果承认非西方的社会存在法律,接下来的问题就是这些非西方社会的法律是否是理性的。格拉克曼通过对非洲部落司法过程的分析,用大量生动翔实的案例和交叉询问、证据展示的司法环节呈现了部落法官的推理逻辑和判案理由,以此证明非洲部落的法律不但是有理性的,而且其秉承的理性与西方法律拥有的理性是一致的;在司法过程中,尽管因为社会背景的差异,推理的前提有所不同,但是非洲法官和西方法官判决推理的逻辑和过程是同样的。③ 这样的观点有力地挑战了当时法学领域中盛行的西方中心论和西方文化优越论。④

(三)土著人的法理学

格拉克曼认为,尽管不同部落的法律有其独特的一些要素,但它不是孤立的,通过比较可以理解特定部落的法律,发现法律观念与社会关系中其他要素的联系。⑤ 所以,非洲部落的法律具有的理性甚至可以从法理学的视角加以解读。在《巴罗兹人的法理学观念》一书的"前言"中,格拉克曼说:巴罗兹人的法理观念在大多数法理学的理论体系中都可以发现。比如宪法性的法律和权力理论;叛国罪和王位继承;土地权的性质;对动产与不动产的法律适用区别;财

---

① M. Gluckman, *Politics, Law, and Ritual in Tribal Society*, London: Bail Blackwell, 1965, pp. 178-183.

② M. Gluckman, *The Judical Process among the Barotse of Northern Rhodesia*, Manchester: Manchester University Press, 1955, p. 229.

③ Ibid., pp. 357-358.

④ S. F. Moore, Certainties Undone: Fifty Turbulent Years of Legal Anthropology, 1949-1999, *Journal of the Royal Anthropological Institute*, Vol. 7, Issue 1. (Mar., 2001), p. 98.

⑤ M. Gluckman, *Politics, Law, and Ritual in Tribal Society*, London: Bail Blackwell, 1965, p. 213.

产、合同、错误、伤害和债务的概念。格拉克曼将这些概念与西方的法律概念作比较,认为这些法理观念和西方宗主国的法理观念既有相同之处,也有差别,它们共同影响着巴罗兹人的社会经济生活。巴罗兹人的法律观念背后是由家庭关系、亲属关系以及政治关系构成复杂的社会关系,这些关系支配着对权利义务的认识。①

四、博安南的《提夫人的司法和裁判》②

博安南 1920 年 3 月出生于美国内布拉加斯州林肯市,第二次世界大战期间加入美国陆军,1947 年毕业于亚利桑那州立大学德语专业,同年获得奖学金,与妻子玛丽·史密斯(L. M. Smith)一同前往英国牛津大学皇后学院攻读人类学专业的硕士和博士学位,1951 年夫妻二人同时获得人类学博士学位。1949—1951 年,博安南夫妇对提夫人社会做了三次田野调查,累计时间 29 个月。1953 年博安南成为牛津大学人类学系讲师。1956 年,博安南夫妇返回美国,一同在普林斯顿大学工作。1959 年,博安南夫妇又转入美国西北大学担任人类学教授,直至 1975 年。③

博安南的《提夫人的司法与裁判》(1957)是一部记述非洲尼日利亚提夫人司法活动的法律民族志。该民族志的焦点在于殖民法庭和提夫人固有法在纠纷解决中的不同。在调查尼日利亚提夫人的法律时,博安南采用案例研究法,发现了问题的实质——法律的差别扰乱了社会生活,并引发指控。

博安南在书中的结论部分中指出:这部著作有两个目的,一是从提夫人的民俗系统中提炼出有关权利义务的法律体系,二是对最常用的术语给出社会学的解释,在比较提夫人与其他社会的法律制度中,这些术语是一种分析工具。在博安南的书中,有几个要点:一是两套民俗体系。④ 在提夫人的社会运行着两套适用于司法的民俗体系,一套是用提夫人自己的语言表达的民俗体系,另一套是用

---

① M. Gluckman, *The Ideal in Barotse Jurisprudence*, New Haven and London: Yale University Press, 1965, p. XV.
② 该书的书名"Justice and Judgment Among the Tiv"中的"Justice",有著者翻译为"正义",但我觉得根据该书的内容还是翻译为"司法"更能体现该著作的写作目的。
③ 上述博安南的材料来自王伟臣:《法律人类学的困境——格卢克曼与博安南之争》,商务印书馆 2013 年版,第 17、28、52 页。
④ 民俗体系(folk system)是博安南用来替代法律(law)的一个概念,博安南解释说,民俗体系是处于社会关系中的人创造的一套用于解释社会事件的意义系统,包括观念、规则等。参见 P. Bohannan, *Justice and Judgment Among the Tiv*, Oxford: Oxford University Press, 1957, p. 4.

殖民当局的官方语言英语表达的简略的英国传统的民俗体系。由于所有与英国有关联的人都认为他们享有对殖民地的绝对政治权利,所以,英语表达的民俗体系适用于社会生活的大部分领域。尽管两种体系有互动,但是,英语表达的民俗体系的影响力大于提夫人语言表达的民俗体系。二是两类法院。英国的民俗体系适用于两类法院,一类是本土的地方法院(地方权威法院),另一类是殖民当局的地方裁判法院。提夫人的民俗体系也适用于两类法院,一类他们称为"jir",这类法院采用的制度与上述地方权威法院一样,只是处理问题的视角不同。另一类就是家庭模拟裁判模式,这种类型实际上是提夫人地区的第三类法庭模式。三是规则与判例的适用。在地方权威法院,英国的民俗体系对民事和刑事案件的处理具有影响力。在处理婚姻、债务和盗窃案件时尤为明显。而在提夫人的地方权威法庭"jir"中,殖民当局确定的规范只是一个分析系统,提夫人并不认为这种规范是他们司法制度的内容,提夫人在"jir"中适用的是他们自己的完整的民俗体系。①

博安南的这部著作无疑是一部依靠扎实的田野材料构建的经典民族志,但是,这部著作最受质疑的则是民族志的写作方式。博安南在民族志中,使用了大量当地术语,这些术语不能轻易地翻译成简单的英语,却被他进行了丰富而宽泛的解释。最为显著的例子就是提夫语中 Tar 这个词,博安南认为,Tar 的第一层含义是指一个由一群人组成的领土范围,随着博安南研究的深入,他发现 Tar 这个词还包含着该人群对其群体同一性的认同。因此,当提夫人说某一行为"扰乱了 Tar"时,他们是说该行为引起了社会不和谐。与此相对应地,"恢复了 Tar"是指统治的功能或是某一宗教仪式实现了纠纷解决。与 Tar 相类似,Jir 也可同时指当地的审判人员或需要审理的案件。在一长串的解释之后,博安南得出这样的结论:我不可能用一个英语单词来翻译 Jir,因为与翻译该词相随的是对其力量和真实意义的抛弃。现代英语中与该词最为相近的词可能是"立法委员会"。②

---

① P. Bohannan, *Justice and Judgment Among the Tiv*, Oxford: Oxford University Press, 1957, pp. 208-212.

② John M. Conley, William M. O'Barr, Legal Anthropology Comes Home: A Brief History of the Ethnographic Study of Law, *Loyola of Los Angeles Law Review*, Vol. 27, Issue 1. (November, 1993), p. 56, annotations 47.

第二节　法律人类学理论的争议与反思

20世纪70年代到现在是人类学和法律人类学的一个重要转折时期,这个时期的特点就是对以往人类学和法律人类学的研究进行反思,进而实现对经典的超越,创新人类学和法律人类学的方法和理论。

在法律人类学的学术史上,这个时期的反思首先表现在一些涉及理论研究的方法论问题上,因为,这些问题事关重大,决定着法律人类学理论发展的科学性。这里着重介绍的是关于民族志写作、进化与变迁研究以及比较研究的争论。

一、关于民族志写作的争论①

上文提到的美国人类学家博安南的《提夫人的司法和裁判》是引起民族志写作争论的导火索。该书采用的以提夫人的术语写作民族志的方法,与格卢克曼以英语术语写作民族志的方法截然不同,由此引发了从1950年代至1980年代法律人类学学术史上影响深远的关于法律民族志写作方法的大讨论。在法律人类学的研究中,美国和英国的学者一直用英语写作部落的法律,并以表达罗马法精神的一些拉丁文为补充。这里的问题是,既然法律是特定传统文化和特定语言的一部分,那么能否将一种文化的法律概念翻译成另一种文化的概念呢?②博安南指出,与在其他领域一样,在法律领域中各种文化都具有唯一性,对于人类学来说,文化的唯一性是文化的重要属性。因此,将有着不同社会文化背景的法律概念转译为英语表达的概念会造成曲解,应当用本土的语言和术语表达本土的法律,这样才能保证法律概念意义的真实性。③ 在《提夫人的司法和裁判》一书中,博安南解释了其采用提夫人术语写作的缘由:"在这本书中,我尝试解释提夫人社会控制的民俗体系,出于这个原因,我不得不将提夫人的民俗体系与法学家

---

① 有关民族志写作争议的缘由、过程和结局,可参见王伟臣:《法律人类学的困境——格卢克曼与博安南之争》,商务印书馆2013年版。
② M. Gluckman, *Politics, Law, and Ritual in Tribal Society*, London: Bail Blackwell, 1965, p. 183.
③ S. F. Moore, Certainties Undone: Fifty Turbulent Years of Legal Anthropology, 1949-1999, *Journal of the Royal Anthropological Institute*, Vol. 7, Issue 1. (Mar., 2001), p. 99.

称为'法'的西方法律体系进行比较。但是,我并没有试图用西方法律体系的术语去说明提夫人的民俗体系,如果这样做,将会曲解提夫人的观念和民俗体系。同时,我试图从田野材料中提炼出一个分析体系,它采用的社会学一般术语能够让提夫人的民俗体系更容易被理解。"[1]格卢克曼在回答质疑时解释了他的民族志写作方法。他说:坚持文化的唯一性会使对司法推理的分析变得难以理解。实际上,对一个复杂而完整过程的观察,就会发现其中包含着特殊的文化成分和当地人关于过程的完美术语。司法推理的分析涉及对引起纠纷发生的社会关系模式的考察。这里不是能否用英语讨论非洲人司法程序及其价值的问题,而是如果我们要理解非洲的法庭,就要去理解他们对社会关系的处理方式。无论在非洲还是西方,法官在处理纠纷时都会根据案件的情况运用社会关系的机制调解纠纷。如果我们能够正确地对待两种文化的相似性和差异性,这种解决纠纷的过程和推理的相似性就能提供文化间互译的可能性。具体的方法是采取三个步骤。首先,要看对违反行为规范事实的证据评估,其中存在着确定的相似性,即无论是西方的法官还是非洲的仲裁者都会提出具有普适性的要素。其次,要考察存在着的差异性。在大部分案件中,差异性往往表现为非洲部落的案件发生在熟人社会中,英美国家的案件发生在陌生人的社会中。这里虽然存在文化的独特性,但是,也存在着可供进一步分析的共性——人际关系,文化的不同正是产生于人际关系。最后,如果要引入多样性观念的话,还要研究强制性机制的存在对司法推理过程的影响,例如听证制度就是在西方和非洲司法中共同存在的影响法官推理的强制性机制。[2]

虽然上述两位学者的争论在 20 世纪 60 年代末逐渐消弭,1975 年格卢克曼逝世后,博安南也随即偃旗息鼓。但是,二人关于法律民族志应当如何写作的争论余波未静,被法律人类学家普遍关注,直至 20 世纪 80 年代,该问题仍然是反思人类学关于"写文化"研究中的核心问题之一。

实际上,不论是用研究者的母语还是用被研究者的母语描述土著人的固有法,都是人类学家对土著人固有法的建构。选择不同的语言,并不能够改变这种创造性构建的事实和在构建中采取的"他者"的视角。

康利和欧巴尔对这场大讨论的评介是:对于法律人类学,也对于整个人类学

---

[1] P. Bohannan, *Justice and Judgment Among The Tiv*, Oxford: Oxford University Press, 1957, pp. 5-6.
[2] M. Gluckman, *Politics, Law, and Ritual in Tribal Society*, London: Bail Blackwell, 1965, p. 187.

来说,面对民族志"创造他者"的问题,我们该怎么做呢?比如,究竟什么会成为将来研究案例的方法?我们要抛弃如此明显的一些倾向吗?如果是,那么用什么来取而代之呢?如果一个社会没有了法律条文、法院和律师,除了通过被卢埃林和霍贝尔称为"关于故障和麻烦的疑难案例"进行分析之外,我们如何去理解社会控制?而且我们对于博安南的批判又会将我们引向何方?诚然,任何的证词记录都必然被记录者的个人判断所误读。如果一个人接受了"世上就没有一个言语重述事件是绝对的精准"这一事实前提,那就能接受每一个记录中都或多或少有一些误读的观点。难道法律人类学要放弃对法庭证词的分析吗?这里提供两种选择。第一种是惩罚性的唯我论。伴随着巨大的痛苦,人类学家反思、痛斥并抛弃他们的已知知识,最终得出结论:人们认为已知的正是人们永远也无法真正知道的。第二种则是全新的实证论,其对过去的自我妄想异常敏感。这个修正的实证论承认:过去的一些错误是我们无法避免的。通过重新定义研究的客体既包含被分析对象也包含分析者本身,这使得传统和后现代有机融合在一起。定义和解释"问题"这一想法是没有问题的,但是现在纠结的是:研究者不但没有控制住问题,自身也成了问题的一部分。①

二、关于进化论的争论

进化论是早期法律人类学家研究初民社会或西方早期社会采用的一种理论视角,尽管由于资料和演绎推理的不可靠,在19世纪后期就归于沉寂,但是,随着人类学的新进化论的兴起,一些人类学家仍然将初民社会的法按照简单和复杂、落后与发达进行划分,如前文提到的霍贝尔对法的认识,这种进化论的视角引起了较为广泛的争议。

1985年8月1—18日在意大利米兰召开的"特定社会中法律变革的民族史模式"国际会议,其中的一个议题讨论了法律人类学研究中如何对待进化论的问题。与会者认为,尽管现在很多法律人类学家从未涉足进化论理论模型的建构,但是,到了20世纪70年代,法律人类学在进化论方向上无法取得进展的情况已经十分明显。首先,进化论的社会进化顺序并不能解释日益复杂的法律行为和"准法律"的形式,这些"准法律"是最近五十年一直被在世界不同地方进行研究的法律民族志学者所记录和描述的法律形式;其次,对于将法律概念化理论切入

---

① John M. Conley, William M. O'Barr, Legal Anthropology Comes Home: A Brief History of the Ethnographic Study of Law, *Loyola of Los Angeles Law Review*, Vol. 27, Issue 1. (November, 1993), p. 55.

社会之中的研究兴趣逐渐增加,意味着为了让法律形式完全适合于社会文化的进化阶段,而人为地抽象和净化法律形式,是一种对历史材料的有意损害。

与会者均同意,当法律人类学涉及历史时,研究法律进程的人类学家应当避免将有关法律进化的观点过于简单化。法律在文化中的嵌入和文化在法律中的嵌入的资料十分丰富,以致不能据此确定进化阶段的标准,并且,进化阶段本身也从来没有提供有关社会法律变迁动态的概念化理论。综合有关在时间维度上如何更好地理解特定社会中法律变迁的研究,与会者已经认识到,法律形式会因时间和地点而产生差别,但它与社会进化和国家发展的阶段并无关联。放弃习惯法、国家法相继出现的理论模式,法律多元理论会赋予那些旧概念新的意义。①

三、关于比较研究的争论

比较研究是人类学的一种重要的研究方法,拉德克利夫-布朗曾一度建议用"比较社会学"来命名社会人类学,以便将社会人类学与研究原始社会历史的民族学加以区别。② 在一篇题为《社会人类学的比较方法》的讲演中,布朗详细地概括了人类学比较方法的内容和功用。他指出,在早期人类学的研究中,比较的方法被普遍用来寻找那些出现在今天或过去各种不同社会中相似的社会特点。而现代人类学比较方法的目的在于研究社会生活的多样性,并以此作为对人类社会现象进行理论研究的基础。"比较方法就是这样一种方法,通过它,我们从具体走向一般,从一般走向更广泛的一般,以此为目的并沿着这条道路,我们就可以获得普遍性,获得以各种形式存在于所有人类社会中的共同特征。"③

然而,在反思人类学的思潮中,比较的方法受到质疑。有学者认为语言学中的萨丕尔—沃夫冈假说直接动摇了比较方法的理论基础。按照萨丕尔—沃夫冈假说,讲不同语言的人对相同世界的观察、想象乃至解释会有不同;语言使用者可以用其语言提供的概念和分类方法建构出独特的客观现实。如果这样的假设成立,人类学就存在两个问题,一是人类学家通过田野调查获得的社会事实是客观的吗? 二是不同语言构建的社会事实可以比较吗?④

对比较方法的质疑,还来自对人类学的殖民背景的批评。人类学界和外界

---

① J. Starr, J. F. Collier, Historical Studies of Legal Change, *Current Anthropology*, Vol. 28, No. 3. (1987), p. 368.
② 〔英〕拉德克利夫-布朗:《社会人类学方法》,夏建中译,华夏出版社 2002 年版,第 121 页。
③ 同上书,第 102—103、120 页。
④ 黄树民:《比较方法的运用与滥用:学科史述评》,张海洋译,载《广西民族学院学报(哲学社会科学版)》2003 年第 3 期。

的批评认为人类学曾经为殖民当局服务,它植根于帝国主义,是西方人对非西方族群的研究。这样的定位,无疑使西方人类学陷于一种困境,即基于其他文化的立场对西方社会进行观察(反观自省)的可行性和帮助西方人调整与他者关系的努力受到质疑。这种质疑,激发出一种强调对丰富而多样的符号意义进行研究的进路,并要求观察者将自己调适为记录的工具,而不是去进行文化比较。实际上,这种进路的缺点十分明显:它不适合关注事物复杂性的研究;不适合解决源于西方中心主义或西方主义问题的研究;也不适合将比较方法作为首选方法和前置程序的研究。①

比较方法的争议对法律人类学也是有影响的。对此,法律人类学家做出了自己的回答。纳德在一篇题为《比较意识》(1994)的论文中,论证了比较方法在法律人类学研究中的价值,并试图找到一种折中的方法,这种方法能够把握相关性的描述和比较意识的可操作性,即把握地方与全球、过去与现在、人类学家与他者的研究、运用比较方法与比较方法使用的寓意之间的连接。纳德认为比较方法是一种有价值的研究方法,关注比较意识和比较方法多样性的发展是充分理解人类学研究主题的路径。依靠比较意识,人类学家逐渐形成一种考察人类生活的方法,将它作为对可重复观察事物的回应,这些可以重复观察的事物也被其他学科认为是重要的发现。例如:(1)文化是不同质的,也不总是互动的。(2)文化可以被建构和具有扩散价值。(3)社会组织不按能够预测各种事件重要性的原则运作。(4)当内涵变迁时,社会组织会照常存在。(5)变迁是不可避免的。(6)某些变迁表现出的对人类社会的影响力可长达千年。(7)人类学家没有发明社会和文化的研究,而是规训了人的研究,允许将人类学家自己也放进可观察的研究主题之中。②

纳德也承认比较方法在当代受到质疑的现实。她说,当功能主义在20世纪60—70年代遭受批评之时,比较方法的运用也出现了一个转折。由于语言学、成分分析(语义成分分析)和解释人类学的影响,运用比较方法进行研究的兴趣衰退。唯一性和特殊性被视为研究的价值所在,而不强调归纳分析的价值。并且,一些观点和证据认为社会并不是整齐划一的,因此,研究对象的变化和流动往往超出我们原有的想象。③

---

① L. Nader, Comparative Consciousness, in Robert Borofsky, ed. *Assessing Cultural Anthropology*, New York: Mcgraw-Hill College press, 1994, p.84.
② Ibid., p.87.
③ Ibid.

纳德主张:"面对否定比较方法的潮流,人类学仍然应当坚持比较方法的进路。在我们和他者之间的民族志中,一直存在着一种含蓄的比较。比较意识和使用比较的意识是一种通过评论实现理解的进路,而不仅仅只是关涉咖啡馆和妇女从属地位的认识。在我关于和谐思想的著作中,比较意识的运用激发了对基督教弥撒和殖民政府过去和现在使用和谐思想的研究。正是这种比较意识帮助我懂得,在欧洲对世界不同民族推行殖民统治的初期,基督教的和谐思想被作为和解的工具加以使用,而现在,基督教的和谐思想却被用来平息1960年以后美国人的不满情绪。"①

纳德指出,正确的比较意识是获得重要发现的路径。这样的观点既赞同在主张放松对外在比较技能要求的比较研究者中深入展开理性的讨论,又支持民族志学者在民族志研究中严格控制比较的盲目性。如果知识是一种权力,比较就是知识成果发展中的关键。②

英国法律人类学家皮里(F. Pirie)在一篇题为《法律人类学和法律史中的比较》(2014)的论文中也肯定了比较方法对于法律人类学研究的价值。皮里认为,为了理解我们不熟悉的事物,比较是不可避免的。类比,是一种既强调共同点,又体现差异的解释方法,有的明确,有的含蓄。但是,经验案例的比较,也能凸显重复出现的特征和模式,这就是在不同文化背景下生成的社会形态。③

皮里关注到法学中比较法学的转变,她指出,近年来,许多人呼吁,比较法学家应当更加关注他们所研究的法律的社会背景,在研究相似性的同时,也研究多样性(差异性)。有些人主张研究"行动中的法",而另一些人则主张研究"法律文化"。还有人认为,比较法律人应该更多地关注非西方的法律系统,而对不同的"法律传统""法律多元""全球化"和"跨国法"的研究,已让这一领域成果丰硕。④

皮里从人类学的视角阐释了法律人类学的理论立场,她说,对这些议题,人类学家采取了一种独特的方式来研究,即从经验案例中提炼比较的术语和前提。人类学研究用描述和解释的方法而不是概要式的方法来表现学术关注,比较可以作为分析和描述的一种手段。以行动者自身的经历和意义为前提,人类学意义上的比较,被认为是一种隐性(内在)比较,构成所有认知的基础。人们用来描

---

① L. Nader, Comparative Consciousness, in Robert Borofsky, ed. *Assessing Cultural Anthropology*, New York: Mcgraw-Hill College press, 1994, p. 93.

② Ibid., p. 94.

③ F. Pirie, Comparison in the Anthropology and History of Law, *Journal of Comparative Law*, Vol. 9, Issue 2. (2014), p. 88.

④ Ibid., pp. 104-105.

述和解释我们(无论是常人还是学者)周围世界的概念,通常都是多元的,也就是说,它们与一组现象联系在一起,与家族相似性相比,这些现象之间通常相似性较低,并且各具特征。相同的概念可能指的是某一领域中可能相似的案例。在日常生活中,我们把这些类比作为一种比较的手段,以证明连续性和确定文化差异。为了解释差异是如何产生的,我们需要一种延续的感觉。对于人类学家来说,理解和解释文化的独特性,意味着理解他人如何看待世界,留意和分析隐性的思想观念以及人们在法律中明确表达的观点。仅仅描述这种现象,人类学家就进行了一种比较,这类似于那些在日常生活中使用一般性规则和概念进行比较的人。然而,人类学家经常做的不仅仅是基于本土概念的描述或比较。正如我在本文中所阐述的,他们也探求社会形态的模式和连续性。也就是说,他们也关注亲属规则、政治组织、财产关系以及社会地位当中存在的模式。常见的社会形式,在人们思考和组织他们的社会关系的方式之中显现。在同源文化中,比较可以突出一些有趣的变化,包括历史变迁的模式,但是比较也可以发现不同文化背景下出现的一般形式:财产和保护的模式,争斗和调解的动态,地位和荣誉的事实,公正的概念,等等。法条主义,即使用明确的规则和一般化的类别,是不同文化中广泛出现的一种社会形态,法律人类学家可以在此基础上研究法律现象的连续性和多样性的重要方面。[①]

　　穆尔在其论文《比较:可能与不可能》(1993)中提出一种重新认识比较研究现状的观点。她认为,在 20 世纪,人类学的很多比较研究都建立在那个时期的共时性社会民族志基础上,比较研究产生了许多颇有变化和差别的民族志作品。时至今日,比较研究变更了路径,重新定义了任务,相当数量的民族志是通过对变迁过程的观察构成的。与早期研究相比,当下这种比较研究的特点在于,它研究的是案件过程的历史,而不是传统和习惯。她指出,快速发展的世界催生了新的民族志进路,这些进路更注重跨越时间的过程。在田野工作的视野中,变迁是常常被观察或期望的社会事实。现实中的事物经常与过去存在的事物相比较,甚至与可能发生的状态相比较。对于人类学家来说,要观察的是事物变化的形式和发展、互动的过程,它们会引起社会领域和观念的变迁。尽管这种在变迁中构建社会事实的动态研究主要关注的是政治或经济的动荡,但是,日常生活的过程也是其兴趣所在。人类学家报道时间、地点和人群的特殊性有无穷的手段,但

---

① F. Pirie, Comparison in the Anthropology and History of Law, *Journal of Comparative Law*, Vol. 9, Issue 2. (2014), p.105.

令他们困惑的是如何认识地方实践与大规模系统之间的关联。①

第三节 法律人类学理论的发展与超越

法律人类学在发展过程中,从来不满足于现有理论给出的解释,而是在理论反思的过程中,积极回应社会问题。这样的理论态度推动着法律人类学在广泛的领域展开研究,并在研究方法、理论构建方面实现了对前人的超越。

一、研究方法的改进

法律人类学在研究方法上一直以对小规模异文化的研究见长,但是,用这样的方法进行研究所得出的有关大问题的普适性理论,在后现代理论的质疑中难以自洽,需要扩大研究对象的范围,以展示法律及其适用的差异性和多样性。同时,当下社会变迁的迅速,也使人类学家在某一时期所撰写的民族志成为历史,而不能跟上时代的步伐。尤其是转入西方本土社会研究后,发达社会或都市的田野工作如何展开,都成了需要解决的问题。因此,田野工作方法的创新和改进成为法律人类学家关注的问题和身体力行的实践活动。

这里以美国法律人类学家纳德和斯塔尔等在研究方法上的贡献为例,展示法律人类学研究方法的进展。

(一)田野工作的视角

1963年,纳德任教的加州大学伯克利分校人类学系获得了一个名叫"伯克利乡村法律研究"(Berkeley Village Law Project)的项目。这个项目是纳德主持并参与的第一个与本土研究相关的项目,持续进行了20余年。虽然项目冠名为"乡村法律研究",纳德却旨在对大规模社会进行比较性研究,以探索不同族群法律文化的研究方法问题。为此,在项目设计上,纳德将研究主题确定为"纠纷过程"(disputing process),把项目进程区分为两个阶段,第一阶段是对熟人社会的

---

① S. F. Moore, Comparisons: Possible and Impossible, *Annual Review of Anthropology*, Vol. 34. (2005), pp. 1-2.

研究,在熟人社会中,无论纠纷的结局如何,当事人在日常生活中的互动都难以避免。第二阶段则是对陌生人社会的研究,尤其是对美国社会中纠纷处理的司法选择予以关注。为了防止研究过程中主题分散、顾此失彼的倾向,纳德在给项目组成员的研究大纲中明确提出,该项目的研究对象和范围只限于不同社会的纠纷范畴;重点关注还在使用的预防和处理纠纷的公开的正式程序;选择适当的程序模式和数量;注意跨文化背景下法律的显性与隐性功能。①

鉴于该项目在研究对象、研究范围和研究主题上与人类学研究小规模非西方社会的传统不同,纳德主张根据研究的问题调整研究方法,以多种研究进路介入研究主题,在研究实践中对传统的田野工作法予以改善。②

纳德后来在回顾自己的田野工作经历时发出这样的感慨:"田野调查要对可能发生的意外做足准备,才能灵活地处理各种情况,所以,民族志学者的视角不能僵化。按照人类学田野工作法的要求,民族志学者要研究地方性的观念,区别人们怎么说怎么做;同时,民族志学者还要采用深入且开阔的视角观察人们习惯做什么,正在做什么,这种视角要求一套收集和分析数据的方法和技术,这些数据不仅包括背景性材料,而且包括定性和定量的材料。一个民族志学者应当同时具备实证研究和文化阐释的能力以及科学与人文的素质。"③

(二) 多点与合作的研究进路(multiple spots and cooperation study)

传统的人类学田野调查模式,一般是人类学家个人在一个地方展开一年以上的参与观察和深度访谈。但是,纳德主持的"伯克利乡村法律研究"项目的调查点分布在德国、意大利、澳大利亚、土耳其、墨西哥、印度尼西亚、黎巴嫩、赞比亚、加纳等国家的14个地方和美国本土,一个调查点的调查者由数名人类学家或学习人类学的研究生组成,调查时间持续了20年,不同时期的调查者也不同。纳德认为,传统的田野调查模式是一种适应人类学早期发展阶段的方法,然而在人类学学科的规模得到扩张后,传统田野调查模式时间冗长且缺乏效率的缺点,就有可能通过人类学家的多点与合作研究得以克服。伯克利分校人类学系的教

---

① L. Nader, *The Disputing Process: Law in Ten Societies*, New York: Columbia University Press, 1978, pp. ⅸ-ⅹ.
② 纳德专门就拓展人类学和社会科学方法论的问题写作了四篇论文: Perspectives Gained From Fieldwork(1964); Up the Anthropologists(1972); The Vertical Slice(1980); Comparative Consciousness (1994).
③ L. Nader, Moving on-Comprehending Anthropologies of Law, in J. Starr, M. Goodale (ed.), *Practicing Ethnography in Law: New Dialogues, Enduring Methods*, New York: Palgrave Macmillan Ltd., 2002, p. 193.

学资源为纳德奠定了尝试多点与合作研究的条件,一方面,该项目为学习法律人类学的研究生和老师提供相互交流的机会;另一方面,教学中已有的分组讨论和高年级学生学术委员会对低年级学生论文予以审查的机制,又确保合作研究的参与者在问题研究中有充分的相互交流。为了保证多点与合作研究的效率,纳德要求对各调查点的合作研究做出系统的安排和严密的组织。首先,合作研究要有明确而统一的研究主题,该项目的主题是纠纷研究,各个调查点的调查者应当着重关注纠纷管理的形式和机制,诸如与纠纷管理相关的分类、状态、层次和文化差异等问题。其次,在对不同社会进行一般比较之前,先做社会内部的比较,全面地呈现该社会的状态。再次,在田野调查工作启动时,各个调查点的调查者对采集的对象和资料的架构应当达成一致,必须尽可能系统地收集相关数据,以便进行跨区域比较。最后,要允许差异的存在,不能过度地强调收集资料方法的一致性,避免因为一种方法或进路的不适合而丧失对资料的有效收集。[①]

(三)研究社会上层的进路(studying up)

在"伯克利乡村法律项目"转入对美国本土研究后,纳德根据大规模社会研究的需要,及时调整了研究的方向,提出人类学应该像研究社会底层(studying down)一样,去研究上层社会,才能揭示和解释像美国这样的大规模社会的核心问题。在《超越人类学家:对上层社会研究的成果评述》(1972)中,纳德回答了研究上层社会的理由和方法问题。[②]

关于研究上层社会的理由,纳德认为,首先,对上层社会的研究是振兴人类学学科所需要的刺激。在当时学习人类学的学生中,许多人认为,人类学处于衰落的境地,仅靠对已有的发现的再发现,或者将自己的知识贩卖给其他学科来维持生存;而且,人类学的受众狭窄,且喜欢哗众取宠的吹毛求疵。学习人类学的学生找不到研究的感觉,只是凭着对科学的坚持投入研究。而对美国本土上层社会的研究,能够激励出学生的研究热情,学生们企图走到无个性的商业社会背后,走到社会机制的面前,弄清楚这些距离遥远的公司和大规模的企业凭什么能引导人们日常生活的方方面面。无论动机如何,学生的这些研究提出了关于职责、义务、自我调适等重要问题;而且,这些问题还涉及社会结构、社会网络分析、文献研究和参与观察。其次,将研究的重点转向上层社会的权力也是人类学最

---

① L. Nader, *The Disputing Process: Law in Ten Societies*, New York: Columbia University Press, 1978, pp. XI-XII.
② L. Nader, Up the Anthropologist: Perspectives Gained From Studying Up, in Dell H. Hymes (Ed.), *Reinventing Anthropology*, New York: Vintage Books, 1972, pp. 284-311.

为紧迫的任务。美国公民的生命质量和生活质量取决于公民对那些确定社会发展取向、掌控制度性结构的人的认识,所以,将制度性权力和官僚机构作为美国社会的食物链加以研究是合适的,因为这种制度及其形成的网状系统影响着美国人的生活,也影响着人类学家传统研究中的那些分布在世界各地的族群的生活。最后,上层社会的研究特别便于人类学家将人类学学科的许多优势运用在工作中。人类学的研究既要选择适当的研究方法,也要具有广阔的视角,才能够理解人类的过去、现在以及人类的文化和生物特征。在本土文化的研究中,对跨文化背景下文化整体性的理解是人类学的专长。例如,人类学家可以去研究如同秘密社会一般的律师事务所;可以去发现和分析权力的网络;可以去描述不可小觑的类似"美国国会的标记"这样的不成文惯行。①

然而,在对上层社会的研究中,更大的问题来自对方法论的质疑,即面对大规模的陌生人社会,适用于小规模熟人社会研究的田野工作法是否能够一如既往地成为人类学研究的基本方法?纳德针对传统田野调查法在美国本土上层社会研究中碰到的诸如进入障碍、研究态度、学术伦理和参与观察等问题,从方法论的层面加以讨论。"进入障碍"(No Way to Access)即难以进入被研究对象的社会领域。上层社会的有权者会设置许多屏障让研究者够不着他们;他们不愿意被研究,他们会被置于危险之中;他们是忙人;他们几乎没有确定的位置;他们的工作涉及秘密甚至机密。进入障碍是人类学家在任何地方进行研究都会碰到的问题,该问题的解决方案也是研究报告必要组成部分。本土研究中的进入障碍可能有特殊性,但是,按照法律保护公众知晓影响公共利益信息的规定,富人和有权者经常出入的政府机关等官僚机构都是对社会科学研究者开放的,并不存在进入的障碍。对于人类学家来讲,更大的障碍是在本土文化研究中的胆怯。这种胆怯与研究态度(attitude)相关。一般来讲,人类学家喜欢研究弱者,同时,将研究人类文化多样性作为完成其使命的路径,让人类学家热衷于研究非西方文化,而缺乏实施社会改革的热情,把关注社会改革的责任让渡给社会学家等其他学科的学者。然而,在面对未来的本土文化研究中,人类学家应当对人类学研究对象和研究方法的选择承担更大的责任。因为,研究美国文化中的边缘文化,最好的策略是通过研究上层社会将研究扩展到美国文化的方方面面。人类学的学术伦理(ethic)是人类学家在文化研究中时常要面对的问题,在对美国上层社

---

① L. Nader, Up the Anthropologist: Perspectives Gained From Studying Up, in Dell H. Hymes (Ed.), *Reinventing Anthropology*, New York: Vintage Books,1972, pp.284,289,292.

会的研究中,不仅要隐匿被研究者的名字,尤其要区分公共领域和私人领域的界限。相对于家庭、小规模族群和社区,学校、社会组织和官僚机构更具有公共领域的属性。在当今的人类学中,学术伦理应当放在私人与公共、本土与外国的语境下予以考虑,在不同的语境下,田野工作的学术伦理有不同的要求,在公共领域的研究中,以社会科学术语表达的实话实说(telling it like it is)是学术伦理的要求。至于参与观察(participant observation),最简单的问题是,在上层社会的研究中,如果连被研究者的大门都进不去,如何进行参与观察? 如果不能进行参与观察,还能否进行人类学的研究? 面对没有居民居住的银行、保险公司、政府机构和电子工业区,参与观察在方法论上的价值不得不重新考虑。人类学应当赋予田野工作方法论更多的灵活性和折衷态度。比如,在某些需要多年参与才能了解的文化领域,人类学家未尝不可用私人文件、回忆录等材料代替自身参与。另外,即使进入到上层社会的许多领域,研究者实际上也只能观察,并不能参与其中。在这种情况下,有必要重新定义"参与"。例如,参加项目研究的学生认为,如果研究者能够在现场与研究的情景实现互动,并且充当信息提供者;或者相对于局外人收集材料的状态,研究者具有以内部人的身份收集材料的条件,均可以视为"参与"。总之,人类学家在坚持反躬自省态度的同时,应当允许围绕问题去寻找或改变研究方法。①

(四)垂直切片进路(vertical slice)

在论述研究上层社会时,纳德力图避免研究进路的偏颇,从整体论的立场提出了在上层社会和底层社会之间采取上下求索进路(studying up as well as down),并使用了"垂直切片"一词来描述对不同阶层的研究。在一篇题为《垂直切片:阶层与儿童》的文章中,纳德正式提出了这种研究进路,即把社会底层至社会顶端视为一个整体,对社会现象进行纵向的分层研究,观察和分析社会中存在的各个阶层,以获得对社会全貌的认识。② 为了从经验上说明这种进路在研究中的实用性,她在论文中还以个案分析的方式示范了垂直切片的分析方法。在 20 年后一篇文章中,纳德这样评价垂直切片的方法:"对投诉的研究孕育了一种新的民族志的视角。之前的'无法诉诸法律'(no access to law)的研究基本上是一

---

① L. Nader, Up the Anthropologist: Perspectives Gained From Studying Up, in Dell H. Hymes (Ed.), *Reinventing Anthropology*, New York: Vintage Books, 1972, pp. 300-307.

② L. Nader, The vertical slice: Hierarchies and children, in G. M. Britan and R. Cohen(Ed.), *Hierarchy and society Anthropological perspectives on bureaucracy*, Philadelphia: Institute for the Study of Human Issues, 1980, pp. 31-44.

种横向的民族志研究,而后,一起父亲投诉儿子 T 恤燃烧的个案很快导致另一项研究工作的展开,即通过尼克松执政时期的监管机构、生产者、选举资金,追踪商品的历史轨迹。这些案件材料的研究证明,掌权者们密集的横向互动排斥了掌权者们与案件中被违法权力侵害的受害者之间的垂直互动。我将这种多点的民族志的进路称为'垂直切片'。注意,我在这里用的是形容词'民族志的',而不是名词'民族志'。我在各种田野工作中阐释的观点,不仅表明不同的进路会产生新的知识,而且证明了不同进路的组合可以构成一种理解社会事实的范式,这种范式明显改进了只凭一种进路或排斥其他进路的范式。民族志需要多样性的进路,努力一定会得到回报。这是我在总结研究生涯时得到的结论。"①

（五）法律民族志的新对话

2002 年,斯塔尔和古德尔主编的《法律民族志的实践:新对话,老方法》出版后,书中 11 位作者对民族志方法论的讨论在法律人类学界产生了较大的影响。在该书的导论中,斯塔尔和古德尔介绍了该论文集中不同学者的观点:赫希(S. Hirsch)在研究土耳其妇女法律权利的论文中提出,女权主义研究者经常混淆研究与个人参与之间的界限,这值得法律民族志学者学习。广泛地借用女权主义和行为主义的方法,能够帮助法律民族志学者克服研究法律意识的方法论困难,解决田野调查中研究者与研究主题关系的问题,模糊法律人类学研究与行为主义,特别是社会学研究之间的界限。帕内尔(P. Parnell)的论文提出一种媒介研究的方法,在对菲律宾马尼拉的研究中,为了理解马尼拉的城市法律文化,他在当地非正式法律的社会网络中上下跋涉,发现这个社会网络是国家与处于国家法律科层制底层的人群之间的链接。古德尔的论文是关于玻利维亚人权观念传播的研究,他发现,通过对研究场域进行多层次、多维度的想象重构,可以追寻到有关全球、国家、地区和地方事务的关联。科利尔(J. Collier)在对墨西哥恰帕斯州巫术信仰的研究中,展示了社会语言学方法的实用性。她认为,作为一个法律民族志学者,传统的方法虽然能够引导她提出有关犯罪和惩罚的问题,却不能充分地解释在地方法院人们为什么会因为各种各样的伤害提出离婚或要求赔偿。实际上,如果分析当事人使用的特殊语词,就会发现当地人用当地语言所进行的相互攻击是促使当事人离婚的重要原因。基德尔(R. Kidder)的论文关注了比

---

① L. Nader, Moving on-Comprehending Anthropologies of Law, in J. Starr, M. Goodale(ed.), *Practicing Ethnography in Law：New Dialogues, Enduing Methods*, New York：Palgrave Macmilan Ltd., 2002, p.195.

较方法的实用性,他通过对日本人和美国宾夕法尼亚州亚米希人的比较发现,两种文化都有规避法律的特点,它们评介一个人是否足够聪明的标准是,他是否能够想方设法地规避去法律的场域解决冲突。库廷(S. Coutin)在对美国加利福尼亚州移民与政治问题的研究中探讨了田野调查的方法论,她认为,对于收集资料而言,参与观察和访谈绝不是一种简单而中立的技术,它让研究者置身于与田野调查活动相关的人群之中。她所做的关涉支持移民的政治和法律行为的田野调查,证明了一个重要的理论内涵,即特定的研究语境能够赋予传统民族志方法新的意义。梅丽涉及的领域是如何运用法律档案馆的资料进行民族志研究。她认为,为了解读档案材料的意涵,应当把这些材料放到相关社会的民族志中予以考查,这样的民族志包括对重要行为人,以及处于长期变迁中的政治、经济、社会和文化事实的分析。因此,在档案馆工作的人类学家必须采用民族志的研究进路。克利兹(H. Kritzer)在精心设计的对威斯康星州麦迪逊市律师的邮件调查中,通过比较人类学的访谈与参与观察方法,讨论了访谈方法的局限性。他认为,相对于访谈,参与观察能够让研究者收集到有质量保证的各种数据;开放性的参与观察能够发现行为者的行为模式,这是简单的访谈难以做到的。所以,最好是观察与访谈相结合,以观察来检验从访谈获得的材料。格里菲斯(A. Grifiths)在对博茨瓦纳妇女的研究中,将生活史广泛地运用于民族志中以解释妇女运用法律或抵抗法律的困难。她认为,通过生活史的分析可以从社会整体的层面,理解在博茨瓦纳合法性是一个性别化的过程,是社会性别化的一种反映。身处该国法律体系中的妇女对获得法律保护的期望并不相同,这种情况反映了妇女之间的权力差异。弗里德曼(L. Friedman)深入地讨论了文化人类学进路的价值,并回应了当下对田野工作的批评。他认为,在对法院记录和过往资料进行分析时,要在文化语境中理解这些历史材料。如果在广阔的社会语境中找不到位置,原初的统计数据是没有意义的。纳德的《不断前行:理解法律人类学》是该论文集的结论性论文,该论文以知识分子自传的文体,展示了 20 世纪法律人类学家在发展和实践法律民族志研究上的努力。纳德认为,法律民族志对社会法律问题的研究,采取的是一种灵活且发展的描述性进路,尽管参与观察、访谈和其他田野方法是民族志研究中不可缺少的,但是,这些方法并不能使田野调查成为民族志。方法服从于需要回答的问题,如果只是偏重于一种方法,即使是参与观察的方法,也会使研究归于失败。①

二、法律多元理论

法律多元理论实际上是研究法律多元现象过程中形成的各种理论解释的总称,法律多元理论与许多法律人类学家的研究相关,诸如库珀(L. Kuper)、史密斯(M. G. Smith)、霍克(M. Hooker)、格瑞菲斯(J. Griffiths)、格尔兹、穆尔、梅丽、波斯比西等都对法律多元理论的创立和完善做出过贡献。法律多元理论认为,法律包括国家的法律,也包括社会生活中存在的各种指导和约束人的行为,并依靠公共组织的力量保证其实施的其他可以称之为民间法的规范。所以,在同一地域上存在着不同的法律观念、法律规范和法律实施模式的情况是一种普遍现象,这种现象将导致一系列法律冲突与平衡、法律适用差异与调适的法律活动。②

鉴于本书中对法律多元理论有专章进行讨论,所以,这里仅简略地介绍两种影响较大的法律多元理论。

(一) 格尔兹的地方性知识理论

格尔兹在《地方性知识:事实与法律的比较透视》(1983)中提出法律是一种地方性知识的观点,认为"地方在此处不只是指空间、时间、阶级与各种问题,而且也指特色(accent),即把对所发生的事件的本地认识与对可能发生的事件的本地想象联系在一起。这种认识与想象的复合体,以及隐含于对原则的形象化描述中的事件叙述,便是我所谓的法律认识"。格尔兹强调,"对法律或司法或法庭审判的比较研究,必须对上述想象的、建设性的力量给予足够的关注"。③

在文中,格尔兹首先描述了法学与人类学的相似性。他说:"法学和民族志,一如航行术、园艺、政治和诗歌,都是具有地方性意义的技艺,因为它们的运作凭靠的乃是地方性知识。直接个案不仅为法学提供了产生反应的基础,而且还为它提供了其欲求把握的对象,而在民族志,既定惯例、庆宴或父代母育风俗,亦具有相同意义的功用。且不论人类学和法理学所具有的其他共同性(变动不居的

---

① J. Starr, M. Goodale, *Practicing Ethnography in Law: New Dialogues, Enduing Methods*, New York: Palgrave Macmillan Ltd., 2002, pp.4-7.
② S. F. Moore, Certainties Undone: Fifty Turbulent Years of Legal Anthropology, 1949-1999, *Journal of the Royal Anthropological Institute*, Vol. 7 Issue 1. (Mar., 2001), p.106.
③ 〔美〕克利福德·吉尔兹:《地方性知识:事实与法律的比较透视》,邓正来译,载梁治平编:《法律的文化解释》,生活·读书·新知三联书店1994年版,第125—126页。

学问和想象的氛围),它们在关注技匠所承担的任务即从局部事实中发现普遍的原则这一点上是很相近的。"①然而,法学与人类学彼此都不清楚对方是否具有有助于解决本领域中老问题的东西,所以它们有时想了解对方,但有时又怀疑对方。格尔兹试图用一种阐释学的方法将法学和人类学勾连起来,以便系统地阐释这两个领域共同面临的道德、政治和智识问题,而事实与法律之间的关系就是这两个学科可以找到的重要话题。

对于法学和司法强调的法律事实,格尔兹指出,在人类学家看来,它们是根据证据法规则、法庭规则、判例汇编传统、辩护技巧、法官雄辩能力,以及法律教育成规等诸如此类的事物而构造出来的,总之是社会的产物。而司法则是一系列把事实构成与规范相对应的过程,在这一过程中,一种事实情形可以被对应于几种规范中的一种,或者人们也可以通过对所发生的事情的彼此冲突的认识进行比较而援用某一特定规范。如果事实构成不只是那些直接可以从现实世界中发现、带到法庭出示的事物,而是还包括对应过程本身所产生的经过裁剪的现实图像,那么这个过程就显得有点像变戏法那般扑朔迷离了。②格尔兹认为:"事物的'法律'面相并不是一系列限定的规范、规则、原则、价值或者法官可以用作判案依据的任何东西。而是想象真实的独特方式的一部分。从根本上讲,法律所关注的并不是过去发生的事情,而是现在发生的事情或会发生的事情;如果法律因时因地因民族而有所不同,那么它关注的对象也会不尽相同。"③例如,"在纽黑文或新赫布里底④,审判涉及用一种具体推理的语言(同时也是一种具有普遍连贯性的语言)来描述具体情势,那么审理一个案件就远不只是厘清证据来佐证一个论点了。这样,审理案件就成了对事件的特定过程和生活的总体观念的描述,其方法乃是依凭彼此的可靠性予以相互支撑和佐证。任何一种企望可行的法律制度,都必须力图把具有地方性想象意义的条件的存在结构与具有地方性认识意义的因果的经验过程勾连起来,才可能显示出似乎是对同一事物所作的深浅程度不同的描述。"⑤

---

① 同上书,第 73 页。
② 〔美〕克利福德·吉尔兹:《地方性知识:事实与法律的比较透视》,邓正来译,载梁治平编:《法律的文化解释》,生活·读书·新知三联书店 1994 年版,第 80—81 页。
③ 同上书,第 81 页。
④ 纽黑文是美国康涅狄格州的第二大城市,也是耶鲁大学所在的城市,历史上有清教徒的传统。新赫布里底是西南太平洋的岛国瓦努阿图的旧称。
⑤ 〔美〕克利福德·吉尔兹:《地方性知识:事实与法律的比较透视》,邓正来译,载梁治平编:《法律的文化解释》,生活·读书·新知三联书店 1994 年版,第 83 页。

在论文的最后,格尔兹以法律多元的立场概括了该论文的主题:"依据地方性知识(直觉和直接个案)认识法律,或主张法律本身就是地方性知识,将'法律'和'人类学'分解为不同学科,以通过具体的交叉而非混杂的合成将它们勾连起来;对法律与事实的对立做相对的处理,使其化为反映一致形象和推论程式的各种表现;把比较法研究视为'文化际译释'的实施;主张法律思想对于社会现实具有建设性意义,而非仅仅是对它们的反映;强调法律认识的历史固有性;反对用社会共识来解释法律的实际效力,而倡导用寻求意义的方法对之加以解释;深信法律多元化趋向不是一条转眼即逝的歧路,而是当下社会的核心特征;认为自我理解与他人理解在法律之中,一如在其他文化领域,都具有内在勾连性。所有这些观点都是某种思想倾向(或一种颇为关注事物之多样性和差异性的思想)的产物。"①

（二）穆尔的半自治社会领域理论

穆尔在1973年发表的一篇论文《法律与社会变迁:以半自治社会领域作为适切的研究主题》②中提出:半自治社会领域的概念是一种界定研究问题的方式。它使我们注意到可观察的社会领域的内部运作与其外部环境之连接点间的关系。人们可以从理论上假设一系列可能性:社会领域的完全自治,半自治或完全缺乏自治(即完全的统制)状态。很明显,如果说在当今世界上完全自治和完全统制即使存在的话,那也是很罕见的,而各种不同种类和不同程度的半自治状态才是一种常态。既然主权国家的法律在形式上是有不同层别的,那么从法律角度看,在当代政制之内没有任何一个社会领域是绝对自治的。绝对统制也是难以想象的,因为即使在军队、监狱和其他规则运行的机构中,通常仍然会有某种带有一定自治性的隐秘生活。

为了证明半自治社会领域的普遍性和其运行模式,穆尔分析了两个分别来自发达社会和不发达社会的个案。

第一个个案是对美国纽约服装业的调查,研究资料来自于此行业相关人员的口述和某些书籍。在纽约,昂贵的女性成衣生产有如下的分工:服装设计在批发商的公司里进行,并通过他的橱窗向零售商们展示成衣,裁剪和制作则是在承

---

① 〔美〕克利福德·吉尔兹:《地方性知识:事实与法律的比较透视》,邓正来译,载梁治平编:《法律的文化解释》,生活·读书·新知三联书店1994年版,第146页。
② 〔美〕萨莉·法尔克·穆尔:《法律与社会变迁:以半自治社会领域作为适切的研究主题》,胡昌明译,载郑永流主编:《法哲学与法社会学论丛(七)》,中国政法大学出版社2005年版。本文中涉及半自治社会领域内容的译文均来自此文。

包商的工厂里实际完成。承包商的服装贸易非常不稳定,依赖于款式(时尚)的新奇,受制于季节的变化。一阵子可能有过量的活计要做,机器、工人和时间都几乎不够满足某些对特定样式的服装暴涨的要求。而另一阵子,生意则可能十分萧条,活计仅能勉强维持运转。这是一个计件制工作的行业。

批发商那里有两个雇员很关键:一个是生产总管,另一个是(女)总监。至于承包商,也有两个重要的雇员,一个是监督生产、参与定价以及代表工人利益的"女领班"。另一个是工会事务代理人,他是工会的全日制职员,其职责是监督老板承包商和工会工人遵守工会规章的情况。

承包商、批发商联合会与国际服装业女工工会之间有规定了诸如工资与工时之类事项的契约。然而(服装)业务如此紧急,以至于想要获利便须时时违反这些法定的契约条款。比如,有机会做许多活的时候,必须很快地完成,否则无利可得。一个服装款式只能热销一时,不是在任何时候都畅销。故此,当业务繁忙时,工人和承包商都必须忙着赶制服装,投入远远超过工会契约所允许的最高工时。另一方面,当生意清淡时,即使工人事实上不工作,仍须向他们支付工资。认为承包商不愿严格执行工会章程,这样就把工会事务代表和承包商之间的事情看得简单了。劳动契约的任何改变,使其条款更接近服装业季节性的条件,大概都会有负面的作用。依赖于对这种违反听之任之的工会方在谈判中的地位就会遭到损害。工会与承包商、批发商联合会的契约是有法律约束力的,但工会代表与承包商的活动常常违反这些法律的强制性条款。他们都意识到如此行事是由于行业的需要,批发商和承包商之间,将彼此的重要人物搞定,并在不断的行贿与受贿互惠中表明互相的信任。工会代表对承包商睁一只眼,闭一只眼。而承包商则为工会代表的妻子制作服装。这样,双方就会达到彼此满意的平衡。

穆尔指出:"这个复合体,即半自治社会领域的运行,很大程度上是在一定法律、政治、经济和社会的环境之内自行规制、自己执行和自我推行的。一些支配它的有关权利和义务的规则源自周围环境、政府、市场以及在行业中发挥作用的各族群间的关系,如此等等。但也有许多其他规则是从半自治领域自身的活动中产生的。其中的某些规则是通过调节行业某些领域的有组织法团(如工会、协会)明显的准立法行为形成的。但是如上所示,另一些规则是通过批发商、承包商、代理商、零售商及熟练工之间在进行业务交往过程中的相互作用形成的。它们是相互依赖的当事人的经常性互惠和交易。它们是'贸易惯例'。显而易见,法律是这幅画面的一部分。事实上,假定没有大量相关的劳动法规,工会代表就不可能获得他所拥有的强有力的地位,他也就不会成为稀缺资源的一个分配者。

实际上,他不会真去动用工会契约中对工资和工时做出限定的实际条款,但正是他能够这样去做的法律能力给了他一些可供交换的资本。若非承包商有即刻收回批发商欠款的法律权利,他忍住不催也就不会是一个恩惠。正是因为他在法律上有权收款而没有实际如此去做,所以说他就做出了某些赠予。故此在这些关系中,法律权利被用作了重要的筹码。……此种背景下的许多法律权利可以被解释为这个社会领域之内的人有能力为其私利而动用国家(力量)。同样如此,动用工会或批发商、承包商联合会的能力是交易在制衣业中继续运行下去的重要平衡力。那么从内部角度来看,社会领域是半自治性的,不仅因为它会受到作用于它的外部力量导控的影响,而且因为该社会领域之内的人在与他人讨价还价时可能动用或者威胁动用这些外部力量。……在服装行业中,不按照规则(无论是合法的、非法的规则,还是不涉法的规则)进行游戏,所受的惩罚是:经济的损失、名誉和商誉的丧失,以至最终被逐出挣钱的大道。留在此种游戏中并且做到生意兴隆的渴望诱导人们遵从这些规则。做出如下的推断不是没有道理的:至少某些被遵守的法律规则,其遵守与其说是因为国家直接潜在的强制实施,还不如说(正好)是因为导致社会领域的非法律习俗之服从的同一种压力和诱导。事实上,服从'法律'的许多压力可能来自个人参与的若干社会环境。国家行动的潜在威胁常常远没有其他强迫和诱导那么直接。"①

　　另一个个案是穆尔 1968—1969 年对非洲坦桑尼亚乞力马扎罗地区查加人的田野调查。

　　1963 年坦桑尼亚政府宣布从此往后不得再有任何私人拥有的土地所有权,因为土地作为神赐之物,不属于任何个人,而只属于全体人民,他们的代表就是政府。通过这一法案,所有私人拥有的土地全部转变为由政府租赁占有,不当使用的土地必须被剥夺。作为一项在查加人的生活环境中可实施的立法,它却只有非常有限的,更确切说非常狭隘的作用;因为尽管没有人再"所有"土地,大多数普通人严守着同他们先前所具有的占有权和使用权同样的权利;更不用说那些亲人的土地上的待确定权利了。对绝大多数人而言,获得土地的唯一出路只能是靠继承或靠父亲赠予土地。这种结果反倒增加而非缓解了人们对当地世系族群的依附,同时也加紧和加强而不是削弱了渗透着亲戚邻里间之相互权利义务的当地法律与习俗体系的重要性。因为尽管在别的许多方面已经"现代化"

---

① 〔美〕萨莉·法尔克·穆尔:《法律与社会变迁:以半自治社会领域作为适切的研究主题》,胡昌明译,载郑永流主编:《法哲学与法社会学论丛(七)》,中国政法大学出版社 2005 年版。

了,成千上万的查加人家庭仍生活在本地化的亲族群之中。原本认为政府1963年关于任何人不得拥有土地权的公告会对有大片土地无人宣告占有的地区具有相当重要的意义,但乞力马扎罗地区的情况却正好相反。政府公告直接影响的只有三类查加土地所有者:被封赐其所占有之土地的教堂土地保有人;占有小块荒地的人;土地最初只是租赁给其祖先、没有完全转移权益的土地持有人。从技术上看,土地权的买卖仍与1963年法案颁布前一样进行着,尽管先前土地出卖采取了土地所有权的形式,而现在它们被解释成土地使用权。但大多数人,从法院职员到普通农民,都没觉出这样的不同,仅知道发生了一些变化,因为这对于一般权利的相关分配几乎没什么影响。大多数查加人仍然生活在1963年前生活着的地方,过着1963年前的生活。支配查加乡村人生活的半自治社会领域仍是当地的世系族群——邻里的关系网络,这个与土地权干系重大的社会关系网络在1963年后仍然完好无损,几无改变。

穆尔认为:"查加人的情形同其他大多数部族一样,那就是:新规则与旧规则并存,对旧规则加以修改而不是完全取而代之。对查加人而言,有一些立法游戏规则的骤然改变,也有许多其他的规则变化则是逐渐形成的。要理解这些规则——合法的、不涉法的和非法的规则,重要的是要知道一些发现它们的实际发生作用的社会环境。借助法律规则所影响的半自治社会领域来观察这些法律规则是大体有效的。这在说明立法于何时、怎样以及通过何种程序真正有效时,将会调和那些夸大立法作为社会工程工具之潜在效果的倾向。它为考察那些通过国家可以潜在强制实施的规则与那些通过其他程序和力量推进的规则和模式相适应的方式,提供了一个认识框架。"[①]

三、纠纷理论的进展

从马林诺夫斯基开始,纠纷研究一直是法律人类学所关注的问题。如果说,20世纪60年代以前的人类学纠纷理论主要是以纠纷解决规则、规则在纠纷解决中的运用、纠纷的管理及控制为主要内容的话,20世纪60年代以来的纠纷理论则在至少三个方面取得了较大的理论进展,即从规则、案例中心向过程中心转变,从对异文化解纷机制研究向西方社会纠纷机制研究转变,从社会语境的纠纷研究向注重政治语境的纠纷研究转变。这些转变不仅带来了纠纷理论的进步,

---

① 〔美〕萨莉·法尔克·穆尔:《法律与社会变迁:以半自治社会领域作为适切的研究主题》,胡昌明译,载郑永流主编:《法哲学与法社会学论丛(七)》,中国政法大学出版社2005年版。

也给现实社会的司法改革提供了理论依据。

（一）纠纷的过程

在很长一个时期，纠纷研究的重点在于发现规则和适用规则的原则，这种进路被称为以规则为中心或以案例为中心的研究范式。对于人类学家来说，发现规则，意味着证明非西方社会中存在法律的现实，而发现适用规则的原则，则可以比较文化的特殊性或是文化的同一性。然而，20世纪50年代以来，对于以规则为中心的研究范式，开始有了一些批评的意见。这些批评认为，用西方法律语言、概念和制度种类来分析在其他文化中发现的法律是不可行的。西方与非西方的法律是否具有可比性，研究者对西方法律的理解程度，以及对非西方法律的误读均可能是难以正确研究规则的原因。另外，以规范为中心的研究范式，并没有为说明不同种类规则和争端解决程序之间的系统性关系提供一个有说服力的解答。同时，在非西方社会中，特定的司法机构不一定拥有解决纠纷的权力，而规范也不一定是解决纠纷的依据。①

20世纪60年代以来，将视角转向对纠纷过程研究成了法律人类学的一种趋势，研究者试图以纠纷过程的研究建立一种新的研究范式——以过程为中心的范式，避免规范中心论将规范数据孤立出来讨论或用西方分类解读非西方社会规范的缺点。以过程为中心的研究范式有这样几个特点：其一，引起纠纷的冲突被视为社会生活的地方性特征；其二，对一个纠纷的充分研究，需要有对社会整体框架的描述，即在一个扩展的社会过程框架中对纠纷进行分析；其三，研究关注的重点，不再是以法官或判决为出发点，而是对纠纷解决过程的特质和功能作出解释；其四，无论规则如何表述，均需要考虑规则和范式的文化逻辑。当然，对过程中心论也有批评，批评者认为，以过程为中心的研究范式视角宽泛，缺乏学术上的严格性，例如对研究对象没有设置清晰的概念或定义方面的限制。另外，过程论对规则的忽视，不能解释规则存在的价值和规则体系的精妙构成。②

现在，以规则为中心的研究范式和以过程为中心的研究范式是法律人类学纠纷研究的两种进路，虽然在学术史上有前者向后者转变的趋势，但是，以规范为中心的范式仍然是被法律人类学家采用的纠纷研究进路之一。

---

① 〔美〕约翰·科马洛夫、〔英〕西蒙·罗伯茨：《规则与程序——非洲语境中争议的文化逻辑》，沈伟、费梦恬译，上海交通大学出版社2016年版，第8—10页。
② 同上书，第14—17页。

(二) 替代性纠纷解决机制理论

替代性纠纷解决机制的研究在理论和实践上都具有价值。在理论上,该研究有助于揭示法律与社会间关系的建构,即在法律与社会能被区分开的各自领域里,法律体系定义了社会关系和权力系统,而社会决定了法律体系运行的方式。在实践上,替代性纠纷解决机制的核心是鼓励用调解机制解决纠纷。在美国,利用调解来解决个人之间纠纷的运动,积极地推动了社区权力的扩张,改进了获得公正的方式,提供了一种得到广泛响应的、更适合于解决矛盾的模式。[1]

穆尔在《未竟的事业:法律人类学研究 50 年历程(1949—1999)》中,对替代性纠纷解决机制的研究在理论与实践结合上取得的进展作了概括,认为该研究标志着人类学的纠纷研究从异文化解纷机制研究向西方社会纠纷机制研究的转变。

穆尔指出,人类学家由于缺乏理论和技术上的法律专长,往往认为研究工业社会的人类学家是观察"非正式"法律程序的最佳人选,这与在小规模村庄社区发现的程序极为类似:谈判和调解,非正式机构,如小额索偿法庭、内部产生的邻里安排、家庭法等。许多人类学家已经在此领域做了成功的田野调查和案例分析,这些成果有助于我们了解那些没有出现在较正式的场合的社会文化问题:公众对诉讼和法律制度的态度、作为文化一部分的法律观念、官方的实践与普通民众的互动,等等。然而,在 20 世纪 70 年代当非正式制度正式地被美国司法系统接受时,人类学对非正式制度的兴趣才得到了一次不同寻常的检验。当法院引入替代性纠纷解决机制(ADR)给诉讼当事人公开选择时,人类学家并不高兴。替代性纠纷解决机制被看作是为满足穷人和那些易被忽视的小额诉讼人的需要而产生的。然而,司法审判要包含那些程序主要是因为法庭审判已超负荷。滑稽的是,一些法官也表示,他们希望借助此机制,把那些"垃圾案件"清理出法庭。[2]

尽管对替代性纠纷解决机制有批评意见,但是,发端于美国的这种纠纷解决机制不仅在美国迅速得以推广,而且被很多国家借用,以致替代性纠纷解决机制现在已成了一种世界性的司法改革趋势。罗伯茨和彭文浩(M. Palmer)对英国替代性纠纷解决机制的迅猛发展做了这样的描述:"在英国,直到 20 世纪 90 年

---

[1] 〔美〕萨利·安格尔·梅丽:《诉讼的话语——生活在美国社会底层人的法律意识》,郭星华等译,北京大学出版社 2007 年版,"中文版序言",第 2 页。

[2] S. F. Moore, Certainties Undone: Fifty Turbulent Years of Legal Anthropology, 1949-1999, *Journal of the Royal Anthropological Institute*, Vol. 7, Issue 1. (Mar., 2001), pp. 103-104.

代,官方才将'和解'作为公共司法系统下的一项明确清楚的正式目的。对和解的渴望于1993年出现在海尔布伦(Heilbron)和霍奇(Hodge)的报告之中。而后又出现在了沃尔夫(Woolf)的中期报告里。该报告描述了法院的案件管理机制,并将法院的全部目标界定为'在纠纷开始的早期尽量鼓励和解,当审判不可避免时,确保案件能够尽快得到终局性的听审,且听审本身要受到严格的时间限制'。在这里,'和解'被描绘成了法院的主要目的,而审判则退居到次要辅助的位置。'和解'成为司法的优先路径——这是多么惊人的颠覆啊!"①

(三)纠纷中的法律与政治

格利弗在其著作《非洲社会中的社会控制》(1963)②中,描述了他在对阿鲁沙人进行调查时观察到的一种社会事实:阿鲁沙人通常不是通过现行(殖民地)法院来解决纠纷,而是通过一套非正式、非官方的协商谈判机制来解决问题。与争议双方有血缘关系的代表聚集在一起代表各方商讨解决方案。他认为,在阿鲁沙人的纠纷解决中,规范是不重要的,同时,在诉讼中,也没有发现"世情练达的人"的概念在任何情境中出现。虽然规范常常被引用,但团体的势力在结案时比规范更重要。格利弗的观点受到人类学家的重视,改变了只注重规则的纠纷研究模式,在20世纪70年代以后的研究中,社会组织、国家机构和权力这些政治因素在纠纷过程中的作用被普遍关注。

人类学家斯奈德(F. G. Snyder)在一篇题为《人类学,纠纷过程和法律:一个批评性的评介》(1981)的综述性文章中指出,在格利弗提出纠纷中规范作用的问题后,规范在争端过程中的作用就成了人类学的研究热点。在20世纪60年代和70年代早期,人类学的研究最初关注的是纠纷过程的形貌,强调权力在各种纠纷过程中的核心地位。20世纪70年代后期,规则和过程的研究又重新考察和强调规范在第三方模式和双方模式中的作用。这些研究证明,规范不能自行决定纠纷的结果,事实上,在纠纷过程和社会关系中,规范具有为许多不同功能服务的作用。③

罗伯茨认为,在司法模式和非正式纠纷解决机制中,都可以发现政治侵入的情况。在司法模式中,当权者明示地制定和改变规则,即使规则没有被当权者制定,当权者也会在一些情况下描述或复述规则;另外,那些在社会的不同层次上

---

① 〔英〕西蒙·罗伯茨、〔英〕彭文浩:《纠纷解决过程:ADR与形成决定的主要形式》(第2版),刘哲玮、李佳佳、于春露译,北京大学出版社2011年版,第5页。

② P. Gulliver, *Social control in an African society*, Boston: University Press, 1963.

③ F. G. Snyder, Anthropology, Dispute Processes and Law: A Critical Introduction, *British Journal of Law & Society*, Vol. 8, No. 2. (Winter, 1981), p. 153.

行使规则的人是作为当权者的代表行事的。这样,即使我们看到个体争议毫无瑕疵地根据规范来解决时,政治因素也没有被剔除,而只是被提到另外一个层次。在非正式程序中,政治属性通过第三方的介入方式得到了进一步强调。一个争议者的"力量"部分是由他可以调动的支持团体的规模和质量决定的。一个人有一大群地位显赫、大声叫喊和口若悬河的支持者,则从一开始就在讨价还价的过程中有了不可避免的优势。但是,即使这样,我们也不能低估规则的作用,争议者可以将规则作为讨价还价的筹码,也可以利用规则确认他的利益在竞争中占据优势。[1]

四、法律与意识形态

在《诉讼的话语——生活在美国社会底层人的法律意识》(1990)中,梅丽关注了法律与意识形态的关系,将法律看成是一种意识形态,看成是一系列服从于各种各样解释和操作的符号,并将这一认识作为纠纷研究的一种进路。她认为应当将纠纷过程的分析和意识形态的分析结合起来,纠纷过程的分析关注社会互动和在对抗的那一刻世界被展示的方式,意识形态的分析是将意义以及在建立意义的系统中内在的权力置于最显著的地位。

梅丽通过对美国新英格兰地区初等法院及其调解机构的田野调查,对美国劳工阶层的法律意识作了研究。她发现了这样一个社会事实:美国的初等法院一般不愿意受理邻里、朋友、恋人、夫妻之间的纠纷,但是,人们仍然坚持把这些纠纷交给法院。人们常常把邻居吵闹、恋人不忠实、孩子不听话之类的问题当成一个法律问题,上法院去寻求帮助。但是,法院的工作人员却认为这些问题不适合法院处理,并将这些案件称为"垃圾案件"。[2] 那些身处劳工阶层的原告认为,法律有能力建立一个公正的社会,当别人鼓励他们把自己的问题当作是道德性或治疗性问题的时候,他们不会怀疑法律的整体框架,而只是对法律如何应用于他们的生活提出质疑。他们缺少的不是认为法律公正的意识,而是缺少有权利用法律的意识。有一些人会主张这种权利,他们重新回到法院,争取最后的结果。如果法律是一种可以加强现有权力关系的意识形态,那么事实上那些回到法院继续在法律的领域内斗争的人是在继续支持这种权力关系。[3]

---

[1] 〔英〕西蒙·罗伯茨:《秩序与争议——法律人类学导论》,沈伟、张铮译,上海交通大学出版社 2012 年版,第 139—143 页。

[2] 〔美〕萨利·安格尔·梅丽:《诉讼的话语——生活在美国社会底层人的法律意识》,郭星华等译,北京大学出版社 2007 年版,第 1—2 页。

[3] 同上书,第 12 页。

梅丽认为:"法律是一把双刃剑:它是一种支配的力量,同时又包含挑战支配的可能性。法律不是一种简单意义上的支配的意识形态,不是一些信念就可以使受支配群体服从的意识形态。相反,法律这种意识形态是对控制权的争夺,它是一种语言,争夺是通过这种语言来进行,相关权力也是通过这种语言得到认可。因此法律建立了权力,也提供了一种方式对所建立起来的权力进行挑战。"①

康利和欧巴尔评论道:根据梅丽的观点,这并不是美国人好讼和社区共同价值沦落的反映。相反,对于这些互为邻居的居民来说,法律是对维持社会秩序和弥补损害的一种偏好选择。梅丽的研究包括了正式法院和在法院支持下的调解中心,但是,不管是诉诸正式还是可以替代的争议处理程序,这些居民都认为他们有权利获得法律机构的帮助。而且,当对法律的需求增加时,他们会定期寻得法律机构的帮助。这就导致了梅丽提出的术语暨法律权利的悖论:当工人阶级的居民诉诸这些机构后,这些居民也将法律的权力推进到传统上被认为是私人空间的生活领域内,他们以他们自治为代价来维护他们的权利。②

五、 法律、语言与权力

穆尔在对 2000 年前后法律人类学研究的评述中指出,当前,人类学家们正应用他们在法律方面的兴趣参与到政治问题的讨论中,并且比以前更直接地阐述了他们的观点。关于这些问题的学术讨论是不易的,但是它开始了以新的方式对更大范围的社会背景的考察。

在政治问题的讨论中,权力的运用、滥用与制衡是被关注的问题。其中,以福柯的理论为基础,用语言学的视觉分析日常生活和国家化进程中的法律话语、话语权与权力运行,是人类学家采用的一种权力研究的进路。

康利和欧巴尔撰写的《法律、语言与权力》(2005)是这种研究进路的代表性著作。作者在解释这部著作的命题时这样说:"这一研究关注法律的语言是为了去了解法律的权力。这样做的前提是,权力不是一个遥不可及的抽象,而是一种日常的现实。对绝大多数人来说,法律权力在最高法院的判决和立法声明中的自我展现要比在法律实践的细节中,比每天在律师办公室、警察局和全国的法庭

---

① 〔美〕萨利·安格尔·梅丽:《诉讼的话语——生活在美国社会底层人的法律意识》,郭星华等译,北京大学出版社 2007 年版,第 13 页。
② John M. Conley, William M. O'Barr, Legal Anthropology Comes Home: A Brief History of the Ethnographic Study of Law, *Loyola of Los Angeles Law Review*, Vol. 27, Issue 1. (November, 1993), p. 58.

中上演的成千上万迷你戏剧中少。几乎在这些微型戏剧的每一个人身上,一个重要的因素就是语言。从权力在这些事件中被实现、行使、滥用或受到挑战的方面看,这些手段根本就是语言的。本书就是对这些语言手段的一次搜寻。"①

作者的理论出发点来自福柯对权力与话语的论述。在福柯看来,以往的权力理论强调权力与暴力、法律与违法、自由与意志,特别是国家与独裁等的问题的重要性。……这个权力总是具有推论和法律的性质,它的中心任务就是表述法律。人们仍然倾向于某种权力—法律、权力—极权的形象,这个形象是由权力理论家和君主制机构描绘的。我们必须摆脱这个形象,即摆脱法律和极权在理论上的这一特权,要是我们想在权力的具体和历史框架内对它进行分析的话。我们所作的分析必须不再以法律为模式和准绳。② 福柯认为,权力是一种多重的力量关系,是一个过程,是一个体系或彼此孤立的力量,是一种实施的策略。③ 这样的权力无法逃脱,它无所不在,无时不有,塑造着人们想用来与之抗衡的那个东西。④ "权力创造现实,它创造对象的范围和真理的仪式"⑤。福柯说:"这一观念用客观的看法来取代法律的特权,用战术有效性的观点取代禁令的特权,用分析一个多元、多变的力量关系领域取代专制的特权,在这一领域中产生着深远却永不稳定的统治后果。这是战略的模式而不是基于法律的模式。"⑥ 而话语则是权力的一种工具和结果,它传递着并产生着权力;它强化了权力,但也削弱了其基础并暴露了它。⑦ 基于福柯的权力理论,以及语言学、法学的理论和大量的案例,作者得出这样的结论:正是在日常生活实践的细节中,权力的性质、权力的维护和权力的颠覆都可能会得到理解。"语言不仅仅是法律权力借以展开运作的工具,在许多至关重要的方面,语言就是法律权力,被我们称做权力的那个抽象之物,是每天在法律制度的各个层面上发生的、无数个语言互动的即刻原因和结果。权力因此既由法律实践的语言细节所决定,也决定着法律实践的语言细节"⑧。

---

① 〔美〕约翰·M.康利、〔美〕威廉·M.欧巴尔:《法律、语言与权力》(第2版),程朝阳译,法律出版社2007年版,第2—3页。
② 〔法〕米歇尔·福柯:《性史》(第一、二卷),张廷琛等译,上海科学技术文献出版社1989年版,第87—88页。
③ 同上书,第90页。
④ 同上书,第80页。
⑤ 〔法〕米歇尔·福柯:《规训与惩罚:监狱的诞生》,刘北成、杨远婴译,生活·读书·新知三联书店1999年版,第218页。
⑥ 〔法〕米歇尔·福柯:《性史》(第一、二卷),张廷琛等译,上海科学技术文献出版社1989年版,第100页。
⑦ 同上书,第98—99页。
⑧ 〔美〕约翰·M.康利、〔美〕威廉·M.欧巴尔:《法律、语言与权力》(第2版),程朝阳译,法律出版社2007年版,第18页。

第五章　法律的成长与历史

第一节　法学中关于法的成长的理论
第二节　人类学中关于法律史的理论
第三节　法律与发展的理论
第四节　法律成长的一个实例：傣族的早期法律

法的成长是关于法律起源与发展问题的研究。对法的起源的研究是早期人类学家所关注的热点问题。在进化论的理论框架下，该问题确实有研究的必要。然而，由于缺乏史前资料的佐证，法律起源的理论始终停留在推理和假说的层面。而以初民社会的状态作为人类早期发展状态的联想，也随着进化论被抛弃而失去了价值。尽管这样，在西方法律学术史中，以英国的梅因和德国的萨维尼为代表的历史法学派在法律理论发展中的历史价值仍然是值得肯定的。鉴于前期研究的缺陷和资料的缺乏，法律起源的问题现在已经很少有人关注，取而代之的是关于法律现实问题的研究，即关于法律的成长和法律与发展问题的研究。在当代人类学的研究中，法律成长是关于法律发展历史的研究，并不涉及法律发展的顺序；而法律发展的研究则是关于法律发展的文化模式及其现实问题研究。

第一节　法学中关于法的成长的理论

关于法律的起源或成长，在近现代的法学理论中也有相关的论述。法学家对法律及其成长的研究，不仅涉及法律是什么，还涉及法律发展的历史与途径，即法律在历史上是以进化的方式发展，还是以构建的方式发展，这些论题都是法理学的基本理论需要回答的问题。

以下几种关于法律起源或成长的理论，是法学研究中与人类学相关的理论。所谓相关，是指这些理论或者是与被称为法律人类学家的法学家相关的理论，如历史法学派的法律进化论和法律起源论；或者是对法律人类学有重大影响的理论，如美国的现实主义法学的法律成长理论和英国法学家哈特的规则分类理论；或者是以人类学的理论为起点提出的理论，如法学家昂格尔（R. M. Unger）的法律历史类型理论、法学家诺内特（P. Nonet）和塞尔兹尼克（P. Selznick）的法律模式理论。

一、历史法学派的理论

历史法学派是 19 世纪早期和中期出现的一种法学理论流派,其关注的焦点是关于法的起源和发展的问题。历史法学派分为两支,即德国学派和英国学派。德国学派的代表人物是萨维尼;英国学派的代表人物是梅因,在人类学学术史上,也把他称为早期的法律人类学家或人类学家。

萨维尼在《论立法与法学的当代使命》(1814)中,对实在法的起源有专章论述。他指出:"在人类信史展开的最为远古的时代,可以看出,法律已然秉有自身确定的特性,其为一定民族所特有,如同其语言、行为方式和基本的社会组织体制。不仅如此,凡此现象并非各自孤立存在,它们实为一个独特的民族所特有的根本不可分割的禀赋和取向,而向我们展现出一幅特立独行的景貌。将其联结一体的,乃是排除了一切偶然与任意其所由来的意图的这个民族的共同信念,对其内在必然性的认识。"①在这段话中,萨维尼将民族、民族的禀赋与取向、民族的共同信念作为法律的特征加以描述,赋予法律一种与民族生存相关的生命力。

萨维尼认为,在历史上可信的最早历史时期,法律以及语言,存在于民族意识之中。现代的法律表现为书面和口头相传的规则,此种表达和确定形式以一种高度的抽象为预设的前提,因而在早期历史中无实际存在的可能。但是,早期法律也具有确定与明晰、庄严与权威的特征。"此种法律与民族的存在和性格的有机联系,亦同样展现于时代的进步中。这里,再一次地,法律堪与语言相比。对于法律来说,一如语言,并无绝然断裂的时刻;如同民族之存在和性格中的其他的一般性取向一般,法律亦同样受制于此运动与发展。此种发展,如同其最为始初的情形,循随同一内在的必然性规律。法律随着民族的成长而成长,随民族的壮大而壮大,最后,随着民族对于其民族性的丧失而消亡。"②

萨维尼还探讨了法律的演变进程。他说:"一切法律均缘起于行为方式,在行为方式中,用习常使用但却并非十分准确的语言来说,习惯法渐次形成;就是说,法律首先产生于习俗和人们的信仰,其次乃假手于法学——职是之故,法律完全是由沉潜于内、默无言声而孜孜矻矻的伟力,而非法律制定者的专断意志所

---

① 〔德〕弗里德里希·卡尔·冯·萨维尼:《论立法与法学的当代使命》,许章润译,中国法制出版社 2001 年版,第 7 页。
② 同上书,第 8—9 页。

孕就的。"①这段话是萨维尼历史法学的理论内核,即法律不是法律制定者制定的,法律是一种民族精神,法律制定所凭借的法学理论和制定者,只不过是民族精神的代言而已。

在本书的第二章和第三章中,我们已经介绍了英国学派梅因的法律进化论,故不再赘述。不过,看看当代西方学者对梅因的评介,可能有益于我们对英国学派的理解。

罗伯茨评论道:"尽管梅因在之后否认他曾经规划过一个单一的发展道路,即社会不得不经历的前后相继的阶段,但《古代法》一书是在一个单一线性模式的假设下写就的(至少直到出现渐进社会和静止社会的分野之前是如此),这还是给人留下了一个很深的印象。但是这个进化理论并没有减损梅因所追问的,关于'法律'起源的问题和不同形式法律与社会结构之间关系问题的重要性。此外,考虑到除了从希腊、罗马和一些印度文明中得到的信息之外,他并没有很多其他的信息,他给出的答案还是相当有意思的。"②

康利和欧巴尔的评论是:梅因构建了从人类社会起源阶段直至他所在的英国维多利亚时代,法律与统治发展的宏大画面。然而,史料的缺乏限制了梅因这部法律比较史的成就,并且由于受僵硬的进化论思维束缚,他最终被后世学者所诟病。尽管如此,梅因所建立的"身份社会"与"契约社会"的基本划分原则,仍然对法律人类学产生了永久的影响。梅因认为,在"身份社会"当中,所有的法律意义上的权利义务都由人们的社会身份所确定,而在"契约社会"当中,这些权利义务全由个人之间签订的契约所确定。③

二、 恩格斯关于法律起源的观点

在《家庭、私有制和国家的起源》(1884)中,恩格斯(F. Engels)根据摩尔根《古代社会》的材料,论述了法律的起源、国家的起源和消亡的问题。

恩格斯认为:在雅典的英雄时代,有一个重要的改变,即设立了一个中央管理机关。"就是说,以前由各部落独立处理的一部分事务,被宣布为共同的事务,

---

① 〔德〕弗里德里希·卡尔·冯·萨维尼:《论立法与法学的当代使命》,许章润译,中国法制出版社2001年版,第11页。

② 〔英〕西蒙·罗伯茨:《秩序与争议——法律人类学导论》,沈伟、张铮译,上海交通大学出版社2012年版,第148页。

③ John M. Conley, William M. O'Barr, Legal Anthropology Comes Home: A Brief History of the Ethnographic Study of Law, *Loyola of Los Angeles Law Review*, Vol. 27, Issue 1. (November, 1993), p. 43.

而移交给设在雅典的总议事会管辖了。由于这一点,雅典人比美洲任何土著民族都前进了一步,相邻的各部落的单纯的联盟,已经由这些部落融合为统一的民族所替代了。于是就产生了凌驾于各个部落和氏族的法权习惯之上的一般的雅典民族法;只要是雅典公民,即使在非自己部落的地区,也取得了确定的权利和新的法律保护。"[1]恩格斯的这段话有几层意思:其一,中央管理机关的设立,意味着国家的出现;其二,法律的进化经历了氏族法——部落法——部落联盟法——民族法几个阶段;其三,民族法实际上是民族国家制定的国家法;其四,这种国家法凌驾于与其同时存在的其他法律形式之上,实行地域管辖和身份管辖,凡是雅典公民均依法享有权利和承担义务。

关于国家的起源和消亡,恩格斯有一个结论式的论述:"国家不是从来就有的。曾经有过不需要国家,而且根本不知道国家和国家权力为何物的社会。在经济发展到一定阶段而必然使社会分裂为阶级时,国家就由于这种分裂而成为必要了。现在我们正在以迅速的步伐走向这样的生产发展阶段,在这个阶段上,这些阶级的存在不仅不再必要,而且成了生产的直接障碍。阶级不可避免地要消失,正如它们从前不可避免地产生一样。随着阶级的消失,国家也不可避免地要消失。以生产者自由平等的联合体为基础的、按新方式来组织生产的社会,将把全部国家机器放到它应该去的地方,即放到古物陈列馆去,同纺车和青铜斧陈列在一起。"[2]这个结论虽然只讲了国家的起源和消亡,但是,联系前文中恩格斯将法律视为国家的产物的观点,国家的起源和消亡的条件何尝不是法律的起源和消亡的条件呢?

三、 现实主义法学的法律成长理论

现实主义法学对美国法律人类学有较为重要的影响,除了为法律人类学贡献了疑难案件研究方法之外,现实主义法学关于法律的起源和法律的成长的理论也影响着法律人类学家关于法的认识。当然,对于现实主义法学家来说,关于法律的起源与成长是对现代社会的研究,回答的是现代社会中,尤其是作为以判例法为主要法律渊源的美国社会中,法律的来源和成长。

在第四章对霍贝尔《初民的法律》的评介中,我们曾经引述过现实主义法学的代表人物之一卡多佐法官关于法的定义。其实,卡多佐在《法律的成长》

---

[1] 《马克思恩格斯选集》(第4卷),人民出版社1972年版,第106页。
[2] 同上书,第170页。

(1947)的著述中,还从法律起源和成长的层面对法律作了另外的定义和解释。这里就以卡多佐的著述为例,简略地评介现实主义法学关于法律成长的理论。

卡多佐首先肯定了研究法律起源和成长的功用。他说:"法律的产生、法律的成长、法律的功能和法律的目的,这些术语看起来普遍抽象,高高在上,漠视现实,无法引起法律探索者的兴趣。但相信我,事实并非如此。正是这些普遍性和抽象性,指导法律思维,左右法官意志,在平衡产生动摇时决定疑难案件的结果。大体来说,每个判决提出的问题其实都涉及一种有关法律起源与目的的哲学,这一哲学尽管非常隐蔽,实际却是最终的裁决者。"①在卡多佐看来,有关法律的起源和性质的不同观点,会导致对案件的是非曲直作出不同的判决。

对于法律的起源,卡多佐不赞成两种极端的观点。一种观点认为,法律作为先例,是固定不变的,法官作出判决的过程,不是一个创造的过程,而是一个发现和遵循先例的过程。另一种观点认为,法律就是一系列孤立的判决,判决就是一切,在其之后和之外都不是法律。卡多佐说:"在两个极端之间,我们获得了一个关于法律的概念,即法律作为一系列规则、原则和准则,为了某个目的,在适用于新的事物组合过程中,不断地被分门别类、被挑选、被铸造、被修改。在一个不断试错的过程中,判决形成了,在一个不断试错的过程中,决定了谁将获得再生产的权利。"②这个法律的概念实际上回答的是法律的起源问题,作为法律渊源的判决中包含着被称为法律的一系列规则、原则和准则,它们的形成并不简单,而是要经历复杂的试错过程。因此,判决创造着法律,但创造过程是复杂的,要经受多重因素的检验。

尽管立法和司法都能促进法律的成长,但卡多佐主要探讨的是法官如何发展或延伸具有一致性的法律体系的问题。卡多佐认为,影响法律或者说判决成长的力量可以归纳为四种:逻辑或者类比的力量,为法官带来哲学的方法;历史的力量,指示着历史的或者进化的方法;习惯(先例)的力量,产生了传统的方法;正义、道德和社会福利的力量,显示为社会学的方法。他说:"这种分类遵循的原则不是基于类的区别,而是根据程度的差异。有了这一点保留,我们四分法建立起区分的基础,足与现实相适应。也许只有当这些方法的价值获得评估,其功能得以发挥,其结果接受评判之时,也许只有当标准已经确立,指引我们作出舍此

---

① 〔美〕本杰明·N.卡多佐:《法律的成长·法律科学的悖论》,董炯、彭冰译,中国法制出版社 2002 年版,第 17 页。
② 同上书,第 32 页。

趋彼的选择之时,司法过程才能得以理性化。"①卡多佐的上述观点,可以简单概括为这样一句话:法律(判决)的成长取决于四种力量的作用程度,在四种力量的共同作用下,法律会朝理性化的方向不断成长。

四、 哈特的初级规则与次级规则理论

英国法学家哈特在《法律的概念》(1961)中,将法律的成长视为一个从初级规则向次级规则发展的过程,认为法律是初级规则与次级规则的结合。

在论证初级规则和次级规则之前,哈特提出了规则的"内在"和"外在"面向,并强调重视规则的"内在"面向是新分析法学区别于分析法学的关键,而且初级规则与次级规则的分析也应当建立在规则"内在"面向和"外在"面向的基础上。哈特认为,区分规则的"内在"面向和"外在"面向,对理解法律以及任何社会结构而言十分重要。所谓规则的"内在"面向,指的是某些人必须将规则规定的行为视为整个群体所必须遵从的普遍标准,这是社会规则存在的必要条件,也是社会规则与习惯在特征上的区别。习惯只具有"外在"的面向,即当某个习惯在群体中是普遍的,这个普遍性只是一个关于群体大多数人可以观察到的行为事实,为了使这样的习惯存在,只要每一个人自身以其他人事实上也在做的方式,来行为举止就够了。社会规则除了具备习惯的"外在"面向外,尚有"内在"的面向,而"外在"面向是与社会习惯所共享,并且"外在"面向表现于观察者所能够记录之规律统一的行为。② 为了厘清规则的外在面向和内在面向,哈特进而从观念的层面作了分析。他说:"当一个社会群体有着某些行为规则时,这个事实让人们得以表达许多紧密相关但却属于不同种类的说法;因为针对规则,人们可以站在观察者的角度,而本身并不接受规则,或者人们可以站在群体成员的角度,而接受并使用这些规则作为行为的指引。我们可以将二者分别称为'外在'观点和'内在'观点。"③

转到社会规则的层面,哈特批评了分析法学将法律视为主权者的强制命令的理论,认为其理论模型过于简单,不能成功地呈现某些法体系的明显特征。而这种理论失败的根本原因是,其所有建构的要素,即命令、服从、习惯和威胁等观念,并不包括,或者说不能通过把这些要素组合起来产生"规则"的观念,而如果

---

① 〔美〕本杰明·N.卡多佐:《法律的成长·法律科学的悖论》,董炯、彭冰译,中国法制出版社 2002 年版,第 36—37 页。
② 〔英〕哈特:《法律的概念》(第 2 版),许家馨、李冠宜译,法律出版社 2011 年版,第 52 页。
③ 同上书,第 80 页。

没有这个观念,就无法说明法律的基本形态。要周延地处理法体系的复杂性,需要区分两种相关但不同类型的规则。一种是初级规则,在此种规则下,不论他们愿意不愿意,人们都被要求去做或不做某些行为;另一种是次级规则,次级规则寄生于初级规则之上,因为,次级规则规定了人们可以做或说某些事,而引入新的、取消或修改旧的初级类型规则,或者以各种各样的方式确定它们的作用范围,或控制它们的运作。如果能够理解这两种类型的规则以及两者间的相互作用,就可以厘清"法律"的大部分特征。①

在对初级规则向次级规则演化过程进行论证时,哈特以人类学关于初民社会的法的观点作为切入点,阐释了初级规则如何与次级规则结合,即法律产生的过程。他指出:"我们可以想象一个没有立法机构、法院或任何种类之官职的社会。的确,有许多对原始社群的研究不仅仅主张,这个可能性是已被实现的,而且这些研究也详细地描述了此种社会的生活,在其中社会控制的唯一手段就是群体对其标准的行为模式的一般态度,而这正是我们归属于义务规则的特性。此种类型之社会结构通常被称为'惯习'(custom)式的社会结构;但是我们将不使用这个措辞,因为这通常意涵着,惯习规则是非常古老的,并且由较其他规则为小之社会压力所支持。为了避免这些意涵,我们将把此种社会结构称为科予义务之初级规则(primary rules of obligation)的社会结构。"②如果某个社会的生活只依靠此种初级规则来维持,则这个社会必须清楚地满足某些条件,这些条件建立在一些关于人性以及我们所生活之世界的自明之理之上。第一个条件是,这些规则必须以某种形式包含对滥用暴力、偷窃,以及欺骗之限制。第二个条件是,即使有异议分子和为非作歹者,其他多数人在生活中仍是从内在观点来看待规则。很明显,只有因血缘、共同感情和信念而紧密结合,并处于稳定环境的小型社群,始能成功地依赖此种非官方规则而生活。这种简单形式的社会控制具有以下三个缺陷:其一,这种群体生活所依赖的规则并不会形成一个体系,只会是一批个别独立的标准,没有任何可供鉴别的或共识的标识。其二,这种初级规则是静态的,它的变动模式将会是一种缓慢的生长过程:一种曾经被认为是随意的行为,首先变成习惯性或经常性的,然后变成义务性的;接下来,则经历反向的衰退过程,起初曾经被严厉地处理的偏离行为开始被容忍,然后就慢慢变得没有人在乎了。其三,用以维持规则的社会压力是分散的,因而是无效率的。人们总

---

① 〔英〕哈特:《法律的概念》(第2版),许家馨、李冠宜译,法律出版社2011年版,第72—74页。
② 同上书,第83页。

是会为一个公认的规则是否已被违反而发生争议,而且除了最小型的社会之外,在任何社会中,这个争议将不确定地继续着,如果没有一个机构,被授权能够终局地和权威地确定违规事实。最简单之社会结构的这三个主要缺陷,其每一个的补救方法都是以属于另外一种类型之规则的次级规则来补充科予义务的初级规则。对每一个缺陷之补救方法的引进,本身就可以被当成由前法律世界(pre-legalworld)迈入法律世界的一步,因为每一个补救方法都引入许多遍布于法律中的要素;而这三个补救方法结合在一起就足以使初级规则的体制不容置疑地转变为法律体系。补救方法一是引进"承认规则"(a rule of recognition)以解决初级规则体制的不确定性。承认规则会指出某个或某些特征,如果一个规则具有这个或这些特征,众人就会决定性地把这些特征当作正面指示,确认此规则是该群体的规则,而应由该社会的压力加以支持。补救方法二是引进"变更规则"(rules of change)以解决初级规则的静态特质。变更规则授权于某个人或一些人,为整个群体的生活或其中某一阶层的人的生活引进新的初级行为规则,以及废止旧的规则。正是从此种规则的角度,而不是从强制性命令的角度,我们才能够理解以立法行为来制定和废止法律之观念。补救方法三是引入"裁判规则"(rules of adjudication)以解决初级规则因社会压力之分散而导致的无效率。裁判规则授权给某些人对于在特定的场合中,初级规则是否被违反,做出权威性的决定。除了指定谁是裁判者之外,此种规则也界定了裁判者必须遵循的程序。[1]

哈特认为,由科予义务之初级规则与承认、变更和裁判等次级规则之结合所产生的结构,不仅使法律拥有了法体系的核心,而且在困惑着法学家和政治理论家二者之许多现象的分析上,也拥有了最强而有力的工具。"初级规则和次级规则的角度所做之分析具有如此的说明力,其理由不难寻见。围绕着法律概念和政治概念之大部分的模糊和扭曲,起源于以下事实,即这些概念必然包含我们所谓的'内在观点':持有此观点的人,不只记录和预测遵从规则的行为,而且也使用规则作为他们自己和其他人之行为的评价标准。在法律概念和政治概念的分析中,我们需要更仔细地检视这个观点。在简单的初级规则体制下,内在观点以最简单的形式呈现出来,亦即人们使用这些规则作为批判的基础,以及对遵从的要求的合理化,与对违规行为所施加的社会压力和惩罚。当我们要分析义务和责任等基本概念时,我们有必要提及以此种最初步的方式所展现的内在观点。

---

[1] 〔英〕哈特:《法律的概念》(第2版),许家馨、李冠宜译,法律出版社2011年版,第83—87页。

随着次级规则体系的加入,人们从内在观点出发所说的话和所做的事,其范围被大大地扩张,也变得更多样化了。一整批的新概念随着这个扩张而来,并且我们必须通过内在观点才能对它们加以分析。这些概念包括立法、审判管辖权、效力,以及大体说来,私人或公共的法律权力等观念。不过,我们要注意到,始终有一股力量会驱使我们,以日常的或'科学'的事实陈述或预测性说法来分析这些概念。但是这样做只能呈现出这些概念的外在面向;若要公正地对待它们所特有的内在面向,我们需要看到,无论是立法者之立法运作、法院之裁判、私人或官员权力之行使,或者其他'法律行为',都以不同的方式关联于次级规则。"①

哈特关于法的生成和法的概念的理论固然是为了解决分析法学面临的难题,但他的理论与人类学对于初民社会研究的勾连,也说明了人类学对初民社会法律现象的揭示,对法学理论产生了影响。对哈特的理论,法律人类学家也有回应,认为哈特概括并回答了关于法的性质的三个问题,即:法律与以威胁为后盾的命令有何区别和联系?法律义务与道德义务有何区别和联系?什么是规则以及规则达到何种程度才成为法律?而人类学家们通过扩展关于人类社会法律方式多样性的知识,对明确法律的定义做出了间接贡献。②

五、 昂格尔的法律类型理论

美国法学家昂格尔在《现代社会中的法律》(1976)中从法律的历史演变和法律与社会形态关系的视角,提出了三种法律历史类型的观点。昂格尔将人类学家马林诺夫斯基、拉德克利夫-布朗、埃文斯-普理查德(E. E. Evans-Prichard)关于法律的观点作为问题讨论的缘由,认为他们之间的争论是由于术语的混乱产生的。例如,马林诺夫斯基认为法律是所有社会形态所共有的一种普遍现象,他就不可能研究法律的产生和消亡的问题。而与之相对立的拉德克利夫-布朗和埃文斯-普理查德把法律概念限定为一种特殊的现代法律制度,从这种立场出发,就不可能把比较形形色色社会形态中法律的地位作为探讨更为普遍的社会问题的机会。③

---

① 〔英〕哈特:《法律的概念》(第2版),许家馨、李冠宜译,法律出版社2011年版,第88—89页。
② L. Nader, The Anthropological Study of Law, *American Anthropologist*, 67, No. 6. (1965), p.5.
③ 〔美〕昂格尔:《现代社会中的法律》,吴玉章、周汉华译,中国政法大学出版社1994年版,第42—43页。

为了避免上述因概念和术语引起的争论,昂格尔试图提出一种概念的工具,用它区分作为普遍现象的法律和因社会形态而异的法律。这种工具性的概念就是关于三种法律类型的概念,即习惯法、官僚法和法律秩序。第一种法律概念是习惯法(或称为相互作用的法律),它是指,在最广义的意义上讲,法律仅仅是反复出现的、个人和群体之间相互作用的模式,同时,这些个人和群体或多或少地明确承认这种模式产生了应当得到满足的相互的行为期待。习惯法的法律概念包括两个方面,一是行为在事实上的规则性;二是标准性即权利义务感,就是运用社会乃至宇宙中正当秩序的观点来认识已经确立的行为规范的倾向。习惯法不具备公共性,它属于整个社会而不专属于置身于其他社会群体之外的中央集权的政府;习惯法也缺乏实在性,它由一些含蓄的行为标准而不是公式化的行为规则所构成。① 第二种法律概念是官僚法或规则性法律,与习惯法不同,这种法律具有公共性和实在性。官僚法由一个可认定的政府所制定和强制实施的明确的规则所组成。无论官僚法在哪里产生,那里总存在着一个国家,并多少是有效地确定着不同群体相互之间可以行使的不同权力。之所以把这种法律称为官僚法,是因为它专属中央集权的统治者和他们的专业助手的活动领域。这种法律是由政府蓄意强加的,而不是社会自发形成的。② 第三种则是更为严格的法律概念——法律秩序(或称法律制度)。作为法律秩序的法律不仅具备公共性和实在性,而且具备普遍性和自治性。自治性指的是相互依存的法律在实体、机构、方法和职业上的自治;而普遍性则意味着法律只服从于立法的普遍性目标和判决的一致性目标。正是法律的普遍性确立了公民在形式上的平等,从而保护他们使其免受政府的任意监护之害。上述三种法律概念所对应的法律类型的产生与社会的特定形态和历史条件相关,不是每一个社会都有这三种类型的法律,有的社会只有其中的一种(习惯法)或两种(习惯法和官僚法),只有在特殊的社会环境中,法律秩序类型的法律才能产生和存在。③ 不同法律类型的每一种历史条件既是安排社会的一种方式,又是理解社会的一种方法。④

昂格尔的三种法律类型对应的社会形态分别是无国家的社会、前资本主义国家的社会和资本主义社会,尽管他认为三种法律类型可以共存于一个社会,但

---

① 〔美〕昂格尔:《现代社会中的法律》,吴玉章、周汉华译,中国政法大学出版社1994年版,第43—44页。
② 同上书,第44—45页。
③ 同上书,第46—47页。
④ 同上书,第235页。

是,其强调的是三种类型的差别和三种类型在成长中由简单到复杂,由实然到应然的进化过程。

六、 诺内特和塞尔兹尼克的法律模式理论

美国法学家诺内特和塞尔兹尼克在《转变中的法律与社会》(1978)中,以一种社会科学的研究策略,对社会变迁中的法律模式进行研究,给出了三种类型的法律模式,即压制型法律模式、自治型法律模式和回应型法律模式。

作为研究的社会科学策略,诺内特和塞尔兹尼克认为,任何理论倾向都是识别一种连续统一体(一种变化据以发生的尺度)的方式,社会科学的态度是把法律经验看作可变的、场合性的事物。法律秩序就是一种多维事物,只有把多种维度当作变项,才能对法律进行彻底的研究。将这种社会科学的策略运用到法律模型的研究中,两位作者对其研究主题的认识是,"压制型法、自治型法和回应型法都是抽象的概念,它们所涉及的经验事物必定难以捉摸。任何社会科学的类型学,包括对各种个性的分类,都可以说大致如此。我们认为,任何复杂的法律秩序或它的一部分都永远不会构成一种绝对一贯的体系;任何特定的法律秩序或法律制度都可能具有一种'混合的'特性,即,使所有三种类型法的有关方面结合在一起。但是,一种类型法的要素或许有显著和隐晦之别,有牢固地制度化了的与只是初露端倪之别,有受到充分意识与只是朦胧地被察觉之别。因此,虽然一种法律秩序会展现出所有类型法的要素,但是,它的基本状态可能依然比其他法律秩序更接近于一种类型的法。上述模型的一个作用就是在有根据的范围内,准确地评定一种法律秩序或它的分支的独特状态"①。

作者分别以专章的形式论述了三种法律模式。压制型法的概念假定,任何既定的法律秩序都可能是"凝固的非正义",仅仅存在法律并不会保证公平,更不必说实质正义了。"如果统治政权对被统治者的利益漠不关心,换言之,如果统治政权倾向于不顾被统治者的利益或者否认它们的正统性,那么它就是压制性的。其结果是,国民的地位既不安稳,又很脆弱。"②压制型法有两个特征,一是法律与政治紧密结合,其形式是法律制度直接服从于公共的和私人性质的统治精英,法律成为具有柔顺性的工具;二是官方的自由裁量权蔓延,它既是法律柔顺性的结果,又是其首要保证。这两个特征阻止了法律的发展,法律在很大程度上

---

① 〔美〕诺内特、〔美〕塞尔兹尼克:《转变中的法律与社会:迈向回应型法》,张志铭译,中国政法大学出版社 1994 年版,第 19 页。
② 同上书,第 31 页。

与政治、行政和道德没有区别。从法律发展的立场看,柔顺的法只有有限的能量去实现法律调整的最基本的功能——权力正统化。"虽然压制型法为设置秩序提供了便利的工具,但是它在求得以认同为基础的稳定方面,还远远不能胜任。因此,这一发展阶段既初始又不安定。自治型法的出现就是救治这种无能。"①

随着自治型法的出现,法律秩序成了控制压制的一种方法。在自治型法阶段,巩固和捍卫机构自治是法律官员关注的中心。因为,法治诞生于法律机构取得足够独立的权威以对政府权力的行使进行规范性控制之时。自治型法既表明法治的弱点,又表明法治的成就。自治型法各种局限的产生,是因为在牺牲其他法律目的以维持机构完整性的过程中耗费了太多的能量。自治型法的主要属性有:法律与政治分离;法律秩序采纳规则模型;程序是法律的中心;"忠于法律"被理解为严格服从实在法的规则。②

回应型法就是把一种变化的动力注入法律秩序,并形成对法律灵活回应各种新的问题和需要的期待。这种法律秩序比较容易接受社会影响,在处理社会问题方面也更为有效。③ 回应型法探求规则和政策内含价值,其法律目标具有普遍性的特征。④ 回应型法在两个基本的方面促进了文明,一是克服了共同体道德的地方观念;二是鼓励对公共秩序的危机采取一种以问题为中心的、社会一体化的态度。⑤ 回应型法的典型功能是调整,即精心设计和及时修正那些为实现法律目的所需要的政策的过程。⑥ 但是,回应型法是一种不确定的理想,这种理想的实现和可期待性在历史上是有条件的,尤其取决于所要满足的急切需要和所能开发的资源。⑦

诺内特和塞尔兹尼克勾画三种法律类型的目的是为了建立一个解释法律发展的模型。"实际上,发展模型的要点就是在分析各种历史压力和机遇的过程中把对那些显著的或形成中的价值的认识建立在牢固的基础上。因此,说压制型法和回应型法分别代表了法律发展的一个低级阶段和高级阶段,并非要表明后者内在地优于前者。发展理论反对以有关'好的'法律、组织或个性的抽象标准

---

① 〔美〕诺内特、〔美〕塞尔兹尼克:《转变中的法律与社会:迈向回应型法》,张志铭译,中国政法大学出版社1994年版,第57—58页。
② 同上书,第59—60页。
③ 同上书,第80页。
④ 同上书,第87页。
⑤ 同上书,第102—103页。
⑥ 同上书,第122—123页。
⑦ 同上书,第130页。

为基础的各种判断,它主张,进化有待于对实际的问题、资源和机遇作精密的评估;只有这种实际场合才会告诉我们什么需要是迫切的,以及事实上可以企求达到什么目的。"①

第二节　人类学中关于法律史的理论

关于法律的起源与成长问题的研究,并不是现代法律人类学所关注的研究范畴。但是,在法律人类学家的研究中或多或少还是涉及有关法律的起源和成长的问题,只是,这些研究基本上摆脱了早期进化论的影响,而从法律史或法律多元的视角来考察法律的变迁问题。

下面介绍的几位法律人类学家的观点从不同的侧面给出了关于法律发展和历史的理论。

一、罗兰德的法律成长理论

法国法律人类学家罗兰德(N. Rouland)在其著作《法律人类学》(1988)中从时间维度的层面讨论了法律成长(the intensification)的问题。他认为,在人类社会存在之初就有了法律,只是这个时期法律原貌至今难以揭示而已。尽管我们试图寻找准确界定法律起源的研究可能是徒劳的,但从另一方面讲,我们从中可以获得法律成长的种种信息,这些信息显示,在社会日益复杂化的艰难旅程中,社会一直期望能够确立更清晰的社会管理规范和行为准则。所以,在人类历史的长河中,法律总是存在的,法律穿行于人类社会发展的不同时期和不同地域,这样的观点是一种理性的认识(但如果将法律的成长局限于简单的历时性进程中,就会掉进单线进化论的泥沼之中)。我们可以通过时间的回溯,沿着法律史

---

① 〔美〕诺内特、〔美〕塞尔兹尼克:《转变中的法律与社会:迈向回应型法》,张志铭译,中国政法大学出版社1994年版,第28页。

理论提供的进路,去观察法律的成长过程。①

(一)史前社会的法律成长

罗兰德考察了史前社会的法律成长,他说,由于资料的缺乏,史前社会的情况只能依靠考古学发掘的材料来证实。已经显露的事实是,当社会进入有史料记载的时期时,我们所描述的大多数法律制度早已确立了,例如,联姻制度、资源管理和建立在物品所有权和交易之上的特定群体与个人的权利归属制度等。所以,法律在史前时期就应当存在,对于这个事实,我们可以提出许多假设。②

罗兰德用一些考古材料印证以下假设:其一,在距今 9000 年前的新石器时期,定居和农业的发展推动着生产力的发展,社会规模在扩大,社会的分化也在增强。例如,据考古发掘的墓葬物品显示,社会分化突出了军事首领的社会地位,军事首领死后,会用活人作为陪葬的牺牲;在神权政体的小王国和处于萌芽状态的大型国家社会中,社会分化也很明显。虽然历史进程不同,但非洲和希腊都通过这种社会分化的演进模式,进入到法律扩张且逐渐专门化的历史时期。其二,根据一项历经 10 年的对狩猎—采集社会的研究材料,日益增强的社会复杂性和法律体系出现的时间表会大大提前。研究者通过对史前社会和现代社会的狩猎—采集者的比较,发现原来被误读为游牧族群的有些史前社会实际上是狩猎—采集社会,这些社会中的狩猎—采集者与现代社会民族志中记载的狩猎—采集者在行为上有惊人的相似之处。在土地肥沃的地区,农耕取代了狩猎—采集;而在环境严酷的地区,人们只能去适应周围的环境。换句话说,史前社会的狩猎—采集者可能经历了法律日益复杂和扩张的社会过程,这是一个与新石器时期的社会演化有关联且发展至今的社会过程。最近 20 年在北美、欧洲和澳大利亚的考古研究证实了上述假设。其三,如果以构成社会的族群数量和这些族群的社会分化及特质化程度为依据来确定社会日益增长的复杂性,那么,在距今 40000 年前的旧石器时代早期,许多地方都处于这样的社会复杂性增强的过程中。有三个有关西方城市起源的累积性事实可以作为这个时期的证据。一是人口迁移数量下降,意味着定居社会的出现,这种现象发生的原因可能与环境因素和不可能被融合的邻近族群出现相关。二是日益增长的人口数量。至今我们并不知道那个时期的人口增长是因为外部原因(气候变化,外来影响),还是

---

① N. Rouland, *Legal Anthropology*, translated by Philippe G. Planel, London: The Athlone Press, 1994, pp. 104-105.
② Ibid., p. 106.

因为内部原因(由于社会群体之间的竞争导致社会关系的变迁,进而引起生产扩大和人口膨胀)。三是可利用的资源范围逐渐扩大,在那些人口增加的地区,生活物资的增加是至关重要的因素。上述三个因素加剧了社会和政治的分化:生产力的提高导致社会族群之间的劳动分工更加显著;重要物资的审查制度建立,某些人成为决策者,被赋予巨大的权威;最重要的是,社会复杂性自身又会引起纠纷数量的增加,随之而来的是对解决纠纷的制度框架的需要。在这里,我们能够察觉到法律的存在(无论它表现为规范的形式,还是程序的形式)。实际上,与过去相比,这些社会规模更大,更具可变性,进而更具张力(考古学证据表明,在此之前的社会基本上没有战争),因为,冲突的解决不再依靠裂变(亚族群在地理上的分散)、回避(卷入纠纷的群体之间的关系中断)、迁徙(现代狩猎—采集族群最常见的解决纠纷的做法,他们不愿意生活在日渐复杂的社会)。由于社会分层增加,社会平等减少,这些社会中的冲突原因也在增多。这就产生了发现解决冲突的制度性手段的需要,制定法也就应运而生了。然而,即使回到数千年以前的新石器时期,我们关注的还是在人类历史长河中离现在比较近的一段时期,人类数百万年前的历史却是我们现有知识所不能揭示的。①

(二) 古代社会的法律成长

古代社会是指有文字记载的社会。罗兰德认为,要界定古代社会法律成长的起点,首先要破译在西方城邦国家出现过程中的法律原型,古罗马时期,法(ius)与社会中流行的约束(iubere)观念密不可分。罗兰德引用梅纳泽(Menager)的观点来描述这个时期的法律成长。梅纳泽认为,就像习惯一样,权威也存在于法律之中,当国家出现时,法律的权威并没有成为这个时期的必然现象。在雅典民主制时期,法律和司法的权威确实存在于当时流行的制度中,却没有在国家官僚体制中得到认可。这种情况导致了一个特殊的弊端,即在大多数案件中,法律实际上是被统治集团所操控的工具。这样,法律的发展就与增长着的社会复杂性和社会分层有了勾连。城邦国家的出现促进了法律的成长,这种状况可以从三个过程累积的影响力来解释。人口密度的增加,使手工业和商业活动同时得以发展;由于经济上的多样化和差距日益扩大,市场也在社会分层的扩展中得以发展;经济的发展还导致人口分布区域的扩张。最后形成了一个规模更大、阶层分化更多的社会,这样的社会要求有一个精心构建的法律体系,以

---

① N. Rouland, *Legal Anthropology*, translated by Philippe G. Planel, London: The Athlone Press, 1994, pp. 106-108.

满足社会管理机构日益增长的需求,并对迅速增加的个体与群体之间的冲突进行程度和原因的管控。法律的制定必须与社会发展的过程相适应。罗马法中的公法(lex)与抉择权(legere)的观念相关联,公法是由拥有立法和法律权力的个人的抉择权所决定的,这种由掌权者制定的法律模式也就成为复杂社会的社会控制手段之一。如今,法官和立法者的专门化已经是现代社会的一个重要特征。[①]

对于梅纳泽的观点,罗兰德并不十分认同,他认为,将法律的起源与城市的起源等同的观点,显然与史前社会给出的证据相抵触。[②]

二、博安南的双重制度化理论

博安南从法律多元的视角,提出了一种对法律起源、成长和法律多样性具有解释力的理论,并将它命名为"双重制度化"理论。在一篇题为《法律的不同领域》(1965)的论文中,他对双重制度化理论的内容和适用做了论述。

博安南首先对法律、规范、习惯的概念进行了辨析,他认为,法律必须与传统和时尚区分开来,而且必须区别于规范(norm)和习惯(custom)。规范是一种规则(rule),它表达了人与人关系中那些"当为"的行为领域,习惯则是一种在长期的实践中得以遵循的规范实体,其中包括逾越规范和退让规范的行为。所有的社会制度都有"习惯"的烙印,而且这些"习惯"展现的大部分内容都被法律的各种定义所引用。但法律与习惯还是有明显的区别。习惯始终继续存在于,或仅仅存在于它能够支配的制度中(或是能够支配习惯的制度中),但法律是一种被特别重构的规范,这种重构在一种比较狭隘的、可辨识的语境下进行,即特定的制度语境;而实施重构的社会机构具有合法性,并且至少在一定程度上是与其他社会机构相分立的。习惯包含规范,但比规范更庞大更细致;同样,法律也包括习惯,但比习惯更庞大更细致。法律具有一种特定的品格,即它必须在法庭中得以适用,也就是说,法律在法庭的适用,意味着法律必须具有重新解释的能力,这种对法律的重新解释事实上要依靠某个社会法律机构来进行,以便让非法律制度(nonlegal institutions)中的冲突能够被外部的"权威"来调整。众所周知,世界上许多民族能够陈述繁简不一的明确"规则",事实上,依据这些规则他们能够思考他们应当如何判断自己行为的性质和后果。所有的社会都有违反规则的情

[①] N. Rouland, *Legal Anthropology*, translated by Philippe G. Planel, London: The Athlone Press, 1994, p.105.

[②] Ibid., p.106.

况,在大多数社会,为了应对破坏规则的行为,都有繁简不一的明确规则(有时是法律)。①

接着,博安南论述了法律的任务,以及法律与习惯的关系。他主张,在族群解决相互纠纷和防止粗暴及不能容忍的法律滥用的意义上,法律制度是诸多社会制度中的一种制度。在这个意义上,任何现存的社会都有法律制度,也都有非法律的制度。在实现解决非法律制度难题的任务时,法律制度要具备三个条件:(1)必须有具体的方式使这些难题能够脱离非法律制度,这些难题以前生成于其中,现在又给非法律制度造成威胁,进而成为被法律制度处理的对象。(2)必须有在法律制度的框架中即时处理难题的路径。(3)必须有产生新解决方案的方法,新方案能够整合那些在非法律制度中生成的措施。除了政治框架之外,几乎没有任何框架能够满足这些要求。因此,法律制度至少在两个方面与其他社会制度不同。一是为了解决疑难案件,法律制度必须以某种规则性的方式来干涉出现问题的非法律制度,二是法律制度中必须有两种规则,一种是指导法律制度本身活动的规则,即奥斯汀所说的"从属性法"(adjectival law),大多数现代法学家说的程序(procedure),另一种是能够替代、修改或重述被破坏的非法律制度的规则,即"实体法"(substantive law)。上面列出的只是众所周知的最基本的法律制度。可能还有其他法律制度,例如通常认为从最完整的意义上说,在程序性和实体性层面上的法律制度是可以创新的。从这个角度来看,可以对法律与习惯做一个最简单的区分。习惯能保证社会制度实现其目标和社会持续存在,人们必须遵循的行为规范或规则(它们或严密或不那么严密,或多多得到或很少得到道德、伦理甚至身体强制的支撑)。所有制度(包括法律制度)都在促进习惯成长。在一些社会中,一些习惯在另一个层面上被重新制度化:为了法律制度更精确的目标,这些习惯被重新表述。因此,当这种情况发生时,法律可能被视为一种习惯,但它们是一种被重述后符合法律制度运行的习惯。从这个意义上说,这些"法律"中的一些内容本身就是法律制度,尽管它们大多数涉及的是社会的其他制度——家庭、经济、政治、仪式,等等,这是法律制度最具特色的属性之一。②

在分析法律与习惯的关系时,博安南以"重述"为媒介描述了习惯向法律转换的路径,习惯本身是一种制度化了的规范,当它被重述时,它完成了又一次被制度化的过程,成了法律制度的一部分。这就是所谓法律产生的"双重制度化"

---

① P. Bohannan, The Differing Realms of the Law, *American Anthropology*, New Series, Vol. 67, No. 6, (1965), pp. 34-35.
② Ibid., pp. 35-36.

路径。博安南进一步指出,感知双重制度化规范或"法律"的最佳方式之一,是将法律分解成更小的部分,使其能够附着于人(个人或群体),也能够运作"权利"和互惠的责任或"义务"。在权利和责任的术语中,法律和习惯、法律和道德、法律和其他任何事物之间的关系,都可以从新的角度来观察。无论是在亲属关系、合同、公民权或财产权的领域,人们之间的关系可以归结为一系列源于假设的、与义务及其相关权利相联系的处世方案,事实上,如果不是扯得太远和过于形式化,像这样从人(或角色扮演者)的权利和义务角度来思考问题,是对大多数制度性习惯进行调查的一种方便而富有成效的进路。法律权利只是那些依附于被双重制度化了的规范上的权利;法律权利的意义在于人们可以站在权利人的立场来观察法律制度。规范的双重制度化现象和与此相关的法律权利已经经历了很长时间理论考察,但是对它的分析只取得部分成功。法律权利是一种重述,其目的是为了社会和睦和社会制度公正运行,是为了实现身处这些制度中人的一些被公认的权利主张但绝不是所有的权利主张。重述必须在这样一种方式中产生,即这些权利主张的实现得到整个社区或其代表者或多或少的保证。只有这样法律才能在道德、宗教、政治和经济领域得以充分实施。然而,法律绝不仅仅是习惯的反映。相反,法律总是与社会脱节,特别是在权利陈述和重述的二元性状态中。事实上,法律制度越发达,与社会的脱节程度就越大。这不仅是原始制度发展的规律,也是法律制度在自身的动态发展中显露的缺陷。因此,正是法律的本质,以及它有对"原始社会制度"动点手脚的能力,造成了法律与社会的脱节。此外,即使一个人可以设想出完美的法律制度,原始制度中的变迁也会随即让它再次脱离社会。不那么明显的是,如果法律和社会之间实现了完美的结合,那么社会将无法实现自我修复、成长、变迁、繁荣或衰退。这是完美法律的困境,法律必须总是与社会发展不同步,但人们必须总是(如果没有其他原因的话,矛盾越少,他们工作得越好)试图减少法律与社会的脱节。习惯要么选择成长以适应法律,要么它必须主动地排斥法律;法律也一样,要么选择成长以适应习惯,要么就必须无视或废止习惯。正是在这些空隙中,社会的成长和衰败才得以发生。①

对于博安南的双重制度化理论,诺内特和塞尔兹尼克评价道:我们的定义把法当作是全称的、多变的,它可以在许多环境中被发现,而不单单与国家或某种

---

① P. Bohannan, The Differing Realms of the Law, *American Anthropology*, New Series, Vol. 67, No. 6.(1965), pp. 36-37.

显然是有组织的政治共同体相联系。它包括原始法,如同包括古代法或现代法一样。这种界定法律的方法与一些人类学家把"原始的"社会的法律方面区别于其他方面的那种方法相符合。在社会规范必须服从"双重制度化"的地方,或者说,当人们作出次级制度安排以确定什么初级规范应当被承认为义务的权威渊源的时候,博安南发现了法律。所以,并非所有的社会控制都是法律性的:法律在它对各种社会规范的承认过程中是有选择的。①

三、皮里对人类学和历史学有关法律成长研究的评述

皮里在《法律人类学和法律史中的比较》一文中,对人类学和历史学相结合的法律成长研究作了评述。

皮里认为,当与人们熟悉的西方社会形态相比较时,人类学和历史学的法律研究——两者都采用相近的方法——往往揭示出意料之外的相似之处和差异性,引发人们对法律自身本质的反思。接着皮里以米勒(W. Miller)《取血与调解:萨迦时期的争斗、法律和社会》(1990)②为例,评介了上述方法的应用研究。米勒的论文是对中世纪冰岛的研究,这是一个没有国家强制的社会。然而,这个社会却拥有高度发达的法律体系。这个社会有法庭、清晰的程序性规则和详细的实体性规则,这些规则都被记录到冗长的卷册当中。现存文本显示,这些规则在长度和细节上都令人印象深刻。它们包括了人身损害赔偿、婚姻合同、物品销售、贷款偿还、土地和牲畜抵押,以及漂流物上权利的规则;显然,他们想要规范农作物的管理流程,从签订雇佣协议,到结算清理杂草的费用,甚至包括清理那些疯长到相邻地块上的杂草,米勒说,我们只能猜测冰岛人如何理解这些法律的含义和目的。许多规则,似乎是从具体案例中提炼出来的,而不是来自抽象原则的推演;而其他规则,似乎更像是深思熟虑的产物,与实践没有什么必然的、特定的联系;还有些规则,似乎只是满足裁判和审美的需求,追求法律的体系化和逻辑性。这些规则表明,当地人对规则的清晰度和类型化要求颇高。这些规则都满足法律对形式的要求,但许多规则从未被法院或其他机构执行。米勒认为,如果一部法律受到尊重,对遭受质疑的行为来说,法律就可以赋予其某种合法性和积极价值,从而使规则以某种细微的方式自我执行。这就可以解释某些

---

① 〔美〕诺内特、〔美〕塞尔兹尼克:《转变中的法律与社会:迈向回应型法》,张志铭译,中国政法大学出版社1994年版,第14—15页。

② W. Miller, *Bloodtaking and Peacemaking: Feud, Law, and Society in Saga Iceland*, Chicago: The University of Chicago Press, 1990.

规则发生作用的原因,即规则产生的初衷和动因可能不是要规范人的实践行为,而仅仅是追求法律的优雅。皮里评论道:米勒的观点自然会引起法学研究者的质疑,因为,人们通常认为,有权者适用或执行规则是解释法律是什么的核心问题,尤其是法学理论家们皆持此种观点。然而,对冰岛的法律形态以及审判和执行机制的相对缺失状态的描述就足以表明,我们需要以不同的方式理解这些法律。尤其重要的是,针对历史学家和人类学家对经验材料的困惑不解,米勒和其他作者的类似观点可能是一种能够解释法律与实践之间关系的方法。由此可见,通过类推比较,可以得出许多描述、解释和分析的方法。同时,这些比较研究也能让更多的法学理论家和经验研究学者对适用和执行法律的诸多假设进行更多、更全面的反思。①

第三节 法律与发展的理论

法律与发展的研究是20世纪50—90年代美国法学与社会科学研究的热点,被称为"法律与发展研究运动"。这是一次多学科学者参与的研究,其中人类学家的参与,为法律与发展研究提供了方法论和来自发展中国家的实证材料。在法律与发展的研究中,有两个重要的主题,一是法律在社会发展中扮演什么角色;二是在社会发展中,法律自身如何发展。这样的研究所要解决的不仅仅是理论的问题,更重要的是回应现实社会中发生的一系列有关法律与发展的实践问题。

一、法律与发展研究运动简述

(一)法律与发展研究运动的缘起与沉寂

法律与发展研究是发展研究的一个分支性的研究领域,其研究背景是第二次世界大战以后第三世界国家政治改革和经济发展的道路选择和实效评估。姚建宗教授在《美国法律与发展研究运动述评》中指出:"第二次世界大战以后,在

---

① F. Pirie, Comparison in the Anthropology and History of Law, *Journal of Comparative Law*, Vol. 9, Issue 2. (2014), pp.89-91.

全球范围内发生了一个非常重要的政治与历史现象,那就是亚洲、非洲和拉丁美洲地区许多原来属于西方资本主义国家的殖民地先后获得了独立。而这些新获得独立的第三世界国家又普遍地面临着严重的经济、社会和政治方面的不发展和落后问题,因此,这些国家本身不能不具有强烈的发展愿望和要求;同时,原来控制这些殖民地的西方资本主义国家在这些第三世界国家独立之后依然试图保持和加强其对这些国家在经济、社会和文化方面的影响。于是,在这样的背景之下,以这些第三世界发展中国家的发展问题为核心的发展研究与发展政策实践也就在20世纪50年代逐渐兴盛起来。"[1]

然而,在20世纪70—80年代法律与发展研究面临的理论危机凸显,导致该研究在20世纪90年代渐渐趋于沉寂。这里所讲的理论危机实际上是理论与实践及其效果之间的巨大差距。"对许多不发达国家来说,伴随独立而来的美好期望,被一大堆的债务、腐败、贫穷和经济不发展问题所湮灭。到了20世纪80年代末期,发展政策和实际结果之间的差距是如此之大,以至于发展研究不断地被冷嘲热讽和绝望所困扰。在法律和发展领域,绝望似乎已经完全代替了分析,以至于好像没有什么可以理论化的余地了"。[2]

(二)法律与发展研究的理论背景

法律与发展研究的理论基础主要是两种理论,一种是现代化理论,另一种是依附理论。

现代化理论是在第二次世界大战之后的世界政治发展进程中首次被提出的,它主张,发展是不可避免的,在逐步多样化的社会发展进化过程中,经济制度、政治制度乃至于其他社会制度最终都要向西方国家靠拢。这一过程的最终结果就是产生一个自由的市场体系、自由民主的政治制度和法治。

美国学者塔玛纳哈(B. Z. Tamanaha)在《法律与发展研究运动的教训》(1995)中分析了现代化理论在理论和实践上给发展中国家带来的损害。他指出:依赖于政治立场所提倡的理论设想遭遇了现实的顽强抵制;发展中国家的经济增长并没有走向设想的成功、政治体制面临崩溃、独裁和军事政权的增多,使得在20世纪50年代至60年代早期以自信标榜的现代化理论家,在60年代晚期陷入了深深的悲观之中。最初对现代化理论失败的回应是认为失败源于发展中

---

[1] 姚建宗:《美国法律与发展研究运动述评》,法律出版社2006年版,"绪言",第1页。
[2] 〔英〕阿布杜勒·帕力瓦拉、〔南非〕萨米·阿德尔曼等:《第三世界国家的法律与危机》,邓宏光等译,法律出版社2006年版,第3页。

国家的内部原因。最为流行的结论是发展中国家缺乏适当的态度——适当的"政治的"或者"公民的"文化态度——这是成功维护西方政治制度所必需的条件。这些态度由一整套的对民族共同体的取向所构成,包括政府合法性、民主主义、对国家法律的服从、政治人物和官僚机构人员的角色和义务以及市民对政治体系的责任。然而时隔不久,现代化理论自身遭受了强烈的批判性审视,批评者认为它很容易成为控诉民族中心主义、进化论、无效的目的论推理的目标。不仅如此,作为现代化理论基础的结构功能主义者的理论也遭到了越来越多的批评,更是一度被指责为一个以不公正的保存现状和伪装成中性科学为己任的保守的社会理论。①

塔玛纳哈认为,现代化理论在 20 世纪 70 年代早期衰落的原因,必须放在当时美国社会争取公民权利运动的环境中去理解,爆发在 20 世纪 60 年代晚期到 70 年代早期的反对越南战争的浪潮差点撕裂了美国社会,这是从南北战争以来美国社会从来没有经历过的。学者们也被深深地影响了,大学校园里也充满了因不同的立场而导致的紧张冲突。混乱导致了一部分人重新思考秩序的价值,更多的人则是质疑美国的体制及理念。同时,这些政治运动也带走了由第二次世界大战胜利所产生的正义必将战胜邪恶——属于那个时代的乐观精神,而且由于这一运动,美国社会在 20 世纪 60 年代晚期进入以失去纯真为标志的年代。相应的,现代化理论的消亡就是必然的结果。或者说主要是由于该理论在发展中国家的运行的失败,导致了其最后的消亡。许多持发展观念的理论家都清醒地认识到现代化理论是一个包含了一系列理念的模式,而这些理念是需要通过长期的努力奋斗才能实现的。同时一些学者认为这些理念本身不再是不言而喻的或者不再具有值得向外推广的价值,这也是现代化理论注定失败的原因。②

依附理论是与现代化理论相对立的观点,该理论主张,中心国家与边缘国家的关系是由国际劳动部门命令和指示的,其逻辑是发达与不发达可视为同一过程的两个方面。从落后走向发达不是不可避免的发展过程,因为,不发达是资本主义向第三世界渗透的结果。依附理论作为对现代化理论缺陷的回应,对现代化理论提出了许多批评,该理论认为,现代化理论没有清晰地界定发展的内涵;只重视经济发展,不重视阶级斗争;没有发现边缘地区欠发达的原因;在推理与有限解释价值之间存在逻辑循环。然而,依附理论自身也陷入了对现实社会解

---

① B. Z. Tamanaha, The Lessons of Law and Development Studies, *The American Journal of International Law*, Vol. 89, No. 2. (Apr., 1995), pp. 471-472.

② Ibid., p. 472.

释乏力的泥沼。例如,依附理论不承认在全球资本主义经济环境下的外围经济工业化,可是,现实世界中出现了一种新型的发展中国家,像亚洲四小龙,它们在经济上的快速增长使依附理论茫然不解。①

(三) 法律与发展研究

现代化理论的核心是将资本主义国家的制度结构作为经济发展的关键性要素,多党制、法治、分权制、高效率的政府机构以及自由市场机制,都被视为发展的基础。要发展,就要改变政治、法律、文化,甚至要割裂传统才能获得经济增长。②

法律与发展研究运动正是采纳了现代化理论的上述基本宗旨,坚持认为进化的过程最终会导致立法的理念和制度与西方国家类似。特伯克(David M. Trubek)在《指向法律的社会理论:法律与发展研究运动研究随笔》(1972)一文中,评述了当时理论上关于法律在发展中扮演何种角色的认识。他说,理论上,法律因其为市场体系运行提供了必要的元素,故经济的发展是离不开法律的作用的。在这些必要的元素里包括了能够一致运用的普遍规则,而正是由于这些规则的存在使得人们的活动具有了预见性和规划性;合同法的规则保证了未来的可期待利益;财产法则保护了劳动成果。法律作为自由民主国家的基石能够保证政治运动的开展,法律作为政府实现其目的的一种手段,能够限制独裁和政府的压制行为。③ 依靠这样的认识和理论模式,美国的法律学者到发展中国家去指导当地的行动。他们的重点在于将法律作为社会构建工程的手段,将在这些国家法学教育和法律职业的改革作为达到法律与发展研究运动目的的桥梁。④

以这样的宗旨展开的法律与发展研究运动与现代化理论一样在现实中遭到抵制,难以取得发展中国家的认同。帕力瓦拉和阿德尔曼指出,在法律与发展研究中一直存在着危机,一是许多学者怀疑向发展中国家输入西方法律制度,是否真的在事实上有助于自由、平等、公共参与以及实践理性的成立;二是在殖民主义、新殖民主义以及帝国主义的历史中一直存在土著居民对政府的反抗,而早期法律与发展研究运动关注的是政府而不是民众,其结果是法律与发展被局限于

---

① 〔英〕阿布杜勒·帕力瓦拉、〔南非〕萨米·阿德尔曼等:《第三世界国家的法律与危机》,邓宏光等译,法律出版社 2006 年版,第 5—6 页。
② 同上书,第 4 页。
③ David M. Trubek, Toward a Social Theory of Law: An Essay on the Study of Law and Development, *Yale Law Journal*, Vol. 82, Issue 1. (November, 1972), pp. 1-50.
④ B. Z. Tamanaha, The Lessons of Law and Development Studies, *The American Journal of International Law*, Vol. 89, No. 2. (Apr., 1995), p. 473.

现代国家政府疆域的范围内。他们认为,可以用强制的方法推行立宪制、法治、自由与人权以维持市场机制,这些影响深刻的实践所取得的成功是值得怀疑的。法律与发展研究不能解决资产阶级法律在现代国家中的优势与不发达国家社会形式中各种不相同的文化、历史传统之间的矛盾;也不能解决自由主义法律制度的美好设想与对不发达国家还在继续剥削之间的矛盾。那种将不发达国家法律失灵的现象归因于未能充分实施现代化方案的观点,实际上意味着不发达国家从未实现能够充分享受法治条件下的自由主义法律环境的逻辑结果。如果法律不是产生于特定的社会关系,那么向不发达社会形式中移植外国法律、政治和经济形式必然是不可能成功的。①

法律与发展研究运动在20世纪60年代中期开始逐渐衰落,早期关于法律与发展研究运动的文章都是在1965年至1975年这10年当中发表的。同导致政治与发展运动失败的原因一样,不考虑发展中国家的法律现状,法律与发展研究运动注定也只能是失败。② 20世纪70年代中期以后,美国的法律与发展研究由于一些机构停止了资金的资助,致力于研究此主题的各类研究组织和项目大规模地缩减或终止,相关学者也将兴趣转向其他领域。但这并不意味着法律与发展研究运动已经终结。法国与英国的学者联合了一批非洲、拉丁美洲和印度的学者,他们聚焦于前殖民地,继续在这一主题上做研究,并且获得了丰富的资料。更为有意义的是发展中国家的法学家(本土及海外)在借鉴西方模式的基础上参与构建本国的法律制度。联合国也在法律发展方面做出了很多努力,包括为了保护发展中国家的利益而设计的保证双方行为规范的合同文本。在全球化过程中,法律全球化成为法律与发展的标志性议题,发展中国家被纳入国际法性质的法律框架中,例如《关贸总协定》和《海洋法》,而在这一领域的国内法与国际法也逐步趋同,比如合同法、商法甚至是宪法,客观上促进了发展中国家的法律发展。③

尽管法律与发展研究运动的理论和实践遭到很多批评,但是,这一研究运动也留下了一些关于法律与发展问题的启示。例如,西方的法律制度不是医治社会发展问题的万能处方;发展问题的复杂性决定了发展路径选择的多样性;不同

---

① 〔英〕阿布杜勒·帕力瓦拉、〔南非〕萨米·阿德尔曼等:《第三世界国家的法律与危机》,邓宏光等译,法律出版社2006年版,第14—16页。
② B. Z. Tamanaha, The Lessons of Law and Development Studies, *The American Journal of International Law*, Vol. 89, No. 2. (Apr., 1995), p. 472.
③ Ibid., p. 474.

的发展中国家社会情况不同,每个国家的发展方案应当与该国的真实状况相适应;发展应当获得民众的理解和支持;法律的改革应当与经济、社会和文化的改革相辅相成。除此之外,姚建宗认为,法律与发展研究运动在理论方面还有三个积极意义:它拓展了法学的范围,增加了法学的研究主题;它发展了多学科综合研究的方法,丰富了传统法学的研究手段;它为法律实践提供了有益的借鉴。①

二、 法律发展的进化论与建构论路径

在法律发展的理论中有两种关于法律发展路径的认识,一种是进化论,认为应当依赖社会自身的自发的自治力量实现法律制度的演化;另一种是建构论,认为通过人为的理性建构能够实现法律制度的变迁与进步,政府在法律制度变革中发挥着主导作用。②

在对进化论与建构论两种路径进行评价之前,有必要回到最早分析这两种路径理论的哈耶克(F. A. Hayek)那里,找寻两种路径的理论依据。

哈耶克在《自由秩序原理》(1960)中提出了进化论和建构论的知识论框架。哈耶克认为,建构论唯理主义立基于每个个人都倾向于理性行动以及个人生而具有智识和善的假设,认为理性具有至上的地位。因此,凭借个人理性,个人足以知道并能根据社会成员的偏好而考虑到型构社会制度所必需的境况的所有细节。进化论理想主义则强调,只有在累积性进化的框架内,个人的理性才能得到发展并成功地发挥作用。进化论理想主义主张理性的限度,反对任何形式的对理性的滥用。③哈耶克说:"唯理主义传统假定,人生而就具有智识和道德的禀赋,这使人能够根据审慎思考而形构文明;而进化论者则明确指出,文明乃是经由不断试错、日益积累而艰难获致的结果,或者说它是经验的总和,其中的一部分为代代相传下来的明确知识,但更大的一部分则是体现在那些被证明为较优越的制度和工具中的经验;关于这些制度的重大意义,我们也许可以通过分析而发现,但是,即使人们没有透彻认识和把握这些制度,亦不会妨碍这些制度有助于人们的目的的实现。"④哈耶克正是用进化论理想主义建构了认识论的框架,并将这种认识论作为其理论的最终结论。他在《法律、立法和自由》一书中说:"我们

---

① 姚建宗:《美国法律与发展研究运动述评》,法律出版社2006年版,"绪言"、第140页。
② 张文显主编:《法理学》(第2版),高等教育出版社2003年版,第192页。
③ 邓正来:《自由主义社会理论:解读哈耶克〈自由秩序原理〉》,山东人民出版社2003年版,第89页。
④ 〔英〕哈耶克:《自生自发秩序与文明》,邓正来译,载邓正来:《自由与秩序——哈耶克社会理论的研究》,江西教育出版社1998年版,第275页。

应当学到了足够多的东西,以避免用扼杀个人互动的自生自发秩序的方式,(置其于权威当局指导之下的方法)去摧毁我们的文明。但是,要避免这一点,我们就必须否弃这样一种幻想,即我们能够经由审慎的思考而'创造人类的未来'……。这是我……现在对我就这些问题所做的四十年研究所下的最后结论。"[1]

尽管哈耶克对进化论理想主义情有独钟,认为其是建立人类社会秩序最好的途径,但是,建构论唯理主义在现代社会被作为政府首选的立法途径也是不争的事实。所以,哈耶克发出这样的感叹:"在今天,政府已支配了种种技术性的控制手段,自生自发的发展力量是否仍可能表现出其强有力的作用,就很难确定了;但是我们基本上可以说,在不远的将来,自生自发的发展力量将不可能如其往昔那般强大了。我们甚至可以得出这样的结论说,经由审慎思考而组织起来的社会力量,将会摧毁那些曾经使发展成为可能的自生自发的力量;尽管这种情况还没有发生,但是我们离这种境况也只有一步之遥了。"[2]

正如哈耶克预见的那样,在当代社会,建构论主张的通过人为的设计和安排构建法律制度的观点已经成为国家的共识,国家不仅有制度的顶层设计,而且还有制度的底层安排。

其实,进化论和建构论的进路都是法律发展的路径,两种路径并行于社会之中。进化论路径提供的是一种自生自发、潜移默化的法律发展之路,它在检验、肯定、修正,甚至否定着依靠人为设计建构的法律制度。而依建构论的路径设计和安排法律制度,是当代法律制度生成的主要途径,它也反映着社会的愿景和社会的需求。随着社会的发展,法律资源已经大大扩张,不仅有本土资源或传统资源可以利用,还有他者的资源(外来的资源)可以借用;在全球化的背景下,法律发展的动力虽然有外源性和内源性之分,但是,国际情势的趋向和国内政治、经济、文化发展的需求,往往决定着如何对待外源性和内源性力量的态度。总之,从即时性发展的视角来看,建构论和进化论都在发挥着推动法律发展的作用;而从长远的视角来看,进化论则昭示着法律发展的应然之路。

当然,这里的"进化"并不是早期人类学家或新进化论人类学家所讲的由低级向高级发展的进化,也不是法律与发展研究运动中现代化理论学者所期望的以西方国家为标准的制度进化,而是社会发展的自生自发的动力所推动的一种

---

[1] 转引自邓正来:《自由与秩序——哈耶克社会理论的研究》,江西教育出版社1998年版,第11页。
[2] 〔英〕哈耶克:《自生自发秩序与文明》,邓正来译,载邓正来:《自由与秩序——哈耶克社会理论的研究》,江西教育出版社1998年版,第263页。

适应人们精神和物质需求发展的制度进化。

三、 关于法律与发展的个案：居住在西双版纳自然保护区①

2001年2月，我们赴云南省西双版纳州做有关生态环境保护立法和执法的调查。调查从查阅州档案馆的政府档案开始，继而又转入对相关政府部门官员的访谈；这个阶段的工作完成后，我们对西双版纳的生态环境保护已经有了大致的了解，并决定考察西双版纳的自然保护区。

西双版纳自然保护区是1981年经云南省政府批准设立、1986年经国务院确定的国家级自然保护区，1993年被联合国教科文组织批准为国际生物圈保护区网络成员，西双版纳自然保护区共有5片互不相连的保护区，分别是勐养、勐仑、勐腊、尚勇、曼稿片区，总面积24.2万公顷②，其中，核心区12.66万公顷，实验区11.52万公顷③，主要保护对象是热带雨林、季雨林和野象、野牛、长臂猿、孔雀、犀鸟等珍贵动植物。自然保护区是西双版纳的骄傲，因为有了它，西双版纳才被称为"动植物王国"和"孔雀的故乡"，才以美丽富饶闻名于世。

经友人安排，西双版纳州自然保护区的常宗波同志和景洪市人民检察院的车德同志陪同我们对位于西双版纳自然保护区的三个少数民族村寨进行了考察。本文是这次调查的成果之一，它试图以居住在自然保护区的三个村寨不同族别的少数民族生活为背景，提出社会发展中生态保护与人的生存如何协调的问题，并分析《西双版纳傣族自治州自然保护区管理条例》的实施情况及对居住在自然保护区内居民的影响。

---

① 本节原载中国民族区域自治制度项目组编：《中国民族区域自治法研究论文集》，云南大学出版社2003年版，论文标题是《居住在西双版纳自然保护区：关于人与自然关系的个案研究》，署名作者为张晓辉、王启梁。

② 1958年云南省人民委员会（政府的旧称）批准划定勐养、勐仑、勐腊、大勐龙四个自然保护区，总面积为57233.33公顷，但由于政府和百姓都缺乏生态保护意识，也无有效的保护措施，所以，自然保护区遭受了不同程度的破坏，1972年总面积减少到45800公顷，其中，大勐龙保护区丧失了保护价值，当年被调整出自然保护区；1980年，尚勇、曼稿新增为自然保护区，西双版纳自然保护区的总面积增加到24.2万公顷，占西双版纳州总面积的12%。参见西双版纳傣族自治州林业局编：《西双版纳傣族自治州林业志》，云南民族出版社1998年版，第64页。

③ 《云南省西双版纳傣族自治州自然保护区管理条例》(1992)第11条第1款规定："自然保护区分为核心区和实验区，核心区只供经批准的人员进行观测研究活动，实验区可以进行科学实验、教学实习、参观考察和培育驯化珍稀动植物等活动。"划分核心区与实验区的依据是：以维护热带森林生态系统的完整性和植物生态型的多样性为原则，保证保护对象相对集中并有一定的生态适应范围。参见西双版纳傣族自治州林业局编：《西双版纳傣族自治州林业志》，云南民族出版社1998年版，第65页。该条例已于2019年6月1日修订施行，但为了保持研究成果的本来面目，且修订内容对文中所述并没有实质影响，故作者未作修改。后文关于条例亦作如此处理。

（一）昆罕大寨：如何适应深山之外的环境

昆罕大寨是景洪市大渡岗乡大荒坝村委会辖区内的一个布朗族自然村，位于西双版纳自然保护区勐养片区的实验区内，全村共 39 户，224 人；有水田 260 亩，人均 1.16 亩，集体林地 710 亩，人均 3.17 亩，无旱地。①

昆罕大寨的老寨在勐养保护区的核心区内，1973 年经政府动员才从核心区搬到现在的居住地，并且定居了 24 年。② 24 年前，在核心区老寨居住的村民没有田，村民的生产方式主要是种植、打猎和采集。由于人口少，山林多，老寨的种植方法是采用轮耕的方式。轮歇地是因轮耕产生的暂时搁荒的土地，它一般是固定的，种一年，搁荒三至七年，待生态恢复到一定程度，再烧荒（燃烧地表植物，以便获取肥料），种植玉米等作物。打猎是当时成年男子的一种劳作和消遣方式，打猎不但能够显示男人的英雄本色，而且，猎物或吃或卖，均可以改善家庭或个人的生活。采集山珍则是人人都能做的事，野菜、野果往往也是村民家里的日常食物。那时候，老寨的村民靠山吃山，日子虽然不富裕，但也过得无忧无虑。

1973 年老寨搬迁到大荒坝，更名为昆罕大寨，在政府的主持下，划定了一定数量的水田和集体林，建盖了住房。新的生活对昆罕大寨的村民来说是与过去完全不同的另一种生活，他们开始学习在田里种稻谷、学习与政府的部门和附近的傣族寨协调关系。种水稻的技能是傣族教的，现在每亩产量已经达到 600 公斤。水稻只种一季，秋收后便荒着，有的家庭也在田里种点玉米和冬瓜，用来喂猪或鸡。③ 由于田少，经济上不去，村民们在集体林和自然保护区森林的边缘开垦了一些土地，种上甘蔗和茶叶，甘蔗平均亩产 2—4 吨，茶叶一般都种不好。④

---

① "无旱地"是指在政府划分给该寨的土地中没有旱地，但是，村民们实际占有着属于侵占林地开垦的旱地。

② 动员居住在核心区的村寨搬出核心区的工作从哪一年开始，此次调查中尚未发现相关的文件。《云南省西双版纳傣族自治州自然保护区管理条例》(1992) 第 11 条第 2 款规定："自然保护区划定前原已定居在自然保护区的村寨群众，位于核心区的，由当地政府统筹安排，有计划地组织搬迁出自然保护区，妥善安置。位于实验区的，根据国家的有关规定，划定生产经营范围，合理解决群众的生产生活问题。"西双版纳傣族自治州自然保护区管理局 1999 年 7 月 21 日向自治州第九届人民代表大会常务委员会第十三次会议作的《关于〈西双版纳傣族自治州自然保护区管理条例〉实施情况的报告》，1999 年西双版纳自然保护区内共有 114 个村寨，20211 人，其中 18 个村寨位于核心区。除此 114 个村寨外，1994 年以来，曾有 8 个村寨在政府的安排下从核心区内搬出。

③ 据村民介绍，冬春水田丢荒的主要原因是缺水。确实，据我们观察，只在靠近河边的田里，才有一些农户种了蔬菜。

④ 根据《西双版纳傣族自治州自然保护区管理条例》(1992) 第 13 条的规定，自然保护区内严禁毁林开垦；根据第 24 条的规定，对在自然保护区内毁林开垦的行为，要根据情节轻重，分别给予批评教育、责令缴纳赔偿费或追究刑事责任。依据这些规定，村民的上述行为显然是一种违法行为，但考虑到村民的困难和居住在自然保护区的实际情况，执法部门并没有对他们的行为予以惩罚。

除了种植业以外,大部分家庭都养了黄牛,有的家庭还养了水牛。1999年老寨村民的人均毛收入达到约800元人民币/年,2000年由于糖厂未及时支付甘蔗收购款,人均毛收入仅500元人民币/年。①

昆罕大寨的成年男性似乎比妇女更难适应新的生活,他们怀念过去在深山里的生活。久违的打猎经历,仍然留存在人们的记忆中,说起打猎,男人的眼睛就亮了起来。1988年,村里有一人因为打野牛被法院判刑。②2001年,州里加强了对野生动物的保护,在全州境内收缴各种枪支6万余支③,在这次收枪行动中,昆罕大寨村民的猎枪也被收了。1998年以后,国家实施"天然林保护工程"④,集体林的砍伐受到严格的限制,男人也就失去了伐木的劳动。由于政府的宣传和自然保护区管理局的细致工作,村民的生态保护意识很强。现任村民委员会主任(简称"村主任")岩叫龙说:"村民不是不敢到保护区砍树,而是自觉地不去。即使盖房子要砍树,也都先去林管站审批。"⑤在昆罕大寨妇女的眼里,男人最大的变化是开始做家务事了。原来,男人们打猎、喝酒、四处游玩,找柴、挑水、煮饭等大大小小的家务事都是由妇女承担。现在,男人变了,田里的活和家务事都做。这种变化主要是由于生产模式的变更引起的,出了山的男人和妇女被干不完的农活羁绊着,谁也不轻松,男人要想维护家庭的和睦关系,不得不为妻子分担一些家务事。

昆罕大寨的布朗族供奉神灵,祭祀竜山,有一些与生态相关的风俗习惯。他们认为万物有灵,动物中有野牛鬼、野象鬼、犀鸟鬼等,竜山上的大树也有鬼。⑥所以,有鬼的动物不能打,有鬼的树林不能砍,这种认识客观上保护了自然保护区内的部分野生动物和森林。⑦

---

① 1999年底,西双版纳州全境遭受特大霜冻的灾害,以致2000年初,在很多地方,一片片冻坏的甘蔗被焚烧,甘蔗产量和质量都下降;糖厂普遍出现亏损。
② 邻村昆旱小寨的现任村主任1989年也因打野牛被法院判处有期徒刑2年。
③ 参见《西双版纳收缴销毁六万余支猎枪》,载《云南日报》2001年3月22日。
④ 1998年10月,云南省按照党中央、国务院部署启动了天然林保护工程,范围主要包括金沙江流域和西双版纳傣族自治州,涉及66个县和17个重点森工局,占全省总面积的61.3%。云南省天然林保护工程启动3年来取得丰硕成果,全省已全面停止天然林商品性采伐,完成公益林建设1390万亩。
⑤ 《云南省西双版纳傣族自治州自然保护区管理条例》(1992)第13条规定:自然保护区内严禁采伐林木。但执法部门对居住在自然保护区的村民还是从实际出发,网开一面,允许他们采伐少量的树木用于解决生活的急需。
⑥ 竜山是布朗族埋葬死者的坟山,也是祭祀祖先的场所。各村竜山的范围大小不一,但都有严格的禁忌。
⑦ 邻村昆罕小寨的村主任岩邦给我们讲了一个耐人寻味的事例:新中国成立前,山上的动物都可以打,人们只是不敢打野牛。后来,有人打了一头野牛,便请傣族佛爷念经驱鬼,保佑平安。再后来,人们想出了更好的方法,打猎时用红旗和毛主席像驱鬼,就不怕了。

昆罕大寨的村民对政府十分信赖,村里的用电和自来水基本上是政府出资,村民投劳搞的。前任村主任说:"发展要靠政府,自己也要靠,就像父母和娃娃的关系一样,没有政府,就不会有发展。"

(二)曼糯村:勤劳致富的老寨

曼糯村是昆罕大寨的邻村,也隶属于大渡岗乡大荒坝村委会,位于勐养保护区的实验区内。该村是傣族世代居住的寨子,全村共有30户,147人;有水田310亩,甘蔗地(旱地)320亩,茶叶地60亩(其中新开茶叶地约30亩),集体林地1900亩,自留山70亩。①

曼糯村的经济与昆罕大寨相比,可以说有天上地下之别。曼糯村田多、地广、林子大,主要种植水稻、甘蔗、茶叶、西瓜、砂仁、蔬菜、玉米。水田里的谷子收割后,很快又种上了西瓜和蔬菜,几乎没有搁荒的田。1995年,全村的人均收入已经达到2000元/年;每家都有拖拉机——方向盘的大拖拉机每家有一台,还有26台犁田用的小拖拉机(只有4户村民没有);每家都有彩电和VCD,原来用的黑白电视机送给了附近的布朗族;14户村民有摩托车,19户村民家里安装了电话。

除了自然条件好的因素外,曼糯村富裕的重要原因有两个:其一,村民具有农耕的传统和技能。其二,村民普遍具备勤劳致富的精神。

曼糯村的傣族村民世代以栽种稻子为主要的生产活动。昆罕大寨和昆罕小寨没有搬来前,这里只有曼糯村,所以,曼糯村的先民把河边的土地开垦成水田,种上了水稻。过去曾有这样的说法:山到那里是布朗族的;水到那里是傣族的。以前,如果傣族村民要到山上种地、种芭蕉都要布朗族批准。昆罕大寨搬来后,曼糯村的水田调了100多亩给布朗族,政府也将一部分山林调给曼糯村的傣族。

曼糯村村民的勤劳致富精神在当地远近闻名。下面记录的是曼糯村一个普通傣族家庭一年的劳作和基本收入情况:

> 岩三,男,30岁,全家共5口人:妻子、两个孩子和岩三的老母亲。岩三家有9亩水田,4亩甘蔗地(这些地原来是村里分给岩三家的自留山,后被开垦成甘蔗地),一亩茶叶地。靠近曼糯村水库的9亩水田夏秋种稻子(糯谷、软米、杂交稻),平均亩产600公斤,除上缴500公斤抵农业税和自用2000公斤外,还有2900公斤可以出卖,有2320元纯收入(0.80元/公斤);在冬春季,田里又种上了蔬菜,有日本金瓜、辣椒、莲花白(又称圆白菜)、白菜、油

---

① 自留山是1980年土地承包时从集体林中划分给村民个人的山林,有的地方也称薪炭林。据曼糯村的村主任介绍,这70亩自留山现在都开垦成了甘蔗地。

菜、西瓜等,每年种蔬菜的收入约5000元,扣除成本后有2500元纯收入。4亩甘蔗地每亩产量约8吨,去年有23吨,收入2730元(110元/吨),扣除成本后有2000元的纯收入。茶叶地产的茶叶一年能卖得300元。几项合计,2000年岩三家来自土地的毛收入有11750元,纯收入一年有4620元,人均924元。①

尽管收入高,但费税也高。岩三家一年的各种费税加起来,竟然高达792元。具体项目如下表:

单位:元

水费	电费	村提留	资源管理费	养路费（拖拉机）	行车费（拖拉机）	执照、过塑费	摩托检车费	养路费（摩托）	合计
5	87	110	10	120	110	25	140	140	792

政府也给了曼糯村一些帮助,西双版纳自然保护区勐养管理所的公安派出所与曼糯村建立了警民共建关系,1999年派出所出了1万元,帮助曼糯村修建了一座寨门,一条村里的路。自然保护区管理局在村里举办了成人参加的农业科技推广与森林保护培训班,还举办了孩子参加的冬令营,让村里的孩子从小就有保护森林的意识。②

村民们保护和利用生态的意识很强,每家都在寨子周围和田边地脚种了10—20蓬竹子;村里成立了护林防火领导小组,并将村民分成三个巡查小组,轮流值班,保护集体林的安全。③ 当然,他们也利用靠近寨子的森林边缘区种砂仁。④

---

① 据1998年曼糯村的统计,1995年该村人均纯收入已达916元,高出全乡平均水平203元。
② 在调查的过程中,我们看到政府组织的这些活动很有效果,在自然保护区居住的各族群众都在逐渐改变靠山吃山的传统观念,对森林与人类生存的关系和自己应尽的责任有了一定的认识,大多数人能自觉地支持自然保护区管理局的工作。
③ 1997年11月执行的"曼糯村村规民约"第7条规定:对于乱砍、滥伐集体林木,或唆使他人盗伐集体林木的,除追回损失外,罚款200元。
④ 砂仁是一种中药材,喜生于既背阴、又透光的地方,森林的边缘区最适宜砂仁的生长,所以,在自然保护区的森林边缘种植砂仁是一种很普遍的现象。但是,种植砂仁需要铲除周围地表上的其他植物,这就破坏了自然保护区的生物多样性特征,危及生态的完整保护,因此,西双版纳州自然保护区管理局和生态学家历来不赞成允许在自然保护区的森林边缘种植砂仁。1999年这种态度有了变化,在1999年7月21日自治州第九届人民代表大会常务委员会第十三次会议上,西双版纳傣族自治州自然保护区管理局作的《对"关于《西双版纳傣族自治州自然保护区管理条例》实施情况报告"审议意见的说明》中指出:在实验区林地种植的长期经济作物及林下种植的经济作物(如砂仁等),要同保护区管理所签订合同,按政策适当收取林地占用费。

与景洪市郊的傣族寨子不同,曼糯村没有缅寺,村民平时也不赕佛,只是每三年从外面请佛爷及和尚来做一次赕寨子的活动。①

(三) 曼纳览寨:靠近旅游区的寨子

曼纳览寨是勐腊县勐仑镇曼边村委会下属的一个哈尼族寨子,位于西双版纳自然保护区勐仑片区的实验区边缘,离著名旅游点中国科学院热带植物研究所植物园大约5公里。全村有44户,254人。

走进曼纳览寨,怎么看也不像哈尼族寨子,一问才知道曼纳览寨是1976年12月从深山中搬来此地的寨子。寨子的地点原来是军队的营房,当时,部队已经调防,经地方政府与部队商量,这片营房就变成安置曼纳览寨的地方。这样的安排为曼纳览寨省下了一大笔重建新村的钱,现在,大部分村民还住在老营房里。

定居后,政府划了150亩橡胶地给曼纳览寨,20世纪80年代橡胶地增加到800亩,现在有2100亩,1994—1996年全村的橡胶收入达到140万元,村民的人均纯收入2000元。② 曼纳览寨的经济主要靠橡胶,除了橡胶地外,1998年曼纳览寨经保护区同意,在保护区边上开垦了40亩水田,每户村民分得约1亩水田,粮食不能自给,每年有50%的口粮需要到市场上购买。从1993年开始,村民们在保护区森林和集体林边缘大面积种砂仁,总面积有50亩,每亩收入1000元/年。另外,村里还有300亩果树林,600亩集体林。为了解决烧柴的问题,村民种了许多黑心树。由于这几年橡胶的价格下调,曼纳览寨村民的收入有所下降,2000年人均纯收入1000元/年。

1999年开始,州自然保护区管理局将曼纳览寨推荐给联合国自然环境保护基金(GEF)在西双版纳进行的社区共管项目,项目的主题是"我和小树一起长",该项目成功地利用哈尼族的丧葬风俗,实现了保护森林的目的。按照哈尼族的风俗,老人死了要用山桂花树做棺材,必须一个死者用一棵山桂花树,不能两人共用一棵。山桂花树是国家保护的树种,只有在保护区的深山中才能找到。为

---

① 赕佛是南传上部座佛教的一种敬献佛祖和佛爷的活动。在我们调查过的西双版纳州勐海县勐遮乡曼刚寨,赕佛活动的习俗是15天一次小赕佛,30天一次中赕佛,一年一次大赕佛。
② 西双版纳的森林覆盖率变化较大,1955年以前森林覆盖率占全州面积的60%以上,1959—1963年森林覆盖率占全州面积的37.3%,1973—1975年森林覆盖率占全州面积33.9%,1978—1980年森林覆盖率占全州面积29.6%,1993—1995年有林地覆盖率占全州面积59.26%。从这些数字可以看出,西双版纳森林覆盖率一直在下降,下降的主要原因之一便是大面积毁林开荒种橡胶。由于橡胶也是林木,所以,在1993—1995年的统计中,才会出现林地覆盖率占全州面积59.26%的数字。有关森林覆盖率的统计数字参见西双版纳傣族自治州林业局编:《西双版纳傣族自治州林业志》,云南民族出版社1998年版,第49—56页。

了保护保护区内的山桂花树,也为了让哈尼族村民的丧葬风俗得以维持,在 GEF 项目的支持下,村里拿出了 60 亩原来是集体林的荒山,组织在上学的孩子一人种一棵山桂花树,并在树上挂上写着栽树人名字的牌子,1999 年种的 400 多棵山桂花树已经全部成活,孩子们通过栽山桂花树的活动,也有了保护森林的意识。①

随着西双版纳森林资源保护的加强,野生动物越来越多,但也给居住在自然保护区的少数民族村民带来了一定的麻烦。曼纳览寨的橡胶林和集体林也会有野牛、野象光顾,危害橡胶园、林木和庄稼。②

曼纳览寨附近有一条澜沧江的支流,名叫小黑江。小黑江江面宽,除雨季外,河水平缓,适宜旅游漂流,江边的山地也易于灌溉。所以,漂流公司利用江水开发了旅游性漂流,美其公司利用江边的山地种香甲兰(一种香料,国际市场的价格是 1000 美元/公斤)。尽管这两个公司就在附近,但曼纳览寨没有受益,公司也没有在寨子里招收村民当工人。③

对居住在自然保护区的三个不同民族的村寨的一般情况所作的描述尽管不够细致,但也反映了一些在社会发展中需要解决的法律问题。例如:(1)居住在自然保护区的村民是否可以继续居住在自然保护区(包括核心区)?(2)居住在自然保护区的村民有无利用自然保护区资源的权利?(3)居住在自然保护区的村民从保护区迁出后如何适应新的生活?(4)政府应当为居住在自然保护区的村民做什么?(5)如何确定因执法给居住在自然保护区的村民带来的损害补偿?(6)自然保护区应当怎样保护才能实现自然与人的和谐发展?

---

① 1990 年以来,美国自然综合保护协会、世界野生动物基金会、美国野生动物保护协会、联合国自然环境保护基金(GEF)、联合国教科文组织、加拿大国际发展中心、德国 GTZ、联合国大学等国外机构和组织先后在西双版纳自然保护区开展科研和援助项目。参见 1999 年 7 月 21 日西双版纳自治州第九届人民代表大会常务委员会第十三次会议上,西双版纳傣族自治州自然保护区管理局作的《关于〈西双版纳傣族自治州自然保护区管理条例〉实施情况报告》。

② 1991—1999 年野生动物肇事造成的损害仅按国家的补偿标准计算就达 26464106.65 元,但实际补偿的金额只有 2800000 元,相差 23664106.65 元。居住在自然保护区的少数民族群众对此意见很大,认为不但补偿标准太低,而且低标准的补偿金都不能完全兑现。参见 1999 年 7 月 21 日西双版纳自治州第九届人民代表大会常务委员会第十三次会议上,西双版纳傣族自治州自然保护区管理局作的《关于〈西双版纳傣族自治州自然保护区管理条例〉实施情况报告》。

③ 根据《云南省西双版纳傣族自治州自然保护区管理条例》(1992)第 21 条的规定,自然保护区在开展多种经营活动时,应吸收当地群众参加,以增加经济收入。这一规定过于原则,很难实现。

第四节　法律成长的一个实例：傣族的早期法律[①]

傣族社会与其他民族的社会一样，经历了漫长的发展时期，在这个发展时期中，法律的产生、发展、演变对于社会的发展起着至关重要的作用。但是，由于缺乏文字记载和考古发掘的材料，有关傣族早期法律的情况一直像被迷雾笼罩着的宫殿一般难以揭示。这一节中，我们试图利用傣族古文献资料和汉文历史资料，对傣族早期法律作一粗浅的研究，以展示一个民族的法律成长史。

一、传说中的早期社会规范

在傣族的古文献中，傣族先民的历史被分为若干时代。洪荒时代以前的历史近乎神话，是傣族先民对人类诞生的猜想。而洪荒以后的历史记载尽管还与神有紧密的联系，但却反映出傣族先民不断进化的历程。值得注意的是创作于傣历九零三年(1541)的傣文著作《谈寨神勐神的由来》[②]，在这本著作中，作者依据生活方式的发展，把傣族先民的历史分为"蔑桓蚌"(竹虫集中)时代、"盘巴"(狩猎首领)时代、"赖盘赖乃"(多领头多首领)时代和桑木底时代。

在"蔑桓蚌"时代，饥饿和寒冷威胁着傣族先民，居住在山洞中的傣族先民靠天然物产，即觅食野菜野果、树皮树根为生。"尽管食物很困难，相互争夺，有时互相殴打，但仍离不开，挤身取暖，所以才会'斗后不记仇'，过着相依为命的集体生活"[③]。显然，这种集体生活以险恶的生存环境和集体的采集活动为基础，而维系这种集体生活，必然要建立一定的生活秩序，才能使互相争夺食物的斗殴趋于缓和。这是一个生产力水平低下，没有首领和阶层的社会，在这样的社会中，行为规范只能表现为原始的禁忌和惯例，诸如"斗后不记仇"等。这些禁忌和惯例凭借险恶的生存环境产生约束力，维护着集体生活的秩序。

到了盘巴时代，傣族先民的生活方式发生了巨大的变化，由采集植物转变为

---

① 此节的内容原载《思想战线》1992年第5期，论文标题是《傣族早期法律初探》，署名作者为张晓辉。
② 参见祜巴勐：《论傣族诗歌》，岩温扁译，中国民间文学出版社1981年版，附录。
③ 同上。

狩猎,出现了为获取猎物而向热带森林迁徙,由大集体生活向分群、分伙的小集体生活过渡的现象。在这个时代,社会秩序中最大的事件便是首领的诞生。传说中傣族先民的第一个首领名叫沙罗,他之所以成为首领,凭借的是自身的素质、威信以及民众的推选。沙罗作为第一个发现能以猎物代替野生植物为食物的人,有着许多猎取动物的经验,被推选为猎首盘巴。作为首领,沙罗最初充当的角色也没有什么特权,仅仅是带领民众打猎而已。但是,随着猎物的短缺,生活秩序的混乱,沙罗以首领的身份宣布了这样的规矩:"听啊,所有的人们听着,鱼儿有头,蜂子有王。从今天起,我就是你们的头,你们就叫我盘。活着我是你们的盘,死后我是你们的神。不管打得麂子,不管打得马鹿,从头到脚,从肠到肚,从心到肺,从皮到骨,都要平平分,大家一起吃,大家一起饿。我是你们的盘,我就是你们的神。现在我老了,牙齿已落光,皮和骨我啃不动,要拿里肉送给我。我死后还有我的灵魂在。告诉你们吧,'魂',就是'鬼','鬼'就是'神'。我会给你们拴住马鹿,我会给你们撵来麂子,我会给你们驱散灾难。现在我活着,大家听我管,到我死了,你们也要设祭台,要祭我的魂。要是你们把我忘记了,麂子马鹿会跑掉,大火会烧天。不管什么人,打得鹿、麂,捕得野猪,就是捉住松鼠,也要分给大家尝,用里肉祭鬼神。有苦大家受,有乐大家享,子孙才兴旺,谁违背我的话,我的神就要惩罚他,叫他死得成"①。沙罗的这番话近似咒语,却规定了人们的行为准则。在这段话中,出现了鬼神、灵魂这样一些难以捉摸,但主宰人们生存的偶像,出现了享有特权的首领及其令人生畏的权威,也出现了"平分猎物"的社会规范。而这样的一些观念在"蔑桓蚌"时代并不存在。首领特权、鬼神观念、社会规范的产生往往要经历漫长的时间。从傣族的创世史诗、民间传说以及其他的民族调查材料中,我们可以发现早期法律产生的轨迹:禁忌—习俗—法律。禁忌植根于人们的生活体验中,它最初是依靠自然界对人类的恩赐和惩罚产生的神秘力量得以保存,是人类最早的一种行为规范。当鬼神观念产生后,禁忌进而与鬼神观念结合,成为具有强大的心理威慑力和社会舆论压力的行为规范。由于禁忌与人们的生活和生产活动密切相关,再加上祭祀鬼神的活动包容着诸多的禁忌,这样就使人们能够经常体验禁忌及违反禁忌所遭到的报应,天长日久,禁忌逐渐成为一种固定不变的行为模式为人们所遵守,从而成为带着鲜明的民族文化特征,并由一个民族普遍遵守,代代相传的风俗习惯。随着社会公共权力机关的建立和权力的增加,一部分风俗习惯的禁忌对于维护社会秩序及公共

---

① 参见祜巴勐:《论傣族诗歌》,岩温扁译,中国民间文学出版社1981年版,附录。

机关的权力显示了重大的作用,其强制力凭借公共机关的权力而逐渐增强,超出了一般社会规范的强制效力,这就形成了早期氏族社会的法律。在早期法律的形成中,氏族首领及其特权的产生对于习俗向法律转化的进程具有重大的意义,它标志着社会规范的产生不再局限于亲身的体验和迷信,而可以源于首领或贵族阶层的意志,表现为首领或公共权力机关的命令。首领的素质、威信以及公共权力机关的权力赋予他们具有选择、确立有利于维护其利益的社会规范的特权。从早期法律产生的轨迹来分析,盘巴时代末期,首领或权力已经十分巩固,猎首沙罗不仅是维护古老习俗的代表,而且成为可以制定维护首领特权的氏族法律的立法者了。

赖盘赖乃时代仍然以狩猎为主要生活方式,由于狩猎活动的分散性和游动性,傣族先民分为群或片四处打猎,在群或片中又形成互不统属的盘巴,这种多领头多猎首的状况导致群体之间为争夺猎物而相互残杀。尽管群与群之间的斗殴增多,但在群体内部,盘巴时代"平分猎物"的规矩,祭祀猎神的习俗及猎首盘巴的特权仍然保留着。因此,从社会规范方面来看,多头领多猎首时期社会规范并没有太多的变化,各群体在保留祖先的禁忌和惯例的同时,发展着各群体独特的社会规范,以维护本群体内的社会秩序,制约其他群体的侵犯或联络其他群体共同狩猎。

桑木底时代是一个由狩猎向种植发展,由游动、分散向定居、集中转化的时代。桑木底是智慧的象征,他"设计了房屋,盖出了房子,指出了耕种,划分了田地,安定了住居"①,并为扎寨安居的人们创造了寨神勐神。在傣文记载的历史中,桑木底时代是一个辉煌发展的时期,不仅生活方式有了重大变化,而且除了保持继承了猎神的习俗外,还有了统一崇拜的寨神勐神。在社会制度上,桑木底的王权得到普遍的承认和维护,傣族先民的社会趋于稳定,这一切标志着一个统一民族的出现。

在傣族的诗歌和传说中,对桑木底时代的兴盛和变化有较多的记载,它们从一个侧面反映了傣族社会规范在桑木底时期的巨大变化。在傣族的创世史诗《巴塔麻嘎捧尚罗》中可以看到,桑木底以前的社会规范是以天神的名义制定的,而到了桑木底时代,氏族首领桑木底开始取代神灵,为其氏族制定规范。②

桑木底制定的最为典型的规范是有关划分土地的准则。史诗详细地描述了

---

① 参见祜巴勐:《论傣族诗歌》,岩温扁译,中国民间文学出版社1981年版,附录。
② 《巴塔麻嘎捧尚罗》,岩温扁译,云南人民出版社1989年版。

桑木底分地的过程:"那时候的人/虽然有了王/谷多人心大/抢地互不让/都说这片是我种/都讲那片是我撒/说着就动手/相抢人打架/帕雅桑木底/这才意识到/不把地域分/世道还要乱/争吵难防止/斗殴会发生/帕雅桑木底/就率领众人/去划分田地/用细竹竿丈量/大小都一样/分得很合理/他把大片湿地/划分成无数块/以长十九尺/宽处为七尺/定为一畦田/沿田边栽桩/沿田边垒埂/把地分开来/从那时候起/各种各的地/各收各的谷/不再争田地"。这段诗歌反映了桑木底时代的社会动荡及私有制发展的情况,从中可以看出,桑木底确立的关于土地的规范是在财产权利不能保障,争斗遍及族人的背景下产生的。在这种情形下,出现了维护私有财产权利的要求,于是桑木底凭借首领的权力,完成了对私有财产的划分和确认。实际上,桑木底对土地的划分没有违背原始氏族社会的公平精神,他划分的土地"大小都一样,分得很合理"。这种以王权为依据,利用原有的社会规范的精神,确立维护私有制的社会规范,是氏族习俗向阶级社会的法律过渡的一种模式。

在《巴塔麻嘎捧尚罗》中还叙述了迁徙对法律产生的影响。桑木底以后,为了寻找新的生存环境,傣族先民在氏族首领的带领下向新的居住地迁徙。迁徙途中,历经艰险,并出现了抢占地盘、划分地界及调解不同氏族矛盾的问题。在氏族首领的权威和古老的氏族习俗的基础上,新的规范应运而生并作为调整各种社会关系的准则。迁徙不仅给傣族先民找到了新的定居点,也使氏族法规在处理纠纷中得到了发展。

上述传说中的早期社会规范的发展史是傣族后人所追记的傣族先民的历史,固然不可为信史,但其中的内容毕竟为研究傣族早期社会规范提供了许多有价值的线索。

二、9世纪至14世纪的早期法律

9世纪以后,汉文古籍中对早期傣族先民社会制度的记载逐渐增多。这些记载大多是朝廷命官对傣族地区实地考察后撰写的材料,可信程度较大。

9世纪时傣族先民的社会情况在唐代樊绰所著的《云南志》中有粗略的描述。公元864年前后,居住在德宏和西双版纳地区的傣族先民被称为"黑齿蛮""金齿蛮""银齿蛮""绣脚蛮""茫蛮"等。"茫蛮"部落的傣族先民"楼居,无城廓","土俗养象以耕田,俗烧其粪","黑齿""金齿"等部落则"皆为南诏总之,攻战亦召之"。[①]

[①] 参见樊绰著、赵吕甫校释:《云南志校释》,中国社会科学出版社1985年版。

从这些简单的描述中可以看出,9世纪时的傣族先民尚处于互不统属的部落时代,部落联盟也未出现,是受南诏政权统治并纳入南诏军事调配力量的部落。

9世纪以后,傣族社会情况发生了重大的变化。从元、明两代史籍中的记载看,傣族社会在政治制度上至少有四大变化。其一,开始出现了较大的政权组织。据傣族的史书《泐史》记载,在南宋淳熙七年(1180年),西双版纳地区召片领一世叭真"承受了其父赐与的权位并统率其武力,战胜北方各地部落,入主勐泐",建立了西双版纳地区第一个统一的部落联盟性的傣族政权"景龙国",统治区域达景龙、兰那、勐交、勐老。① 在德宏地区,10世纪前后出现了四个强大部落组成的政权集团,它们时而互争雄长,各自为政,故有勐卯、勐养、勐生色、勐生威四个小国;时而又联合组成一个大的部落联盟,称为僑赏弥国。② 其二,出现了掠夺、蓄养奴隶的现象。元、明的史料中多有车里与邻境部落进行战争,不占土地,而是掠夺对方人口、财物,以及用银两赎取被掳掠人口的记载。③《泐史》中也有反映奴隶制度的记载:叭真即位时,有嫔妃一万二千人。此说虽有夸大之嫌,但也说明叭真有众多的女奴隶。在德宏地区,役使奴隶的情况也很普遍,"一切工作皆由妇女为之,辅以战争所获之俘奴而已"④。其三,常备军开始建立。在德宏地区,"其俗男子尽武士,除战争、游猎、养马之外,不作他事"⑤。甚至还设立了一支称为"悉刺"的敢死队和常备军。⑥ 其四,中央政权逐渐巩固了对傣族地区的统治。在元代以前,中央政权对傣族地区的统治极不稳固,唐朝时傣族地区先为各自独立的部落,又附着于南诏政权,宋朝时,傣族地区依附于大理政权。直至元代,随着元军对云南的征服和地方政权的建立,云南的傣族地区才纳入中央政权的有效统治下。随着中央政权的巩固和元以后所采取的"羁縻政策"和土司制度,汉文化对傣族地区的影响日益扩大,促进了傣族地区政治、经济、文化的发展。上述这些变化说明,10世纪以后的云南傣族地区已经进入奴隶制社会,地域性的部落联盟政权已经建立。

部落联盟政权的建立,使原有的氏族法规的强制力得以加强,并出现了一些维护政权组织的专门法律。大德七年(1303)元朝官员李京经过两年的实地考

---

① 参见朱德普:《〈泐史〉校补》,载《民族问题五种丛书》云南省编辑委员会编:《傣族社会历史调查(西双版纳之十)》,云南民族出版社1987年版。
② 参见江应樑:《傣族史》,四川民族出版社1983年版,第611页。
③ 同上书,第610页。
④ 参见《马可波罗行记》第119章"金齿州"。
⑤ 同上。
⑥ 明·张洪:《南夷书》。

察,撰写出《云南志略》。① 书中描写了德宏地区傣族当时实施的诸多方面的习惯法。

(1) 王位继承制度。"酋长死,非其子孙自立者,众共击之"。这种世袭的王位继承制表明原始民主制在这一地区已经消亡,部落酋长不须经选举产生,而是采取家族世袭的方法,一旦出现僭越之事,僭越者便会遭到诛杀。由于僭越王位严重危害了家族的世袭统治权,因此是一种最为严重的犯罪,任何人都可以诛杀僭越者。

(2) 对战俘的刑罚制度。"遇破敌,斩首置于楼下,军校毕集,结束甚武,髻插矢尾,手执兵戈,绕俘馘而舞,俗杀鸡祭之,使巫祝之曰:'尔酋长人民,速来归我',祭毕,论功名赏罚,饮酒作乐而罢。攻城破栅,不杀其主,全家逐去,不然囚之至死。"这段文字所描述的仪式,是德宏傣族破敌后必须举行的活动,活动中将所斩的敌人首级置于楼下,并环绕俘虏而舞,不仅是一种对胜利的庆贺,而且是对斩首者和俘虏的羞辱,属于早期刑罚中的羞辱刑种。而对敌酋的处理,则表明放逐和囚禁的刑罚方法当时已经存在。

(3) 婚姻制度。"嫁娶不分宗族,不重处女"。这种婚姻上的习惯法,与南诏时期乌蛮、白蛮的习惯法相同,即"俗法,处子、婿妇出入不禁","既嫁有犯,男子格杀无罪,妇人亦死"。它表明德宏傣族当时的婚姻制度仍保持着古老的自由婚姻的习俗,婚前的性行为被普遍认可,而婚后的婚外性行为则为严重的犯罪。

(4) 贸易制度。"交易五日一集,旦则妇人为市,日中男子为市。以毡布茶盐互相贸易。"这种关于交易的时间、参加人员和交易方法的限制,不能仅仅视为一般的风俗,因为在部落政权组织确立之后,市场管理往往是政权的职能活动之一,倘若违反这些习俗,重则可为犯罪,受到惩罚。所以,应当将这些贸易制度视为受政权强制力保护的习惯法。

在李京考察云南之后,明李思聪、钱古训撰有详细记载德宏傣族地区山川、人物、风俗、道路的《百夷传》。② 《百夷传》与《云南志略》中关于金齿百夷的记载相比较,不难发现在距《云南志略》90 多年之后,德宏地区傣族社会的法律制度有了较大的发展。这些发展主要表现在下面几个方面:

(1) 王者权力增大,王位争夺激烈。14 世纪中叶,思可法为麓川土司,在位期间,大兴征战,名声大振,统治区域扩大,"邻近小国,相率称臣纳贡,有暹罗、景

---

① 元·李京:《云南志略》。
② 参见钱古训撰、江应樑校注:《百夷传校注》,云南人民出版社 1980 年版。《百夷传》有钱古训著和李思聪著两种文本,在本节的引录中,凡未特别注明者均为钱古训著《百夷传》。

线、景老、整卖、整东、车里、白古诸部"①。思可法死后,传王位于子昭并发,昭并发死后,王位争夺激烈,王位四易,三位前王均被弑,并出现非王之子两度篡位的现象。这段历史表明世袭的王位继承制尽管时而被削弱,但已趋于巩固,王位争夺战最终仍以非王子孙被弑,王位由前王之子孙承袭为结局。思可法之孙思仑法在位时,王权巨大,"其下称思仑发曰'昭',就中国称君主也"②。其部属"皆听其使令,食其所赋,取之无制,用之无节"③。

（2）官制已经确立,并形成职能分明的体系。《百夷传》以前,尚不见有记载着傣族官制的史料,而《白夷传》中则可看到,昭以下的属官分为"叨孟""昭录""昭纲""昭伯""昭哈斯"等五级,叨孟"总统政事,兼领军民",昭录领万余人,昭纲领千余人,昭伯领百人,昭哈斯领一伍(十人为伍)。除此之外,还设有专管军事征战的"昭录令"。这套职能分明、上下有序的官制体系是当时麓川政权对其所辖地域和百姓进行有效统治的组织体系,它的建立和存在表明麓川政权的行政体制趋于完备。

（3）等级制度得以发展,并建立起一套完整的维护等级制度的礼仪规则。据《百夷传》称,当时麓川政权所辖的傣族社会,官吏"大小各有份地,任其徭赋",贵族们"每出入,象马仆从满途"。"叨孟以下见其主,则膝行以前,二步一拜,退亦如此。""宴会则贵人上坐,其次列坐于下,以逮至贱。"这些体现在财产、礼仪上的等级差别处处维护着等级特权,在傣族社会内部形成一个等级森严,有规可循,违规受罚的等级制度。

（4）出现了贸易中使用的特定等价物。随着金、银、铜被确定为商品的等价物,以货易货的贸易退居次要地位,"凡贸易必用银,杂以铜,铸若半卵状,流通商贾间",这必然促进了商品经济的发展,同时也促进了有关铸币及贸易管理方面法规的发展。

（5）官家赋税出现,且限以金银为征收物。"每年秋冬收成后,遣亲信往各甸计房屋征金银,谓之取差发。每房一间,输银一两或二三两。承行者象马从人动以千百计,恣其所用而后输于公家。"④这些对赋税征收时间、计算方式、征收数量的规定,以及千百人的庞大征收大军,绝不是习惯所为,而是一套完整的赋税法律制度,它反映了麓川统治者对傣族民众的残酷盘剥。

---

① 参见方国瑜:《麓川思氏谱牒笺证》,载刀永明辑:《中国傣族史料辑要》,云南民族出版社1989年版。
② 参见钱古训撰、江应樑校注:《百夷传校注》,云南人民出版社1980年版。
③ (明)李思聪:《百夷传》。
④ 同上。

(6) 一夫多妻盛行于贵族及富人之中,婚姻自由的古俗蒙上阴影。"头目有妻百数,婢亦数百人,少者不下数十;虽庶民亦有十数妻者。"这样的情形无疑是婚姻上的一夫多妻制,但从经济状况上来分析,这种情形不会是普遍的现象,处于生产力极不发达社会中的大多数贫穷的傣族群众,绝无能力供养众多的妻妾。因此,一夫多妻制只限于贵族及富人。在一夫多妻制的冲击下,按照古俗的自由婚姻无疑是不能实现的。

(7) 罪与刑的体系已经确立。当时麓川傣族社会中的罪与罚,尽管"刑名无律,不知鞭挞",但"轻罪则罚,重罪则死"的罪刑关系已经基本确立。"刑名"者,或指刑罚种类,或指犯罪与法律,所谓"刑名无律",不是说没有法律,而是指当地关于刑种和犯罪种类的规定,尚无类似中原的成文法律可资适用。

以上几个方面的法律制度的建立和发展,标志着在 14 世纪末年,在麓川政权所辖的广大地区上,已经建立起调整主要社会关系的法律体系。如果说唐代傣族先民的社会尚处于互不统属的氏族社会阶段,以习惯和氏族法规为主要行为规范的话,那么到了 10 世纪以后,傣族社会已经逐步进入到部落联盟阶段,强大的政权组织和至高无上的王权强化了原有的习惯和氏族法规的约束力,超出氏族和部落范围的以习惯法为形式的法律开始出现。尤其是在 14 世纪,政权的巩固,频繁的战争,经济的发展,使傣族法律发展迅猛,趋于完备。可以这样认为,这一时期是傣族早期法律汇集、整理、定型的阶段,对于以后傣族法律的沿袭、发展有着至关重要的意义。

三、 芒莱法典

在傣族史的研究中,有一件傣文法律文献引起国内外学者极大的兴趣,它就是在泰国和我国傣族地区均有发现的《芒莱法典》。[①] 这个文献是至今为止所发现的傣族最早的专门法律文献,它对于研究泰国傣族和我国傣族早期的法律制度有重要的意义。

关于芒莱的事迹,史料中记载不多。只知道他是 13 世纪时在今泰国清迈一带建立起来的兰那王国的国王,统治时间是 1259—1317 年。据《泐史》中的记载,芒莱是西双版纳第四世召片领的外孙。芒莱国王在位期间,吞并了附近的几十个傣族部落,建立了以清迈为中心的部落联盟国家——兰那泰王国,继而又征

[①] 《芒莱法典》又称《芒莱训言》,参见高立士:《西双版纳召片领四十四世始末》,载云南省民族研究所编:《民族调查研究》1984 年第 1 期。

服了以南奔为中心的孟人国家哈利奔猜,占领了南邦,逐渐成为泰国北部的强国。除此之外茫莱的主要功绩还有两项,即创造了文字,颁布了《茫莱法典》。①

现在能见到的在我国傣族地区发现的《茫莱法典》不是原本,而是后世一位傣族行政官员的追记,它和另外两本傣文法律古籍《干塔莱》《坦麻善阿瓦汉绍哈》混在一起,无法分辨各自的内容。② 在泰国发现的《茫莱法典》也是后人的复制件,有200多个条文,1977年译出并出版了其中的22个条文。③ 据说,这22个条文比该文本中的其他条文更为古老,并且自成体系。为了便于研究,兹将这22个条文的内容作一粗略的介绍。

《茫莱法典》中的这22个条文大致可分为十一个方面的内容。

(1) 法典的合法性及颁布法典的目的。这是法典的序言部分,它指出法典的内容包括古代先王和茫莱国王制定的法律,颁布法典的目的在于让人们明白行为的准则。

(2) 十进制的社会组织(第1条)。每十个人为一个社会组织单位,递相增加,形成掌管50人、100人、1000人、10000人的各级组织机构。

(3) 战争法(第2—7条)。包括对战时遗弃行为的处罚,对战死者减免债务的规定,对作战英勇者的奖励。

(4) 继承权(第8条)。规定遗嘱继承优先原则,如无遗嘱,国王将取得死者的一半财产。

(5) 强制性劳役(第9条)。自由民应当将一半的时间用来为国王服务。

(6) 借贷(第10—11条)。用于生产的借贷三年不计利息,开垦的荒地三年不交赋税。

(7) 奴隶制度(第12—14条)。禁止接纳债务人、诉讼当事人、小偷、逃亡者做奴隶;破产者可沦为奴隶;国王的奴隶与自由民所生的孩子为自由民。

(8) 选拔官吏(第15条)。国王不得任命像魔鬼一般的贵族掌握权力。

(9) 刑法(第16—18条)。包括正当杀人的条件,12种应当执行刑罚的犯罪,对重罪适用的三种刑罚:肉刑、罚为奴隶、放逐。

(10) 司法行政(第19—22条)。包括法官定罪的依据;上诉理由须详述判决的错误;诉讼时效为20年;可以起诉的16种情况。

---

① 参见中山大学东南亚历史研究所:《泰国简史》,商务印书馆1984年版,第9—10页。
② 参见《孟连宣抚司法规》,刀永明等译,云南民族出版社1986年版。
③ David K, Wyatt, Laws and Social order in Early Thailand: An Introduction to the Mangraisat, *Journal of Southeast Asian Studies*, Vol.15, No.2. (Sep., 1984).

(11) 结束语。强调各个村寨的民众均要守法，重申上述法律来自古代先王。

《茫莱法典》对云南西双版纳及其周围的傣族地区影响很大，并且在这些地区得到长时间的普遍运用，其中的原因是值得研究的。兰那泰王国相对于西双版纳来说是一个外邦，中国史籍中称为八百媳妇国，该国于元泰定四年(1327)向元朝政权称臣，隶属于蒙庆宣慰司，明洪武二十一年(1388)该国遣使入贡，明朝设有八百宣慰司，嘉靖间(1522—1566)遂被缅并吞。这么一个很快丧失独立地位，并且走上灭亡道路的国家，其法典却能在广泛的地区长期沿用，原因大致有四。其一，该法典是傣族先王所实施的习惯法的记载，其内容必然是从氏族法规及习俗中演变而来，这样的法律内容与同宗同祖的西双版纳及周围地区傣族的习惯法应当十分相近，而该法典作为一部习惯法的汇编，自然容易在有着相同法律传统的同民族地区传播。其二，西双版纳及周围傣族地区所使用的傣泐文源于兰那泰王国，由于文字的传播，以及使用同样文字的实践，也为《茫莱法典》在这些地区的施行开辟了文化通道。其三，西双版纳及其周围地区与兰那泰王国有着千丝万缕的联系，王族及平民间的婚姻关系、经济上的贸易往来、军事上的联盟使得这些地区有必要建立相对统一的法律制度，因此，移植《茫莱法典》，并保证其在本地区的施行便成为加强联盟、促进双边或多边联系的一项必需的措施。其四，尽管这部法典是习惯法的汇编，但其内容和体例已趋于成熟，这对于周围地区的统治者来说，无疑是一个值得借鉴和模仿的范例，它可以使统治者从杂乱无章、仅有口碑可循的习惯法羁绊中解脱出来，依明确的条文来有效地管理地方事务。

第六章　法律与社会控制

第一节　社会控制的一般理论
第二节　初民社会的社会控制
第三节　现代社会的社会控制
第四节　两篇关于社会控制的民族志

社会控制是社会用以保证其成员普遍按照被期待、被认可的方式行动的机制和过程，它通过法律、社会组织、道德、宗教和教育等控制方式来建构一定的社会秩序或社会结构。法律是社会控制方法之一，但不是唯一的方法，更不是最有力的方法。法律作为社会控制的方法不仅有其自身的局限性，而且，如果运用不当，还会导致因法律控制失败而产生的社会困境。

社会控制是一种社会事实，也是一种具有社会价值取向的意识形态和具有组织功能的人类实践活动，所以，人类学和法律人类学对社会控制的研究主要集中在两个方面，一是对社会政治组织的研究；二是对法律和社会制裁的研究。

现在，对社会控制的研究并不局限于传统社会，它已经扩展到对城市、国家、国际社会的研究。因为，无论哪一种类型的社会均涉及通过一定的方法建构和维护保证社会运行所需要的秩序。

第一节　社会控制的一般理论

社会控制是法律人类学研究的一个重要领域，法律人类学将社会控制视为社会构建和维持秩序的方法和过程，认为社会的法律、政治、经济、文化均以自觉或不自觉的方式参与社会控制，所以，通过社会控制的研究，可以辨明法律的概念、功能，以及法律与其他社会制度之间的关系。

社会控制的研究也是一个跨越学科界限的研究领域，凡是研究人类社会历史、现实和发展的学科都将社会控制纳入自己的学科研究范畴中。所以，法学、人类学、社会学、政治学、经济学和历史学等学科都有与社会控制相关的理论。本节所讲的一般理论包括：上述不同学科社会控制理论中关于社会控制的基础性共识，以及人类学理论中关于社会控制的关键概念。这些一般理论是法律人类学研究社会控制的基础。

一、社会控制的多样性

每个社会都是在一定的秩序中存在和发展,然而,无论是自生自发的秩序还是通过理性构建的秩序,都需要采用一定的方法加以维持,以保障秩序的稳定和正常运行。这种方法及其实践的过程就是普遍存在于人类社会各个历史时期的社会控制。

社会控制与具体社会的自然环境、历史背景和现实情况有密切的关系,不同的社会由不同的自然环境、历史背景和现实情况所决定,它们的社会控制也会出现不同的模式和方法。所以,社会控制无论是在历史上还是在现实中都具有多样性的特点。

社会控制的多样性表现在许多方面,如社会控制方法的多样性、社会控制方法来源的多样性、社会控制模式的多样性,等等。

社会控制有很多方法,法律的方法是通过法律的制定和实施实现社会控制;政治的方法是通过政治组织的建设及其功能的发挥实现社会控制;经济的方法是通过对经济发展的刺激和调整实现社会控制;宗教的方法是通过信仰的力量实现社会控制;舆论的方法是通过信息的传播与限制实现社会控制。除此之外,道德、教育、意识形态、社会关系、战争、自然力和超自然力等都可以用作社会控制的方法。苏力在一篇题为《作为社会控制的文学与法律——从元杂剧切入》的论文中,提出了一个命题:"在一个传统大国中,由于国家通过法律对社会进行政治治理能力的不足,或者交易费用过高,因此,不得不诉诸道德意识形态,并往往借助文学艺术的表演形式来加强社会控制。"[1]他认为,剧场作为公共空间,戏剧演出作为一种特定的舆论传媒,通过贬斥贪官,赞美清官的表演,肯定会对官吏产生间接的影响,是一种来自民间的社会控制。"在这样的社会语境中,不仅戏剧本身肯定的主流意识具有社会控制的功能,而且戏剧本身的生产和表现形式都可能具有一种社会控制的功能。"[2]

社会控制的每种方法中还有多种控制手段。以社会规范为例,社会规范通过确立人的权利和义务来约束其行为,从而实现社会控制。社会规范的形成十分复杂,有的规范来自生活经验,如禁忌和习惯;有的规范来自家族或宗族,如家族法;有的规范来自宗教的戒律和经典,如宗教法;有的规范来自国家的立法或

---

[1] 苏力:《作为社会控制的文学与法律——从元杂剧切入》,载《北大法律评论》(2005)第 7 卷第 1 辑,北京大学出版社 2006 年版,第 137 页。

[2] 同上书,第 144 页。

司法机构,如国家的制定法和判例法。不同来源的规范,往往具有不同的社会控制手段。比如,违反习惯的行为会被视为给族群带来灾难的行为,继而招致驱逐、诅咒、歧视、侮辱、自杀、处死、罚款等制裁。而在现代社会中违反国家法的行为会被视为破坏社会秩序的行为,会根据其所触犯的法律,受到刑事、民事或行政的制裁,包括限制、剥夺人身自由、剥夺生命、没收财产、罚金;赔偿、公开道歉、停止侵害、恢复原状;剥夺或限制从业资格、罚款、拘留、训诫等。

社会控制有很多模式。在人类学的研究中,按照社会组织的成熟或复杂程度,社会控制模式可以分为初民社会的社会控制模式和发达的现代社会的社会控制模式;而按照族群文化的差别,又可以将社会控制的模式按照族群文化加以识别。在社会学的理论中,一般以国家是否主导为标准,将社会控制的模式分为正式控制和非正式控制两种模式,国家力量主导的是正式控制,民间力量主导的是非正式控制。也有学者认为,还有一种独立存在的模式——医学模式,即通过医学的手段控制特定人的行为,使其失去或减弱进行某种行为的能力,以实现对越轨行为的社会控制。[①] 例如,对吸毒者采取强制戒毒的手段,或对吸毒者施行阻断神经系统的手术,均属于医疗模式的社会控制。

二、社会控制的两种途径

尽管社会控制具有多样性的特征,但是,这些多样性的社会控制,无非都是通过两种途径实现社会控制的目的。一种途径是内在控制,即通过规范的内在化,使规范成为人们自觉遵守的行为准则,从而实现对人的行为的控制。另一种途径是外在控制,即通过社会施加的外部压力,迫使人们遵守规范。

内在控制是人的社会化的结果,在个体出生之后,便开始了在一个特定群体中学习行为规则的过程,在这个过程中,个体形成了自我控制,获得了遵从社会规范的动机,可以在不需要外部压力的情况下,依靠学习获得的内心信仰和自制,对自己的行为进行控制。

外在控制是社会组织化的结果,社会作为人的共同体具有组织人们进行生产和生活的功能,一定的生产、生活秩序是维护社会存在和发展的基础。但是,社会群体中总是会出现遵从群体的共同意志或背离群体意志的行为,为了维护群体的正常秩序,群体的组织会建立制裁机制,对遵从的行为予以鼓励和奖励,此为正性制裁(或称积极制裁);对于背离的行为予以歧视或惩罚,此为负性制裁

[①] 〔美〕詹姆斯·克里斯:《社会控制》,纳雪沙译,电子工业出版社2012年版,第22页。

（或称消极制裁）。人具有趋利避害的本能,通过制裁的适用,可以促使群体的行为准则得以遵守,社会秩序得以维护。

对于制裁,拉德克利夫-布朗有详细的论述。他指出:"裁定(sanction)是社会或它的大部分成员对某种行为方式做出的反应,因而一种行为方式可能受到赞许(正面裁定,positive sanction),也可能受到责难(负面裁定,negative sanction)。① 裁定可以进一步被区分为泛化(diffuse)裁定和组织(organised)裁定。前者是指作为个体行动的社区成员自发表达出来的赞许和责难,而后者则是指按照某种传统的、被公认的程序来采取的社会行动。值得注意的是,在任何社会中,负面裁定总是比正面裁定更明确。社会义务可以说是一项行为的规则,不遵守这些规则就会遭到某种负面裁定。因此它们与那些像工艺程序这样的非义务性的社会习俗是有区别的。"② 布朗还对裁定的功能作了界定,认为裁定能够促成个人遵守习俗,约束自身行为的动机;各种各样的裁定能够形成一个系统的整体,这个整体构成了社会控制机制;裁定能够对影响社区团结的事做出反应,从而肯定和引导整个当事社区范围内的社会意向。③

在人类学看来,内在控制和外在控制都是一种通过文化实现的控制,每个人都处于特定的文化网络之中,在特定族群和社会文化的熏陶下,形成对文化的共同认识,同时又受外在其身的文化控制。总之,人是文化的产物。格尔兹说:"为了从人类学方面努力作出这样一种整合,以得到一个更准确的人的形象,我想提出两个观点。第一是最好不要将文化看作是具体行为模式的复合体——一系列风俗、惯例、传统、习惯——总的说来就像直到现在都是如此的状况一样,而是看作一套控制机制——计划、食谱、规则、命令(电脑工程师称'程序')——用以控制行为。第二个观点是,人类恰恰是极端依赖这种超遗传的、身体以外的控制机制和这种文化程序来指导自身行为的动物。"④

三、 正式控制与非正式控制

按照社会控制的依据来源,社会控制可以划分为两种类型,即正式控制与非

---

① sanction 一词在很多社会学著作中被翻译为"制裁"。相比制裁一词,这里的"裁定"显得更为中性,因为,在中文的语境中制裁一词往往让人想到只是惩罚。
② 〔英〕A.R.拉德克利夫-布朗:《原始社会的结构与功能》,潘蛟等译,中央民族大学出版社1999年版,第230页。
③ 同上书,第230、234、236页。
④ 〔美〕克利福德·格尔兹:《文化的解释》,纳日碧力戈等译,上海人民出版社1999年版,第51—52页。

正式控制。一般认为,正式控制是依据国家法律进行的控制,而非正式控制是依据日常生活中的民俗和规范等进行的控制。但是,正式控制还有扩展的定义,认为除了国家实施的控制外,由专门机构,如教堂、商业和劳动组织、大学、俱乐部,实施的控制也属于正式控制,因为,它们具有正式控制的基本特征,即专门化的机构系统,标准的技术、制裁的可预测性。① 非正式控制具有与正式控制不同的特征,它是在日常生活中形成的,不依赖官方的强制力,也没有职业的执法者。

美国社会学家史蒂文·瓦戈(S. Vago)认为,在熟人社会或是劳动分工简单的社会中,非正式社会控制具有明显的有效性,因为在熟人社会中,法律与民间规范的契合度更高,道德评价会趋于一致,而且,每个人的行为都会引人注目,这些因素制约了越轨行为的发生。而在更大、更现代的社会,社会中的人是疏离的、异质的,个体的行为不会受到他人的关注,因此,非正式控制的效果不如熟人社会。正式的社会控制镶嵌于社会的公共组织之中,由经过授权的机构和职业人员依照一定的程序来实施法律或其他行为准则。法律的控制主要采用负性制裁(消极制裁)的方式实现社会控制,而其他非政治性社会组织则主要采用正性制裁(积极制裁)的方式实现社会控制。在正式控制中,法律的控制是主要方式,但它不排斥其他规范实施的控制。②

从制度的层面讲,与正式控制和非正式控制相对应的也有两个概念,即正式制度和非正式制度。在法律人类学的视野中,一般来讲,正式制度指的是由官方法律建构的制度,而非正式制度指的是非官方法律建构的制度。所以,也可以称为官方法和非官方法。在本书中,我们更强调的是制度在国家进程背景下的状态,所以,我们把正式制度理解为依据国家法律建构的制度,把非正式制度理解为依据民间规范建构的制度。

对于正式制度与非正式制度的功用和关系,美国政治学家杰克·奈特(J. Knight)的描述是一个很到位的解释:"在社会最基本的层面上,一系列社会习俗、规则和准则,影响着我们日常生活的方式。它们对社会生活的影响是重大的和多种多样的:它们构建了男女和家庭生活日常事务之间的关系;它们确立了邻里或社会成员之间的行为准则;它们还成了代际间社会知识和信息传递的一个重要来源。简言之,这些非正式习俗,构成了大量正式制度组织和影响经济及政治生活的基础。从小商号到跨国公司,经济组织不管是小小的车间还是跨国公

---

① 〔美〕史蒂文·瓦戈:《法律与社会》(第9版),梁坤、邢朝国译,中国人民大学出版社2011年版,第153页。
② 同上书,第152—154页。

司,都受到制度框架的制约。从更大的层面上说,经济市场本身,就是由包括定义经济交易的产权体系在内的制度所构成的。从街道组织到国家政府,政治决策都是由制度规则和程序所建构的。在多数国家里,这些政治制度的建立是由宪法规定的,宪法或许是国家层面上所涉及范围最广的制度形式了。很多经济和政治制度通过法律实施来支持,而法律本身就是一种最具普遍性的制度形式,在许多重要方面只是非正式习俗和准则的正式化。"①

四、阈限理论

阈限是人类学家特纳提出的关于冲突与仪式的分析概念。在最初的研究中,特纳基本上沿袭了格拉克曼的观点,认为冲突能够在抗衡关系中被吸收和调整,即使社会规范的破坏导致社会危机,危机也会产生补救效果,并最终使社会实现重新整合。② 特纳之后开始趋向于从象征符号的视角分析冲突与仪式,提出了象征人类学意义上的仪式理论。在论文《恩登布人仪式中的象征符号》(1958)中,特纳将仪式分为两种类型,一类仪式用于纠正对习俗所规定的行为的偏差和背离,另一类仪式用于预先防止背离和冲突。他认为,在广阔的社会进程中,仪式表演的是一些社会阶段,每一类仪式在时间上是模式化的一个进程,它的单位是象征物品和象征行为的连续事项。如果把仪式当作一个意义的体系,人类学家通过与整个系统其他部分的比较,并参考这个体系中清楚表达了的主要原则,就会觉察出一个特定仪式的公开的、表面的目标和意图中隐藏着的、不被公开承认的、甚至是"潜意识"的思想和目的;同时还会意识到公开的和掩藏的、明显的和潜伏的意义模式之间关系的复杂性。③ 在论文《模棱两可:通过仪式中的阈限阶段》(1964)中,特纳介绍并采纳了范根内普(Arnold Van Gennep)关于阈限的观点,并对阈限(liminality)的概念作了新的阐释。他指出,范根内普已经表明,所有的过渡仪式都会经历三个阶段:分离、边缘(或阈限)、聚合。分离是第一阶段,由意味着个人或团体离开了先前在社会结构中的固定位置或一套文化环境(一种"状态")的象征性的行为组成;在位于中间的阈限阶段,仪式的主体("过渡者")的状态含糊不清,它经过的是这样一个很少带有或不带有任何过去的或即

---

① 〔美〕杰克·奈特:《制度与社会冲突》,周伟林译,上海人民出版社 2009 年版,第 1 页。
② V. W. Turner, *Schism and Continuity in an African Society: A Study of Ndembu Village Life*, Manchester: Manchester University. Press for Rhodes-Livingstone Inst., 1957, pp. XXII-XXIII.
③ 〔英〕维克多·特纳:《象征之林——恩登布人仪式散论》,赵玉燕等译,商务印书馆 2006 年版,第 44—45 页。

将到来的状态的领域;在第三个阶段中,完成通过仪式的过程后,作为仪式主体的个人或团体再次处于稳定的状态,由此拥有了一些明确规定的和"结构"类型的权利义务,被期望依照一定的习俗规范和道德标准来行事。① 特纳认为,阈限阶段的人在结构上具有双重的特点,代表他们的象征符号在许多社会中取自死亡、分解、代谢等生物现象。他们可能既不是活的也不是死的,而在另一方面,也可能既是活的也是死的,他们的状态模棱两可,似是而非,是对所有习惯的混淆。他说:"阈限也许可以看作对于一切积极的结构性主张的否定,但在某种意义上又可看作它们一切的源泉,而且,不只如此,它还可看作一个纯粹可能性的领域,从那个地方观念和关系的新颖形貌得以产生。"②特纳以后的许多论著都以阈限作为分析概念,在特纳的推动下,阈限成了人类学理论中的一个关键概念。

从社会控制的角度来看阈限,可以认为阈限的理论解释了在社会变迁中社会控制从模糊的界限到清晰的界限的变化过程。不但社会控制的主体存在阈限的过程,社会控制的对象也有阈限的过程。在这个过程中,模棱两可是对原有结构的否定,而同时,这种模棱两可又在孕育着新的结构。这里所讲的结构,指的是通过社会控制获得的秩序。

五、结构与反结构

结构与反结构的现象最初来自格拉克曼对仪式中臣民羞辱国王的反叛行为的分析。格拉克曼认为,在仪式中,现实的社会冲突以戏剧化的夸张形式表现出来,从而达到消除不满,维护统治秩序的目的,使冲突有利于社会秩序的恢复并最终走向社会的整合。因此,反叛仪式"通过允许人们按照通常被禁止的方式去行动,以一种颠倒的形式,表达了特定类型的社会秩序的常规公正性。"③

特纳在《仪式过程:结构与反结构》(1969)中分析了一种在发达社会和不发达社会普遍存在的现象——地位逆转的仪式活动。在这种仪式活动(节庆活动)中,往往发生把身处低位者抬高,把身处高位者降低的行为,参加仪式活动的人重新对等级性原则做出肯定。特纳认为,这种地位逆转的仪式活动的价值是,在认知上,没有什么比荒谬或者矛盾更能对规律性做出强调了。在情感的层面,没有什么能够像过度的和暂时被允许的违法行为那样,为人们带来极大的满足感。

---

① 〔英〕维克多·特纳:《象征之林——恩登布人仪式散论》,赵玉燕等译,商务印书馆 2006 年版,第 94 页。
② 同上书,第 96 页。
③ M. Cluckman, *Custom and Conflict in Africa*, Oxford: Blackwell, 1956, p.116.

地位逆转的仪式是临时的,是灾难威胁这个社区的时候才举行的。正是因为整个社区受到威胁,人们才会举行这些补偿性仪式——因为人们相信,历史上具体的不规则性可以改变那些被认为是"结构中永久性的类别"之间的自然平衡。[①]

社会中的等级区分是一种秩序的结构,而地位逆转的仪式是对这种现实的结构反抗,由此构成了一种结构与反结构的关系。特纳强调,地位逆转这样类型的仪式实际上是对结构的加强。在这类仪式活动中,人们在生命危机的阈限和地位变化的阈限中,通过一种平等的交融关系,将地位区别的所有外在的象征和内在的情感从自己的生活中剥去,进入到虚拟的结构之中。剩下的就是一种社会平均化现象,或者是像齿轮传动箱里的空挡位置一样。从这个位置出发,可以开始新一轮的运动,以不同的速度向不同的方向前进。[②] 在书的结尾,特纳评论道:"与其说社会是一种事物,不如说社会是一种过程——一种辩证的过程,其中包含着结构和交融先后承继的各个阶段。在人类的生活中,似乎存在着一种'需要'——如果我们能够使用这个有争议的词汇的话——来使人们对这两种形式都进行参与。"[③]

结构与反结构是社会中频繁出现的现象,但是,特纳所说的反结构是在仪式活动中的行为,是仪式活动构造的虚拟结构,通过这种虚拟的、临时的结构,促成处于对抗或矛盾中的人在交融中消除紧张的关系,达到对现实结构的肯定。这样的反结构行为无疑是一种社会控制的方式。

第二节　初民社会的社会控制

初民社会是人类学家用来指称无国家社会,或虽然属于某个国家但却远离国家控制的社会的专用名词。初民社会是与发达的、有国家的社会同时存在的社会,而不是指古代的社会。

[①] 〔英〕维克多·特纳:《仪式过程:结构与反结构》,黄剑波、柳博赟译,中国人民大学出版社2006年版,第179页。
[②] 同上书,第204—205页。
[③] 同上书,第206页。

初民社会是一个有秩序的社会，初民社会的秩序是通过社会控制建立和维护的。这个来自马林诺夫斯基的观点，基本上是人类学家对初民社会社会控制的共识。但是，关于秩序井然的初民社会如何实施社会控制的问题，人类学家给出的答案并不一样。这里的原因与人类学家对法律的认识、研究的视角、对象和范畴有关系。例如，认为无国家社会不存在法律的人类学家，不会把法律作为社会控制的工具；而形形色色的初民社会也给人类学家提供了丰富的材料，使得人类学家可以从不同的视角和研究范畴中认识社会控制。所以，本节主要考察的是初民社会的社会控制方法或模式。另外，社会控制是人类学的一个研究主题，受到人类学家的普遍关注。因此，我们关注的相关成果并不局限于法律人类学家的研究。

一、规范的控制

无论是否承认初民社会存在法律，初民社会存在着调整社会关系的规范是人类学家的共识，他们只是对这些规范是民俗的规范，还是法律的规范有不同的认识。有鉴于此，我们姑且放弃法律定义的争论，以涵盖更广的规范一词来讨论初民社会的社会控制。换言之，这里我们将人类学家所讲的法律和民俗都视为规范的范畴，而不再计较法律与民俗的差异。

马林诺夫斯基在《初民社会的犯罪与习俗》中，通过对特罗布里恩德群岛贸易活动、宗教行为、亲属关系、犯罪行为的考察，发现初民社会存在着法律、秩序、特定的权利和相当完备的义务制度。他认为，法律的基本功能是约束人类的某些自然嗜好，压抑和控制人类的本能，强制养成非本能的、义务性的行为方式——换句话说，法律旨在保证人类为了一个共同的目的，在彼此让步和牺牲基础上相互合作。马林诺夫斯基以群岛上的美拉尼西亚人为例说明社会控制如何在初民社会中实现。"这一地区的美拉尼西亚人，对于部落习俗和传统毫无保留地怀持最大的敬意。这在很大程度上可能是从一开始就接受了传统观念使然。部落的所有规则，琐细的或重大的，令人愉快的或使人厌烦的，道德的或公利的，他都满怀敬意，认做自己的义务。但是，如若习俗的强力和传统的魅力各自为政，那就不足以抵制欲望和贪婪的引诱或私利的驱惑。传统所仅有的约束机制——'初民'的顺从性和保守性——对于在所有情景下维护淳风良俗，敦化公私行为，均经常且独立地发挥着自己的作用，在这些情景中，为着建立共同生活和互助合作的制度与有条不紊的活动程序，规则的存在是必需的。但是，即便是在这样的情景下，也没有必要侵犯私利和习性，或挑起令人不快的行为，或压抑自然的本性。"①由此可见,特罗布里恩德群岛上的初民社会拥有一套建立在规则基础上,法律与习俗相结合,自我约束与群体约束相统一,既维护群体利益又保障个人利益的社会控制体系。

拉德克利夫-布朗在《原始社会的结构和功能》(1952)一书中,将规范和执行规范的程序作为初民社会的社会控制。他指出:"在任何社会,如果某种行为导致了整个社区或已设定的社会权威代表来执行一种有组织和规则的程序,那么这种行为就是公认的不法行为。这种有组织和规则的程序将追究社区中某一成员的责任,让社区或社区权威的代理人使之受到惩罚。这种程序可以称为惩罚制裁,就本质而言,它是一个社区就其内部成员冒犯某种坚定明确的道德信念从而引起社会不安定的行为而做出的一种反应。这种反应的直接功能是,表达出一种集体道德义愤,使社会恢复安定。然而它的根本功能则是,使这个社区的人们在必要的程度上保持着道德感。"②在拉德克利夫-布朗的论述中可以看到,规范通过惩罚制裁来恢复社会秩序和训导人们守法信念,从而实现社会控制的功能。

霍贝尔在《初民的法律》一书中,对初民社会中法律的功用作了专章论述,在他的论述中,法律的功用实际上就是法律的社会控制功能。他说:"除了最简单的社会之外,法律发挥着维持一切社会的某些基本功用。第一,法律规定社会成员之间的关系,它宣布哪些行为是允许的,哪些行为是禁止的,以使一个社会内个人和团体之间至少达到最低限度的和谐一致。第二,它源于驯服赤裸裸的暴力和运用强制力来维护社会秩序的需要。它涉及权威的分配,决定由谁来行使作为一种社会所公认的人身强制的特许权,以及选择最有效的制裁方式来达到法律所致力于服务的社会目标。第三是处理发生的纷争案件。第四是当生活情势变迁时,重新调整个人和团体之间的关系,以保持人们对变化了的环境和情况的适应能力。"③霍贝尔的论述不仅是对初民社会规范控制功能的总结,也是对现代社会法律控制功能的概括。至此,社会规范的社会控制功能已经基本被揭示了。

---

① 〔英〕B.马林诺夫斯基:《初民社会的犯罪与习俗》,许章润译,载〔英〕B.马林诺夫斯基、〔美〕T.塞林:《犯罪:社会与文化》,许章润、么志龙译,广西师范大学出版社2003年版,第39页。
② 〔英〕A.R.拉德克利夫-布朗:《原始社会的结构与功能》,潘蛟等译,中央民族大学出版社1999年版,第237—238页。
③ 〔美〕E.A.霍贝尔:《初民的法律——法的动态比较研究》,周勇译,中国社会科学出版社1993年版,第309页。

二、社会组织的控制

从社会组织的层面研究社会控制,是人类学的基本进路之一,因为社会控制往往是一种有组织的行为和过程,在这个意义上,社会控制与社会组织有着实际的关联。

对无国家社会或者说初民社会社会控制的研究,在人类学界被奉为经典的著作是埃文思—普理查德的《努尔人——对尼罗河畔一个人群的生活方式和政治制度的描述》(1940)。在这部著作中,普理查德回答了一个无国家的社会如何组织社会、如何实现社会控制的问题。

努尔人是居住在南苏丹尼罗河畔的族群,当时的人口约20万,是一个无国家的社会,没有政府,也没有法律。埃文思—普理查德从努尔人的居住环境和生活方式切入,认为不了解环境和生活方式的因素,就不能理解努尔人的政治制度,政治制度是与其生态环境相一致的。① 努尔人的物质文化简单,其生存高度依赖居住的环境。他们种植黍谷和玉米,养殖牛。其中,牛的养殖是努尔人的首要生产活动,而他们的生活方式也围绕着牛展开,大部分社会活动都与牛有关,甚至,努尔人对牛的关爱及其对得到牛的渴望影响着他们对邻近人群的态度和关系。他们鄙视那些有很少牛或者根本没有牛的人群;他们与邻近的丁卡人部落的战争是为了要夺取牛群和控制牧场;他们部落内部各个分支之间的争端常常是与牛有关;他们的社会组织及其活动也与牛有密切的关系。②

生态环境和社会关系影响着努尔人的观念,最能反映这种影响的是努尔人关于时间和空间的概念,这些概念支配着努尔人对生活的安排和对社会组织的管理。埃文思—普理查德区分了生态时间和结构时间、生态空间和结构空间的概念。生态时间反映的是努尔人与环境的关系,如雨季与旱季气候的划分,雨季期间,努尔人把注意力转向捕鱼和牛营的生活,而旱季则专注牛的放牧。结构时间反映的是努尔人在社会结构中彼此之间的关系,一个人在结构上的未来前景是固定的,渐进的。如一个男孩活得足够长的话,在贯穿于社会体系的注定阶段中,他所经历的所有身份更换都是能够预测的。通过生态时间和结构时间,努尔

---

① 〔英〕埃文思—普理查德:《努尔人——对尼罗河畔一个人群的生活方式和政治制度的描述》,褚建芳等译,华夏出版社2002年版,第3—4页。
② 同上书,第20页。

人会对他面前的事物有概念性的知识,并且能相应地预测和组织他的生活。①"从某种意义上说,所有的时间都是结构性的,因为它们都是对于并行的、协调的或合作的活动,即一个群体的运动的概念化表达。"②生态空间与物理距离相关,但它不仅仅是物理距离,因为它还要通过介于地方性群体之间的土地特性以及它与这些群体成员的生物需要之间的关系进行推算。如一条大河要比数英里宽的未被占用的灌木丛更为明显地把两个努尔部落分开。结构空间是指在一种社会制度中,人们群体之间的距离,它是以价值观来表达的。如,一个努尔村落可能与另外两个村落等距,但如果这两个村落中有一个村落属于别的部落,而另一个属于本部落,就可以说,该村落同前者的结构距离远于同后者的结构距离。③

努尔人的政治制度、宗族制度和年龄组制度是努尔人社会控制的主要方式,埃文思—普理查德认为,努尔人的部落分裂为各个裂变支,如果把最大的裂变支称为一级部落支,那么它们会进一步分裂为二级部落支,二级部落支又进一步分裂为三级部落支。部落裂变支越小,其领土越紧凑,其人员越毗邻,它们的一般社会纽带越多样、越亲密,因而团体情感就越强烈。④ 一个部落裂变支在与其他同类的各裂变支相比较时,才是一个政治群体,并且,它们只是在和那些与之构成同一政治系统的其他努尔部落及邻近的外族部落发生关系时,才合在一起,形成一个部落。部落结构得以维持的原因是较小的裂变支之间的对立,而不是外部压力。一个裂变支的成员之间的接触越复杂多样,越频繁,其各部分之间的对立就越强烈。努尔人部落中,有一种"血仇"的制度,这是一种因为争端和械斗杀人导致的杀人者与被杀者以及他们的亲属之间担责和复仇的关系产生的制度,也是一种获取赔偿的途径。对于可能会招致血仇的畏惧是部落内部最为重要的法律。⑤ 由凶杀发展到血仇的可能性、它的强度以及解决的机会取决于所涉及的人物在结构上的相互关系,同时,血仇也是政治裂变支之间的一种结构运动。如果说血仇是描述当事人双方的关系,那么,还有一个词是"世仇",即由血仇引起的整个地方性社区间的暴力。世仇是一种政治制度,它是部落内部各个社区之间的一个得到认可的、经过调整了的行为模式。在这种制度中,部落分支之间具

---

① 〔英〕埃文思—普理查德:《努尔人——对尼罗河畔一个人群的生活方式和政治制度的描述》,褚建芳等译,华夏出版社2002年版,第114—115页。
② 同上书,第123页。
③ 同上书,第128—129页。
④ 同上书,第164页。
⑤ 同上书,第175页。

有彼此平衡的对立,又有朝向分裂和融合的互补性趋势。各种社会接触的频度越小,无政府状态的程度越高,世仇的解决也就越困难,它们相伴存在。随着社区规模越来越小,社会内聚力就越来越强。① 所以,争执双方所在的区域越大,解决争端的责任感越弱,执行决议的难度就越大,争端得以解决的可能性越小。反之,在村落内部,当事人都被亲属关系和共同利益所相互联系着,在村落长老们的讨论中,争端会很容易通过赔偿的方式得以解决。努尔人没有法律,也没有一个能够解决纠纷的有权力的人,虽然"豹皮酋长"可以充当庇护者和调解者,但是,他仍然不是一个有足够权威的人。然而,努尔人有习俗,如果这种习俗可以称为法律的话,它指的是通过习俗惯例的方法来解决争端的道德义务。努尔人的法律不是在各处都有同样的威力,而是与人们在社会结构中的地位以及他们在亲属、宗族、年龄组等方面的位置相关,即与在政治制度中彼此之间的距离有关。②

埃文思—普理查德认为,在努尔人中,缺少政府性的机构,没有法律制度,也没有发展成熟的领导制度,从总体看来,他们也没有有组织的政治生活。他们的国家是一个没有首领的亲属制的国家,也就是说,他们生活在一种有序的无政府状态中。在这种状态之中,努尔人的宗族制度和年龄组制度发挥着组织社会维护秩序的作用。③ 努尔氏族是最大的父系亲属群体,其继嗣关系溯源于一个共同的祖先,彼此间禁止通婚,性关系也被认为是乱伦。氏族的裂变分支是宗族,一组宗族所构成的系统就是氏族。氏族和宗族都有名字,拥有各种各样的仪式象征,并遵守某种互惠性的仪式关系。部落政治群体与宗族群体虽然并不是完全等同的,但是,它们又有着某种对应性,且常常有着相同的名字。④ 宗族的形成与父系继嗣相关,甚至一个男子就是一个潜在的宗族,几个兄弟便更是如此了。先有一个最小的宗族,然后,一个较小的宗族便形成了。宗族及其成员与所生活的村落及区落的人们在利益上相互关联,它与其所在地的其他氏族的人们之间相互通婚,还会依附那些更大、更强的宗族。但努尔的宗族永远不会完全并入到另外一个氏族中去。宗族共享的礼仪习俗和相互通婚形成的社区纽带,使宗族保持了独特性。同时,由于部落与其支配氏族之间存在紧密联系,而宗族又以这样

---

① 〔英〕埃文思—普理查德:《努尔人——对尼罗河畔一个人群的生活方式和政治制度的描述》,褚建芳等译,华夏出版社2002年版,第184—186页。
② 同上书,第194—195页。
③ 同上书,第207页。
④ 同上书,第221—223页。

那样的方式与这个支配氏族有所关联,才使得宗族结构中的父系关系原则具有政治上的重要性。因为,在为部落提供了进行联合的物质基础的政治制度中,宗族作为价值观念而起着作用。① 每一个地域单位(村落)都和一个宗族相联系,大量的村落组成一个部落的单位。所以,宗族的数量及结构上的位置显然被地域性的裂变制度(部落制度)所严格限制与控制。②

最后被埃文思—普理查德讨论的是年龄组制度。年龄组是按照一定年龄编制的组织,从一个年龄组结束到下一个年龄组开始,有四年的时间间隔。一个年龄组又可以裂变为以两年为界的亚组。年龄组不是一个军事性的团队,只有在家庭性与亲属性的联系中,行为才受到人们在年龄组结构中的位置的决定。与部落和宗族制度相比较,部落或宗族的成员与部落和宗族保持着固定的关系,但一个年龄组则常常改变其在整个年龄组制度中的位置,经过相对年幼及年长的各个位置。年龄组制度通过一种亲属关系习语在亲属关系模式方面对人们产生着影响,人们在年龄组结构中的相对位置在某种程度上决定着邻近人们之间的行为。③

以上内容是一种以读书笔记展示的《努尔人》中关于努尔人社会组织与社会控制的描述。这些内容在原文中跨度很大,需要做阅读的概括和阅读秩序的整理,它们是原著中的内容,也是笔者对埃文思—普理查德建构的无政府的有序社会,以及努尔人社会组织如何实现社会控制的认识。④

社会组织的社会控制功能在很多人类学家的著作中都能看到。例如,在霍贝尔《初民的法律》中,霍贝尔对切依因纳人(即夏安人)的社会组织的社会控制功能演变也有分析。他说,切依因纳人社会中有部落管理机构——部落议事会,

---

① 〔英〕埃文思—普理查德:《努尔人——对尼罗河畔一个人群的生活方式和政治制度的描述》,褚建芳等译,华夏出版社 2002 年版,第 242—243 页。
② 同上书,第 287 页。
③ 同上书,第 290—300 页。
④ 与埃文思—普理查德调查的时候(1940 年前后)相比,努尔人的现状令人担忧。自 1956 年苏丹独立后,由于地方力量的不平衡、宗教的差别、政府和军队在推行政策上的暴行,致使苏丹经历了数十年的内战,居住在南苏丹的努尔人不可避免地卷入其中,并扮演着主角。努尔人和丁卡人一方面共同抵制北苏丹对南苏丹的强硬统治,争取南苏丹的独立;一方面又继续着双方的争斗,南苏丹的努尔派和丁卡派武装冲突频频爆发,持续数年,给当地的经济和民众生活造成了极大的破坏。2002 年,努尔人和丁卡人在美国华盛顿的一次调停会上发表声明,宣布努尔人和丁卡人从此成为一个民族。然而,一纸声明并不可能解决两个族群的敌对传统。2011 年,南苏丹独立公投通过,于 2011 年 7 月成为独立国家,并成为联合国的成员。但是,独立后的南苏丹并不太平,至今仍然内战不断,长期驻扎着联合国维和部队。参见〔美〕霍莉·彼得斯—戈尔登:《改变人类学:15 个经典个案研究》(第 5 版),张经纬等译,北京大学出版社 2012 年版,第 169—170 页。

也有一种非政府性的组织——军事会社。军事会社最初只是男人们的俱乐部,成员间亲如兄弟,以诚相待,大家在一起聚餐、唱歌、跳舞,在公众面前炫耀自我。在部落议事会的默许下,军事会社具有了代表全部落的利益行使强制力的权力,成了从事警察事务和裁判纠纷的合法部门。随着19世纪切依因纳人受到剧烈的危机冲击,军事会社稳步地扩展了其合法的权力范围。议事会依据原先宗教性质的授权,其权限趋于传统;而军事会社则依靠订立新法规和强制实施新旧法规的需要获得更多的权限。军事会社享有广泛的处理各种纠纷和违犯行为的管辖权,还偶尔在司法上介入家庭成员的争吵,甚至还具有立法权。[1]

三、亲属制度的社会控制

自人类学学科诞生以来,研究以亲属关系为基础的社会组织形态一直是人类学的主题,几乎所有的人类学大师都参与了关于亲属制度问题的争论。这种现象的出现有几个原因:其一,亲属关系是社会关系的基本范畴;其二,亲属关系是社会价值评价的焦点;其三,亲属关系是一种可以进行历时和共时观察的社会现象。

亲属制度通常指某一社会的一套复杂规则,用于支配诸如继嗣、继承、婚姻、婚外性关系、居处等问题,并从血亲和姻亲等方面的联系来决定个体和群体的地位。

拉德克利夫-布朗用亲属制度指称亲属和婚姻制度,并描述了亲属制度的特征。他说,形成亲属制度的结构单位——基本家庭,由一对夫妇及其子女组成。基本家庭产生了三种特殊的社会关系,即父母与子女的关系、子女之间的兄弟姐妹关系和夫妻关系。基本家庭的亲属关系还可以扩展,联结成根据社会意义来认可的一定数量和范围的亲属关系。亲属制度是一个共同体中人与人之间的一种二元关系体系,处于这些关系中的任何两个人的行为在某种方式和程度上,都受着社会习惯的约束。一种亲属制度还意味着一个明确的社会群体的存在。亲属制度的内容包括:亲属间的相互权利与义务和他们在社会交际中所遵循的社会习惯、亲属称谓,以及人们自己所具有的有关亲属的

---

[1] 〔美〕E.A.霍贝尔:《初民的法律——法的动态比较研究》,周勇译,中国社会科学出版社1993年版,第172—173页。

观念。①

　　这里,我们从社会控制的视角,对亲属制度做一番考察,以便解释亲属制度的社会控制功能。其实,在很多人类学家关于亲属关系的研究中,亲属制度的社会控制功能均是研究的重要内容。

　　马林诺夫斯基描述过婚姻关系中互惠关系的社会控制功能。在特罗布里恩德群岛的家族中,一个女子必须处于一个男子——她的一个兄弟,如果她没有兄弟,则为她最为亲近的一位母系男性亲属——的监护之下。她必须服从他,必须履行某些职责,他则必须照管她的福利,向她提供经济资助,即使在她结婚之后。她的兄弟成为她的孩子们的当然监护人,孩子们必须将他而不是他们的父亲,当作法律上的一家之长。反过来,他必须照应他们,必须向全家提供一定份额的食物,并且还要展示他所提供的礼物。如果这位兄弟勤奋而有效的劳作使得他能够奉出丰厚的礼物,人们便对他表示满意并给他回报;当他既无能又疏于职守、吝啬或运气不佳时,他们就会处罚和羞辱他。马林诺夫斯基认为,这种情况表明,初民社会的婚姻建立的不仅只是夫妻之间的纽带,它还在夫妻双方的家族,特别是与妻方兄弟之间,建立起一种衡定持久的互惠关系。"在这儿,每个男子都在为他的姐妹而劳作,相应的也必须依恃他妻子的兄弟而生活;在这儿,较诸真正的劳动,难道浪费在展示、炫耀和搬运食物上的时间和精力,似乎不是更多吗?然而,更为剀切的分析表明,此类似乎并无必要的活动,其中一些具有强大的经济刺激力,另一些提供法律上的约束力,而且,他们依然是初民亲属关系观念的直接产物。"②

　　拉德克利夫-布朗对亲属制度社会控制功能的分析主要体现在关于戏谑与回避的研究中。他发现在很多初民社会中存在着两种关系,一是戏谑关系,习俗允许、有时是要求一方嘲弄或取笑另一方,而后者不得动怒。在亲属中舅甥之间或是姻亲间的戏谑关系较为常见。另一种是回避关系,在一些初民社会的习俗中,要求女婿和岳父母相互极端尊重,双方常常要部分地或完全地回避。拉德克利夫-布朗认为,戏谑和回避关系的存在,与婚姻引起的社会结构调整有联系。夫妻结婚后建立了亲密关系,但是,丈夫与他妻子家庭的关系包含着附属、分离

---

　　① 〔英〕A. R. 拉德克利夫-布朗:《原始社会的结构与功能》,潘蛟等译,中央民族大学出版社1999年版,第53—56页。
　　② 〔英〕B. 马林诺夫斯基:《初民社会的犯罪与习俗》,许章润译,载〔英〕B. 马林诺夫斯基、〔美〕T. 塞林:《犯罪:社会与文化》,许章润、么志龙译,广西师范大学出版社2003年版,第23—24页。

和联合、分隔。男方对于女方的家庭来说仍是一个局外人,这就构成了一种社会分隔,婚姻本身不能消除这种分隔。而妻子结婚后仍然保持着和娘家的关系,这是一种社会联合。社会分隔暗含着利益分歧,因此也暗含着冲突和敌对的可能性,而社会联合则要求避免社会冲突。让这种既包含社会分隔,又包含社会联合的关系获得一个稳定有序的秩序,途径就是建立亲属之间的回避和戏谑关系。通过回避关系,让特定的双方相互尊重,避免发生接触,从而建立双方的友谊,消除由于利益分歧产生冲突的可能性;通过一种互不尊敬和放纵的戏谑关系,特定的双方在戏谑性敌对中消除了严肃的敌对情绪,同时,对于侮辱无动于衷的友情又维持了社会联合。① 除此之外,在一些初民社会中,戏谑关系还有一种社会行为的控制机制,即有戏谑关系的亲属可以唤起公众对自己亲属的缺点的关注。② 在之后的研究中,拉德克利夫-布朗以回避与戏谑关系为基础,建立了一种二元对立的分析框架,主张将这种既分离又联合的关系看作是一种特殊的社会整合,是一种对立统一的结构。③

上述马林诺夫斯基关于婚姻关系的交换与互惠理论和拉德克利夫-布朗的关于戏谑与回避关系的二元对立理论,成了列维—施特劳斯(C. Levi-Strauss)结构人类学亲属关系理论的理论来源。列维—施特劳斯亲属关系理论的核心是其揭示的婚姻家庭关系的原子结构,这个结构充分体现了其结构主义思想,同时,这个结构也表现了婚姻家庭关系中的社会控制关系。

以下是列维—施特劳斯的婚姻家庭关系的原子结构:

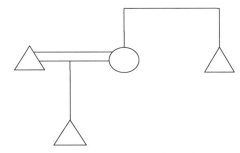

要看懂这个原子结构,需要了解人类学的表达亲属关系的符号系统,以下是

---

① 〔英〕A. R. 拉德克利夫-布朗:《原始社会的结构与功能》,潘蛟等译,中央民族大学出版社1999年版,第99—102页。
② 同上书,第120页。
③ 〔英〕A. R. 拉德克利夫-布朗:《社会人类学方法》,夏建中译,华夏出版社2002年版,第116页。

人类学亲属关系的符号系统：

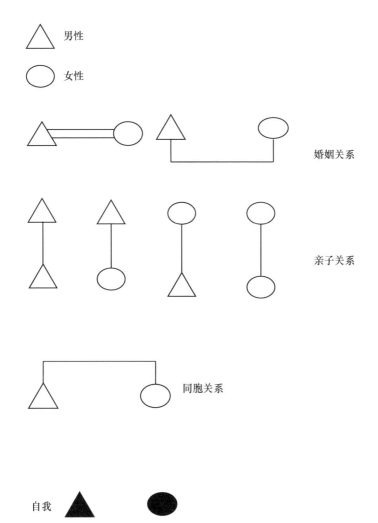

按照列维—施特劳斯的解释,这个结构揭示了婚姻家庭关系中的核心内容：(1)四角结构,即表达兄弟姐妹、夫妻、父子、舅甥关系的结构；(2)三个构成成分,即血缘关系、姻亲关系和继嗣关系；(3)亲属关系中蕴含的乱伦禁忌、两性劳动分工、婚姻、家庭。他说："哪怕是最简单的亲属关系也绝不是由父母及其子女组成的生物学意义上的家庭构成的,而是永远蕴含着从一开始就给定的一种联姻关系。这种关系来源于人类社会的一个十分普遍的事实：一个男人若想娶妻,就必须由另一个男人直接地或间接地把一个女人出让给他；在最简单的情形下,

另一个男人所处的地位是那个女人的父亲或兄弟……一个亲属关系的原子,假如可以这样叫的话——是由一个丈夫、一个妻子、一个子女和丈夫从中娶到妻子的那个群体的一个代表所构成的。"①他解释道:"我建议称为亲属关系的原子的东西,即那种表达兄弟姐妹、夫妻、父子、舅甥关系的四角结构,是一个最容易设想,甚至有时是最容易观察到的结构……有两条理由促使我从一开始就思考某种基本的结构。首先,它是蕴含在拉德克利夫-布朗所阐述的舅甥问题中的唯一结构,也是我曾经试图讨论的。其次,在一个更宽阔的视野中,这一结构可用最省力的方式把亲属关系的三个构成成分衔接起来,即'血缘关系、姻亲关系、继嗣关系'。"②

列维—施特劳斯认为,这个原子结构满足了三个条件:其一,一个亲属关系的基本结构对于联姻关系的依赖跟对血缘关系的依赖相同;其二,舅甥关系的内容独立于裔传法则;其三,在这一结构内部,相互对立的态度(故不妨扼要地分别称之为积极的和消极的)形成了一个平衡的整体。③ 确实,在这个结构中,血缘关系和姻亲关系是婚姻和家庭的基础,继嗣关系保证了宗族的承继和家庭财产的稳定;外部给出的女子遵守的是乱伦禁忌的原则;夫妻关系体现着两性不同的劳动分工,姻亲关系(丈夫与妻子兄弟的关系和舅甥关系)中的戏谑和回避,又使可能发生的利益冲突得以控制。所以,从社会控制的视角来解读亲属关系的原子结构,也可以看到亲属关系中包含的社会控制机制及其功能。

四、宗教和巫术社会控制

人类学意义上的宗教是指人类对超自然存在的信仰和仪式行为。宗教的属性在于"把握无限",所以,只要人类生活的领域存在着不可把握的东西,那么宗教就必定存在着;由此又决定了宗教总是企图干预社会生活,这种干预和被干预的关系,一方面支撑了社会的稳定,另一方面又扰乱社会的稳定。④

初民社会的宗教包括本地的原始宗教和西方传教士带来的西方宗教,两种宗教都具有社会控制的功能。至于巫术,往往与原始宗教有密切的关系,或者说,就是原始宗教的重要内容。

---

① 〔法〕克洛德·列维—斯特劳斯:《结构人类学(2)》,张祖建译,中国人民大学出版社2006年版,第556页。
② 同上书,第557—558页。
③ 同上书,第568页。
④ 朱丙祥:《社会人类学》,武汉大学出版社2004年版,第162—163页。

马林诺夫斯基在《自由与文明》(1944)中,对宗教的起源有这样的描述:"人类无论在何时何地都会被疾病、厄运、自然灾害和人类战争所威胁,厄运、命运和管理不当所带来的灾难不仅影响人类的反思能力和理论水平,同时也影响人类的情感反应……行动于一个不确定的世界里,生存于一个超越了日常边界和掌控范围的时空中,就会出现魔鬼的力量以及预料以外的行为,所以人们就不得不假设另外一个世界的存在。因为人们要控制运气和命运,因此人们设想出慈悲菩萨或是凶神恶煞,设想出有用的神明或危险的神明。"[1]由此可见,宗教的产生与社会控制有直接的关联。

关于宗教的功能,马林诺夫斯基认为:"所有宗教在根本上是实用主义的。在所有的教义中都存在这样一条实用的真理:它不仅告诉我们图腾、灵魂、圣徒和神明的存在,同时也说明如何通过祈祷、献祭、圣礼和道德联系来沟通神明。宗教和巫术都是一套信仰体系、实践体系和行为规范体系,这成为所有文化价值的核心。这一套文化价值影响人类生活的方方面面,尤其是在面对危机时,它提供人类一套标准化的行动准则来指导最基本的人类行动。因此,一方面宗教和巫术给人类带来自由,使人类远离恐惧与失望,远离精神崩溃和社会失序;另一方面它们加强并整合了部分的特殊的行动价值和劳动成果,使其成为一个或几个体系,每个体系都与核心价值体系相关,并期待着坚定有力的神圣世界显灵,这样做恰恰是因为这个神圣世界外在于人类的日常体验。宗教和巫术对于自由的贡献在于它们将人类零碎的行动整合,在这个意义上,宗教和巫术像知识一样,服务于对永久性和标准化体系的渴望,表现在传统和语言中,指导人类行动并确立一个自然和超自然的秩序。"[2]

弄清宗教的起源和功能之后,我们来看看人类学家给出的关于宗教和巫术在社会控制上的实例。

马林诺夫斯基在《初民社会的犯罪与习俗》中除了对巫术消除社会恐惧有论述外,还从互惠的视角描述了宗教行为中的法律规则。在特罗布里恩人中,丧葬和哀悼死者的典仪是具有宗教性质的活动,在活动中,寡妇的哭泣和哀号不仅是出于宗教性的虔诚和恐惧,更是因为她的极度悲伤能够直接换得已逝男子的兄弟和母系亲属们的满足。这样做得到的回报是,在她丈夫死后约三天的第一次大规模礼仪性的分配活动中,她将收到夫家亲属因为她的眼泪给予的一份礼节

---

[1] 〔英〕布劳尼斯娄·马林诺夫斯基:《自由与文明》,张帆译,世界图书出版公司北京公司2009年版,第137页。
[2] 同上书,第139页。

性的、丰厚而实在的报偿；在后续的礼仪性的宴飨中，她因随后的哀悼活动而被给予更多的报偿。① 这个实例说明，法律上的互惠原则已经渗透到宗教活动之中，通过宗教仪式控制人们的行为。

美国人类学家基辛（R. Keesing）在《文化人类学》中指出，在许多社会里，社会控制的一个主要力量就是巫术了；所谓巫术是以一种不知不觉的力量透过个人施展出来的邪恶能力。在非洲、北美和其他地方的许多社会，未能遵从亲属规范或按照规矩行事的逾矩者，也许只是因为比别人更有成就，很可能就会被当作巫师而杀掉或驱逐出境。基辛引用了坦桑尼亚卡古卢人的个案：卡古卢人相信他们的同胞不论男女都有巫术的超自然力量。他们如果怀疑自己是巫术的牺牲品常常会怀疑谁是巫师，他们可以去问神媒，确定谁是作法的巫师。在过去，涉嫌者会受到当地社区的审讯和酷刑。如果涉嫌者有罪，就会被鞭笞致死。如果是无辜的，原告就得付一大笔赔偿。现在虽然公开控诉巫师已经不合法，但是，涉嫌者还是会因被指控而受到侵害。② 在这里，巫术不是一种消除社会恐惧或危险的工具了，而是成为社会恐惧和危险的来源，因此，巫师成了社会控制的对象。

由于传教士和殖民地当局的因素，西方宗教对初民社会也有社会控制的作用。奥德丽·I. 理查兹在《罗德西亚东北部本巴部落的政治制度》（1940）中，描述了基督教对初民社会的控制。在罗德西亚东北部，英国的传教机构被视为在部落内建立的新当局。他们拥有巨大的教堂，还拥有并耕种土地，吸引追随者，并将他们所在地的村落视为"教民"。每个传教社团又引入本土人眼中的新法规，内容大多是禁止一夫多妻制，禁止离婚，禁止饮酒、跳舞或其他种类的宗教仪式。这些规定束缚着当地的基督教成员，甚至令他们与社会的其他权威、区划长官和酋长发生冲突。传教团体会对分散在领地内的所有社区的基督徒施加权威，在有些情况下，他们对偏远地区教民的控制与过去酋长的一样强大。③

帕林德（E. G. Parrinder）在《非洲传统宗教》（1974）中，对非洲宗教的社会控制作用有概括性的描述。他指出："宗教势力一直是中坚力量之一。'这些极端迷信宗教的人民'曾是挂在许多非洲旧行政官员嘴边的口头禅。在当今世界，宗教仍行使着很大的权力，无论是在苏丹马赫迪，还是南非的两千多个教派。不

---

① 〔英〕B. 马林诺夫斯基：《初民社会的犯罪与习俗》，许章润译，载〔英〕B. 马林诺夫斯基、〔美〕T. 塞林：《犯罪：社会与文化》，许章润、么志龙译，广西师范大学出版社2003年版，第22—23页。
② 〔美〕基辛：《人类学绪论》，张恭启、于嘉云译，台湾巨流图书公司1989年版，第368—369页。
③ 〔英〕M. 福蒂斯、〔英〕E. E. 埃文思—普理查德编：《非洲的政治制度》，刘真译，商务印书馆2016年版，第105页。

单众神,许多精神力也颇有势力:大多数婴儿和许多成年人佩带吉祥物、危急关头为神灵举行的灌奠、受精神约束的誓言、经常发生又令人痛苦的猎巫,都证明了这一点。"①即使外来的新宗教渗透到非洲社会中,它们也接受并发展了非洲人对至高体的古老信仰,并容忍原始宗教的自然神在穆斯林坟前的膜拜中或者在基督教的祭礼中游荡。帕林德感叹道:"非洲的过去如此透彻地充满了宗教及其道德规范,以致很难让人相信,没有宗教及其道德规范能建立起秩序井然的社会。无疑,很早以前上帝就给过非洲人启示,非洲人定能用自己的信念去解释新宗教,从这些新宗教中获得救助社会的新道德。"②

第三节 现代社会的社会控制

这里所讲的现代社会是与初民社会相比较的一个概念,指现当代存在的有国家的、复杂的、大型的社会。现代社会一般采用以法律为主要手段的社会控制,但也在向一种柔性的或隐性的控制模式与法律控制模式相结合的社会治理模式转变。

一、通过法律的社会控制

通过法律实现社会控制是现代社会的基本策略和共识,它建立在对法律理性认识的基础上。在法学中,无论是将法律视为自生自发的智识成果的进化论,还是将法律视为人为的制度安排的建构论,都不否认法律是人类理性的反映。法律具有规范性、程序性、约束性和可预测性的特征。法律的规范性指的是法律通过确定权利与义务,设置行为的界限,指导人们的行为,调整社会关系。法律的程序性是指法律的制定和实施均有一定的程序,通过程序性的活动,规范相关法律活动,以保证和展现法律的公正性。法律的约束性是指法律的遵守有来自国家或社会组织的制裁做保障,尽管这种约束性的制裁有正性和负性之分,但

---

① 〔英〕帕林德:《非洲传统宗教》,张治强译,商务印书馆1999年版,第4页。
② 同上书,第158页。

是,法律的约束力主要依靠负性制裁(惩罚性制裁)发挥效力。法律的可预测性是指法律作为一种公开的、事前的规范,人们可以根据法律的规定预测自己行为的法律后果,以趋利避害的本能做出正确的行为选择。由此可见,代表着人类理性,具有上述四个特征的法律,不啻是社会控制的首要工具。

在法律人类学中,法律被视为一种社会文化,或一种统治工具,或一种解决问题的手段。穆尔认为,文化是表示长久的风俗、观念、价值、习惯和实践的标签。把法律视作文化的观点,意味着法律是整体文化中的一个特殊部分,也意味着文化是具有内在系统关联性的组合体。法律的文化背景曾为一些人类学家提供了一种朴素而明白的描述性解释方法,用于解释人们在价值观和生活方式上的差异。但文化已经失去了无涉政治的品性。今天,当文化差异被用于解释法律差异的合法性时,文化背景也经常作为政治斗争中有意而为的集体意识的一部分出现,它的提出与宪法、群体的不平等、局内人和局外人,以及国家和民族政治的问题紧密相连。将法律视为统治工具的解释认为,无论是西方还是其他地方,法律的全部内容都可以被理解为精英利益的面具。法律的主旨本应是服务于民众的利益,但是它其实是服务于强权、资本家和资本主义制度。而把法律视为解决问题的手段则是对法律的一种技术性及功能性解释。该观点认为法律是对社会问题的理性回应,在西方和其他地方,法律总是通过理性思考来解决问题,减少冲突。所以,法律是解决问题的一种工具。这种理性主义的解释框架被广泛应用于法学领域,也成为西方社会学解释现代社会问题的法宝。[1]

对法律的三种人类学解释——作为文化的法律,作为统治手段的法律,作为解决问题工具的法律,实际上是法律在现实生活中的三个面相,它揭示了法律在社会控制中的功能。在中国,法学理论很早就肯定了法律的后两种面相,而对于法律的文化面相的认识,则是 20 世纪 80 年代出现的。在法律文化的研究中,法律背后的国家意志不见了,法学家们用文化的视角重新塑造了众多法学理论的概念,也导致法律文化成为一个无所不包的概念。[2]

与法学家不同,法律人类学家对法律文化持积极拥抱的态度,他们更希望在人类学熟悉的文化视野中充分地解释法律。美国法律人类学家劳伦斯·罗森认为,法律就是一种秩序化关系,它既是秩序化的过程,又是文化的建构过程。正

---

[1] S. F. Moore, Certainties Undone: Fifty Turbulent Years of Legal Anthropology, 1949-1999, *Journal of the Royal Anthropological Institute*, Vol. 7, Issue 1. (Mar., 2001), pp. 96-97.

[2] 强世功:《迈向立法者的法理学——法律移植背景下对当代法理学的反思》,载《中国社会科学》2005年第1期。

是在法律的文化建构中,秩序化过程才得以实现。将法律视为文化,那些法律中内在固有的神话将会被更为合理的观点所取代。"无论我们是否试图忽视它,法律情感和文化风格之间的适应都会不期而至。并且,正是通过理解文化的真正本性和法律在文化中的位置——理解文化各个组成部分之间的共生关系及其相互交织的具体方式——法律在关系秩序中的位置才可能得到最为现实的探寻……无论怎样展现法律,无论怎样运用法律,如果我们不将法律视为文化的组成部分,就无从理解法律制度的诸多功能,如果我们不关注文化的法律形式,就无从理解所有文化的各个方面。最后,我们也许值得,将法律视为存在于人类观念中的普遍现象——作为研究人类最核心的特征的绝佳进路,无论个人的最终兴趣是什么,文化本身都会开放地引领我们去思考:我们究竟是什么,我们究竟是谁。"①

如果说法律文化概念的扩张仅仅是理论上法律概念扩张和塑造、解释法律及法律现象的包容性扩展的话,那么,在现实社会中,法律的扩张却是一个普遍存在的社会事实。这种扩张表现在很多方面,一是法律控制范围的扩张,似乎法律可以实现对任何社会领域的社会控制,无论是公共领域,还是私人领域,无论是政府的活动,还是民间的活动,法律均能进入。二是法律自身的扩张,似乎法律越多越彰显社会的发达,越来越多的法律导致"法律爆炸"现象的出现:事无巨细的法律比比皆是,一个事项或一种行为,可能有若干个法律予以规定;而且社会的各个领域若不予以法规的控制,就意味着这个领域会走向失序的状态。法律的扩张带来的并不是社会控制的良好效果,相反,当法律失去克制,丧失边界后,法律会破坏社会生活的正常秩序,出现一种被称为法律失败的结果,即法律的预设目标未能达到,或产生了损害社会的后果。另外,法律的爆炸,不仅使适用法律的执法者陷于法律冲突或法律选择的困境中,也会使普通百姓丧失认知法律的能力,或陷入随时可能违法的窘境之中,从而失去守法的信念。

美国法社会学家庞德在《通过法律的社会控制》(1942)中指出:"在近代世界,法律成了社会控制的主要手段。在当前的社会中,我们主要依靠的是政治组织社会的强力。我们力图通过有秩序地和系统地适用强力,来调整关系和安排行为。此刻,人们最坚持的就是法律的这一方面,即法律对强力的依赖。但我们最好记住,如果法律作为社会控制的一种方式,具有强力的全部力量,那么它也

---

① 〔美〕劳伦斯·罗森:《法律与文化:一位法律人类学家的邀请》,彭艳崇译,法律出版社2011年版,第151—153页。

具有依赖强力的一切弱点。"①庞德认为,法律具有局限性,这些局限性是对法律发挥社会控制功能的限制,其表现在五个方面:其一,有些限制产生于适用法律的事实,在其确定中所包含的各种困难。法律以事实为根据决定法律后果,却不能为司法提供现成的事实,以致在司法上确定事实是一个充满着可能出现许许多多错误的困难过程。其二,有些限制产生于许多义务难以捉摸,它们在道德上很重要,但不能在法律上予以执行。例如,感恩是一种道德义务,却不能作为一种法律义务。其三,有些限制产生于许多严重侵犯重大利益的行为,其所用的方式微妙离奇,尽管法律对这些利益乐意保护,却苦于在追溯原因和确定因果关系时所包含的各种困难而无能为力,如家庭中的感情纠纷。其四,有些限制产生于对人类行为的许多方面不能适用规则和补救等法律手段,如夫妻同居的义务。其五,有些限制产生于为了推动和实施法律,必须求助于个人的必要性,但这种必要性给司法增加了负担。因为,法律不会自己实施,一定要有人来执行法律,一定要有某种动力来推动个人使他超越规则的抽象内容及其与理想正义或社会利益理想的一致性之上。②

既然法律具有局限性,面对无限的社会生活,法律必然无力独自承担社会控制的重任,同时,在某些社会领域,法律也不是最有力的控制手段。所以,法律虽然是现代社会一种主要的社会控制手段,但是,仍然需要与道德、宗教、教育等社会控制手段相结合,才能实现社会控制的目标。

二、 无需法律的社会控制

通过法律的社会控制中,法律指的是一种正式制度,一种由国家制定和强制实施的法律推动的社会控制。然而,在现代社会中,有的地方不需要国家的法律,也能够建构和维护社会生活的秩序。因为,在社会控制的类型中,还有一种类型是通过非正式制度实现的社会控制。尽管在法律人类学中,由习俗、惯例构成的非正式制度仍然属于法律的范畴,但此处我们是有意地将非正式制度与国家法律制度相区别,所以,所谓无需法律的社会控制是指一种排斥国家法律,依靠非正式制度实现的社会控制。

美国法学家埃里克森(R. C. Ellickson)在其著作《无需法律的秩序——邻人如何解决纠纷》(1991)中,用大量的田野调查材料,对当代美国加利福利亚州

---

① 〔美〕罗·庞德:《通过法律的社会控制·法律的任务》,沈宗灵、董世忠译,商务印书馆1984年版,第10—11页。
② 同上书,第29—33页。

夏斯塔县牧区的非正式制度建构的秩序进行研究。他得出这样的结论:在这个地区,邻人们强烈趋向合作,但是他们并不是依据法定权利通过侃价实现合作,而是通过开发和执行优于法定权利的邻里规范来获得合作。夏斯塔县的发现再次证明,社会生活有很大部分都位于法律影响之外,不受法律影响。①

埃里克森据此从法律经济学和博弈论的视角提出了一个假说:"一个关系紧密之群体的成员为了把他们的日常互动管起来,他们一般会开发出一些非正式的规范,其内容是为了使该群体成员之客观福利得以最大化。这一假说认为,人们经常选择非正式习惯而不选择法律,并不仅仅因为习惯一般说来管理费用更低,而且因为这些习惯规则的实体内容更可能是福利最大化的。"②

非正式制度的社会控制往往与法律的社会控制并存,并在互动的过程中影响着社会秩序的建构和维护。一般认为,在法律占优势的社会中,法律的社会控制会对非正式制度造成压制,只有在法律无所作为之时之地,非正式制度才有发挥作用的余地。然而,在埃里克森的著作中,我们可以看到即使在美国这样的法治国家,非正式制度在法律管辖的领域也有生存空间,它凭借人们对福利最大化的算计和自我的选择,搁置了法律,建构和维护着社会秩序。面对这样的社会事实,埃里克森最后呼吁应当以法律来强化非正式制度,"法律制定者如果对那些促进非正式合作的社会条件缺乏眼力,他们可能造就一个法律更多但秩序更少的世界"③。

人类学家也关注非正式制度的社会控制。例如,人类学中关于流言蜚语的研究。流言蜚语是日常生活中常见的似是而非的小道消息或诽谤他人的闲言碎语。自马林诺夫斯基以来,通过研究日常生活来理解人们如何行动是人类学的共识,而在任何社会环境里,人们在他们的日常生活中往往会卷入到流言蜚语里,这种现象自然引起了人类学家的关注。④

科尔森在对马卡印第安人(The Makah Indians)的研究中(1953),揭示了流言蜚语具有社会内聚力的优点。马卡印第安人是美国西北海岸印第安族群的一支只有400人的小族群,人类学作品中著名的"夸富宴"(Potlach)就发生于这个族群。马卡印第安人社会有首领、平民和奴隶三种人。19世纪中叶,美国政府印

---

① 〔美〕罗伯特·C.埃里克森:《无需法律的秩序——邻人如何解决纠纷》,苏力译,中国政法大学出版社2003年版,第5页。
② 同上书,第350页。
③ 同上书,第354页。
④ 〔英〕奈杰尔·拉波特、〔英〕乔安娜·奥弗林:《社会文化人类学的关键概念》,鲍雯妍、张亚辉译,华夏出版社2005年版,第129页。

第安人事务部成立后,马卡印第安人被驱赶到城市,财产被剥夺,生活窘迫;孩子被强制送到寄宿学校,切断了他们与父母、族群的联系。直到1932年,印第安人才被允许在美国文化的模式下发展自己的文化。科尔森试图研究印第安人美国化需要多长的过程。科尔森发现马卡印第安人虽然还保留着传统文化,但他们已经融入城市,甚至融入了白人的社会,从外表上看,很难分清他们与白人有什么差别。由于政府的安排,他们享受着很多优待,如免税、特别法律程序、学校的免费午餐等。他们仍然憎恨白人抢夺马卡印第安人文化、土地和生活方式的行径,经常以统一的装束表现他们的族群身份。但是,他们又被内部的纠纷和争斗所分裂,传播流言蜚语成为他们在适当场合保持相互关系的经常性手段。关于人的等级、财富、夸富宴的目的,都会有流言蜚语,特别是在马卡印第安人的每一次的政治活动中,部落议会首领和官员往往会被恶毒的流言蜚语所抨击和诋毁,直到首领和官员放弃行动。不断的流言蜚语被认为是马卡印第安人社会关系的重要特征,是识别马卡人的标志。流言蜚语通过对破坏传统者的批评和评价,维持着马卡人与白人以及其他印第安部落的区别。因此,只要你是马卡人,你就应该具有传播流言蜚语的技能和行动。[①]

三、从社会控制转向文化控制

在20世纪末,社会控制理论受到新的法律人类学理论的挑战。美国人类学家纳德在一篇题为《过程控制:寻找权力的动态构成》(1997)的文章中讨论了文化控制的问题。

纳德首先分析了社会控制向文化控制转变的语境,她认为,1901年罗斯(E. A. Ross)基于工业化社会过程的危机控制思想,首次提出了社会控制的概念,认为对人类行为控制和安排有助于社会秩序,并会影响人们遵守社会秩序的态度,社会秩序的存在正是由于社会对个人的有意识控制。这种社会控制理论考察的是某种意识形态语境中的权力,而该意识形态将和谐和秩序假定为绝对重要的价值。尽管在社会控制理论不切实际的描述中,文化的观念也被假设为支配权的基础,但却很少重视贫困者和思想者,对这些人而言,合意性的社会控制更可能是服务于特殊利益的幻觉。在当代,尽管工业化管理的目的还是旨在平息工人的骚乱,但它的进路却发生了转变,从以压制为主转向了"人力管理"。这代表着企业转变了社会控制的方式,追求和睦的社会关系日益成为现代管理的

---

① E. Colson, *The Macah Indian*, Manchester: Manchester University Press, 1953, pp. 204-228.

一个重要内容,而心理学在由公然强制向隐性说服的转变中成了企业的宠儿。在这样的社会语境中,现在人类学家逐渐放弃了诸如社会控制的相关理念。①

纳德指出,社会控制与文化控制之间的差别是社会控制的对象是社会组织或社会关系,而文化控制的对象是思想。当今社会的控制越来越从社会控制转向文化控制的模式,因为,社会控制的公然强制在民主社会中难以取得文化认同。20世纪后期文化控制的影响力增强,欧洲的思想家对这个概念运用得比他们的美国同行更快。有些人认为,从公然的社会控制到精细的文化控制的演进是一种进步,它表明这个世界逐渐摆脱了暴力的统治;然而,人们对经常导致大量暴力产生的内在化了的暴力并没有一致的认识。尽管人类学家对语言、仪式、符号和意识形态等文化控制的热点问题都有研究成果,"文化控制"一词本身却更多地来自关于科学、性别、宗教、商业政策和专业化产业的意识形态研究。依靠文化的控制往往是隐性的,并不引人注目,与之关联的是社会类别和预期,以及意识形态的建构。②

文化控制是一种普遍的、来源广泛的控制,它可能来自政府,也可能来自企业、宗教、图书文献和社会的各个阶层,其核心是意识形态的支配权。纳德说,表现在文献、专业训练、广告、仪式和各种媒体之中的,或是在各种社会阶层中发现的观念、信仰和价值体系是一种支配权,尽管这是自然形成和假设的支配权。对这种支配权的研究,揭示了意识形态的实践是通过阶级渗透而不是阶级统治实现的。如果文化是指共享的反映支配权类型的象征,那么意识形态可以被视为具有更多地方性和严密完整性的世界观,这两个概念是相互依赖的。当文化控制具有支配属性时,它是非个人的,被嵌入的,而且常常是隐性的,甚至那些实际的实践者也不知道其存在,仅仅是在市场交易时才会意识到它的存在。确切地说,自从奥尔德斯·赫胥黎(著名英国作家)的《美丽新世界》(1932)出版后,那些研究电子游戏、性别成见、标准化测试、电视节目和广告的人也意识到了这种文化强制力的存在,它支配着我们的时间、行为、价值观,以及我们对时尚、审美、性或是智慧的观念。尽管这些强制力被意识形态建构的词汇包装成自由市场竞争,自由和开放的社会,精英政治或自我实现等,但是它们往往处于无意识形态或反意识形态的状态中。纳德接着说,我最为关注的是这样的控制,它源于扩散的权力,这种权力穿越时空植根于参与者的头脑。这不是一种新的现象;宗教皈

---

① L. Nader, Controlling Process: Tracing the Dynamic Components of Powers, *Current Anthropology*, Volume 38,(1997), p.719.

② Ibid., p.719.

依,欧洲的君权神授,中国的替天行道都是世界史上的实例。新的控制现象是文化的多元和信息传输的系统,例如,对于年轻的孩子来说,市场营销、虚拟世界、电视和可能出现的意识滞后都是新的控制手段。①

那么,文化控制是如何实现的呢?纳德认为,被安东尼奥·葛兰西(A. Gramsci)灵活地表达为支配权的概念,暗指随着时间的推移,一些思想体系不断发展,它们反映着社会上特定阶层和群体的利益,而这些阶层和群体则设法将他们的信仰和价值观普世化。经由知识分子精英,诸如专业学者、作家、大众传媒的代表人物的生产和复制,这些信仰和价值观成了一种理论,并具有强化控制作用。对于文化研究而言,支配权的概念是一种有用的理论工具。在控制理论的建构中,一个关键的要素是对现实中的可选择概念进行话语限制,这通过福柯称之为"真实的话语"的建构就可以实现。依靠权力与智识的密切结合,现实被概念化,而这些概念化的现实又被人们当作真理接受。例如,在美国,文化的出现似乎是自然而然和不可避免的,但是,这种看法不过是刻意地通过操纵文化想象制造出来的,这种文化想象清晰地表达着人们应当如何做、如何想、如何消费。而对自由的强烈信仰往往又妨碍着对文化实践如何改变生活的认识,这种对于个人来说是外在之物的文化实践,却想要修正个人的行为,例如,政策宣传和经济营销就是这样的文化实践。人类学家的研究验证了这种以经济利益为目的的文化结构的存在。②

在这篇文章中,纳德列举了三个与文化控制相关的个案,一是墨西哥萨巴特克人在纠纷处理中的和谐思想和强制和谐的实践;二是美国妇女在美容产业的控制下,不得已作出的隆胸选择;三是美国博物馆布展中受意识形态支配的现象。纳德指出:"文化控制往往是一种渐进性的变迁结果,而不是一种突变,当它取得渐进性成果时,它是实在的权力,因为它在不十分不引人注意的过程中徐徐而行,被认为是自然而然的事实。我这里描述的过程控制渐渐地变成似乎自然的状态:在第一个案例中,'和谐'作为事物的自然秩序成为合意;在第二个案例中,'选择'的存在被假定,并被个人主义的信仰所强化;在第三个案例中,'科学'作为社会的分离物而被构想。在上述案例中所描述的诸多事件中,有两个事件属于有算计的支配权。在其反对殖民统治,争取自治的壁垒结构中,萨巴特克人接受强制和谐。博物馆的策展人接受了新博物馆学关于展览要表现意识形态的

---

① L. Nader, Controlling Process: Tracing the Dynamic Components of Powers, *Current Anthropology*, Volume 38. (1997), p. 720.
② Ibid., pp. 721-722.

时代精神的影响,将展览视为一种授权的工具,而隆胸的妇女自以为个人可以在各种控制过程中进出,却最终被过程控制捕获,并重塑自我。同样的控制可以取得跨越阶级界限的效果,比如在导致和谐意识形态从少数民族聚居区传播到工厂,再传播到环境受害者的事件中就有这样的情形。对于管理来说,隐性的说服比公然的强制要容易。"①

第四节 两篇关于社会控制的民族志②

以下两篇民族志是 2000 年年初我在云南省西双版纳傣族自治州勐海县进行田野调查时撰写的,它们记述了我在一个傣族寨子观察到的民间习俗,而这些习俗恰恰与本章的内容有很多关联。

一、葬礼中的结构与反结构

2000 年 1 月 26 日寨子里死了一位 74 岁的老米涛(奶奶)。老米涛于上午 9 点 30 分去世,她的家人马上通知了村主任、布章(村中缅寺的经师,也是民间原始宗教与南传上部座佛教的沟通者)、老佛爷(村中缅寺的主持和尚)。通知死讯的人如果要出寨子,只能走属于本寨子的路或是公路,如果闯进其他寨子,就会引起寨子之间的纠纷,依照习惯法要对闯入者及其所属的寨子予以罚款的惩罚。

闻讯后,村主任用广播通知各家各户在死人抬出寨子之前,不要离开寨子;布章赶到死者家指导死者的家人为葬礼做准备工作,如编扎白色的纸塔放在死者身边等;老佛爷也在做启程的准备,要到死者家为死者念诵经文,为参加葬礼的人们拴线以求平安。死者的家人到缅寺采摘了一些绿色的树枝,扎成一束,放在一个塑料盆中,盆里有三分之一的水,水中放有几块从缅寺中拿来的木炭,凡是去看望死者的人,出门时,都要用这束绿枝沾水洒在头上或身上,据说这样可

---

① L. Nader, Controlling Process: Tracing the Dynamic Components of Powers, *Current Anthropology*, Volume 38. (1997), pp. 722-723.
② 此节的内容原载《云南大学学报(法学版)》2008 年第 5 期,论文标题是《傣族村寨民俗中的习惯与习惯法:民族志两则》,署名作者为张晓辉。

以避邪。

通知发出后,亲属们都赶来帮忙,死者家里也热闹起来。小伙子忙着砍柴,准备好火葬所需的木柴,看样子,大概需要约 100 公斤木柴。在楼上帮忙的妇女,表情痛苦,眼睛湿红。一位妇女在用缝纫机制作丧服,边做边哭,不时哭出声来。布章也忙出忙进,他是葬礼的主持者,大家都听从他的安排。亲属来帮忙是不要报酬的,但有些要手艺的活计就得花钱请人来做。请缅寺的佛爷念经要花 7 元,请扎白塔的匠人要花 15 元,请做棺材的木匠要花 9 元/人。傣族的棺材制作较简单,材料只要 2 块层板、2 根细椽子和 2 根抬棺材用的龙竹。棺材有两层,下面是底座,上面是放尸体的棺座,棺材无盖,上面放着竹编的、用白纸糊制的白塔。白塔是死者在阴间住的房屋。

死者躺在生前她住的房间中央,身体的上方用细竹竿依人体的长短搭成一人字形支架,支架上覆盖一块床单遮盖着死者。死者身边齐腰的位置放着一盏点燃的小油灯。房间很空,只是在死者右边的地面上放着为诵经的佛爷和和尚准备的竹席与被子。

缅寺的佛爷带着两个小和尚来到死者的房间,随即便坐在竹席上面,打开经书开始诵经,为死者超度亡灵。布章和死者家里的几位老年亲属坐在房间进门的两边听着诵经,非死者的亲属不进死者的房间,他们认为进死者的房间不好。布章并没有闲着,他将洒水用的水罐和树枝、办丧事用的黄布放在死者身边。因为外面还有事要应付,死者的亲属也不时出入房间。这一切都不影响诵经的进行。死者的房间里还放着两个茶盘,一个放在死者身边,茶盘中除了一个挂有纸钱的竹编树状小塔外,还散放着亲属给的钱,钱不多,面值有 10 元、5 元、2 元和 1 元的。这些钱很快就会做急需之用,如付工钱等。另一个茶盘放在佛爷面前,茶盘中除了做佛事用的香和蜡条外,也有一些零散的钱,数量不多,加起来不过 10 元左右。

11 点半左右,村里每家来参加葬礼的男性代表陆续来了,死者家顿生热闹。来的人并无悲伤的表情,他们带着长刀,三五成群在走廊上玩起扑克,1.5 元一局。按照当地不成文的惯例,平日里不允许玩这种带有赌博性质的扑克牌游戏,但若寨子里有人去世,七天内可在死者家里玩牌。大家玩得高兴,喧哗起来。死者家里有了热烈的气氛,出现了两个世界:死者的屋里,佛爷、和尚还在诵经;而房间外却是一群有旺盛生命力的青壮年男子在游戏。

大约下午 1 点,棺材和白塔做好了。死者的亲属用直径 3—4 厘米,长 20 厘米的竹筒打来清水从下往上为死者净面,然后将死者反穿着衣服放入棺内。死者亲属中的小伙子将砍好的木柴扎成捆,与来帮忙的一些人一道把木柴事先送到坟场。坟场的选择有一个滚鸡蛋的仪式,在预定的范围内滚一只鸡蛋,鸡蛋被碰破处铺上一块白布,该位置即是焚尸的地点。亲属们在选好的坟场上竖起4根栎木树干,将木柴整齐地堆放在树干圈定的范围内,形成一个长1.6米、宽1米、高1.5米的柴垛。

一切都准备好了。村主任用广播通知全村,下午2点出殡,每家派一名男性参加。按照村里的规定,凡为死者出殡,听到通知的每家要去一个人,不去的家庭要出30元给死者家。

出殡了。佛爷和小和尚走在最前,佛爷一只手打着一把黄伞,一只手拉着一根白线,白线的另一头拴在棺材上,表示佛爷引路让死者升天。死者的女婿跟在佛爷身后,用竹竿挑着一个白布包裹,里面放着记载着死者姓名和生日的竹筒(蔑比)、以及死者生前赕佛时穿的衣服。① 抬棺材的4个小伙子是死者的亲属,棺材后面跟着死者的亲属,男性亲属在前,女性亲属在后。女性亲属都把头发散开,披在肩上,也不做梳理,她们显得很悲痛,一路哭着喊着。

坟场在寨子对面,跨过213国道,再走600米,有一片约2亩左右的树林,这就是附近3个寨子的共用坟场。距这片坟场500米还有一片约1亩左右的树林也是坟场。两块坟场有不同的功能。小一点的坟场是焚烧死得不好的人,按村民的说法,所谓"死得不好的人",指自杀身亡的,或死时身体浮肿的,身上流血的,拉肚子的。死得不好的人,随死随烧,只在家里停留很短的时间,尸体不装棺材,只用篾席包裹,穿根扁担,即抬到小坟场烧掉。焚烧这种死得不好的人时,佛爷不来,但各家还是要派一个人来帮忙,烧完就各回各的家。今天去世的老米涛属于死得好的人,故要送到大坟场焚烧。

当棺材和死者的亲属到达坟场时,寨子里各家派来帮忙的人已经等候在那里了。死者的亲属把棺材抬到柴垛旁,布章便开始主持焚烧的仪式,先由佛爷和小和尚诵经,诵经时,男性亲属站在旁边,女性亲属则在柴垛5米开外的地方伫立着。诵经完毕,布章示意亲属将尸体从棺材中抬出来,放在柴垛上方。接着布章给每位男女亲属发一根蜡条,让亲属们手捧蜡条围着柴垛反时针转3圈,然后,点燃蜡条插在柴垛上。至此,焚烧前的仪式就结束了。

等佛爷、小和尚、布章及死者的女性亲属离开坟场后,死者的几位亲属用

---

① 挑白布包裹的人一般是与老人一同居住,供养老人的男性家长,或是儿子,或是女婿。这里的傣族实行从妻居,上门的女婿与儿子享有同等的地位。

一块白布遮盖住死者,把死者女婿带来的白布包裹放在死者身上,便开始点燃柴垛中间的木柴。几位亲属在柴垛上方洒了几瓶柴油,柴垛很快就燃烧起来。见火势猛烈,死者的女婿便用竹竿将死者生前用过的衣服被褥挑到火上,接着又将棺材和白塔烧掉。由于风大,火势一度向附近的草地蔓延,几位亲属急忙赶去扑火。看来在火堆边等候的人们还有一项重要的职责就是防止火势蔓延。

各家各户来的人大多不关心焚烧的过程,青壮年早就分成几堆在玩牌,少数人在观察焚烧的情况。死者的亲属买了酒大家喝。玩牌的人玩得兴高采烈,死者亲属中的一些年轻人也按捺不住,加入了玩牌的阵营。来到坟场的20多名亲属只有10多位坐在火堆旁,一边喝酒,一边聊天,向他们询问傣族的火葬习俗和死者的情况,他们也不回避,很乐意回答。

火堆一直烧了2个小时,只剩下约50厘米厚的灰烬还在燃烧,火的危险减小了,送葬的人在炽热的阳光下晒了几个小时,尽管大多数人玩得高兴,但已显出疲态,不时向火堆张望。死者的亲属再次将火的灰烬堆拢,然后一声吆喝,拿起长刀,人们随之立起,一些人从田坎走进坟场,采摘蒿枝抽打身上,说是把鬼气扫掉,也有少数人不管不顾地向前走。从坟场出来到路边,已经放着装有清水和树枝的盆,每人都用枝条沾水往身上洒,人多时,干脆把枝条上的水洒向众人,被水滴到的人便放心往前走了。人们不能直接回家,按习俗,要从后山或寨边的小路绕到缅寺,尽管直接穿过村子离缅寺近,但不去缅寺的话是不能进村的。

来到缅寺,老佛爷并不在,寺中的小和尚木然地坐在门口,一副不问不管的样子,人们自觉地脱鞋进入缅寺殿堂,在佛像前跪拜,磕头三次后才步出缅寺。从缅寺出来,仍不能回家,所有人都必须去死者家,大佛爷在那里,人们要请大佛爷为他们拴线。

死者家里一片繁忙的景象。妇女们从坟场回来就一直在忙,她们为参加葬礼的人准备好了米线和各种佐料,她们的面部已无痛苦的表情,人们一来,更让她们忙里忙外,端米线、倒茶水。想吃米线的人来到厨房总会得到一碗米线,不想吃的人也会被招呼去吃。人们一堆一堆,楼上楼下,有的吃米线,有的喝酒聊天,有一伙年轻人又铺开了牌局。佛爷和小和尚坐在死者的屋里,布章和几位老人也坐在里面,原来死者占据的位置已经腾出来,和尚们坐在正对门靠墙中间的位置,参加葬礼的人进入死者家后,直奔佛爷在的房间,把长刀和锯柴火的锯子、送缅寺赕佛的衣服(死者新的衣服和毛巾、床单等用纸盒装着)放到佛爷面前,佛爷拿一根长长的粗白线在这些物什的表面搭一圈,念一阵经,表示这些东西已经清洁如初,可以正常使用了。拴线结束后,布章拿起水罐,用树枝沾水洒向来死者家的人。经过这番仪式,人们便可以拿起自己的长刀回家了。

　　葬礼结束了,但与死去的人有关的活动还没结束。按傣族的风俗,纪念死人的活动要搞七天,人们也可以尽情地到死者家玩七天。晚饭时,村主任用广播通知各家各户派一人到死者家玩。据说,白天有的家没接到通知可以不去,但晚上则都要去,不去的话要交三十元,否则伙子头就会带人到家里拿鸡拿吃。今天是全寨各家去一个人,以后几天,寨子里的村民互助小组每天轮两个小组去。夜深人静时,死者家热闹非凡,除了少数几个老人在死者屋里聊天外,楼上楼下都在玩牌。人多话多,吵吵闹闹,悲痛的气氛全无。死者的屋里经过拴线、念经、洒水已可以住人,有个妇女和衣睡在屋里的墙角,在梦中周围的吵闹消失了。只有死者的丈夫老波涛(爷爷)一直十分悲痛,不说话,只是躺着。屋里的小油灯一直燃着,灯旁放着一碗米和一碗谷子,这是给死者的贡品,要在屋里放置3天。屋里放满被褥,死者的亲属可以在这间屋里休息。

　　第二天清早8:00左右,死者的女婿和亲属一行八九人,每人携一把长刀,带着用芭蕉叶包的给死者的饭和锄头及又找出来的遗物,沿着昨天送葬的路线来到坟场,将遗物放在尚在燃烧的灰烬上,吹着火烧掉,又将未烧尽的木头刨出来烧掉。地上放着他们送来的给死人吃的饭,包饭的芭蕉叶已打开,里边包着糯米饭,饭中包着一个带皮的熟鸡蛋,饭和鸡蛋用刀切成两半。按傣族风俗,头三天每天早上都要给死者送饭,第五、六天不送,第七天再送一次。第七天还要将死者的遗骨捡出,堆在已熄灭的灰烬上面,不用掩埋。实际上,所谓第七天是不含死者去世当日的。这天上午死者亲属来到火葬之处,送去糯米饭、水,捡出遗骨,然后去缅寺拜佛、滴水。晚上,死者家邀请了布章,两个竜叭头(寨子里的头人,也称召曼)和一位老年妇女为参加火葬的亲属拴线,保佑平安。除了拴线的人外,还请了村主任、会计和其他亲戚。拴线的仪式很正式,拴线前,先把吃的东西放在屋里,死者的亲戚跪在布章、竜叭头和老米涛面前,伸出双手,布章等人接过准备好的白线,搭在自己身上,依次为要求拴线的人在两只手腕上各系一条白线,边系口中边念叨,几人都诵同一内容的经,大意是保佑平安,以后全家人要团结、好好生活。拴完线,照例是在死者家中吃顿饭,大家都很高兴,死者的亲属为七天将过而高兴,来的宾客为死者亲属的解脱和能吃能畅谈而高兴。在这顿饭的餐桌上有傣族认为好吃的菜肴,但更重要的是这顿饭邀请的人:布章、宗教组长、两个竜叭头和村主任。据说还邀请了党小组长,但他有事不能来。人们边喝酒吃菜,边说话,热热闹闹,从晚上7点半开始,一直到近12点才散去。

玩了7天牌的村民(含死者去世那一天),今天很自觉地停止了牌局。昨天大概是最令人激动的一夜,输了的人和赢了的人都在利用最后一个晚上奋力搏击,谁也不愿放弃这难得的、马上就要过去的公开游戏的机会。

二、 关于"鬼"的观念和禁忌

"鬼"在傣族寨子里经常出现,一些不吉利或被认为是不好的事总与鬼联系在一起。例如:生病看医生,经吃药、打针、输液仍未痊愈,则被认为家中有鬼纠缠病人;夜里听到脚步声,不见人影,也可能是鬼;受了某种恐怖的惊吓,也有鬼。鬼扰乱了家人的平安、寨子的安宁,甚至会引起恐慌,这就破坏了寨子的秩序。破坏的秩序要被恢复,恢复被鬼破坏的秩序的责任是由寨里的布章承担的。A寨的布章是一位70岁的老人,年轻时,18—21岁在缅寺当小和尚,21岁升为二佛爷,22岁当大佛爷。1953年在县里当过基干民兵(也叫基干队),后回村里担任记分员,科学种田推广员,曾到过思茅地区的普文学习高产稻的种植。1980年,"文化大革命"中被强行取消的宗教和民间习俗得以恢复,他被寨子里的村民选为布章。布章的职责主要是驱鬼除病,送死者火葬,主持开门节、关门节和傣历年的赕佛等活动。前两项活动必定与鬼相关,不过由于过节时鬼也来缅寺赕佛,所以布章在赕佛中扮演的角色,似乎与鬼也有关系。由此看来,布章在寨子里既是缅寺的经师,又是民间宗教的传承人,是一个能够使民间宗教与佛教建立沟通的人,他既通鬼,也通神,神奇得很。所以,当布章是要点本事的。据说,被推选为布章的人,一般要当过和尚和佛爷,有丰富的知识,熟知佛教经文和民间的各种禁忌、习俗。老百姓把布章称为康郎,说相当于城里的大学毕业生。

昨天,鬼又来到寨子,不过这次不是到村民的家中,而是跑到缅寺,晚上住在缅寺的小和尚听到缅寺有脚步声,却不见人影,吓坏了,急忙跑到布章家请布章到缅寺驱鬼。布章一早来到缅寺,手持傣家长刀,驱赶缅寺的鬼,花了两三个小时。他赶鬼时,不停地说让鬼走,不要来缅寺的话。布章虽可驱鬼,却看不见鬼。"鬼哪里能见哟,他在人的身后,人是看不见他的,人能听得见、晓得鬼来了。"布章这样描述鬼。

寨里的村民有的信鬼,有的不信。布章26岁的孙子在旁边听我们的访谈,布章说鬼时,孙子插话,"哪里有鬼,那是编出来骗人的"。他说他从来没碰到过鬼,也不信鬼,自然也没请布章驱过鬼。我的房东相信有鬼,前些天,他的儿媳妇生病,吃药、打针不好,他就请布章来家里驱鬼。房东说,驱鬼后,儿媳妇的病好多了。布章来家驱鬼时提个水罐,罐里装着洒了缅寺中香火灰的水。我只看到布章来驱鬼后离去的样子,那是早上九点左右,布章做完法事,提着水罐,一声不响地从楼上下来离去。

为了不让鬼来寨子,傣族村民会依布章的指点,想办法不让鬼进村。在村口的马路对面,有一条进入坟场的小路,有人在路口搭了一座高40厘米、长60厘米、宽30厘米的微型傣家小竹楼。竹楼是仿真的干栏式建筑,竹子做结构,草做屋顶,并安置了木制的外置式楼梯,顺着楼梯上去,竹楼里用小方巾象征性地摆着被褥,形如有人在睡觉,被褥旁放着酸扒菜和一团糯米饭,大概是给鬼吃的。最奇特的是,竹楼里放有一双真的、崭新的解放鞋(胶鞋),两只叠放在一起,用鞋带拴住。鞋占了竹楼2/3的空间。问了许多人,竹楼的用途竟然说法不一,一说是给在村外边死的人住的,因为外边死的人不得进寨子;一说是给竜林(坟场)中的鬼住的,以示祭鬼;一说是寨里有人生病,大概久病不好,或是某家怀疑先人的鬼魂来家里闹,因此,做一竹楼,放在从坟场进寨子的路口,让鬼有吃有住有穿,这样,鬼就不会进寨子了。小竹楼是2000年1月27日发现的,发现时的小竹楼很新,大概是前一天做的。1月31日,竹楼被毁弃了,竹楼里放置的东西都在,只是竹楼完全倒塌,不知是建盖竹楼的人所为,还是他人所为。布章说,竹楼是给在外边的人住的,按傣族风俗,在寨子外死的人是死得不好的人,不能进寨子,他们会变成鬼,有时会到寨里整人,为了不让他们进寨,就要给他们建房、置衣物,房和衣物可以是假的,例如衣物可以用旧布或纸剪成。这种竹楼建好后,一般要请佛爷或布章去念经、驱鬼,这样,亲戚为死者(鬼)做的事就办完了,至于竹楼是否会被毁,竹楼中的东西是否会被他人拿走,他们并不在乎。

有怪事要驱鬼,有喜事也要驱鬼。例如,上新房就要驱鬼、祭祖宗。① 寨里的一位村民2000年2月11日上新房,头天一早,他请来的布章和十来个老人就忙开了。他们用芭蕉叶、杆做成八个小方盒(12厘米×12厘米),四个大方盒(15厘米×15厘米),一个三角形盒,盒中放上少量糯米、饭粒、谷子、刀豆、甘蔗、茶叶等食物,再用碎破布包上碎砖粒代表金子,用刷银粉的纸剪成条状代表银子。在八个方盒中,布章用田泥捏制的骑马、牛、猪、狗、象、龙等动物的小人置于中央。除了这些外,还有祭丢拉(神)的物件,一共四个,用竹片作支撑,顶一块芭蕉杆的层皮,上面放有少量的食物;有祭祖用的物件,用芦苇制成,制作方法很简单,用四

---

① 上新房是指新房落成后,主人乔迁新居时要举行的庆祝仪式。

根芦苇折弯,互相搭靠成一个高 1.2 米左右,底部直径大约 15 厘米,有四根支柱,可收拢或放开的物件。还有一种物件也一定要做,傣语叫做"达撩",是一种用竹篾编成的星状物,拴在房门上可以驱鬼防邪。上新房挂起第一个"达撩"后,每年傣历年都要再悬挂一个,所以,到傣族家,数数"达撩"的数量,就知道他家的房子盖了几年。驱鬼、祭祖的东西被拿到新房楼上主人的卧室中,放在布章的四周,由布章拿着一个有图画的老本本不停地念着,大意是保佑主人平安、鬼怪不要来骚扰新房的主人,新房主人将要给鬼和祖宗送去丰盛的礼物。布章念完,新房的主人去从 213 国道入寨的路口插一根新芦苇,似乎告诉路人,A 寨有人上新房;来帮忙的五位老人,分别拿上驱鬼、祭祖的物品,四位老人一人拿两个小方盒送去村寨四周的路口,一位老人拿上三角形的盒子和用竹子做好的小船直奔离寨子 750 米之外的流沙河,将物品放入河中,并点燃鞭炮。而四个大盒子则留着家中祭神。

鬼的种类很多,有披雅、披嘎、披杷、披哄。披士是鬼的总称。披杷是枇杷鬼。对于布章来说,披雅、披嘎是大鬼,他没有能力驱赶,他只能对付其他的几类鬼。他不能对付的鬼,可请四个佛爷来念经,再不行,就要请八个佛爷来念经,用更大的法力来驱鬼。"鬼是死得不好的人变的,死得好的人不会变成鬼",这样的解释使鬼少了许多,否则的话,人死了都会变成鬼,那么布章就更忙了。在傣族的观念中,鬼和神似乎是难以分清的,例如:披勐、披曼,按布章说是鬼,按竜叭头(寨子里的头人,也称召曼)说,也可以说是神;披勐、披曼又可以叫做丢拉,丢拉是神,或是先祖,因此,宁勐又叫祭勐神,宁曼又叫祭寨神。

说鬼就真有"鬼"。寨里就住着一位"枇杷鬼",村民们谈鬼色变。实际上,所谓的"枇杷鬼"是一位 83 岁的老奶奶。年轻时,她从格朗和嫁到勐混,丈夫早死,又改嫁到曼拉,丈夫又死,再改嫁到 A 寨。她结了三次婚,却无子女,前些年丈夫去世,只剩下她一人住在寨里。1998 年邻寨怀疑老人在寨里放鬼,死了两个人,就将老人的竹楼拆毁。A 寨原来碍于老人的丈夫是本寨人,尚还容得老人住在寨子里,现在老奶奶孤身一人,又在邻寨惹出事来,就不愿意她住在寨里了。寨里的村委会出钱,将老奶奶送到祖籍格朗和,格朗和不要,又带回来,送到乡上的养老院,住了一段,养老院也不要她,说其他老人不喜欢她。老人原来的房屋早已分给别人,孤苦的老人白天到村公所、到乡上告状,晚上蜷缩在村公所的楼梯下睡觉。后来,乡里出面解决,在村公所旁花了 500 元给老人盖了一间小木房。老奶奶现住在寨外,村民们都似乎安心了许多。寨里很多人都知道关于老人的传说,有人说,老奶放鬼很厉害,她看见猪,说猪漂亮,长得好,这头猪准得病,一两天就死;她去过的家,人会生病;她放鬼时走得飞快,小伙子都追不到她,放了鬼回到家时,又像个走不动的老奶;被她搞了鬼的人,说话、走路都像她,怪怪的。宗教组长说,哪有什么枇杷鬼,乱说的。老米涛原来也不是枇杷鬼,她丈夫死后,老米涛才被叫成枇杷鬼。

第七章 法律与语言

第一节 语言与法律的一般理论
第二节 法律中的语言现象
第三节 民族语言与法律

法律作为人类社会的一种普遍遵守的行为规则,总是在一定的人群或社区范围内存在,它必须表现为某种民族的语言,才有可能被了解、执行、遵守。无论是在不成文法的社会或是成文法的社会,语言都是法律的载体,无语言即无法律;同时,法律也只有在语言的实践中才可能产生行动,无语言即无法律的实践。

在法律人类学的研究中,法律与语言的问题一直困扰着研究者。受母语文化熏陶的研究者能否理解用异文化语言表达的法律?是否可以用研究者自己的母语来表达异文化的法律?如果回答是肯定的,那么,研究者依据的知识和方法应当是什么?在第四章中,我们评介的格拉克曼和博安南之间的争论就是因此产生的一场著名的讨论。

在语言与法律的关系中,语境、话语权的问题涉及语言与法律的相互影响。所谓"语境"(Context),一般指的是语言表达的环境,但现在这个词使用的范围很广。对于研究者来说,语境可以表示一种研究的立场、一种立论的理论或社会背景、一种设身处地考察研究对象的方法、一种根据听众(对象)选择不同语言形式或内容的技巧,等等。而话语权则是社会中广泛存在着的权力的另一种表述,或者说是在人与人交际过程中通过日常话语的支配权所表现和实践的权力压制、博弈、扭曲和重塑。对话语权的分析,实际上是关于社会结构、社会组织和话语使用者的社会分层的语言学研究。

语言与法律的关系涉及法律的表达与实践的方方面面,立法中法律术语的使用、法律概念的表述不仅是一个立法技术的问题,而且也是立法观念和社会意识形态的问题;司法实践中,话语权的归属与博弈、话语的组织与运用、不同类型的话语之间的隔阂和交流、事实的构建与想象,无一不是在语言中展现和运作,并在不同的语境中上演着缤纷的权力与过程控制的法律剧目。

在多语或双语的国家中,语言与法律的关系不仅仅限于官方或法律语言的选择和确立上,多语或双语的现象还直接引起了法律对民族语言的权利保障及法律实施中的语言障碍。

第一节 语言与法律的一般理论

语言与法律的关系十分紧密,按照语言学的理论,法律和法律的实践是语言在特定语境下的一种语言实践活动。语言或是法律的载体,法律以及法律的实践都不能脱离语言,语言是人们实现法律的社会目的之工具,此为工具论;语言或是法律的镜子,法律的活动都反映在语言的实践中,被语言传播、记载和表现,此为镜像论或反映论;语言或是法律的主宰,语言决定着法律,任何法律均存在于特定民族的语言中,蕴含在民族语言之中的民族精神、思维习惯和表达方式,以及讲不同语言的人对世界的观察、想象和解释的差异决定着法律的本体和形式,此为决定论。语言是人类学研究的基本范畴,由此产生了研究不同民族语言和实践的语言人类学;同时,语言学也是人类学研究所借用的理论和方法,人类学家通过对日常会话、话语和语词的分析,进行历史与现实、他者与自我、他者与他者之间的比较研究,从而发展了人类学自身的理论与方法。作为人类学的分支学科,法律人类学也很关注语言与法律的问题,法律人类学家运用语言学的理论和方法对法律领域中的相关问题进行研究,揭示了语言与法律、语言与权力之间的关系以及实践中的法律语言模式。既然人类学和法律人类学都将语言学作为可借鉴的理论与方法来对待,本节就从语言学的基本概念来理解语言学的理论与方法,然后再认识法律人类学关于语言与法律的研究。

一、语言学的一些基本概念

语言学是一门基础性的学科,它有着系统的理论和较为完善的研究方法,这些理论和方法对人文社会科学的各个学科都产生了影响。语言学的理论和方法蕴含在一些基本概念之中,所以,这里就以著名语言学家索绪尔(F. De. Saussure)的著作《普通语言学教程》为主来认识这些基本概念,以便对语言学有一个大致的理解。

（一）语言是一种表达观念的符号系统

"语言是表达观念的符号系统"[1]，这是索绪尔对语言下的定义，虽然这个定义只有短短的十几个字，但却包含着丰富的内容。索绪尔说，人类社会存在着多种符号系统，如文字、盲文、象征仪式、礼节仪式、军用信号等，但语言是这些系统中最重要的一种。"我们的全部论证都是从这一重要的事实获得意义"[2]。

语言是一种听觉的符号系统，由内容和语音构成。"语言符号链接的不是事物和名称，而是概念和音响……这两个要素是紧密相连而且彼此呼应的……我们把概念和音响形象的结合叫做符号……我们建议保留用符号这个词表示整体，用所指和能指分别代替概念和音响。"[3]由此看来，概念和音响不可分割，缺一就不能成为符号，也就不能成为语言。

（二）语言的两个特征

索绪尔认为，语言有两个头等重要的特征，一是符号的任意性特征，二是符号的线性特征。

任意性特征是指符号与它所代表的事物之间没有必然的联系。索绪尔说："能指和所指的联系是任意的，或者我们所说的符号是指能指和所指相联结所产生的整体，我们可以更简单地说：语言符号是任意的。"[4]能指表示语音（音响），是语言的形式，所指表示语义（概念），是语言的内容。语音与语义的结合是任意的，语义与用来做它的语音没有任何内在的关系，它也可以用任何别的声音来表示。[5]对语言的任意性，我们想象一下汉语中一个语音对应着若干概念或若干词的现象就容易理解了。例如，quan 的语音对应着权、全、拳、圈、泉、劝、犬等概念和词。

线性特征是指语言是一种听觉符号，语音只能一个接一个依次出现，否则就不能表达观念。索绪尔说："能指属听觉性质，只能在时间上展开，而且具有借自时间的特征：(a) 它体现一个长度，(b) 这长度只能在一个向度上测定：它是一条线。这个原则是显而易见的，但似乎常为人所忽略，无疑是因为大家觉得太简单了。然而这是一个基本原则，它的后果是数之不尽的；它的重要性与第一条规律

---

[1] 〔瑞士〕费尔迪南·德·索绪尔：《普通语言学教程》，高名凯译，商务印书馆2014年版，第24页。
[2] 同上书，第26页。
[3] 同上书，第94—95页。
[4] 同上书，第95页。
[5] 同上书，第96页。

不相上下。语言的整个机构都取决于它。它跟视觉的能指(航海信号等等)相反;视觉的能指可以在几个向度上同时迸发,而听觉的能指却只有时间上的一条线;它的要素相继出现,构成一个链条。我们只要用文字把它们表示出来,用书写符号的空间线条代替时间上的前后相继,这个特征就马上可以看到。"①对于语言的线性特征,也可以做一个实验:讲话者在说话时,只能在线性的时间里依次发出语音,才能清楚地表达其讲话的意思。如果语速过快引起语音之间的替代或跨域,就会造成意思含混,使听者难以辨识讲话者要表达的意思。

(三)符号的不变性和可变性

语言符号具有不变性。索绪尔对不变性的解释是:"能指对它所表示的观念来说,看来是自由选择的,相反,对使用它的语言社会来说,却不是自由的,而是强制的。语言并不同社会大众商量,它所选择的能指不能用另外一个来代替。这一事实似乎包含着一种矛盾,我们可以通俗地叫做'强制的牌'。人们对语言说:'您选择罢!'但是随即加上一句:'您必须选择这个符号,不能选择别的。'已经选定的东西,不但个人即使想改变也不能丝毫有所改变,就是大众也不能对任何一个词行使它的主权;不管语言是什么样子,大众都得同它捆绑在一起。"②

这种不变性使得语言现象不受意志的管束,并产生出一些结果:"在任何时代,哪怕追溯到最古的时代,语言看来都是前一时代的遗产……一定的语言状态始终是历史因素的产物,正是这些因素可以解释符号为什么是不变的,即拒绝一切任意的代替。"③

但是,从另一方面看,语言又有可变性,时间既保证了语言的连续性,又造成一个相矛盾的结果,即语言符号在或快或慢地发生变化。索绪尔解释道:"一方面,语言处在大众之中,同时又处在时间之中,谁也不能对它有任何的改变;另一方面,语言符号的任意性在理论上又使人们在声音材料和观念之间有建立任何关系的自由。结果是,结合在符号中的这两个要素以绝无仅有的程度各自保持着自己的生命,而语言也就在一切可能达到它的声音或意义的动原的影响下变化着,或者毋宁说,发展着。这种发展是逃避不了的;我们找不到任何语言抗拒发展的例子。过了一定时间,我们常可以看到它已有了明显的转移。"④

---

① 〔瑞士〕费尔迪南·德·索绪尔:《普通语言学教程》,高名凯译,商务印书馆 2014 年版,第 99 页。
② 同上书,第 100 页。
③ 同上书,第 101 页。
④ 同上书,第 107 页。

（四）语言的功能

语言的功能主要有两个，一是交际和传递信息的功能，二是思维的功能。关于语言的交际和传播信息的功能，索绪尔除了在语言定义中强调了语言表达观念的功能之外，并没有更多的专门论述。他着重分析了语言在交际中的作用："语言事实的传播，跟任何习惯，比如风尚一样，都受着同样一些规律的支配。每个人类集体中都有两种力量同时朝着相反的方向不断起作用：一方面是分立主义的精神，'乡土根性'；另一方是造成人与人之间交往的'交际'力量。'乡土根性'使一个狭小的语言共同体始终忠实于它自己的传统。这些习惯是一个人在他的童年最先养成的，因此十分顽强，在言语活动中如果只有这些习惯发生作用，那么将会造成无穷的特异性。但是它们的结果常为一种相反力量的效能所矫正。如果说'乡土根性'会使人深居简出，交际却使他们不能不互相沟通。把他方的过客引到一个村庄里来的是它，在一个节日或集市里把一部分居民调动起来的是它，把各地区的人组成军队的是它，如此等等。总之，这是一个跟'乡土根性'的分解作用相反的统一的法则。"①

不过，美国语言学家萨丕尔对语言的表达观念功能倒是给出了一个清晰的概念："语言是纯粹人为的、非本能的、凭借自觉地制造出来的符号系统来传达观念、情绪和愿望的方法（工具）。"②

对于语言的思维功能，索绪尔有专门的论述："语言对思想所起的独特作用不是为表达观念而创造一种物质的声音手段，而是作为思想和声音的媒介，使它们的结合必然导致各单位间彼此划清界限。思想按本质来说是混沌的，它在分解时不得不明确起来。因此，这里既没有思想的物质化，也没有声音的精神化，而是指的这一颇为神秘的事实，即'思想—声音'就隐含着区分，语言是在这两个无定形的浑然之物间形成时制定它的单位的……语言还可以比作一张纸：思想是正面，声音是反面。我们不能切开正面而不同时切开反面，同样，在语言里，我们不能使声音离开思想，也不能使思想离开声音。"③

其实，关于语言的思维功能，我们自己就可以做一个语言实验。你试一下不用语言你能思维吗？你还可以想一想，你用来组织思维的语言是方言还是通用语言，你使用的语言是否与你所处的语境有关系？你再尝试一下，你用一种非母

---

① 〔瑞士〕费尔迪南·德·索绪尔：《普通语言学教程》，高名凯译，商务印书馆2014年版，第286—287页。
② 〔美〕爱德华·萨丕尔：《语言论——言语研究导论》，陆卓元译，商务印书馆1985年版，第7页。
③ 〔瑞士〕费尔迪南·德·索绪尔：《普通语言学教程》，高名凯译，商务印书馆2014年版，第153页。

语的语言进行思维与用母语进行思维有没有效果上的差异？

（五）语言与文字

语言与文字是常常并列出现的词，有时，人们将它们作为一个整体来认识二者的统一性，统称为"语言文字"。但是，语言和文字是两套符号系统，文字依赖语言而存在，文字表现语言。

索绪尔指出："语言和文字是两种不同的符号系统，后者唯一存在的理由是在于表现前者。语言学的对象不是书写的词和口说的词的结合，而是由后者单独构成的。但是书写的词常跟它所表现的口说的词紧密地混一起，结果篡夺了主要的作用；人们终于把声音符号的代表看得和这符号本身一样重要或比它更加重要。这好像人们相信，要认识一个人，与其看他的面貌，不如看他的照片。这种错觉是任何时候都存在的，目前有人兜售的关于语言的见解也沾上了它的污点。例如人们普遍相信，要是没有文字，语言会变化得更快；这是极其错误的。诚然，在某些情况下，文字可能延缓语言的变化，但是，反过来，没有文字，绝不会损害语言的保存的。"①"语言有一种不依赖文字的口耳相传的传统，这种传统是很稳固的。"②

（六）语言的社会属性

语言的社会属性指的是语言与社会的联系，早期的语言学家关注的是社会对语言的影响。索绪尔指出，语言是言语机能的社会产物，也是社会集团为了使个人有可能行使这一机能所采用的一整套必不可少的规约。③ 而上述索绪尔有关语言的不变性和可变性的观点，则表明了语言是社会存在的反映，这种反映既是历史的，也是现实的。

英国社会语言学家特拉吉尔（P. Trudgill）认为，从社会语言学的视角看，语言除了传递信息的功能外，还有一种重要的功能，即在建立社会关系过程中的功能，语言是和别人建立起关系并维持这种关系的一种非常重要的手段。④ 他还指出，语言作为一种社会现象，它紧密地跟社会结构和社会的价值系统联系在一起。人们会对使用不同语言或不同方言的人有不同的评价，这种评价实际上是一种对社会结构和价值观的评价。这也说明人对语言形式的主观态度与他的社

---

① 〔瑞士〕费尔迪南·德·索绪尔：《普通语言学教程》，高名凯译，商务印书馆2014年版，第35页。
② 同上书，第36页。
③ 同上书，第16页。
④ 〔英〕彼得·特拉吉尔：《社会语言学导论》，周绍珩等译，商务印书馆1992年版，第1—2页。

会阶层和价值取向相关联。① 他认为,社会对语言的影响主要表现在三个方面:首先,社会生存的自然环境会在语言中的词汇结构里得到反映,区别的方式是使用不同单词。例如,英语中说到"雪"时,往往只用一个词"snow",但是,在爱斯基摩人的语言中,却用好几个词来区别各种各样的雪,这种区分对他们是很重要的。其次,社会环境也能在语言中得到反映,并且经常影响词汇结构。例如,社会的亲属关系往往会表现在语言的亲属词汇中;社会变化也会使语言发生相应的变化。最后,社会价值观对语言也有影响。以禁忌语为例,禁忌语的特点可以解释成它所牵涉到的是表示据信是由超自然力量禁止的行为,或不道德、不恰当的行为;禁忌语牵涉到的是以明显不合理的方式加以禁止或压制的行为。语言中的禁忌语都是指不说出来的事,特别是指不使用的词语。当然,实际上这不过是说在正常情况下禁止使用这类词罢了——要是根本就不使用这些词,它们就无法继续在语言中存在。大多数语言都有禁忌语,而禁忌语都有严格的规则,不遵守这些规则,就会受到惩罚,或当众出丑。许多人从来都不使用这种词,其他大多数人只在几种有限的情况下才使用。然而,对那些硬是要使用禁忌语的人来说,"违反规则"可能意味着他们觉得这样做是可取的,那样说话就表示更有力量,也更自由。②

(七) 萨丕尔—沃尔夫假说③

关于语言与社会的关系,美国语言学家萨丕尔和沃尔夫(B. L. Whorf)提出了一个假说,该假说认为:人的本族语言建立起一系列范畴,这些范畴起一种框框的作用。人们通过这些框框,对世界进行思维;这些框框限制着人们对各种现象进行归类和概括的方式。语言用影响乃至控制说这种语言的人的世界观的方法去影响社会。④

萨丕尔—沃尔夫的假说指出了语言对人的认知和对社会的影响,语言具有特定的规范性,人只能在这种规范性的范围内认识事物,人在语言的控制下去思维和行动。这个假说蕴含着这样一些可能性:其一,语言影响着,甚至决定着社会的存在和发展;这一假说构成了语言决定论的基础。其二,不同的语言有不同的框框,也就有不同的思维方式以及不同的世界观。这里的隐喻是,一种语言所表达的意义不能被另一种语言复制或翻译。萨丕尔—沃尔夫的假说在语言学和

---

① 〔英〕彼得·特拉吉尔:《社会语言学导论》,周绍珩等译,商务印书馆1992年版,第8—12页。
② 同上书,第16—19页。
③ 在本书的第四章中,我们曾讨论过该假说对人类学理论产生的影响。
④ 〔英〕彼得·特拉吉尔:《社会语言学导论》,周绍珩等译,商务印书馆1992年版,第15—16页。

人类学中引起了激烈的争论,折中的观点认为,在某些情况下,语言的不同可能导致关于世界的感知方式的不同,但是,持另一种语言的人可以认识这种不同,进而克服语言的限制,完成两种语言的互译。① 也就是说,应当承认人们能够理解或翻译另一种语言,否则就不能解释不同语言之间人与人的交际何以能够顺利进行。

(八)语义学与语用学

简单地说,语义学是研究语言意义,即符号与符号所指对象的关系的学科,语用学是研究语言运用,即符号与符号解释者的关系的学科。

语言学家对语义的研究主要是围绕着这样一些问题来进行:语义是怎样确定的?怎样才能正确理解和解释语义?意义是怎样在语言中被码化的?而哲学家对语义的研究则希望探明:什么是语言的意义?语言的意义是怎么产生的?② 语言学潮流好像钟摆一样,来回摆动。语义学思潮似乎正是如此:结构语义学(即基于索绪尔的结构语言学发展起来的语义学,发端于20世纪30年代)摆向跟历史语义学(一种流行于19世纪末20世纪早期的语义学理论,强调语义的历史倾向和心理倾向,即语义受社会历史的制约,也受人的情感、想象等社会心理的影响)的心理倾向相反的一边,认为语义结构独立于人脑的认知机能。现在钟摆又摆回来了,认知语义学又回过来强调心理倾向,认为语义只能跟人类的认知机能一起研究,把语义首先视作心理实体,要求对语义结构的研究应该符合普遍的认知过程。认真看待语言的认知性质,事实上就蕴涵着认真对待语言心理学研究的态度。③

语用学的定义多种多样,从不同的角度解析着语用学的面相。如语用学研究的是:人们如何使用语言来达到成功的交际;如何理解人们刻意表达的言语行为;语境的意义或话语如何在情景中获得意义;人们相互交谈中的意义;人类社会中语言的认知、社会和文化功能。④ 概括起来,"语用学研究主要包括四个层面,涉及语言单位的语用属性、说话人意义、听话人意义、语篇意义等。已经发展成形的语用学分支有语用语言学、跨文化语用学、社会语用学、认知语用学等。句法学、心理学、社会学等都是语用学的重要相关学科"⑤。

---

① 〔英〕彼得·特拉吉尔:《社会语言学导论》,周绍珩等译,商务印书馆1992年版,第15页。
② 徐志民:《欧美语义学导论》,复旦大学出版社2008年版,第5页。
③ 同上书,第15—16页。
④ 何自然、陈新仁编著:《当代语用学》,外语教学与研究出版社2004年版,第6—7页。
⑤ 同上书,第22页。

二、语言、话语与权力

(一) 福柯关于权力与话语的观点

语言、话语与权力的论题来自福柯对于权力的研究。福柯认为权力不仅仅涉及国家和法律的权威,权力也存在于日常生活之中。所以,他试图绕开法律和国家的视角,从社会生活的视角出发研究权力自身的本质,并重新定义权力。他说:"我所说的权力,不是指保证一个特定国家的公民的服从的一组机构与机制,也不是与暴力对立的以法规面目出现的征服手段。而且,我头脑里也没有一个集团统治另一个集团的普遍系统的概念,这个系统通过一系列途径充斥整个社会。这一从权力角度所作的分析,绝不能以国家极权、法律形式或统治整体为出发点;这些只是权力的最后形式。我认为,权力首先是多重的力量关系,存在于它们运作的领域并构成自己的组织;权力是通过无休止的斗争和较量而转化、增强或倒退着的过程,权力是这些力量关系相互之间的依靠,它们结成一个链锁或体系,或者正相反,分裂和矛盾使它们彼此孤立;最后,权力如同它们据以实施的策略,它的一般构思或在组织机构上的具体化体现在国家机器、法律条文和各种社会领导权中。权力可能存在的条件,或更确切地说着眼点(它使人们理解权力的运动甚至权力比较'次要'的作用,并使人们有可能利用权力机制作为理解社会秩序的坐标),不应从一个中心点的最初存在中去寻找,即从产生出次要派生力量关系的独特极权这一来源中去寻找;它是力量关系运动着的实体,这些力量关系由于其不平衡性,不断地造成权力的不同状态,而后者总是局部的、不稳定的。权力无所不在,并非因为它有特权能使万事巩固在它战无不胜的整体之下,而是因为它不断地产生出来,在每一点中,或更确切地说在点与点之间的每层关系中。权力无所不在,不是说它包容万物,而是说它来自各方。而所谓'权力',就它是持续的、重复的、变化迟缓的、自生的来说,只不过是所有这些运动体的最终结果,是由它们所支撑的并反过来试图限制它们的运动的一系列相互联系的事物。毫无疑问,在这里我们有必要做一个唯名论者:权力不是一个机构,不是一种结构,也不是我们具有的某种力量;它是人们给特定社会中一种复杂的战略形势所起的名字。"① 福柯还分析了关于权力的五种定理,揭示了权力与社会的关系和权力自身的特征。他认为,权力运用于各种不平等与运动着的关系的相互

---

① 〔法〕米歇尔·福柯:《性史》(第一、二卷),张廷琛等译,上海科学技术文献出版社 1989 年版,第 90—91 页。

影响中;各种权力关系处于其他各类关系之中;权力来自下面,是多重力量关系作用的结果;权力关系既是有意识的,又是非主观的;哪里有权力,哪里就有阻力。①

话语是福柯关注的语词,通过话语与权力的结合,他又创造了一个新的研究领域——话语权的研究。关于话语,福柯说:"事实上,权力和知识是在话语中发生联系的。正因为如此,我们必须把话语看作一系列不连贯的片断,其作用并非一致或稳定的。确切地说,我们不应该认为话语的世界内有被接受和被排斥之分,或有主宰和被主宰之分。我们应当设想这个世界由众多迂曲的因素构成,它们可以在不同的战略下起作用。对这一分布,我们要利用它包含的那些被说出来和被掩盖的东西,那些要求的和被禁止的阐述;利用它隐含的变异和不同的结果——根据发言者为何人,他的权力地位,他的权力背景;利用它包括的用于相反的目的的公式所发生的变迁与重新使用等等来进行重新组合。话语并不是始终如一地屈服于权力,如同沉默一样。我们必须承认在这一复杂的过程中,话语既可以是权力的工具,也可以是权力的结果,但也可以是阻碍、绊脚石、阻力点,也可以是相反的战略的出发点。话语传递着、产生着权力;它强化了权力,但也削弱了其基础并暴露了它,使它变得脆弱并有可能遭受挫折。类似地,沉默与隐密是权力的庇护所,权力的禁令在这里生根;但它们也松动了权力的控制,并提供了较为模糊的宽容地带。……一边是没有权力的话语,而在另一边,却又有话语与之对立。话语是在力量关系领域中起作用的战术因素或组块,在同一战略中可以存在不同的甚至矛盾的话语;相反,它们却可以从一种战略流通到另一种对立的战略而不改变自己的形式。"②

(二)康利和欧巴尔对语言、话语和权力的法律人类学解释

康利和欧巴尔在《法律、语言与权力(第2版)》(2005)中,以福柯的理论为基础,对语言、话语和权力及其在法律中的意义做了界定。他们认为:"许多学者都使用语言(language)和话语(discourse)这两个词语,但是却没有对它们的意思做出解释。这可能会让人混淆不清,因为这两个相关词语在学界存在多种意义。就有些方面而言,它们是近义词,但是在另外一些重要的方面,它们却意义有别。语言一词在两者中较简单易懂。语言包括声音、意义单位和语法结构,也包括它

---

① 〔法〕米歇尔·福柯:《性史》(第一、二卷),张廷琛等译,上海科学技术文献出版社1989年版,第92—93页。
② 同上书,第98—99页。

们发生的语境。在人们的生活中被看做是法律的那些事件——订立遗嘱,办理离婚,出席小额赔偿法庭,出任陪审员、证人或被告——主要是由语言组成的。在现实的日常生活中,法律就是语言或口语或书面语。语言是合同、法条、司法意见和其他法律文件的原料,也是在法庭、律师办公室和调解中心上演的日常戏剧的根本要素。"①

康利和欧巴尔指出:"话语一词的意义有两种,一种是语言学上的意义,一种是社会意义。前一种意义常与语言重叠,可以日常话语(everyday discourse)和法庭话语(courtroom discourse)这样一些短语为例。后一种意义可以心理分析话语(discourse of psychoanalysis)和人权话语(discourse of human rights)这些短语为例。在语言学意义上,话语是指连接在一起的口头或书面的片段,事实上指比一句话大的任何口头或书写单位。因此它包括交谈、布道、故事、问答序列,等等。话语分析研究这些片段或语篇是怎样组织在一起的和它们在沟通活动中是怎样被使用的。在法律的语境之下,语言学意义上的话语是指那种构成法庭证据、结束性辩论、律师——委托人面谈、当事人之间的争论和调解过程之类的谈话。"②他们认为,把话语用来指更加抽象的社会现象,这一用法的流行受米歇尔·福柯的影响。福柯的话语概念是指发生于一个社会内部、围绕一个问题或一组问题进行大范围的讨论。这里的话语不仅指谈话本身,还包括某事被议论的方式。福柯的话语理论为不同学科奠定了研究基础,各学科的学者们不得不分享他对特定历史过程以及话语与权力之间的联系的关注。③

对于权力的概念,他们认为:权力是对这样一个问题的回答,即为什么有些人得到一些东西,而另一些人却没有,换言之,为什么拥有者拥有他们拥有的。如果这样表述,那么权力研究必定涉及不平等这一根本问题,询问为什么存在不平等,它是怎样得以维持的。权力的这一意义包含在霸权的概念当中,意思是指在政治的语境中占优势的权力,一些团体统属其他团体的能力。法律权力,同其他形式的权力一样,与不平等有着密切的联系,但是它是一种模糊的、有时甚至是一种讽刺性的权力。纵观历史,法律的权力一直是一把"双刃剑",它使一些人能够去攻击各种社会不平等的同时,也使另一些人能够为各种社会不平等做出辩护。为了去破坏由法律所创造并加以维护的现状,人们已经使用了该法律的

---

① 〔美〕约翰·M.康利、〔美〕威廉·M.欧巴尔:《法律、语言与权力》(第2版),程朝阳译,法律出版社2007年版,第8页。
② 同上书,第8页。
③ 同上书,第9页。

各种资源。因此在 20 世纪 50 年代和 60 年代美国的公民权利斗争期间,种族隔离的反对者和辩护者们都要求获得法律的保护。"福柯的思想与法律权力的概念尤为相关。法律权力偶尔表现为国家权力,如当国会立法或宪法被修正的时候。但是对个人有最直接影响的那些法律权力的表现通常是局部性的:公诉人提起控告的决定、陪审团判决、法官做出的判决,等等。"①

第二节 法律中的语言现象

用语言学的理论和方法观察法律的制定和实施过程,会发现法律中有很多的语言现象,这些语言现象对立法、司法和守法以及法学研究都产生着重要的影响。

一、语言学对法学研究的影响:以分析法学和新分析法学为例

在法学理论的学术史中,语言学对现代法学的影响在不同时期都有显著的表现,从早期的语义学到后来的语用学,再到当代的话语分析,语言学为法学提供了多种实用的分析工具,促进了法学理论的发展。这里仅以分析法学和新分析法学为例,梳理一下语言学对法学研究的影响。

分析法学是基于实证主义的学说建立起来的法学实证主义学派,它将法律视为一种客观存在的实体,具有可观察的、经验的、有意义的特点和实证材料的性质,从而确定了法理学的实证主义基础。以法律作为法理学研究对象的分析法学关注四个领域的法律分析:"第一,法律本身的概念分析;第二,基本术语的定义;第三,基本法律术语之间的相互关系,即所谓法律上的关系;第四,其他非法律的概念以及这些概念与法律概念的区别之分析。"②在分析法学的研究中,这些概念与术语的分析首先是从语义的层面开始,然后才进入到理论演绎的论证。

---

① 〔美〕约翰·M.康利、〔美〕威廉·M.欧巴尔:《法律、语言与权力》(第 2 版),程朝阳译,法律出版社 2007 年版,第 11 页。

② 〔英〕韦恩·莫里森:《法理学:从古希腊到后现代》,李桂林等译,武汉大学出版社 2003 年版,第 234 页。

分析法学的代表人物奥斯丁在《法理学的范围》(1832)中对法的分析,基本上就是以上述进路推进的。奥斯丁在该书的导论中指出,广义的法有四类:神法或者上帝法、实际存在的由人制定的法、实际存在的社会道德和隐喻意义上的法。其中,实际存在的由人制定的法(法理学的真正对象),与其他一些社会现象(即其他三类法),是由于人们较为贴切的或十分牵强的类比修辞活动而产生联系的。另一方面,由于"法"的称谓随处可用,使得这四类法彼此相互纠缠。因此,有必要区别实际存在的由人制定的法和其他社会现象。为了实现这一目的,奥斯丁采用了两种方法,其一,对严格称谓的命令意义上的法的本质或性质加以确定;其二,对一类法区别于另一类法的显著标志加以确定。① 将这两种方法运用于具体的分析,奥斯丁基本是沿用了语义学的进路,从语词的含义切入,进而对术语进行分析,最后用准确的表述作出反映该对象本质的定义。例如,在对法做定义时,奥斯丁先根据"法"一词所具有的最广泛的含义,确定"法"这一术语包含上帝对人类制定的法和人类对自己制定的法。前一种法被人们描述为"自然法",即上帝法;后一种法包含两种类型,即"政治优势者制定的法"和非政治优势者制定的法。政治优势者制定的法是实际存在的由人制定的法,这是精确意义上的法;而非政治优势者制定的法则是实际存在的社会道德,是不精确意义上的法,因此,这两个术语是不同的。但是,这两种类型的法共同使用的形容词"实际存在的",又使它们不同于"上帝法"这一术语。同时,实际存在的社会道德规则又区别于属于上帝法的"应当如何"的道德规则。而隐喻意义上的"法"是一种十分模糊的类比式修辞活动,是一种语词误用。在区别了各类法在语义上的界限后,奥斯丁提出了一个关于法的基本定义:人们所说的准确意义上的法或规则,都是一类命令。但又认为,"命令"这一术语包含了"法"这一术语,因此,需要对具有简单内涵和宽泛外延的"命令"一词的含义进行详细的解释和说明。奥斯丁指出,如果你表达或宣布一个要求,意思是我应当做什么,或者不做什么,而且,当我没有服从你的要求的时候,你会用对我不利的后果来处罚我,那么,你所表达或宣布的要求,就是一个"命令"。为了进一步说明命令的含义,奥斯丁又分析了与"命令"这一术语相关的另外两个术语"义务"和"制裁",以及"法"或"规则"与临时命令或个别命令的区别,进而得出了更加准确的法的定义:法律,是强制约束

---

① 〔英〕约翰·奥斯丁著、〔英〕罗伯特·坎贝尔修订编辑:《法理学的范围》(第2版),刘星译,北京大学出版社2013年版,第1—4页。

一个人或一些人的命令。至于习惯，在法院适用之前，当其还没有法律制裁的外在形式的时候，习惯只是实际存在的社会道德的一种规则。当习惯经由国家确立或者被最高立法机构以默认的方式认可的法官判决所适用，就会转变为法律规则的命令。[①]

对于分析法学局限于法律文本和法律术语对法律进行解释的进路，有论者指出，该进路虽然"重视智识上的严谨、写作的明晰，但其代价是牺牲了对更广泛领域的社会现实和政治现实的关心。结果，在最近几十年里，法律实证主义由于成为一种自足的、非语境的事业而受到攻击"[②]。

为了克服分析法学的上述缺点，在奥斯丁逝世百年之后，英国法学家哈特另辟蹊径，通过日常会话的语言分析，从语义学和语用学的层面来揭示法律是什么的命题。在《法律的概念》一书的"前言"中，哈特特别说明了语言学层面的研究进路：在本书的"许多地方，我提出了可说是关于语词意义的问题。我考虑了'被强制的'（being obliged）与'负义务的'（have an obligation）如何区别；一项有效的法律规则与对于官员行为的预测有何区别；说一个社会团体遵守一项规则意味着什么，这与声称该团体之成员习惯性地做某些事有何不同和相似处。的确，本书的中心主题之一就是：倘若不能鉴别出下述两种不同类型陈述之间关键性的差别，就不能理解法律，亦不能理解任何其他形式的社会结构。我将这两种陈述分别称为'内在的'（internal）陈述和'外在的'（external）陈述。无论何时，只要社会规则能够被遵守，这两种描述就能够被满足。虽然本书所关心的是分析，但是它亦可被视为一篇描述社会学（descriptive sociology）的论文；因为探究文辞的深意并非只在于了解文字本身。各类型的社会情境或社会关系之间，有许多重要的差别并非昭然若揭。唯有透过对相关语言之标准用法的考察，以及推敲这些语言所处的社会语境，始能将这些差别呈现出来。特别是因为使用语言的社会语境，往往不会被表明出来，更显出此研究方式的优越处。在此研究领域之中，诚如奥斯丁教授所言，我们确实可以借由'深化对语词的认识，来加深我们对现象的认识'"[③]。尽管哈特重申了奥斯丁的观点，但是，哈特对语言所处的社

[①] 〔英〕约翰·奥斯丁著、〔英〕罗伯特·坎贝尔修订编辑：《法理学的范围》（第2版），刘星译，北京大学出版社2013年版，第16—43页。

[②] 〔英〕韦恩·莫里森：《法理学：从古希腊到后现代》，李桂林等译，武汉大学出版社2003年版，第234页。

[③] 〔英〕哈特：《法律的概念》（第2版），许家馨、李冠宜译，法律出版社2011年版，"前言"、第1—2页。

会语境,特别是使用语言的社会语境的强调,已经通过语用学的引入与奥斯丁的纯粹语义学意义上的研究拉开了距离。

要进一步弄清哈特的语言学研究进路,我们可以看看他如何通过日常语言来分析有关法律的外在陈述和内在陈述。哈特在分析义务的观念时指出:"外在观点可能在相当程度上呈现了规则在某些群体成员的生活中发挥作用的方式,这些人不接受群体的规则,并且只有在他们判断不愉快的后果极可能跟随违规行为而来时,才会遵守规则。他们的观点需要用以下的陈述来表达,即'我被强迫去做这件事','如果……我极可能因此而受害','如果……你可能因此而受害','如果……他们将会对你……',但是他们不需要像'我有义务……'或'你有义务……'之类的方式表达,因为这些表达方式只有对那些从内在观点来看待他们自己和其他人之行为的人,才是必要的。将观察对象限制在可观察之行为规律性上的外在观点,所不能呈现的,是规则在那些通常是社会多数之人的生活中发挥作为规则发挥功能的方式。这些人可能是官员、律师或私人,他们在一个接一个的情况中,使用这些规则作为社会生活中的行为标准,作为主张、要求、允许批判或惩罚的基础,也就是在所有根据规则运作的常见生活事务中使用规则。对他们而言,规则的违犯不仅仅是预测敌对反应将随之而来的基础,同时也是敌视的一个理由。"①

分析法学和新分析法学的语言学研究进路,受到了接任哈特在牛津大学法理学教席的美国法学家德沃金的批评。德沃金认为:"语义学理论像实证主义一样阻碍了我们对语言的运用,使我们没有机会以富于灵活性的方式根据上下文或要点去运用'法律'。这些语义学理论坚持认为,我们必须在'广泛的'或前阐释性的'狭隘的'或阐释性两者之间断然作出选择。但是,这种做法是在以太高的代价去换取语言的有条不紊。那些认为纳粹的法律不是法律的律师,或许以不同的方式提出了实证主义者所赞同的论点。他们认为纳粹德国存在法律但它是一种很坏的法律,缺乏最低程度的正常制度所具有的那些特征。但是这样讲使我们不太能了解他们的想法,也不大能表明他们的完整的法理学观点,因为这种说法不会表明他们对缺乏上述特征所引起的后果的见解。另一方面,在某些情况下这种省略或许是一种优点。对某位律师而言,更多的揭示实无必要,甚至会转移人们的注意力,大量的争论可能与其现在的目的并无关系。在这种情况下,将其要点改用'实证主义'式的陈述或许是可取的,而且,并无理由说我们为

---

① 〔英〕哈特:《法律的概念》(第 2 版),许家馨、李冠宜译,法律出版社 2011 年版,第 82 页。

什么要人为地限制语言而不是根据上下文来选择。"①德沃金将法律看作是一种阐释性的概念,作为整体的法律是把法学理论与实际判决结合起来,对已经开始进行阐释的同一法律实践作出更精炼和更具体的阐释。②

二、 社会背景下的语言创造力

对于语言的创造力,可以先做一个语言实验:你在日常说话时,你的第一句话之后的话语,不会是每一句都要认真考虑之后才说出,而是基于你的知识背景和认知能力,以一种连续的、几乎不停顿的、前后一致的方式说出一段话或是长篇演讲。除了背诵、朗读或照本宣科的话语外,人们的日常对话就是语言创造力的表现和实践。美国著名语言学家乔姆斯基(A. N. Chomsky)指出:"语言能力最突出之处就是我们所谓的'语言创造性':说话者能够造出许多句子,虽然这些句子表面上与大家'熟悉'的句子并不相同,然而别人却一听就懂。正常使用语言时表现出来的这种创造性十分重要,至少从十七世纪以来人们就已经认识其重要性了。"③

美国法律人类学家伊丽莎白·默兹(E. Mertz)在一篇题为《语言、法律及其社会意义:语言学、人类学对法学研究的贡献》(1992)的文章中认为,人类学提出了一种新的综合性研究进路,即通过对社会背景下语言创造力的关注,将语言和社会语境的研究合为一体。传统的观点关注语言传递信息的功能,但人类学家指出,正是语言的社会和表达功能决定了语言传递语义的能力。要想真正地使用语言,将抽象的语言系统转变为言语,就必须进入到社会语境的场域。因为,在语言使用中语言系统会被创造,语言结构中的主干是那些对社会语境进行回应的部分。从这个角度看,使用中的语言总是具有指示性的功能,而传递语义信息只是语言使用时产生的功能之一(其他功能包括表达情感、保持社会距离等)。这样,语义只是语言的功能之一,或者是语用学中的一个特殊情况。语言的社会共享系统被使用它的讲话者在社会语境中不断地更新、塑造,即使当言语产生歧义又自圆其说时(因为这是一个带有特殊动态调节的系统),语言也总是在回应社会的压力。④

---

① 〔美〕德沃金:《法律帝国》,李常青译,中国大百科全书出版社1996年版,第95—96页。
② 同上书,第364页。
③ 〔美〕乔姆斯基:《乔姆斯基语言哲学文选》,徐烈炯等译,商务印书馆1992年版,第2页。
④ Elizabeth Mertz, Language, Law, and Social Meanings: Linguistic/Anthropological Contributions to the Study of Law, *Law & Society Review*, Vol. 26, No. 2. (1992), pp. 419-420.

默兹概括了涉及语言创造力的两个结构性语用学原则:其一,依靠语言的参照能力和表现自身能力体现语言创造力(所谓语言的参照能力指语言具有以自身为参照的能力,而不需要以其他事物为参照物)。例如,用怪异的腔调朗读"人权法案",以表达朗读者对该法案的质疑态度。[①] 使用这种类型的语言创造力,为讲话者提供了创造新的对语义理解的机会。其二,在任何时候,讲话者都会依靠预先假定了的社会知识背景,这种知识背景是讲话之前被特定化的。例如,既定的规范可能会告诉我们,使用名字或讨人喜欢的词语而不是头衔,通常意味着社会关系或情感上的亲密。然而,请注意,在任何情况下,讲话者都可能创造性地操纵这些规范,对他们几乎不认识的人使用讨人喜欢的言语,或对亲密的家庭成员使用正式头衔。当这一切发生的时候,"相同"的语言形式传达了一个截然不同的意义(例如,一个明显含有褒义的词会具有侮辱的意思,就像有人对着素不相识的陌生人叫"亲爱的";或一个明显正式的词变得幽默和亲切,就像父母把他们初生的儿子称为"先生")。在每一种情况下,新的意义部分是由于违反了预设的语言规范而产生的。事实上,语言创造力本身就依赖语言的预设功能,将这种预设功能作为背景来发挥语言的正向和反向作用。同时,语言也通过在社会语境中的使用创造了新的意义。这样,在上面的例子中,不仅仅是预设的规范产生了话语的意义,而且在特定的时间和地点也会使语言得以创造性地使用。有时话语是在特定的时间和地点中创造出来的,离开了特定的时间和地点,就无法确定话语的意义。可见,在特定的语境中,讲话者可以依靠一种预先假定的知识来阐释话语的语义,同时,听者也可以依靠预先假定的知识来理解话语,如果语境变了,话语的意思也就改变了。另外,语言的创造性还表现在语言对社会结构的塑造方面。例如,一位与你亲密的朋友突然对你使用正式的称呼而不是昵称,这意味着说话者在创造一种以前不存在的社会现实,其意图改变对话者之间的关系和距离。这些例子表明,如果我们只关注语言的内容(语义学)而不关注语言

---

① 2016年发生在香港特别行政区的一起立法会议员宣读誓词的案件,也反映了类似的情况。香港《星岛日报》称,根据全国人大常委会对《基本法》第104条含义的解释,当选立法会议员就职时,必须真诚、庄重地依照《宣誓及声明条例》的誓言宣誓,并在内容及形式上符合有关规定,否则即为故意忽略或拒绝宣誓,所作宣誓无效,而其就任议员的资格亦被取消。而刘小丽在宣誓时以极慢速度读出誓词,后又在"脸谱"上扬言"慢读是要彰显誓词的虚妄……我所读的,是九十多个没有串联的独立字句,毫无连贯性及意义可言"。参见凌德、彭泽锋:《港府将对刘小丽提司法复核 刘小丽妄称自己遭到政治迫害》,载《环球时报》2016年12月1日,网址:http://news.sina.com.cn/c/gat/2016-12-01/doc-ifxyiayq1865704.shtml,访问时间:2018年8月10日。

的形式（语用学），就会忽视语言的很多创造性功能。①

默兹指出，这个综合性的进路提供了一个引人注目的理由来关注法律的语言，因为，语言是一个过程，在这个过程中，文化理解在与社会结构的互动中被制定、创造和转化。与此同时，社会语境是语言结构化的关键路径，社会权力与影响语言的每一个语境层面都有关联。法律语言对考察社会语境的约束性影响和语言互动中潜在的创造性权力提供了很好的机会。②

默兹总结了关于语言创造力与法律的研究进展，她指出，任何领域的语言交流行为都不像司法意见那样充满着社会权力的结果，例如，一种以确定的言语做出的决定，转换为"要约与承诺"后就使这个决定产生出直接的社会后果。语言的社会背景和创造性特点在法律中随处可见，以这种方式表现的语言功能是法律实现其目的的主要途径。许多前期的研究已经给出了语言创造力在法律和社会后果中的证据。一方面，语用学意义上的语言影响着法律的结果。在早期语言与法律的研究中，语言更多地是被当成传递建议或语义的系统，这些研究证明语境化地运用语言在某些场合是有效的，它会使语言结构及其传递的意义在法律结果中扮演重要的角色。有的研究者还关注语言在语用学上的隐喻，这种隐喻往往存在着容易被更倾向于语义阅读的法院所忽略的危险。当语言被看作是一种传递抽象信息的媒介，而不是一种以多种方式传递意义且嵌入了社会印记的系统时，这种危险就产生了。另一方面，法律语言的使用构建着相互关系、社会结构和文化。法律语言的研究一直在探讨法律语言对社会结果和结构产生强大影响力的可能性，如对各方当事人的直接影响，以及对整体文化和社会的全球性影响。在过程研究中，研究者关注法律领域中语言运用的方式，以某种方式使用的语言构建着双方当事人的关系。如法庭和律师事务所中的语言交流是正在进行的程序环节，在这个程序环节中，参与者相互协商，并创造着社会现实。有的研究通过分析讲话者轮流发言的方式，追寻在这种方式中暗藏着社会或心理目标的提问和回应的不同形式，进而揭示在人们通过正在进行的互动构建社会结构的过程中最为关键的环节——会话的组织。尽管语言不仅仅反映会话之前的结构，但是，由于语言聚焦于说话时的语境，这种关于语言对社会互动影响的认识便受到了限制。有的研究在更宽泛的文化和社会构成意义上考察语义和话语现象的影响。例如，有研究通过语言互动中的语义学层面的细致分析，解释律

---

① Elizabeth Mertz, Language, Law, and Social Meanings: Linguistic/Anthropological Contributions to the Study of Law, *Law & Society Review*, Vol. 26, No. 2. (1992), pp. 420-422.
② Ibid., p. 423.

师如何运用语言加强自己的权威和客户对其的依赖。有的研究认为，法律语言和推理方式与不同类型社会中的纠纷转化，以及与社会秩序及社会中权力分布所完成的转化相结合，可以解释依靠特定的社会语境结构，采用限制和扩张的方式对纠纷进行不同重述何以能够发挥其影响力。在女权主义、批判种族理论和批判法学的研究中，法律语言层面的研究也颇受青睐。有研究分析了处理贫穷问题的法律和政治语言，揭示了一种试图将贫穷责任归因于单身母亲的"病理"的意识形态，认为这种话语塑造并重振了父权文化和父权社会，将人们的注意力从对不公平的社会结构分析转移到推卸责任上。另外，种族和性别不平等产生的法律博弈中的话语权问题也引起了法学家和人类学家的关注。在对语言与法律的研究中，研究者的观点不尽相同，有的关注词义，即语言的语义，认为其是语言型塑功能的关键。而有的认为，是语义和话语本身的结构创造了强大的影响力。尽管观点各异，但这些研究表明人类学的语言学（anthropological linguistics）关于探索语言创造性的建议已经被语言与法律的研究所接受。近期的研究则是将对语言语境结构细节的关注与在更广泛的社会视野中分析语言角色的路径相结合，从而增强对法律过程的理解，并进一步分析法律中语言创造性的社会基础。①

三、司法中的三种话语

梅丽在《诉讼的话语——生活在美国社会底层人的法律意识》（1990）中，将美国法庭的话语模式概括为三种，即法律的、道德的和治疗性的话语。

梅丽认为："在法庭上，法律、道德和治疗性三种话语在对特定问题的讨论中时而浮现，时而隐匿。在调解或法庭听证过程中，话语的三种模式在讨论中通常都会显现，会由不同的当事人提出以尝试其效果。当事各方在为案件而争论、为其行为辩护、谴责对方的行为并力图获得调解员或法官支持时，他们会交替变换着各种话语以估量每种话语的效果。调解员、书记官和法官也试图建立和保持一种特定的话语，每当一种话语似乎未达到应有的效果或引起了麻烦时，他们就会转换为另一种话语。当人们觉察到一种话语的效果不佳时，常常会转向另一种话语以看其效果如何。在调解和开庭审理前的程序中最常使用的是日常道德话语。在讨论中，有时候会引入法律话语，大多数参与者也会采用治疗性话语。

---

① Elizabeth Mertz, Language, Law, and Social Meanings: Linguistic/Anthropological Contributions to the Study of Law, *Law & Society Review*, Vol. 26, No. 2. (1992), pp. 423-427.

男人比女人更倾向于使用法律话语,女人则偏好治疗性话语。法律话语在邻里问题中最普遍(在30个案例中,每7个大量使用法律话语的案件中就有6个是邻里问题)。在婚姻和父母—子女问题的讨论中大多使用道德话语,而法律话语则很少被提及。婚姻案件常常涉及有关婚姻角色关系的讨论:在每6个婚姻案件中就有4个主要使用道德话语。治疗性话语常常出现在家庭问题和男女恋人问题中,这也许是因为专业援助人员对家庭关系调整的介入最多,并且多于邻里关系。"①

四、微观语言分析

康利和欧巴尔在《法律、语言与权力》一书中,运用微观语言分析的方法,对强奸罪、调解、父权制在英美法中的表现、争端过程中的语言事件等问题进行分析,从语言学层面的分析中,对强奸罪受害人在审判中再次受害,调解中妇女处于不利的地位,法律制度中的男性占优势的使用语体的偏好及贬低女性的争论形式和叙述结构,争端中语言事件表现的权力等论点,找出了一般法学研究不能获得的证据。

对于微观语言分析的精髓,两位作者在结论部分指出:"如果我们用一句话对前面各章所论述的内容做个总结,这句话会是:法律话语的细节。首先,法律话语的细节很重要,因为语言是法律权力得以实现、运用、复制以及有时受到挑战和被推翻的根本机制。在多数时候,法律是交谈:当事人之间的交谈,律师和委托人之间的交谈,律师、当事人和证人之间的法庭交谈,归约为法条和司法意见的书面形式的法律交谈,还有对像我们这样一些人参与的所有这些其他谈话所做的评论。因此,如果一个人想要发现法律权力特定的、具体的表现,那么去详细审查作为法律的定义要素的微观话语是有意义的。如果目标是去理解法律权力的本质,去了解法律权力是怎样被运用在真实的人们身上,去发现它可能受到挑战的界点,去判断哪些挑战可能会起作用,那么此时微观话语是需要留意的地方。"②

---

① 〔美〕萨利·安格尔·梅丽:《诉讼的话语——生活在美国社会底层人的法律意识》,郭星华等译,北京大学出版社2007年版,第153页。
② 〔美〕约翰·M.康利、〔美〕威廉·M.欧巴尔:《法律、语言与权力》(第2版),程朝阳译,法律出版社2007年版,第129—130页。

五、语境论

语境论是苏力在一篇题为《语境论——一种法律制度研究的进路和方法》的论文中提出的一种法学研究的进路,该进路虽然是初入门的研究者需要掌握的观念和技能,但却真实地揭示了语境观念在法学研究中所具有的限制性和解释力。

苏力解释道:语境论主张并力求进入适当的语境,移情地、体贴地、具体地予以考查和评价制度。这一进路要求聆听,要求一种充满博爱之心的理解,要求细致的调查、对大量相关细节的辨识和把握。它要求耐心,"要求无情的渊博学识"。它要求人们想"事"和想"问题",而不是想"语词"或"概念",尽管人们无法脱离语词和概念想事。它甚至不反对价值判断,只是认为,这种判断是应当在了解、斟酌问题和诸多条件之后,而不是在此之前;并且不要将这种判断神化,不容讨论。苏力进而归纳了语境论进路的研究步骤:第一步是善意地力求重构这一制度或规则所针对的社会常规问题。第二步是当重构了问题之后,研究者必须再考查人们的自然禀赋、自然环境、社会生产力和科技发展水平以及资源等相对稳定的因素,以及这些因素对于旨在解决这一常规性问题的制度和规则选择的基本制约,从而去理解、发掘制度或规则的正当性。第三步,必须认识到这种正当性只是一种"建构",而未必是历史的真实。所以,还要继续追问有无其他制度或规则可以更为恰当地解决我们今天善意重构的那个社会问题。第四步,法学研究者必须以类似的方式考查与某个法律制度或规则相关的当代的社会问题,考查支撑先前某法律制度或规则的那个或那些社会问题是否依旧存在,支撑该法律制度或规则的诸多社会制约条件是否有重大到必须改变这一制度或规则的变化。第五步,基于同样的思想脉络,即使发现社会条件已经有一相当的变化,一个负责任的法律研究者还有必要提出具体的制度和规则变化,并基于当下已发生的或有根据预期其即将发生的社会条件变化来说明新制度或规则的正当性。①

六、法哲学研究的十个语言哲学假定

张国清在《法哲学研究的语言哲学假定——兼论德沃金"唯一正确答案"研究方法的独断性》一文中提出了法哲学研究中的 10 个语言哲学假定,它们是:第

---

① 苏力:《语境论——一种法律制度研究的进路和方法》,载《中外法学》2000 年第 1 期。

一,语言是言说者对于现实的感知和认知的表达和反映;第二,语言活动总是有活动者主观经验的渗透,所以,语言的含义也渗透着活动者的过去的经验;第三,意义和经验依赖于主观理解,相似的经历可能在不同的主体身上产生不同的理解;第四,语言活动和法律活动一样都是具体的个别活动;第五,法律不仅涉及个别,而且涉及一般;第六,在一些语言中承载着情感因素,在法律实践中应该慎重考虑这些情感因素;第七,语言具有多重功能;第八,任何语言都有概括性,语言越是抽象和空洞,其概括力也越强;第九,事实不同于对事实的陈述;第十,不同语言主体具有不同的解释力量,这种力量不是取决于语言,而是取决于解释者的各种因素。[①]

第三节　民族语言与法律[②]

民族语言是一种思维的现实,是一个国家或民族表现其国家或民族的意志,确立共同行为准则的必不可少的工具。在使用单一的民族语言的国家中,民族语言与法律的关系主要是如何用该民族的语言表现法律的问题,间或也可能发生借用其他国家的民族语言充当法律术语的问题。即使在这样的国家中,单一民族语言在不同地区所形成的方言,也会给法律实施造成一些障碍。然而,使用单一的民族语言的国家简直太少了,世界上大多数国家所面对的是法律与多民族语言之间的关系。两种以上民族语言在一个国家的不同地区使用,必然给法律提出这样的问题:选择哪种或哪几种民族语言作为法律文本或国家机构使用的官方语言?在确定了一种或几种民族语言作为官方语言之后,如何将官方语言的法律文本翻译为其他民族语言的法律文本?如何保障不同语言的民族在语言方面的权利?如何实施不同民族语言的教育或推广全国通用的官方语言?

本节的内容将从民族语言与法律的关系、法律实施中的语言障碍及其对策

[①] 张国清:《法哲学研究的语言哲学假定——兼论德沃金"唯一正确答案"研究方法的独断性》,载林来梵主编:《法律与人文》,法律出版社2007年版,第283—287页。
[②] 此部分的内容是张晓辉主编《中国法律在少数民族地区的实施》(云南大学出版社1994年版)第五章的内容,署名作者为张晓辉。在本书中,作者(张晓辉)对原文作了必要的修改和删减。

等几个方面来回答上述问题。

一、民族语言与法律的关系

语言和法律虽然都属于文化的范畴,但毕竟是两种不同的文化现象。语言是随着劳动的发展和交往的增多而被创造与发展的,在人类的历史上,语言的创造与发展总是打上深深的民族烙印,反映着使用该语言的民族的历史、文化、地理、生产及生活方式特点,所以,无论是在只有语言没有文字的民族还是既有语言又有文字的民族中,语言成为识别民族种类的一个标志。语言的鲜明民族特征与语言的特殊功能相结合,使语言这一文化现象具有超乎寻常的民族凝聚力,它保存和传播着民族的历史和文化;它使一种维护民族内部、外部秩序的共同价值准则有可能成为民族成员皆知的行为规则;它为民族成员之间的交往提供了表达集体或个人思维的途径。语言的民族性特征奠定了语言的稳定性和普遍性。一个民族的语言虽然随着时代的变迁而出现语音、语素、语体、语法及文字构造的变化,但其中的基本要素的变化是极其缓慢的,语言的这种稳定性体现了民族文化的传承。民族语言作为一种社会现象,能在一个民族或群体中广泛地被使用,并随着民族的迁徙和民族间的交流而扩大其使用范围,民族语言的这种普遍性促进着民族成员间的认同感和民族感情的交流。

与民族语言相比较,法律也是一种社会现象,一个国家的法律仍旧可以表现出民族性、稳定性和普遍性的特征,但是这样的特征与民族语言的特征在内容上并不一致。法律具有民族性,但这种民族性是表现为国家意志的民族精神,在有文字记载的社会中,法律首先表现为具有社会分层特征的民族性,即由统治阶级认可的那一部分民族精神。对于多民族的国家来说,法律的民族性如何体现则是一个极为复杂的问题,在中外立法史上,法律体现的民族性大致有三种类型:其一,体现占统治地位民族的精神,如封建中国大部分王朝的法律及世界大多数国家的古代法律;其二,体现占统治地位民族和占国民人口大多数的主体民族的精神,如中国古代的两个少数民族建立的中央政权——元、清法律;其三,体现该国各民族的精神,如我国现阶段的社会主义法律。因此,法律的民族性具有社会分层的内容,只有在政权由代表该国各族人民群众利益的阶级所掌握的历史阶段,法律的社会分层性与民族性才是统一的。法律的稳定性和普遍性来源于国家的意志和强制力。对于法律来说,依靠法律建立的社会秩序必须通过特定的法律程序才能改变,而一旦法律经国家权力机关制定颁布,凡境内的公民及境内的外国人都必须遵守,若有违反法律的行为,便会引起某种司法程序及法律责任。与语言的特征不一样的是,法律的稳定性不是自发的、随意的,而是有序的、强制的。

比较法律与民族语言的特征是为了提出这样的问题,即两种不同特征的文化现象如何融合?法律又是怎样调整多民族语言之间的冲突?

由于语言与文字的创造具有时间的先后性,法律与民族语言的融合在人类发展史中分为两个阶段,第一个阶段为法律与民族语言的融合,第二个阶段为法律与民族文字的融合。人类劳动和交往中创造了各种语言,随着民族语言的发展和丰富,民族语言的指示、表达、思维、传播信息的功能和民族语言的稳定性、普遍性,为一定范围的人群统一共同的价值标准和行为准则提供了一种群体及其成员均能认识和使用的工具,从而出现了人类早期规范群体及其成员行为的禁忌及其习惯。当一定地域的民族或部落的政治组织发展为部族组织、部落联盟或国家时,原来以民族语言表现的禁忌和习惯中的一部分内容便演变为象征着部族意志、部落联盟的整体意志或国家意志,并具有强制力保证其普遍实施的社会分层性的法律。这种法律的载体仅仅是民族语言,它依靠民族语言来制定新的法律,认可旧文化中的禁忌与习惯;它也依靠民族语言得以传播和实施。这一阶段便是法律史上的最初的不成文法时期。由于表达思维和记忆的需要,一些民族在其发展过程中,出现了表达思维的简单图形,进而强化为象形文字,随着文化的进步,创造了今日社会使用的不同民族的拼音文字、图形文字和其他文字。民族文字的创造及使用,使法律的载体有了另外一种形式,而民族语言与民族文字的统一与协调,则使民族语言与民族文字两种载体在表现法律时并无矛盾,于是便有了成文法时期。一些有文字的民族尽管使用文字记载、描述、传播法律及裁判,却没有以文字作为载体,并经专门程序通过和颁布的法律文本。这种现象的存在,其原因在于不同民族的历史传统、文化背景以及政治、经济的不同。法律的载体形式不同,并没有改变法律与民族语言的融合。法律依靠民族语言得以表现和实施,而民族语言则以其各种功能和词汇为法律的实现提供了广阔的途径。立法者和执法者在运用民族语言表现国家意志的立法和司法活动中创造了民族语言的一个特殊语域——法律语言。由于各个国家,各个民族用法律调整相同社会关系的语言材料的一致性和国家、民族之间法律交往的频繁性,法律语言在其发展过程中出现了打破国家、民族界限的趋同现象,一部分法律语言成为几个或许多国家、民族以不同的语言加以表现的具有相同含义的国际通用的法律语言。

法律语言具有民族语言的一般特征,也具有适应法律特点而区别于其他语域的特征。概括起来,法律语言具有简练明了、准确严谨、庄重朴实的特征。简洁明了的特征要求法律语言用精练、直接的词汇明白地表现立法的意图,避免重复累赘的言词导致法律的冗长和繁琐。准确严谨要求法律语言具有严密的逻辑性,用词准确、词意清楚,法律内部及法律之间协调统一,不发生歧义或冲突。庄重朴实要求法律语言有利于体现正义、公平、合理的法律精神,有利于宣传、教育群众,避免使用华丽、夸张,以及低级庸俗的语言。从法律实施的角度来说,法律语言的正确使用是有效实施法律的可靠保障之一。

法律语言具有一定的稳定性,但却不是一种静态或僵死的语言现象,随着社会的变迁和法律调整对象及范围的变化,法律语言也在不断地吐故纳新。通过法律语言的稳定性,人们可以继承法律的传统,加强法律的稳定性;而通过法律语言的变迁,人们可以比较法律在不同时代中的变化,了解法律的社会历史背景。

在使用多民族语言的国家和地区,民族语言对于维护民族团结、国家统一和政权稳定具有十分重要的意义。在中国历史上,秦始皇统一中国后所采取的重大举措之一就是订立和推行全国统一的文字,从而为改变战国时期"律令异法"的局面,创立"法令出一"的全国统一法律奠定了基础。自秦以来,历代中央政权均将汉语确立为国家活动中官方使用的民族语言。这样的语言政策固然有利于国家的统一和政权的巩固,但却无视少数民族的语言权利,阻碍了民族文化的繁荣。在中国的少数民族地区汉语的推行困难较大,由于民族地区交通不便,信息闭塞和语言的差异,旧中国历史上的国家法律几乎不能在民族地区有效执行,各少数民族地区在相当长的历史时期仍然保留着以本民族语言或文字为载体的本民族法律,形成在一个统一国家中诸种民族语言的民族法律与国家法律并存的现象。在世界历史上,多民族语言国家中作为官方语言或法律语言的民族语言的确定,往往与民族的征服、交流和迁徙有密切的关系。民族的征服、交流、迁徙必然引起民族语言的扩散,这种扩散促进了语言的发展,影响了官方语言和法律语言的确定。16世纪开始的欧洲资本主义国家对海外的侵略,直接导致了欧洲民族语言和法律对亚洲、非洲、美洲许多国家的征服,形成影响至今的语言和法律殖民化的现象,欧洲民族的语言取代了这些国家土著民族语言而成为官方的和法律的语言,欧洲的法律体系取代了这些国家的法律传统,使这些国家分别跨入了罗马日耳曼法系或普通法系的范畴,随之而来的后果便是殖民地国家传统文化的灭绝或衰落。① 文化交流和人口迁徙造成的异族语言成为官方语言和法律语言的现象在历史上也不乏其例。中国的近邻日本和朝鲜曾在相当长的历史上把汉字作为国家的官方文字和法律用字,这是由于当时比较先进的中国文化的传播和中国移民迁徙造成的结果。②

  在多语或双语的国家中,语言与法律的关系不仅表现于官方或法律语言的选择和确立上,多语和双语的现象还直接引起了法律对民族语言的权利保障问题及法律实施中的语言障碍。在20世纪中叶以前的人类历史中,大多数多语或双语的国家总是采取强制手段推行主体民族或占统治地位民族的语言,对少数民族和被统治民族的语言采取歧视的政策,这种政策的推行阻碍了民族语言的发展,同时也导致法律实施中践踏民族语言权利,加剧民族矛盾的恶果。第二次世界大战以后,随着联合国的成立和世界范围内民族解放运动的兴起,民族语言权利受到了广泛的重视,成为世界各国公认的一项基本人权。1945年制定的《联合国宪章》在第一章"宗旨和原则"中规定:"促成国际合作,以解决属于经济、社会、文化及人类福利性质之国际问题,且不分种族、性别、语言,或宗教,增进并激励对于全体人类之人权及基本自由之尊重。"该宪章的第九章"国际经济及社会合作"还规定:"全体人类之人权及基本自由之普遍尊重与遵守,不分种族、性别、语言,或宗教。"1948年联合国大会通过的《世界人权宣言》重申了《联合国宪章》中的上述宗旨和规定,并在第26条中规定:"教育之目标在于充分发展人格,加强对人权及基本自由的尊重。""父母对其子女所应受之教育,有优先抉择之权。"在以上两个联合国文件的基础上,1966年12月在纽约开放签字的《经济、社会、文化权利国际公约》进一步确认了各民族在发展本民族文化方面的权利。该公约第1条规定:"所有民族均享有自决权,根据此种权利,自由决定其政治地位及自由从事其经济、社会与文化之发展。"除此之外,公约第13条还全面地阐释了发展教育的目的:"本公约确认人人有受教育之权。缔约国公认教育应谋人格及人格尊严意识之充分发展,增强对人权与基本自由之尊重。缔约国又公认教育应使人人均能参加自由社会积极贡献,应促进各民族间及各种族、人种或宗教团体间之了解、宽恕及友好关系,并应推进联合国维持和平之工作。"③以上联合国文件的精神确认了各民族语言的平等地位和各民族保持、发展民族文化的权利,并宣告各民族的成员在接受教育时的选择权。这些规定无疑促进了各国政府在

---

① 〔法〕勒内·达维德:《当代主要法律体系》,漆竹生译,上海译文出版社1984年版,第68—71页。
② 周一良、吴于廑主编:《世界通史(上古部分)》,人民出版社1962年版,第397—411页。
③ 以上国际法的条文可参见王铁崖、田如萱编:《国际法资料选编》,法律出版社1982年版。

法律上对民族语言权利的保障,维护了世界各民族享有的使用和发展民族语言的基本人权。

二、民族地区法律实施的语言障碍

语言的民族性必然造成不同民族语言的差异性,在一个由多民族组成的国家中,多种民族语言或文字的现象,使多民族国家面临着实施法律上的语言障碍,即以主体民族语言为文本的法律在多语的民族地区实施时,由于语言的差异而引起的对法律和法律事实的认知、思维和表达障碍。这些障碍直接影响着在多语的民族地区的法律运作,也关系到少数民族的语言权利和其他权利的承认和保障。因为,作为以本民族的语言为母语的民族来说,他们对事物的认知、思维和表达是以母语进行的,母语是他们认知法律及法律事实,进行思维判断,表述真实意愿的工具,倘若不允许或是客观上使他们不能使用母语为工具去理解法律或处理法律事务的话,非使用主体民族语言的少数民族便在法律上处于一种事实上的不平等地位,不能很好地运用法律保障自己的合法权益。然而,倘若承认少数民族的语言权利,允许少数民族用本民族的语言处理法律事务的话,法律的实施便应当用非法律文本中的语言进行运作,或是为少数民族用本民族语言处理法律事务提供必要的语言保障。无论如何去做,在法律实施中都不能改变少数民族用母语对法律及法律事实进行认知、思维和表达的习惯和现实。

在现代社会中,一个法治国家,同时也必须是一个教育高度发达的国家,不能想象在一个教育落后的社会中建成法治的国家。因此,在建设社会主义法治国家的过程中,要充分认识到教育因素的制约和激励机制,积极推动文化和语言的建设,使社会主义法治在一个高水平的教育文化环境中进行。作为教育和文化建设内容的语言政策是我国的基本国策之一,它关系到国家的统一、民族的团结,以及国民素质的提高等重大问题。从法律的领域来说,法律的实施在一定程度上依赖于语言政策的贯彻,因为,法律只有通过语言才能为人民所了解,才能发挥其促进政治、经济、文化发展的功能。尤其是在少数民族地区实施法律,不能不考虑当地民族的语言状况,如果无视少数民族的语言状况和语言权利,法律的实施则很难起到促进社会发展的作用,甚至可能带来危害民族关系的后果。所以,在少数民族地区实施法律,必须严格执行民族语言政策,切实维护少数民族的语言权利,并针对当地的民族语言状况,制定出实施法律过程中的语言对策。

我国少数民族的语言有五个语系,八十多种语言,大部分少数民族均以本民族语言作为日常的交际工具。也有一些民族除了以本民族语言作为主要交际工具外,也使用其他民族的语言作为交际工具,由此形成了少数民族中的双语现象。在我国的少数民族中,使用单语(只能使用母语)的人口较多,在单语民族或人口中,民族间的交往存在着严重的语言障碍。少数民族中的双语现象一般是由于民族间的频繁交往的需要和文化影响产生的。据国内的语言学家分析,我国民族地区的双语类型有四种:其一,少数民族既熟悉本民族语言又兼通汉语;其二,少数民族既熟悉本民族语言又兼通邻近另一少数民族语言;其三,居住在少数民族地区的汉族既使用汉语又兼用少数民族语言;其四,使用两种或两种以上语言的民族,一部分人兼通本民族的另一种语言。① 单语与双语的现象是我国少数民族的语言现实之一,随着民族间交往的日益增加和教育的普及,我国各民族都不存在纯粹的单语民族,各民族的成员中总有一些人成为双语使用者。特别是在国家采取的"推广普通话"政策的贯彻下,既使用本民族语言又能使用汉语的少数民族在不断地增加。

在少数民族地区,文字的使用与少数民族受教育的情况还存在着较大的差距,少数民族即使是有文字的民族,民族文字的使用情况也有相当的差异,大部分民族尚不能完全使用本民族文字来处理当地的政治、经济、文化事务,存在着民族文字使用率不高的情况。在一些少数民族地区,由于作为思维、交际语言的民族语言与汉语言的差距,以及教育方法上的失误,汉语言教育未能达到预期的效果。

民族地区的多语言的现实必然给法律的实施带来语言上的障碍,这些障碍主要表现在以下四个方面。

(1) 立法上的语言障碍。根据我国汉语言较为普及的实际情况和保障少数民族语言权利的原则,我国的立法除了民族自治地方制定的自治法规外,均以汉语言为法律文本使用的语言。汉语言的法律文本除少数有适用范围限制规定的之外,均为在全国或某一地区适用的法律,由于汉语言是我国使用人口最多,使用区域最为普遍的语言,而且是不同语言的民族进行交际的最常用的中介语言,因此,以汉语言制作全国性法律或多民族杂居地区的法规符合中国的国情。然而,对于非以汉语为母语的少数民族来说,由于对汉语言的生疏,便会产生理解汉语文本法律的语言障碍。另外,由于汉语言与其他少数民族语言在语法、词

---

① 参见马学良、戴庆厦:《我国民族地区双语研究中的几个问题》,载中国少数民族双语教学研究会编:《中国少数民族双语研究论集》,民族出版社1990年版。

汇、词义、语素等方面的差异,将汉语文本的法律对译成少数民族文字的法律存在着较大的困难,以致今日尚无由全国人大及其常委会认可并颁布的以少数民族语言为文本的法律。即使是在有本民族语言的少数民族自治地区,也因为民族语言的词汇、词义的限制和文字使用的不普及,许多地区尚不能运用民族语言立法,而采用汉语言立法。

（2）普法上的语言障碍。1985年11月22日全国人大常委会通过的《关于在公民中基本普及法律常识的决议》指出:"为了发展社会主义民主,健全社会主义法制,必须将法律交给广大人民掌握,使广大人民知法、守法,树立法制观念,学会运用法律武器,同一切违反宪法和法律的行为作斗争,保障公民合法的权利和利益,维护宪法和法律的实施。"自全国性的普法工作开展以来,民族地区的普法教育一直面临着如何克服语言障碍的问题,为此,在民族地区的普法工作中,有关部门提出了"以面授为主,紧密联系实际,必须与民族地区生产生活的特点相结合"的方针。[①] 经过数十年的努力,这种"送法下乡"的活动,大大提高了少数民族群众的法律意识,促进了他们运用法律保护合法权利的自觉和行动。然而,由于语言的障碍,少数民族群众在了解法律的广度和深度上都与汉族群众存在着明显的差距,不知法或误解法的现象仍然普遍存在。

（3）诉讼上的语言障碍。诉讼上的语言障碍存在于两个方面,一是司法工作人员的语言障碍,二是诉讼参与人的语言障碍。对于民族地区的司法工作人员来说,要切实维护少数民族在诉讼中的语言权利,必须以当地少数民族通常使用的语言来进行侦查、起诉、审判等工作,或是为不通晓汉语或当地少数民族通用语言的诉讼参与人提供翻译便利,维护他们的语言权利。无论如何,在处理非汉语为母语的少数民族诉讼中,都存在着如何将汉文本的法律转为用民族语言进行运作的问题,这就需要司法人员和翻译人员具备较全面的法律知识和民族语言知识。对于少数民族的诉讼参与人来说,如果司法部门不能采用其本民族的母语进行诉讼的话,少数民族诉讼参与人便面临着使用母语进行思维,而用非母语进行陈述或通过翻译进行陈述的处境。非母语的陈述或翻译的陈述是否准确、充分地反映诉讼参与人的意志,这在许多场合都是令人怀疑的问题。

（4）执法上的语言障碍。与诉讼相比较,执法中所涉及的法律和人员对象更为广泛,它涉及政治、经济、文化等各个方面的活动。在少数民族地区,语言的选择直接影响着执法的效果,不少地区的经验证明,用民族语言执法的效果好,

---

① 参见《中国法律年鉴(1988)》,法律出版社1989年版,第714页。

易为少数民族接受。然而,除了本民族的干部能够用本民族的语言执法外,能够使用当地民族语言执法的人员远远不能满足民族地区的需要,造成了在执法过程中宣传法律,运用法律促进民族地区政治、经济、文化繁荣的语言障碍。而对于很多少数民族群众来说,要运用法律,自觉地维护自己或他人、集体的合法权利,也由于语言障碍造成的法律上的无知归于失败。

三、克服语言障碍的对策

上述语言障碍给我国法律在民族地区的实施带来了诸多的困难,而要保障法律在少数民族地区的实施,就必须在保障少数民族语言权利的前提下,制定有效措施,克服法律实施中的语言障碍,这是多语言和多民族国家在法治建设中不能回避的问题。根据我国的国情,克服法律实施中的语言障碍,可以采取如下一些对策。

(1) 加强法律翻译和民文版法律图书的出版。将汉文本的法律翻译为民族文字的法律文本是保证法律在民族地区有效实施的基础工作,这项工作的开展有利于法律在民族地区的普及和运行。法律的民族语言化是一项长期而艰巨的工作,可以有步骤地进行,先从国家的重要法律入手,选择一些常用的法律翻译为民族文字,并由全国人大常委会审查通过,国家主席颁布,使民族文字的法律文本具有与汉文本相同的法律效力。除了国家法律之外,凡是有民族语言文字的民族自治地方的地方法规,也应当尽量同时采用民族语言文字和汉语言文字进行立法,并根据当地的情况制定双语立法的程序,以及语言歧义发生时选择以某一民族语言文本或汉语言文本的法律为权威文本的规定。另外,为了普及法律,提高民族语言在法律领域的使用范围,还应当加强民族语言文字版的法律图书和音像资料的出版工作,使少数民族群众能够通过本民族的语言文字直接了解和掌握法律,促进普法工作的开展。

(2) 推广普通话,实行双语奖励政策。在我国,有文字的民族毕竟是少数,仅采取法律民语化的对策并不能适应在无文字民族的地区实施法律的需要。然而,由于在中华民族数千年的发展史中,民族间交往的不间断性及汉文化的传播,使我国各民族处于大杂居、小聚居的特殊分布中,各少数民族之间的交流往往需要通过双语的渠道才能实现。针对这种现实,我国选择了汉语言的标准语——普通话作为全国共通语,在宪法中确立了推广普通话的原则,以克服各民族之间交流的语言障碍。对于少数民族(除回族、满族)来说,普通话并非本民族的母语,而是属于非母语的第二语言。随着推广普通话工作的深入和少数民族双语者的增多,法律实施中的语言障碍将会得到有效的克服。推广普通话,重要的是加强双语的基础教育。在双语教学中,要注意民族语言的教学,如果以推广普通话为由,偏废民族语言的教育,则违背了保障民族语言权利的宪法原则。为了鼓励在民族地区工作的汉族干部学习当地的民族语言,鼓励少数民族群众学习普通话,要将已实行的双语奖励政策坚持下去。无论哪种民族,也无论是干部或是群众,只要是兼通两种以上民族语言的,建议均由政府给予一定的奖励,以表彰和促进民族间的交流和推广普通话的工作。

(3) 培养民族司法干部和民语翻译人员。民族司法干部和民语翻译人员是保障少数民族诉讼参与人在诉讼中的语言权利的必备条件。中华人民共和国成立以来,国家在民族地区培养了大量的民族司法干部,这些民族司法干部既熟悉当地少数民族的语言,又具备专门的法律知识,从而在一定程度上有效地保障了少数民族诉讼当事人在诉讼中的语言权利。然而,民族司法干部队伍的数量和素质尚不能满足全面保障诉讼中民族语言权利的需要。民族司法干部的语言能力和法律业务素质是相辅相成的,仅熟悉少数民族语言,并不能熟练地掌握和深入地理解汉文本的法律,所以,民族司法干部必须是双语者,具备良好的汉语言修养。培养民族司法干部必须注意汉语言的教育,训练他们用民族语言和汉语言交替转换思维和表达的能力。除了民族司法干部之外,培养专兼职的民族语言翻译人员也是民族地区法治建设中应当注意的问题。民语翻译人员的培养有利于缓解民族司法干部队伍的不足,有利于保障民族地区非主体民族(散居少数民族)在诉讼中的语言权利,也有利于促进法律民语文本的翻译和法律知识普及的工作。

(4) 发挥少数民族语言在法律实施中的作用。法律的实施不能离开语言的运用,通过民族语言来实施法律,比较贴近少数民族的思维语言模式,易于建立民族地方执法部门与少数民族群众的联系,符合保障少数民族语言权利的宪法精神。因此,在民族地区实施法律应当尽量使用当地民族通用的语言,严格执行《民族区域自治法》和各民族自治地方的自治条例中所规定的语言使用规则,建立使用民族语言进行公务活动、颁布地方法规、制作法律文书的制度和监督办法,提高民族语言的使用率,树立在法律实施中维护少数民族语言权利的自觉性。

在多民族国家,语言与法律的问题说到底还是一个民族关系的问题,所以,应当把这个问题放到正确处理民族关系的层面加以考察。

民族关系是一种社会关系,它的内容是各民族政治、经济、文化交往和共同活动中所结成的以生产关系为基础的相互关系,涉及范围十分广泛。在多民族国家中,由于不同民族在人口、地域、政治形态、经济发展、文化传统方面存在着或大或小的差距,从而形成了较为复杂的民族关系。从世界的历史发展来看,在人类历史相当长的时期中,整个世界的民族关系基本上是建立在一种奴役与被奴役,剥削与被剥削,压迫与被压迫基础之上的关系,因为民族关系紧张而引发的民族矛盾和民族间的战争时有发生,极大地影响着国家的统一和社会的发展。直至现代,世界范围内由于民族关系调控失当而导致的民族分离、民族纠纷、民族仇杀仍然是当今世界政治风云的突出特点。可见,无论是人类社会的历史和现实都昭示着这样的规律:在由不同民族组成的国家中,妥善地处理和调整民族关系,改革现存的政治、经济、文化结构,创造平衡各民族利益的关系,维护各民族平等的生存权、发展权和参与社会政治、经济、文化生活的权利,是人类和平与发展的基本条件。处理和调整民族关系是国家活动中的一项长期而经常的事务,在政治、军事、经济和文化诸多方面都可以采取若干措施。但是倘若这些措施不纳入法治的轨道,则可能导致民族关系的处理和调整处于一种不稳定的、随意的无序状态中。因此,在现代社会中,通过法律的制定和实施来调整民族关系是多民族国家现代化进程的必由之路。作为一个统一的多民族国家,我国已经建立了基本完善的调整民族关系和其他社会关系的社会主义法律体系。然而,如何保障这一法律体系在民族地区切实有效地实施,仍然是现在和今后很长时期内我国法治建设的重要任务。从语言学的视角看,国家和民间的法律活动,实际上都是语言的使用和实践的过程,而在民族地区,语言的使用和实践不仅关系着法律的有效实施,也关系着民族传统的维系和民族关系的和睦。所以,有必要从理论上和实践上深入细致地研究在具有不同语言和历史文化的民族地区实施法律的途径与方法。

第八章　文化的传播与法律的移植

第一节　人类学关于文化传播的理论
第二节　法律移植:缘起与理论
第三节　法律移植之争
第四节　法律移植的中国经验:以三篇论文为例

法律是一种文化现象,和其他文化现象一样,法律的传播和移植在过去、现在、将来都是人类社会的一种普遍现象。相对于其他文化现象来说,法律的传播与移植显得更为复杂。法律传播的途径有很多,例如,口承、迁徙、战争、宗教、媒体、立法、司法、理论等都可能使法律从一个地域迁移到另一个地域。

法学理论中往往将法律传播称为法律移植,而法律人类学理论中则更习惯将法律传播称为法律借用,尽管名称不同,但法律移植及其所产生的社会效果一直是法学家和法律人类学家关注的问题。在法律移植的研究中,研究者往往围绕着以下问题展开争论:法律移植为什么发生?法律移植是否具有可能性?被移植的法律是什么,还是原来的法律吗?法律如何适应社会?法律决定社会,还是社会决定法律?这些问题的提出与回答,实际上是为了研究法律与社会的关系,以及法律的发展与社会变迁的大问题。

第一节 人类学关于文化传播的理论

在日常生活中,我们几乎每天都可以体验和观察到文化传播的现象。实际上,只要有人与人之间的交往以及人的活动存在,文化传播便是不可避免的。根据芮逸夫主编的《云五社会科学大辞典·人类学》中芮逸夫所撰写的"传播"(diffusion)词条的解释,传播一词原来是自然科学中常用的词,英国人类学家泰勒在1871年出版的《原始文化》中将该词引入人类学理论,用以表示文化经由采借、暗示,或迁徙而引起的文化现象,此后,传播一词被人类学家接受,成为人类学的一个术语。一般认为,传播是指所有有次序的过程,即除了"发明"以外,在各种不同社会中所产生的文化相似性。文化传播主要通过人口迁徙、文化采借来实现。人类学中关于文化传播的定义很多,它们从不同的侧面解释了传播的特征。例如,传播是一个文化要素从一个地方散播至另一个地方;传播是一个文化项目向外流播而超出了产生它的那个社区的现象;传播是文化从一个社会传至另一个社会,它是一个过程,凭借这个过程,人类才能够去联合施展其创造力。

综合起来,传播乃是文化特质或文化丛在横的平面上进行的那一类传递,也就是两地之间的文化传递。①

另一部由夏洛特·西摩尔—史密斯(C. Seymour-Smith)编写的《麦克米伦人类学词典》介绍了当代人类学对传播现象的研究取向:在现代人类学中,历史重构和关于传播论与进化论之间的争论已经被研究社会结构和历史过程的各种不同进路所取代。通过涵化的研究,人类学家继续保持着对传播的研究兴趣,即探讨文化元素从一个群体传输到另一个群体的过程,以及这些文化元素传输和适应新环境的方式。②

在文化传播的研究中,以下理论和概念是值得关注的。

一、传播学派

在人类学的理论发展史上,曾有一种影响广泛的理论学派——传播学派。尽管传播学派的理论有一定的缺陷,但该学派的一些理论观点至今仍有重要的价值。

英国人类学家刘易斯(L. M. Lewis)在《社会人类学导论》(1976)中对传播论的主要理论和缺点作的评介较为全面。他指出,传播论是19世纪末20世纪早期与进化论和功能论并存的理论学派,分为英国学派和德国学派。他们的主要观点是:人类的观念和文化器物随着人口的迁移且循着贸易路线,从某个大陆传播到另一个大陆,最后分布到世界各地。当你发现在不同地方有相同或类似的技术时,你可以假设其间有文化联结或"采借"的形式存在;特别是物质器物,其相似性并非是由于使用相同的原料自然发展出来的,而是有传播上的关系。在量与质上,文化形式的相似性愈高,愈能证明它们可能来自同一源头。最有趣的传播理论是英国解剖学家埃利奥特·史密斯(E. Smith)的发现。史密斯企图对分布于全球的木乃伊现象及一些奇异行为进行解释,为此他到埃及研究木乃伊的头骨。当他回到英国剑桥时,正好在一个昏暗的博物馆角落,发现了一些保存良好的马来亚头骨,他认为这些头骨的处理方式正像埃及的木乃伊一般。这个联想启发了他的著名理论:一个奇妙组合的"文化丛结",包括木乃伊化、太阳崇拜与巨石纪念物等,由它们的起源地埃及向外扩散,结果传播到了世界各地。

---

① 芮逸夫主编:《云五社会科学大辞典·第十册·人类学》,台湾商务印书馆股份有限公司1971年版,第244—246页。
② Charlotte Seymour-Smith, *Macmillan Dictionary of Anthropology*, London: Macmillan Press Ltd., 1986, pp. 77-78.

这就是所谓的"泛埃及主义"。①

对于传播论的缺点,刘易斯认为,传播论将相同的文化项目从它们所属的社会情景中剥离出来,然后任意地加以重新组合,被组合在一起的文化要素彼此间未必真有联结。即使能够通过各种问题的考验,以种种的办法发现某些文化要素确实起源于某地,然后传播到别的地方去,但这也跟这些文化要素在新的环境有何重要性扯不上关联。各种事物,特别是观念,在传送过程有被调和的习性。人们在接受新事物时已经是一个改变了的形式,可能在认同与意义上还会再作进一步修改。刘易斯以苏丹南部的希卢克部落为例,说明文化在传播过程中会失去原来文化内涵中的意义。该部落的君王就职仪式中,有一个显示王位的特殊标志,那是流行于苏格兰的橄榄球帽——它是英国在非洲殖民的一个奇怪的遗留物,来自一些殖民官员对土著居民的赠品。传播论的缺点还在于它只处理空间分布的历史,而不考虑时间序列的历史。②

二、 文化区理论

所谓"文化区"(culture area),是博厄斯学派研究文化的单位。博厄斯在整理民族志资料搞陈列品分类时提出了"文化区域"概念,博厄斯的学生威斯勒对此进行了详细阐述,后又经克鲁伯的发展,文化区成为文化人类学的一种理论和方法。

威斯勒认为文化是由各个层次的单元所组成的一种完整的结构。这种文化结构包括多种层次,他分成"文化特质""文化丛""文化型""文化带""文化区"等。他把文化的最小单元叫做"文化特质",比如一把锄头或一件祭礼用具,等等。比"文化特质"高一层的单元,叫做"文化丛"。它是由一系列相关的"文化特质"组成的,因为一个"文化特质"不起什么作用,必须与另一些文化特质结合在一起,组成一个"丛"才能显示其意义,所以调查一个文化,绝不是调查其零零碎碎的"文化特质",而是要调查高一层的"文化丛"。比"文化丛"更高一层的单元是"文化型",比如,日本人受汉文化影响,与汉人在书法上属同一类型。同丛、同型的文化特质占着一定的空间,这个空间地域称作"文化带"。"文化带"是以一系列相关的"文化丛"互相结合,表现出一定的独特性,并占有一定的地域。至于"文化区",其地域就更广了,在同一"文化区"内存在着一系列基本相同的、在生产和

---

① 〔英〕陆一士(Loan M. Lewis):《社会人类学导论》,黄宣卫、刘容贵译,台湾五南图书出版公司1985年版,第54—57页。
② 同上书,第56—57页。

生活上至关重要的文化。"文化区"有一个中心,那里特点最典型,特点数也最多,向外扩展时典型性和数量会逐渐递减,愈远愈稀,并出现另一个"文化区"的某些"文化特质",如此,逐渐进入另一个"文化区"。①

克鲁伯在《北美的文化区和自然区》(1939)一书中,系统地提出了有关文化区的看法:首先,文化区虽然与自然环境有关系,但是,前者并不受后者决定,文化发展不可能不受自然环境的影响,但是最终是由于文化本身的作用。其次,文化区都有文化高峰,是指文化特征最丰富的地方。他还用"强度"的概念表示文化达到并维持文化水平的程度,强度较大的文化是那些文化特征清楚、制度和关系明确的文化。一种文化的高峰是该文化区内的中心,这个中心向四周释放影响,一直达到该区的边缘,而强度也逐步减弱。文化的强度可以通过计算社会群体中离散的文化要素的数目来测定,要素数量越多,强度越高;反之,越低。最后,划分文化区的最难之处在于边界不易确定,两个文化区相邻地域的文化总是含混不清的。也就是说,交界处的两个民族拥有的共同文化要素要远多于文化中心地。②

上述文化区的理论是对文化传播现象的一种解释,它表明文化传播遵循这样一些法则:其一,文化由中心向边缘扩散。文化中心或文化中心区是文化特征最丰富的区域,中心区的文化会向四周扩散,一直达到文化区的边缘。其二,文化影响力由近至远递减。文化扩散的结果受距离远近的影响,离中心区越近,受中心区文化影响的程度越强,而离中心区越远,受中心区文化影响的程度越低。其三,文化相邻地域的文化具有更多的相似性。文化相邻的地域的文化相似程度高于该地域文化与所属中心区文化的相似程度。

三、涵化

涵化是人类学用来解释社会变迁过程的一个术语和概念。自从19世纪以来这个词一直用来描述在文化接触中文化适应和文化变迁的过程。在20世纪30年代,美国人类学家用涵化的概念研究文化和社会变迁,以及社会迷失和文化衰退的问题。他们把涵化定义为具有不同文化特质的文化在直接接触中发生的

---

① 参见黄淑娉、龚佩华:《文化人类学理论方法研究》,广东高等教育出版社1996年版,第185—186页。
② 参见夏建中:《文化人类学理论学派——文化研究的历史》,中国人民大学出版社1997年版,第86页。

改变原有文化的结果。①

对于涵化的研究范畴,人类学家有不同的看法。在一些人类学家看来,涵化应当与传播相区别,传播是以分析文化元素的分布来研究文化变迁的最后结果;而涵化则是研究正在进行中的文化变迁。另一些人类学家则主张传播是涵化的一部分,例如,克鲁伯说,传播是指对文化元素或文化的某部分发生了什么的研究,涵化是对文化之间发生了什么的研究。②

涵化中的文化传递和影响有单向的情形,也有双向的情形。所以,把涵化理解为两个或两个以上的文化在接触的过程中,一种文化接受另一种文化的元素的现象的观点,就有只反映单向涵化的嫌疑。为了避免偏颇,美国社会科学研究会在1954年提出了一个具有包容性的概念,即涵化是指具有不同文化的群体由于持续而直接的接触所产生的文化传递的过程,其中的一种文化常常是更强的文化。这个概念包容了文化传递的单向和双向的进路,在承认文化间相互影响的同时,强调了强势文化的影响力。虽然大部分涵化研究都是以西方社会与土著社会之间的文化接触为对象,但是,涵化研究的范围并不局限于此,像都市化以及高阶层与低阶层的相互影响也属于涵化的范畴。如果从历史的视角看,人类的文化史实际上就是浩浩荡荡的文化涵化的历史。③

涵化有许多不同的模式。涵化既可能是自愿的,也可能是非自愿的;可能是通过武力的方式进行,也可能是通过精心策划的方式进行;可能是对等的,也可以是不对等的;可以是有选择的,也可能是不可选择的;涵化的过程可能是破坏性的或痛苦的,也可能是通过迅速改变而不容易让人厌恶。④

四、 当代人类学与社会学对文化传播的研究

瓦戈在《社会变迁》一书中指出:"人类学家估计从古至今存在有4000多个不同的人类社会。这些社会都在一定程度上借鉴了别国的文化。如今,所有的社会都在经历不同程度的文化传播,它们或者对已经借鉴引进的事物进行重新考察,或者将新旧事物融合在一起。传播并非总是单向过程,它也可以是双向的。……在复杂的社会内部也有传播,许多文化元素都可以追溯到社会中作为

---

① Charlotte Seymour-Smith, *Macmillan Dictionary of Anthropology*, London: Macmillan Press Ltd., 1986, p. 1.
② 芮逸夫主编:《云五社会科学大辞典·第十册·人类学》,台湾商务印书馆股份有限公司1971年版,第246页。
③ 同上书,第216页。
④ 〔美〕史蒂文·瓦格:《社会变迁》(第5版),王晓黎等译,北京大学出版社2007年版,第75—76页。

某一特定亚文化一个组成部分的特定群体,这些亚文化随后被其他群体所取代。如爵士乐是由美国南部黑人发明的,随着一些黑人向北迁至芝加哥或其他大城市中,他们也将爵士乐传播到那里,如今,爵士乐是美国文化遗产的一个重要组成部分。"① 所以,边缘文化也会向文化中心区传播,并扩散到整个社会。

社会学对传播的研究也有丰硕的成果。这些成果除了介绍新思想、新政策如何从一个社会传播到另一个社会的专题之外,社会学家还研究世界范围的制度趋同化和新价值观、新生活方式的传播途径。尤其是,新农业技术的传播,特殊药物、疫苗、生育技术的传播,教育方法的传播,经济管理和工业技术的模仿等问题。

当代最有影响的传播理论是唐纳德·舍恩(D. A. Schon)的"中心—边缘"理论。在1971年出版的《超越稳定国家》一书中,他提出了两种创新扩散(传播)模式,即中心—边缘模式和中心增殖模式,这两种模式被用来说明扩散(传播)的方向和由于采用创新产生的变化。中心—边缘模式的特点是有一个创新的源泉,多个创新接受者,由此产生传播新思想和接受新思想之间的互动过程。舍恩认为该模式的有效性取决于中心资源和能量的水平,取决于边缘地区的接收点的数量,取决于创新中心与接收者的距离或者扩散波及的范围,以及采用一种创新所需的能量。这一模式的范围直接随管理人员、物力、财力、信息流动技术的水平而不同;它也取决于产生和管理反馈的功能。这个模式中有两个重要的变量。第一个变量是"苹果佬约翰尼·阿普里西德",意思是在自己的地盘(领域)内游逛,传播新消息的人。第二个变量是磁铁模式。例如,19世纪德国的大学,当时世界各地学生纷纷到德国求学;随后,他们又回到了自己的国家传授、实践其所学知识。中心增殖模式是中心—边缘模式的细化,虽然它保留了中心—边缘模式的基本结构,但是它更倾向于将首要中心和次要中心区别开来。首要中心管理并支持着次要中心,而后者反过来也参与了创新扩散。例如,古罗马时期,罗马军团从罗马出发向新的领地进军,征服了以前的占领者,建立起殖民地。这些高级近卫军的任务就是发动战争和成立政府。一旦军队占领了某一领土,就建立一套与罗马生活方式相似的、同样是建立在中央集权主义和中央确立的方式基础上的体制,这样便能更好地传播罗马的制度。现代工业扩张也是基于类似罗马军队的分工专业化形式在世界范围内进行的。② 对于舍恩的上述观点,

---

① 〔美〕史蒂文·瓦格:《社会变迁》(第5版),王晓黎等译,北京大学出版社2007年版,第70页。
② 同上书,第72—73页。

瓦戈认为:"虽然这个模型有许多变量,但在首要中心和次要中心的关系中,还是有一个起着主导作用的模式。首要中心监控政策和方法。它为扩散筛选领域,为扩散发展方法,并为扩散培训代理人,通过财政、信息、技术秘诀来维持对分散的偏远地区的控制,监督分散的地方的运作,通过连接各个偏远地方的网络获取信息。"①

第二节 法律移植:缘起与理论

法律作为一种文化,自然也有传播和扩散的现象,而且,在人类历史中,凭借法律的传播与扩散所引起的法律改革和社会变革的实例遍及全球,举不胜举。在法学理论中,法律的传播和扩散被称为法律的移植或法律的借用,移植和借用这两个词在词义上是有区别的,移植指的是一种特定社会文化背景下的法律经过主动或被动的传递或转移,成为另一种特定社会文化背景的法律。而借用则是一种根据自己社会需要而选择另一种社会或国家的法律为其所用。虽然,在词义上有区别,但是,这两个词均表达了法律在不同社会文化背景的社会中迁移的现象,所以,在研究中两个词往往又是混用的状态,并没有严格的区分。本节中的法律的移植或借用也是一种不加区分的混用。

一、法律移植研究的缘起

法律移植的研究源于时任英国爱丁堡大学民法教授(现任美国佐治亚大学法学院教授)沃森(A. Watson)1974 年出版的著作《法律移植:一种比较法的研究进路》。② 沃森在一篇题为《法律移植的诞生》(2013)的论文中,介绍了写作这部著作的缘由。③

---

① 〔美〕史蒂文·瓦格:《社会变迁》(第5版),王晓黎等译,北京大学出版社 2007 年版,第 74 页。
② A. Watson, *Legal Transplants: An Approach to Comparative Law*, Charlottesville: University Press of Virginia, 1974.
③ A. Watson, The Birth of Legal Transplants, *Georgia Journal of International and Comparative Law*, Vol. 41, Issue 3. (2013).

沃森说,这部著作不是他的第一部法学著作,但对他来说却是意味着一个新的开始。之前,沃森的兴趣一直是关于罗马法的研究,他曾于1956—1957年就读于苏格兰的格拉斯哥大学,后来又选听了牛津大学的民法(即罗马法)课程,毕业后经过三天的面试,他应聘在牛津大学瓦德汉学院从事临时性的教学工作,两年后,他幸运地被牛津大学奥里尔学院聘用为正式教员,承担本科生的课程和研究生的民法课程。

当时,因为有塞西尔·罗兹爵士(Sir Cecil Rhodes)设立的罗兹奖学金资助英联邦国家的学生或研究英国法的学者到牛津大学学习和研究,招收了许多来自南非的学生,牛津大学就为他们开设了"南非私法"的课程。南非私法是基于荷兰法制定的,而荷兰法又深受罗马法的影响。因为,自17世纪以后建立的荷兰法律体系植根于罗马法之中,随着荷兰移民的迁徙,有关荷兰法律体系的书籍被带入南非,进而直接影响了南非私法的发展。这种情况与苏格兰法律的创建过程很相似。苏格兰尽管14世纪就有大学,但是,直到20世纪前法学教育都未能走上正轨。自从被纳入联合王国后,苏格兰人一直不满意大学中教授的英格兰法,17世纪开始他们乘船绕开英格兰,远赴荷兰学习法律,从荷兰带回来许多荷兰法律的书籍,这些书籍反映了当时欧洲各国学者对罗马法的认识。

在牛津大学任教期间,沃森接受了一门名叫"罗马法与荷兰法"的课程教学任务,选课的学生主要是受罗兹奖学金资助的南非学生,其中许多是来自南非的访问学者。几年后,沃森得到了格拉斯哥大学道格拉斯民法讲席教授的职位,负责教授古罗马法,在格拉斯哥大学期间,他完全投入到罗马法的研究中。以后,沃森又入职爱丁堡大学,从事比较法和苏格兰法的教学和研究。在爱丁堡大学,沃森逐渐意识到荷兰法有着很广泛的影响,它的根基是罗马法,它的枝叶却伸进了苏格兰法和南非法中。这样的事实让沃森对"法律是社会存在的反映"或"法律是民族精神"的观念产生了动摇,但仍然坚持认为法律与社会有联系,法律在社会中运行,却不是社会的镜像。这种动摇是生成法律移植观念的种子,也是孕育沃森法律移植理论的前提,即在社会中运行的法律并不完全反映着这个社会。事实上,法律体系中的大部分内容都是从其他法律体系中借用的。这个观点不仅仅是依据苏格兰和南非的私法体系,也有来自欧洲私法体系的证据,它们奠定了沃森法律移植理论的有效性。

当沃森的理论被学界广泛接受且"法律移植"成了法律术语之时,他仍然常常被人问道:"为什么法律会被借用?"沃森通常用英国登山运动员乔治·马洛里(J. Mallory)的名句回答:"因为山就在那里。"借用比思考更容易,它既省时又省力;不仅如此,它还有助于一个新的法律变得能够被接受,因为它有着被验证了的经验。一旦一个国外的法律体系被 A 国接受,它就会被 B 国接受。接受意味着一种尊重的态度。所以,A 国借用的法律,通过 B 国的再借用,又会成为 C 国的法律,如此发展,直至无限。

对于沃森来说,更重要的问题是,法律为什么会被认为是特定民族的精神?私法为什么更容易被接纳?当很多人用法律移植的理论解释法律变迁时,沃森更意识到他的观点解释了古往今来法律发展中所发生的一种社会事实。

《法律移植》一书完稿后,沃森把手稿寄给朋友审阅,没想到一些最好的朋友却对他的观点表示厌恶,劝他不要发表。只有他的一位老朋友戴维·道伯(David Daube)认为这本书精彩无比,应当立即出版。遗憾的是,沃森对其著作也没有自信,将此书雪藏了 5 年,以致戴维为此狂怒。后来在戴维的劝说下,沃森把书寄给了出版社,很快得到出版社的出版许诺。该书出版后许多年都没有在法学界激起波澜,然而,令沃森始料不及的是,几乎在同一时刻,这部著作在世界各地引起了突发性的爆炸效应。沃森成为名人,被邀请到世界各地讲学,他也乐此不疲,颇感幸运。[①]

二、 法律移植的理论

(一) 沃森的主张

沃森的法律移植理论可以概括为以下 5 个主张:

第一,法律的发展主要被解释为法律规则在法系之间的移植,或者是被解释为对法系内部的现存法律思想的精致阐释,以通过类推将其适用于新的环境;第二,社会需要并不必然带来法律发展,也不经常导致法律发展,那些并不满足明显的社会需要之法仍会世代相传,有时延续几个世纪;第三,法律变革的过程很大程度上受到法系内部法律职业精英群体的"内在"控制,诸如法典制定者、法律起草者、法官或法学家等;第四,尽管法律得以运作的社会情境发生了重大变化,这些法律规则仍然"特别顽强"地长期存活;第五,至少某些重要的法律主体部分的发展(其中明显的是欧洲大陆主要的结构)全部或主要是"纯粹法律史"的发展

[①] A. Watson, The Birth of Legal Transplants, *Georgia Journal of International and Comparative Law*, Vol. 41, Issue 3. (2013), pp. 605-608.

结果,对这种发展的解释无需考量社会、政治和经济因素。①

在沃森的一篇题为《从法律移植到法律趋同》(1995)的文章中,他通过摩西十诫、古罗马法和犹太法三个个案,再次重申了他的主张,即强调法律移植主要是规则的移植和法律思想的再阐释;法律与社会存在的现实并没有密切的联系;法律精英阶层推动着法律,尤其是私法的发展;社会的变迁并不直接导致法律的改变;法律的发展主要是自身的要求。他说,法律的发展不能简单地归结为由社会中的经济、社会、政治因素所决定,社会与法律的关系要比这种认为社会条件决定法律的观念复杂得多。②

(二) 法律移植的隐喻

奈尔肯(D. Nelken)在对沃森理论的分析中,指出沃森的法律移植理论有着一些隐喻,这些隐喻是沃森法律移植理论的重要组成。他认为,沃森所使用的法律移植的隐喻暗示,移植法律是艰难曲折的;但出于诋毁法律社会学的目的,沃森运用他关于法律移植的主要例证来表明法律移植容易且不可避免。法律移植的隐喻意味着需要把移植之法在某种程度上"本土化",以使之适应新的环境,否则移植之法就有被"拒绝"而遭受"挫败"之险。沃森有时主张,一旦法律已经被移植,就不应关注法律的实际效果。但在另外一些场合,他坦率地认为,移植之法的实际效果是至关重要的。③

隐喻是一种形象的语言表述,用一个词语或短语暗示某种相似物体或行为。奈尔肯指出:"隐喻即便受到被言说的两物具有相似性的限制,问题也会随之而来,即所有隐喻至少在某些方面会产生误导的效果。隐喻的价值仅仅在于它会给人以启发,就我们所讨论的问题而言,它们会引导我们以新的和富有想象的方式思考法律移植的过程。但是同理,它有时也会把我们引向歧途,例如人们在使用某些具有多义性的隐喻时,它会把人们引向不同的方向!因此,我们有必要留神那些不明确的预设和不同的隐喻所传达的信息。为此,留意不同的隐喻形式是饶有兴趣的:就适用于法律移植现象的隐喻而言,我们可发现机械型隐喻、有机型隐喻和语言型隐喻。我们无需费力就可发现,这些隐喻类型同有关法律与

---

① 〔英〕R. 科特雷尔:《存在法律移植的逻辑吗?》,马剑银译,载〔意〕D. 奈尔肯、〔英〕J. 菲斯特编:《法律移植与法律文化》,高鸿钧等译,清华大学出版社2006年版,第96—97页。

② A. Watson, From Legal Transplants to Legal Formants, *American Journal of Comparative Law*, Vol. 43, Issue 3. (Summer, 1995), p.475.

③ 〔意〕D. 奈尔肯:《法律适应的社会学探讨》,高鸿钧译,载〔意〕D. 奈尔肯、〔英〕J. 菲斯特编:《法律移植与法律文化》,高鸿钧等译,清华大学出版社2006年版,第17—18页。

社会关系的研究存在关联。对于'输出''输入''流通''传播'以及'强加'之类的表述,我们会称之为'机械的'隐喻,它们往往伴随着谈论法律'影响'和'渗透'的内容。它们反映了法律作为运行的制度、作为一种工具和社会工程技术的视角。第二类是有机型隐喻,它往往使用'嫁接''病菌''感染'以及'双重螺旋(double helix)'等词语,当然还包括'移植'(医学或植物学的)一词。这类法律移植研究的逻辑是:移植一旦成功和繁荣,就会成熟生根;一旦失败,受体就会把移植物作为'不相容'的部分。使用这类隐喻构成了功能主义视角的一部分,这种视角把法律作为整体的独立部分。最后一类是语言型隐喻,例如有人把法律移植比作'翻译'和'重释'不明确的含义等。把法律作为一种'文化''沟通''叙述'和'神话'来探讨也属于这类隐喻。人们运用不同类型的隐喻,其研究进路和结果都会有明显差异。每种类型都以独特方式界定了法律'相同'与'差异'的含义,界定了何谓移植'成功',以及界定了这种成功是取决于法律实现了既定的目标,还是取决于它有助于特定类型的社会秩序或系统的自我复制,抑或是取决于它准确传达了被移植对象的意蕴。当然,我们也可尝试索性避免使用隐喻。但在论述法律适应或探讨那些对于社会——法律研究具有重要意义的问题时,无法做到这一点。类似法律移植或法律刺激之类的表述,其可取之处在于它们向人们展现了被言说对象的具体而鲜明的特性,这种隐喻使人过目不忘。因此,使用一种令人印象深刻的隐喻从而有意引起人们的注意,显然胜似那种平淡无奇令人过目即忘的语言表述。"[1]

(三)对沃森法律移植理论的评论

对沃森提出的法律移植的概念和理论,学界既有赞同的声音,也有质疑的意见。但普遍的看法还是认为沃森关于法律移植的观点引发了法律与社会之间相关问题的讨论,在理论上有重要的贡献。

皮里认为,沃森基于对中世纪欧洲继受罗马法的研究,提出的"法律移植"概念,引发了相当大的争论。争论涉及法律从一个社会或时代移植到另一个社会和时代,以及法律改变新环境的程度,或者新环境改变法律的程度。他从观察中得出的一个相当有争议的结论是:一个社会的法律传统,可能本质上是保守的社会力量:尽管社会压力可能导致法律改变,但这种变化的实质,将主要由法律人和法律传统决定。历史学家和比较法学者大多都批评了这种对法律借用带来的

---

[1] 〔意〕D. 奈尔肯:《法律适应的社会学探讨》,高鸿钧译,载〔意〕D. 奈尔肯、〔英〕J. 菲斯特编:《法律移植与法律文化》,高鸿钧等译,清华大学出版社 2006 年版,第 22—23 页。

影响的描述。然而,许多人赞同沃森的观点,认为抽象的法理思维模式能够在新的法律语境中产生强大的影响。①

奈尔肯评论道:沃森的论点过于强词夺理,其辩解是,在任何社会中法律的很大部分都是法律职业者进行"法律移植"的结果,这些法律的形式和内容源起于其他时间和地点。长期以来,法律规则常常同社会或其中某些特殊阶级的需要和愿望不一致。这包括诸如合同法和土地法之类的对实际社会生活具有重要影响的法律。同样,一些主要法律部门,例如冲突法,其发展就不是源于社会的内部力量。②

科特雷尔(R. Coterrell)说:沃森认为作为精英的职业立法者的工作和思考方式,构成了分析法律移植问题的一种重要考虑因素,这种观点具有理论的洞察力。但是,科特雷尔又提出一种以研究法律与共同体为进路的方法,允许以社会学的方式对待这种洞察力,并且关注使传统能够产生影响的条件。他认为:"为了研究比较法所能提供的特别强有力和良好发展的资源,重心要放在法律职业者与立法者的'内部'法律文化上。但是,重心同样也要放在其他社会团体、其他社会区域的共同经验和共同环境所产生的影响上,或者放在作为整体的社会的共同经验和共同环境所产生的影响上。除了传统问题,具有不同特征的其他社会联系或组合类型,能够并应该按照以上方式进行考量。根据共同体的抽象理念看待这些类型,以无数不同的方式与特殊社会群体或社会关系模式相联系,由此就可能进一步理解任何法律移植逻辑的复杂性。只有当我们把法律移植同特殊的社会情境联系起来时,这样一种逻辑才能发展,这种逻辑必须关注在特定的经验背景中的传统、信仰、情感和工具性之间复杂的相互影响,而特定经验背景是社会纽带的根本基础。"③

弗里德曼(L. Friedman)的评论是:"沃森似乎觉得,并且相当强烈地觉得,法律与社会之间毫无任何特别关系,法律是其自身的帝国,完全自治。法律的发展可从纯粹内在立场出发得到解释。法律制度由规则和原则构成,它们并不服务于任何人的利益,但却仍然存续了若干世纪;法律职业者像照料稀有的异国花卉那样培育它们。通常,在解释法律制度如何实际发挥功能方面,法律职业者是关

---

① F. Pirie, Comparison in the Anthropology and History of Law, *Journal of Comparative Law*, Vol. 88, No. 9. (2014), p.96.
② 〔意〕D. 奈尔肯:《法律适应的社会学探讨》,高鸿钧译,载〔意〕D. 奈尔肯、〔英〕J. 菲斯特编:《法律移植与法律文化》,高鸿钧等译,清华大学出版社 2006 年版,第 15 页。
③ 〔英〕R. 科特雷尔:《存在法律移植的逻辑吗?》,马剑银译,载〔意〕D. 奈尔肯、〔英〕J. 菲斯特编:《法律移植与法律文化》,高鸿钧等译,清华大学出版社 2006 年版,第 127 页。

键性要素。正是法律职业者促成了法律的变化或者(更相关的)不变化。他们是理解法律的关键。他们将法律与外部影响隔离开来。当然,不客气地说,问题是这些前提非常荒唐。法律体系根本不是固定不变的。它们在变化,有时变化颇为迅速。当下它们正处于迅速变化之中。至少它们以某种方式回应着它们周围社会中所有发生的情况。实际上,社会对法律的影响似乎一直力量无穷、势不可挡。毫无疑问,怎么可能是另外一种情况呢?"[1]

第三节 法律移植之争

法律移植虽然是一种世界性的现象,但是,理论上对于法律移植的阐释却有很大的分歧。分歧的焦点在于:如何命名法律移植?移植的法律到底还是不是原来的法律?或者说被移植的法律是不是重新赋予了新的内涵?移植的法律怎样适应社会?

一、法律移植或是其他

对于法律从一个地域(或国家)迁移到另一个地域(或国家)的现象有不同的语词来表达,这些语词均采用一种隐喻的方式描述法律的迁移。到底哪一个语词更合适,研究者的观点总是见仁见智,莫衷一是。

奈尔肯认为,当我们谈论"求取(begging)、借取(borrowing)或盗取(stealing)"其他民族的法律时,甚至谈论"借取、传播和强加"时,这些词语全都不意指在法律移植中实际发生了这类具体事件。就描述法律的适应方式而言,这些词语全都脱离了原意,只是形容某种现象和可能会有的结果。所有者能够要求归还被"借取"的法律制度吗?"盗取"行为能够被作为盗窃罪诉诸法院吗?答案显然是否定的。那么,关于法律移植隐喻的意蕴是什么呢?那些使用"移植"一词的人们,对于该词意指哪类移植这个问题往往模糊不清:是植物和林木

---

[1] 〔美〕L. 弗里德曼:《对科特雷尔和法律移植的若干评论》,马剑银译,载〔意〕D. 奈尔肯、〔英〕J. 菲斯特编:《法律移植与法律文化》,高鸿钧等译,清华大学出版社2006年版,第128页。

方面的移植,还是人们或民族的移植,抑或是晚近所言(但出人意料地久已存在)的医学移植?"移植"参照物的多样性(及其所涉及各种移植的明显差异)会并且实际上引起了诸多混乱。就此而言,某些含义是源于植物学上隐喻的变种。"移植"在最一般意义上仅仅是指"离开原处";一旦涉及人们有意地移动其他物体,我们对"移植"含义的疑问就产生了;一旦参照不同物体或情态理解"移植"的含义,问题就更严重了。①

  弗里德曼对"法律移植"一词也不认同。他说:"一般而言,我认为'移植'一词稍微有些不适当。我们所讨论的是规则、法典与法律实践从一个国家向另一个国家的传播,一个国家能够从另一个国家借用法律制度,或者将异国的法律制度在本国强制推行。许多以征服和殖民的方式引发的'移植'贯穿着整个历史。例如,因为英国是一个世界性帝国,所以普通法也成了世界性法系,普通法就非常自然地移植到英国建立的殖民地——美国或新西兰。同样,它也获得了对诸如尼日利亚和马来西亚等地的控制权,因为它们是英国的殖民地。大陆法系在整个拉丁美洲普及开来,因为拉丁美洲诸国曾是葡萄牙的殖民地。然而,许多借用确实是主动且自愿的;没有人将自己的法律强加给任何人。一个法律体系能够发展自身的制度;或者如果其想要,就能获取现成的模式。将这个过程称为'移植'并没有多少助益。例如,当美国向西部扩张时,新州常常借用旧州整部的法律。在类似爱达荷州的情况中,有来自更遥远东方的人们到此定居,怎么会不去借用旧州的法律呢?美国的西部诸州充斥着'法典'。或者,可以举一个现代的例子,即监察专员(ombudsman)制度。这个术语和制度在美国得到了良好的确立。但这个词却起源于瑞典语,而这个事务也来自瑞典。这当然并不是瑞典人征服性地强加给这个国家的。说瑞典人对美国法施加'影响'是可笑的。监察专员制度只是一个有益的、可以利用的制度,但是其原型却已然束之高阁。人们可以出于效率或方便的动机而自愿借用法律制度。毕竟,用我们的隐喻来说,通常购买现成的货物总比自己制造或者雇用昂贵的工匠定做物品(金钱或者时间)代价更小。强调'借用'或'移植'会遮蔽真实发生的事情,即现代化和工业化。正是这些事情使社会发生转型,并产生了需要法律解决的新的需求和问题。为了解决或者至少应付这些问题,各国从早已面对或早已开始回应这些问题的地

---

① 〔意〕D. 奈尔肯:《法律适应的社会学探讨》,高鸿钧译,载〔意〕D. 奈尔肯、〔英〕J. 菲斯特编:《法律移植与法律文化》,高鸿钧等译,清华大学出版社2006年版,第23—24页。

方,求取、借取或者盗取法律并使之适应它们。"①

二、法律移植的可能性

罗格朗(P. Legrand)质疑沃森关于法律移植的观点,他说:很显然,无论沃森的姿态是如何过分简单化,都不失为一种典型的进路:这种进路为"作为法律移植的法律变迁"(legal-change-as-legal-transplants)的鼓吹者所信奉。任何确信"法律移植"真实性的人必定会进而接受"作为规则的法律"和"作为纯粹命题性陈述的规则"的范式。换句话说,任何持"法律"或"法律规则"可以穿越于各个法域间观点的人必须设想这样一点,法律是一个相当自主的实体,不会为历史的、认识论的或文化的背景所阻隔。但是,如果事实上法律不与社会相隔离,又如何进行迁移? 我不同意沃森的理由,这个理由为法域之间的互动提供了一个并不充分的解释——而这是对法律是什么和规则是什么缺乏理解的结果。我想质疑法律的这种图景,尤其是这种我认为完全缺乏解释力的规则观。规则并非如沃森所描述。而且,因为规则实际存在的状况,它们并不能迁移。因此,"法律移植"是不可能的。②

罗格朗认为:"能真正从一个法域迁移到另一个法域的东西充其量不过是一堆毫无涵义的语词形式。奢望无异于失望。因而,从法律移植这个术语富有任何有意义的角度而言,'法律移植'都不会发生。从一个法域借用的规则不会具有该规则在原来法域的任何意义。原初的规则一旦跨越了边界,就必然会经历某种变化,影响其作为规则的资质。这样一来,纯粹的命题性陈述与其意义之间的分离阻止了规则本身的迁移。在认识法律移植的问题上有必要考虑人类学研究中所描述的这个观点:同一个语词一次又一次地印刷或讲述,这个事实并不意味着在人与人之间传播的是相同的意义。在阐释法律变化方面,倡导'法律移植'发生的观点不可避免会将法律归结为规则和将规则归结为纯粹命题性陈述。这就意味着,把独立状态存在的规则作为法律活动的基本特征,意味着规则含有限定的意义,而不顾对它如何解释和适用。因而,这就必然不能将规则看作是通过解释共同体所积极构成的。而且,这也不能显示规则的交涉性特性,也就是说,事实上规则是社会中利益分歧和冲突的产物。换句话说,这从平衡的角度消

---

① 〔美〕L. 弗里德曼:《对科特雷尔和法律移植的若干评论》,马剑银译,载〔意〕D. 奈尔肯、〔英〕J. 菲斯特编:《法律移植与法律文化》,高鸿钧等译,清华大学出版社 2006 年版,第 129—130 页。

② 〔法〕P. 罗格朗:《何谓"法律移植"》,马剑银译,载〔意〕D. 奈尔肯、〔英〕J. 菲斯特编:《法律移植与法律文化》,高鸿钧等译,清华大学出版社 2006 年版,第 78 页。

除了权力维度。这也未能认识到地方性道德世界和地方性生活世界（我们日常生活的目标、社会存在和实践活动所构成的世界）的存在。总而言之，任何将法律变迁描述为规则跨越边界的移置（displacement）几乎不过是一场'将虚假确定性加以具体化'的演习。事实上，法律发展多变的复杂性不能以类似于'法律移植'命题所提出的那样的僵硬而空洞的框架来解释。"①

对罗格朗否定法律移植的观点，皮里评论道：罗格朗的论点有些极端，他否认规则本身具有的重要性，就好像规则除了社会语境赋予的意义之外一文不值。这种观点是有问题的。法律提供了理解世界的类别和框架，并通过法律规则和类别来调节争端。法律语言不是中立的。变革性和建构性是法条主义的一个方面，忽视法律的变革性和建构性，将忽略法律的一个重要品质和它的社会意义。罗格朗的论点，也以"文化"本质论和跨文化理解及语言翻译的不可能性为前提。当他断言法律移植的不可能性时，他是在为其批判做铺垫，他批判的是那些强加在当地行动者的特殊法律文化之上，作为人造之物的法律理想图景。对法律的经验案例及其比较的关注表明这种法律模型是如何不切实际，而颁布新法和法律借用现象是如此复杂。这两方面都值得细致的经验调查和比较。②

三、被移植法律的社会适应

法律移植最需要回答的问题实际上并不是法律移植的命名和可能性，因为，无论如何命名，也不论是否承认法律移植的可能性，法律移植的现象每天都在世界不同的地方发生着。对于法律移植来讲，最需要回答的问题是这些被移植的法律如何与社会相适应，在这个意义上，被移植的法律能够适应其存在的社会，就是成功的法律移植。

奈尔肯认为应当从社会文化的层面考察法律移植的社会适应问题。他说："法律变化和移植的过程涉及法律的许多维度，也涉及外国法律的要素、程序、职业组织以及专门知识。那些被获取的、模仿的或强制推行的法律可能涉及广泛的领域，从法律规则、原则、程序，到法典、宪法乃至整个法律制度。明显的移植会涉及不同种类的法律，如家庭法、刑法、人权法或商法。在不同条件下，在以上每一种法律的移植中，都会多少遇到接受它们的困难。通常，在以下两个方面可

---

① 〔法〕P. 罗格朗：《何谓"法律移植"》，马剑银译，载〔意〕D. 奈尔肯、〔英〕J. 菲斯特编：《法律移植与法律文化》，高鸿钧等译，清华大学出版社 2006 年版，第 88—89 页。

② F. Pirie, Comparison in the Anthropology and History of Law, *Journal of Comparative Law*, Vol. 88, No. 9. (2014), p. 96.

能存有重要的区别:一方面是移植属于技术层面的'法律职业者之法',另一方面是法律的适应,这更接近移植的法律得到当地文化和民族传统的承认。一些法律意思明确或是技术性的,另一些法律则是'杂乱无章的',这类法律旨在针对不同的受众,并试图囊括诸如权利、功利、个人自主以及共同参与等多重(潜在不相容)的价值。一些法律可能意在改变人们行为的方向,另一些法律则仅仅为人们提供行为选择的基础。法律可被视为一个参照点,一种讨价还价的杠杆,一种规制形式,以及一种伴随制裁的威慑。"①

美国法律人类学家罗森(L. Rosen)认为,被移植法律的意义和成功运作,可能取决于它们更为广泛的背景。他说:"毫无疑问,正如文化借鉴的其他形式一样,法律制度之间也确实在相互借鉴。于是,人们兴许会提出这样的问题:法律与较大的文化环境需要在多大程度上一起运作,才能使这种移植发挥作用?举例来说,在20世纪20年代,美国中西部州采用斯堪的纳维亚调解模式。斯堪的纳维亚国家采用此种模式乃是为了避免正式的法院审理程序,而且成效已久。在美国,由于中西部州有许多人具有斯堪的纳维亚人的血统,部分州甚至将尝试诉前调解写进了自己的州宪法。该程序看起来很有可能会取得成功。然而,事实上,它在几年之内就以失败而告终。尽管个中原因不甚明了,然而当地社区成员对当事人施以压力进行调解而非诉讼的习惯,似乎并未像在斯堪的纳维亚国家那样扎下根来。与其为了勉强维护现实的联系而忽略某些争议,美国文化中日益增大的个人主义让人们更愿意通过诉讼结束争议……法律借鉴(legal borrowing)②的文化根源,可能起作用,也可能不起作用,至少和任何所声称的效果一样,这取决于常识性假设和法定程序在文化中所扮演的角色。"③

皮里在考察历史学家和人类学家对法律借用个案的研究后,提出了这样的观点:"思考这些法律规则的例子,有两方面的重要性。首先,对于法律经验研究中的有意义的比较而言,理解法律借用和实施新法的现象是必要的。研究者们必须对他们正在研究的法律的渊源保持警觉,并抵制认为法律内容和规范类型反映了根深蒂固的行为规范的诱惑。他们必须认识到,移植的法律内容和法律形式的变革潜力,以及某些统治者和立法者向其他地方借用法律的普遍倾向。

---

① 〔意〕D. 奈尔肯:《法律适应的社会学探讨》,高鸿钧译,载〔意〕D. 奈尔肯、〔英〕J. 菲斯特编:《法律移植与法律文化》,高鸿钧等译,清华大学出版社2006年版,第34—35页。

② 原文把 borrowing 翻译为"借鉴",但在人类学的中文著作中 borrowing 一词一般翻译为"借用"或"借取"。

③ 〔美〕劳伦斯·罗森:《法律与文化:一位法律人类学家的邀请》,彭艳崇译,法律出版社2011年版,第31页。

其次，回顾不同的法律经验案例，本身就可以洞察法律的动态运行及其产生的背景。许多法律的例子涉及的，不仅仅是简单的借用或者移植，而且，法律形式在不同的语境中很可能获得新的含义。但是这种可能性，既可能是主动追求的，也可能源自实践。法律引进的方式，在效果上很少是中立的。对于法律和法律传统如何在不同环境中激发法律继受和法律调整，我们所讨论的例子做出了细致入微的描述。此外，在这些例子中对法条主义的关注，促进了比较，并强调了法律形式在比较过程中的重要性。这些例子往往通过与宗教领域或历史文明的联系，揭示了法律所采用的语词、类别和法律形式的重要性。他们与宗教领域和历史文明的相互结合，超越了规则的规范性内容。"①

德兹莱(Y. Dezalay)和加思(B. G. Garth)则主张跳出术语和概念的束缚，着重研究法律变迁和发展的过程。他们说："当我们返身回顾'法律文化'和'法律移植'这些术语时，就不相信这些概念有助于回答移植能否适应文化的问题。同样，我们也不准备作为其中一员卷入支持或抵制移植的争论，与那些力图革故鼎新的代理人争论不休。我们自己的努力方向是检验那些挑战和改变现存结构的结构和过程——尽管在某种程度上它们也依存于现存的结构，并且弄清楚它们是如何与跨国过程进行互动的。"②

第四节 法律移植的中国经验：以三篇论文为例

20世纪90年代以来，法律移植也成为中国学者热议的话题，面对在改革开放进程中急剧转型的社会所出现的制度资源不足的局面，国家立法机关在立法中引进或移植了较多的外国法律。对于这种现象，法学家有不同的看法，有的认为这是一种借鉴，一种走向世界的法律之路③；苏力为代表的一些法学家则担心

---

① F. Pirie, Comparison in the Anthropology and History of Law, *Journal of Comparative Law*, Vol. 88, No. 9. (2014), p. 99.
② 〔法〕Y. 德兹莱、〔美〕B. 加思：《法律与法律制度的输入与输出：国家"宫廷斗争"中的国际战略》，鲁楠译，载〔意〕D. 奈尔肯、〔英〕J. 菲斯特编：《法律移植与法律文化》，高鸿钧等译，清华大学出版社2006年版，第324页。
③ 信春鹰：《法律移植的理论与实践》，载《北方法学》2007年第3期。

过度地移植国外法律可能造成的社会适应和忽视传统文化的问题,转而呼吁在移植国外法律的同时,应当重视本土资源,从中国的法律传统和法律现实经验中寻找和获得制度资源。①

法律移植的讨论实际上是对法律发展或法律变迁的道路选择的追问,面对法律移植的现实,中国学者也在用中国的经验回答着法律移植中的理论问题,提出法律发展和变迁的不同进路。这里选取的三篇论文,即强世功的《迈向立法者的法理学——法律移植背景下对当代法理学的反思》(2005)、刘思达的《法律移植与合法性冲突——现代性语境下的中国基层司法》(2005)和王启梁的《法律移植与法律多元背景下的法制危机——当国家法成为"外来法"》(2010)②,分别从法理学、法律社会学和法律人类学的视角,分析了法律移植的中国经验和其中的理论问题,给出了研究或解释法律移植现象的不同进路。

一、迈向立法者的法理学

强世功在其论文中指出,法律移植作为中西文明撞击的结果,构成一场前所未有的法律革命。当这场革命进入法学研究的视野时,却没有产生真正的法理学问题,法学家很少追问"法律移植"中所谓的"法律"究竟是什么,也不会关注法律移植与国家转型之间的内在关联,更不会对法律移植本身进行反思。

强世功认为,法律移植之所以在当代中国能够进行,主要有以下几个原因:其一,随着思想解放运动带来关于法律本质问题的大讨论,以及由此产生的法律文化论和法律现代化论,当代法理学的主流思潮彻底抛弃了法律的政治观,把"政治"和"国家"等这些法律的外部要素逐步从法理学思考中排除出去,进而从法律内部要素和形式要素来理解法律,形成了"没有国家的法律观"。其二,当代法理学之所以形成这种没有国家的法律观,不仅因为它为法律移植的立法实践和法律共同体的建构提供了意识形态基础,而且也与法学家的自我身份认同密切相关。可以说,它属于"法律人的法理学"。仅仅将"没有国家的法律观"视为法律移植的需要或理论上具有合理性,并不能解释这种法律观生机勃勃的秘密,这里的秘密在于这种法律观已经成为法律共同体的职业意识形态,成为法律共

---

① 苏力:《法治及其本土资源》,中国政法大学出版社 1996 年版。
② 这 3 篇论文的来源为:强世功:《迈向立法者的法理学——法律移植背景下对当代法理学的反思》,载《中国社会科学》2005 年第 1 期;刘思达:《法律移植与合法性冲突——现代性语境下的中国基层司法》,载《社会学研究》2005 年第 3 期;王启梁:《法律移植与法律多元背景下的法制危机——当国家法成为"外来法"》,载《云南大学学报(法学版)》2010 年第 3 期。

同体自主意识的表达。律师、法官、检察官乃至法学家之所以构成一个共同体，是因为他们分享了一套共同对法律的认识，并把这种对法律的认识作为自我意识的一部分贯穿到职业伦理之中。其三，立法者的法理学对立法产生影响。以国家为思考中心的法理学把当代主流法理学中对法律技术的强调与马克思主义法理学中对国家和政治的强调有机地结合起来。这种法理学并没有否定法律人的法理学，而是在政治立场上重新整合这种法律观，把权利本位的形式理性法看作是现代国家的治理术。这种法理学无疑超越了法律职业视角的"法律人的法理学"，构成了政治视角的"立法者的法理学"。从国家治理的角度来思考法律，也是从政治秩序的角度来思考法律。它要求立法者要对人性和民族性具有深刻的理解，并将国家利益恰当有效地表达出来。

  强世功最后的结论是："法律移植无疑是我们建构民族国家中必须面对的选择，我们的法学也因此打上移植的品格。从马克思主义法理学到韦伯的法律社会学，从权利哲学论到程序正义论，从吉尔兹到哈耶克，从福柯到波斯纳，西方法学流派在中国法理学的舞台上匆匆旋转而过，我们的法学史仿佛是对西方法学思想的消费史……今天，我们不得不用西学的概念来表达自己的思想，以至于在本土问题意识与西方思想资源之间形成了复杂的紧张关系。一方面本土问题意识在不得不借助西学概念来表达时，本土问题与西学概念在西方所对应的问题之间发生了微妙的偏离。另一方面，研究西学的时候自觉不自觉地把西学所要解决的西方的问题当成我们自己当下要解决的问题。"[①]"因此，立法者的法理学一方面要抵制对西方法学采取肤浅的消费主义，另一方面更要抵制把本土问题简单化，仅仅理解成一种作为例外的'地方性知识'，而要把它理解为人类文明所面临的普遍性问题。只有采取这样的立场，才能打破中西文化对立、传统与现代对立给我们思考所带来的困难，把西方与传统纳入文明国家的建构之中。立法者的法理学正是在这个意义上把法律作为一种文明秩序的安排来思考。法律移植由此不仅作为一个法理学命题而终结，而且作为一种法律实践而终结，因为法律移植不过是立法者建立政治秩序过程中采取的简便而暂时的立法方式而已。真正的法律不是制定在法典中，而是播种在整个民族的心灵里。这样的立法必须符合民情，不可能依赖移植而完成，它最终还要回归到这个民族的文明传统

[①] 强世功：《迈向立法者的法理学——法律移植背景下对当代法理学的反思》，载《中国社会科学》2005年第1期。

上来。"①

在这篇论文中,强世功将法律移植理解为法律制度的移植和法律观念的移植,并且主要从观念移植的层面,考察了中国法理学的观念变迁对制度移植和制度变迁的影响,进而将立法者的法理学作为研究法律移植、本土资源以及中国立法、司法过程的进路。它给读者提供的知识是法理学基本理论的演变史,即在法律移植背景下国家意志的法律被作为文化的法律所替代,开拓了法律理论发展的坦途,也造就了法律人共同体及他们的法理学。然而,出于为国家和国家利益的抱负,立法者将作为工具的法律与作为文化的法律结合在一起,从而也使外在和内在的(移植的和本土的)制度资源得以整合。由于移植法律成为构建符合民心立法的简便而暂时的方式,所以,法律移植的命题也就在理论和实践中归于终结。这种理论构想充满理性和浪漫的色彩,是对当代中国法学理论学术史的一种诠释和想象。

二、 法律移植与合法性冲突

刘思达的论文以河北省一个基层法院的组织架构和调解活动作为实证材料,分析在司法改革背景中,被移植的法律与本土的传统遭遇而产生的合法性冲突问题。

刘思达说:"这篇论文希望通过对一个基层法院的个案研究来说明,法律制度的移植使中国的法院在运作过程中必须面对多元的法律秩序与社会秩序所导致的合法性冲突,而这一合法性冲突则使被移植的法律制度的外观与内涵在司法实践中变得分离:一方面,这些法律制度的外观具有强烈的符号化功能,它们的存在意味着中国已经建构了非常类似于西方的法律制度体系;另一方面,在司法实践中这些法律制度的内涵通过各种非正式的司法运作方式被重新建构,以满足本土的政治、社会与组织秩序的多元的合法性要求。"②

在这样命题之下,刘思达建构了一个以新制度主义和法律多元理论为基础的理论分析框架。这个理论框架吸收了新制度主义的传统观点,即强调由组织领域中结构的理性化而产生的合法性对组织结构的反向塑造作用;也关注了新制度主义对全球化背景下法律制度发展的观点,即法律在全球的传播会削弱民

---

① 强世功:《迈向立法者的法理学——法律移植背景下对当代法理学的反思》,载《中国社会科学》2005年第1期。
② 刘思达:《法律移植与合法性冲突——现代性语境下的中国基层司法》,载《社会学研究》2005年第3期。

族——国家的独特性,使国家法律表现出趋同特点。同时,这个理论框架采纳了法律多元理论的观点,即没有任何法律秩序或者社会秩序能够完全自发地产生,任何法律传统的形成都是在其他法律秩序、社会秩序的相互作用中完成的。刘思达将这种理论框架展开的研究称为"对基于合法性的多元现象的研究",并将这里的"多元"视为一种更广泛的社会学意义上的制度合法性的多元。

刘思达认为中国基层法院是一个基于西方模式建构的专业化司法组织,司法组织的外观与中国法律改革的其他许多措施都具有符号化的功能,它们增强了国外投资者的信心和国家在全球化语境下的政治合法性。而法院的调解虽然是一种具有正式法律背景的司法审判程序,它在民事审判的司法实践中的意涵却是被社会建构的。在不同的社会语境下,社会建构的过程会导致截然不同的结果,使这一制度反映出不同类型的合法性之间的互动,包括全球化的制度要求、全国性的司法政策、本地的社会秩序,等等。为了在不同的社会语境下获得社会、组织与国家等各方面的合法性,调解的本地化意涵在基层法院被建构成正式的法律程序,而在人民法庭却被建构成"大众化正义"的工具。

刘思达得出的结论是:被移植的法律制度在中国基层司法实践中的生存,是通过其自身意涵对本土的社会与政治需求的适应与本土化而实现的。中国法官的日常司法工作与他们的正式角色经常只有松散的联系,而案件的司法决策过程要受到司法机构的历史沿革、行政干预以及本地居民的法律意识的影响。于是,被移植的法律制度(包括司法组织结构、法律程序、法律知识等方面)在司法实践中经常只具有符号化的功能。这一法律制度本土化过程的内在原因在于本地的合法性问题的复杂性,全球化的制度要求、经济发展的压力、政治制度的影响以及本地的社会秩序都会对被移植的法律制度提出某种合法性要求,而为了调和这些合法性要求之间的冲突,法律制度在司法实践中的意涵也就成了具体的社会建构的结果。①

这篇论文的研究材料翔实可靠,理论分析工具实用,使得理论与现实十分契合,合理地解释了中国语境下法律与社会的关系。尤其是将被移植的法律视为一种具有符号化功能的制度,在实践中被社会所建构,并在社会建构过程中重新被赋予新的意涵,进而在新的意涵中获得合法性。这种见解对于法律移植具有很强的解释力。

---

① 刘思达:《法律移植与合法性冲突——现代性语境下的中国基层司法》,载《社会学研究》2005 年第 3 期。

三、法律移植与法律多元背景下的法制危机

王启梁的论文全面检讨了法律移植理论的内涵和社会背景,并在对中国社会转型和法律状况仔细分析的基础上,运用法律人类学的法律多元理论,提出并回答了如何理解当代中国的法律制度和危机的问题。

在分析了西方国家的法律发展史和殖民地国家法律与社会的关系后,王启梁认为:"无论东西方社会,由于法律的移植或者继受,均同样存在外来法的问题。但是,外来法对于东西方社会的意义却迥然不同。所谓的'外来法'对于欧洲诸国来讲,它与欧洲文明形成的过程交织难分,它的成功传播如前所述,得益于欧洲文明的形成过程。然而,另一方面,'外来法'更是成就了欧洲文明,罗马法的传播事实上帮助了欧洲文明的形成。然而,非西方国家遭遇的法律强加或貌似主动其实是被迫移植西方法律,对于这些国家所产生的影响与欧洲完全不同。无论西方法律作为一种殖民国家形塑非西方社会的武器,还是非西方国家以法律作为工具来追赶西方、企图实现现代化,其后果都是在这样一个过程中,外来法作为一种异质文化改变了这些国家传统的生活方式、社会组织形式和文化,既有的价值体系遭遇了西方的价值观,社会被多元化了,传统价值变得支离破碎。法律事实上还在充当着隐蔽的殖民主义的爪牙。"[①]

王启梁认为,我国理论界在讨论法律移植时,忽略了两个问题,一是西方法律与现代化之间的逻辑关系并不能推论出中国移植西方的法律就能实现现代化和强国之梦。二是我们究竟为谁而移植法律。这种忽视直接导致在现有的关于法律移植的话语中,大部分失去了对中国问题的追问,失去了对普通民众的关怀。

王启梁还对西方法理学描述法律与社会关系的两种理论——"镜子理论"和"剪刀理论"——作了评介,指出剪刀理论的要点是,法律可以充当制造社会变革、改变社会的工具,法律可以形塑社会。法律就像剪刀,而社会就像一块布,手握法律的人可以把社会"剪"成他所希望的样子。法律与社会的关系并不像"镜子理论"所认为的那样紧密和重要,法律有足够的自足性。基于"剪刀理论",既然法律是一种由法律人制造的可以独立于社会、自足的规则体系,当然可以借助法律移植的途径获得并成功运行。

---

① 王启梁:《法律移植与法律多元背景下的法制危机——当国家法成为"外来法"》,载《云南大学学报(法学版)》2010年第3期。

在该论文中,所谓的"法制危机"是指在法律移植的背景下,由于国家法律本身不可能达到理想状态的完备性,在其体系之内总是会存在法律之间的冲突和矛盾导致法律之间的相互替代,而在国家法律体系之外也总存在着其他的规范作为替代品从而形成法律多元的格局,因此,国家法会成为"外来法"。国家法作为一种抽象的、来自国家计划性创造的规则,其不可避免地会和地方性的生活或者说微观社会之间发生矛盾或疏离,与其他规范处于竞争状态或被替代。这种国家法变为"外国法"的情况就是一种法制危机。对于当代中国来讲,国家法律作为民众的"外来法"其所产生的消极后果是严重的。这种消极后果源于法律,无论这些法律来源于何处,已经严重地不能回应社会的部分重大、基本的需求。

在论文的结尾部分,王启梁给出了解决这种"法制危机"的方法:"对我们来说不仅要注意到法律移植可能存在的问题,更要注意到国家法如果成为过度的'外来法',不仅不能回应社会的需求,制造出预想不到的悲剧,更不能促成所谓的现代化。因此,对于中国来讲,哪些法律是被移植来的并不重要。重要的是提高国家法律(包括被移植来法律)的内生性,提高法律对社会的有效回应能力,只有这样的法律发展方式才能在适应民众的法律需求的同时完善法律,建构出中国社会所真正需要的法制。也只有这样的法律发展方式才能把法律移植与本土资源的挖掘有效地协调起来。而所有这些,以及无论我们希望法律成为一面好'镜子'还是一把好'剪刀',都需要我们的研究回归到法律深嵌其中的社会与文化!"①

王启梁的这篇论文有着开阔的理论视野,从理论的层面和中国经验的层面解释了法律移植导致法制危机的可能性和解决法制危机的办法。确实,在一种法律多元尤其是多层次的法律格局中,无论法的来源如何,所有的法都有可能被民众认为是"外来法"。面对这样的社会情景,唯有凭借社会和文化对外来法的重新构建,才能使得外来法在构建过程中成为体现本土民族精神的法律。

---

① 王启梁:《法律移植与法律多元背景下的法制危机——当国家法成为"外来法"》,载《云南大学学报(法学版)》2010年第3期。

第九章 法律多元理论

第一节 法律多元的理论依据和研究维度
第二节 多彩的法律多元理论
第三节 法律多元理论的学术贡献和局限性
第四节 法律多元与中国法治建设的路径选择

从一般意义上讲,法律多元是指两种或更多的法律体系共存于相同的社会领域中的状况。法律多元是西方法律人类学讨论的热点问题,该问题的研究领域涉及广泛,在法律多元的语境下,法律的概念、法律的成长、不同法律间的关系、法律与社会、法律与文化、法律与权力、法律与人权、法律的整合与分离等论题都可以讨论,而且这些论题还可以超越时间和空间的界限,把古代与现代,西方与非西方勾连起来,做历时性或共时性、同地域或跨地域的研究。具有这样特点的法律多元实际上是一个分析概念,研究者据此可以描述人类社会的法律状态,并寻找对法律传统与法律现状的合理解释。所以,20世纪70年代以来,法律多元成为法律人类学的一个重要的关键词和核心的研究范畴,有关法律多元的研究丰富了法律人类学的理论,也对法学研究产生了较大的影响。

第一节 法律多元的理论依据和研究维度

按照千叶正士的观点,法律多元所标识的问题,是自1975年胡克(M. B. Hooker)的《法律多元》一书出版后才出现在世界学术界的前沿。[①] 但是,从有关此问题的研究来看,关于法律多元现象的研究远远早于胡克著作的出版时间。

以法律多元理论中最著名的理论之一"半自治社会领域理论"为例,展示这一理论的论文,是穆尔在1973年发表的《法律与社会变迁:以半自治社会领域作为适切的研究主题》[②],尽管这篇论文中没有出现"法律多元"一词,但是,穆尔给出的两个案例,却充分说明无论是在美国这样的发达社会,或是在发展中国家的传统社会,多种法律并存的现象都是一种社会事实,这里已经隐喻着法律多元的

---

① 〔日〕千叶正士:《法律多元——从日本法律文化迈向一般理论》,强世功等译,中国政法大学出版社1997年版,第1页。

② S. F. Moore, Law and Social Change: the Semi-Autonomous Social Field as an Appropriate Subject of Study, *Law and Society Review*. No. 7. (1973), pp. 719-746. 中文译稿可参见〔美〕萨莉·法尔克·穆尔:《法律与社会变迁:以半自治社会领域作为适切的研究主题》,胡昌明译,载郑永流主编:《法哲学与法社会学论丛(七)》,中国政法大学出版社2005年版。

问题。只是穆尔的这篇文章没有产生即时性的、广泛的影响。① 更有说服力的证据来自 20 世纪 60 年代即在美国加州大学洛杉矶分校创刊的《法律多元与非官方法》(The Journal for Legal Pluralism and Unofficial Law)期刊。可见,20 世纪 60 年代,"法律多元"一词已经意指官方法和非官方法、意指在一个特定社会中规范多元的现象和它们之间的互动。②

不过,法律多元是一个渐进发展的理论,尽管胡克把法律多元定义为一种"在当代世界导致了整个法律体系跨越文化边界的变革"的环境③,并将法律多元作为全面而专业的一般性观察视角,对亚洲、非洲和中东地区的多元法律体系进行考察性的研究。但是,胡克的研究仅仅是法律多元理论研究的一声号角而已,法律多元在之后的研究中继续扩展着它的理论依据和研究维度。

一、 法律多元的理论依据

任何有影响力的理论都不是凭空产生的,它的产生总有一定的社会背景和理论来源,法律多元理论也是一样。不过,由于法律多元理论并不是一个一元性的理论体系,而是由多种从不同层面研究法律多元现象的理论组成的理论框架,所以,不同的法律多元理论,它的理论来源可能也有差别。有鉴于此,这里讨论的只是法律多元理论的一般理论来源。

一般来说,法律多元的理论来源主要是初民社会的研究、殖民地和后殖民地国家的研究、西方社会的研究、法的定义的研究,以及人类学和社会学的多元文化理论。

(一) 初民社会的研究

自马林诺夫斯基开始,以初民社会为对象的人类学民族志充分揭示了初民社会是一个有秩序的社会,这种秩序来自初民社会中存在的法律、习俗、宗教等具有社会控制功能的制度和观念。在进一步的研究中,人类学家不但对初民社会法律或规范的多样性有了更多的发现,而且,还观察到小规模的初民社会中存在的纠纷解决机构或组织,于是有了对初民社会司法的研究。

对于以上这些发现,虽然人类学家用西方的法律术语和法律体系来进行诠

---

① F. Pirie, *The Anthropology of Law*, Oxford: Oxford University Press, 2013, p. 39.
② S. F. Moore, Legal Pluralism as Omnium Gatherum, *FIU Law Review*, Vol. 10, Issue 1. (Fall, 2014), p. 7.
③ M. B. Hooker, *Legal Pluralism: An Introduction to Colonial and Neo-Colonial Laws*, Oxford: Clarendon Press, 1975, p. 1.

释的方法未必能够准确地表达其本地含义,但是,这些发现无疑确认了初民社会中规范的实在性和规范运行的功能。同时,这些发现还证实,初民社会的社会规范与西方社会的法律虽然都具有建立和维护社会秩序的功能,然而,二者在内容上和形式上都存在巨大的差别,是两种不同的法律体系。即使在初民社会中,不同族群的法律与习俗也存在差别,并不一定属于同一传统体系中的规范。

初民社会中存在法律和司法的事实,为人类学家提供了比较的对象,也提供了想象的空间,例如,"无政府的有序社会","无需法律的秩序"等等,总之,没有西方法律介入的社会,仍然可能是一个依靠法律、习俗,或其他非正式制度建立的有序社会。

(二)殖民地和后殖民地国家的研究

在殖民地的管理中,殖民当局很早就发现了殖民地土著居民中习惯法的存在及其在维护地方秩序中的作用,因此,也就有了宗主国或殖民当局资助的人类学调查项目,鼓励人类学家去发现、整理或重述殖民地土著居民或初民社会的习惯法。

梅丽的《法律多元》(1988)是一篇具有重要影响力的论文,在这篇论文中,她指出,这些人类学家在研究中逐渐认识到,殖民地区的人们同时使用固有法(习惯法)和欧洲法律。来自宗主国的殖民地法律用微妙的方式重塑了这些村子或部落的社会生活,尽管这些法律看上去比较遥远。虽然部落和村庄拥有代代传承下来的法律规范,但是,欧洲殖民当局将正式的、理性的法律强加于这些部落和村庄,并以这种法律取代原来的固有法。然而,这些来自殖民地宗主国的法律包含了众多不同的原则和程序,它们构建了工业资本主义社会的秩序,却不能构建农耕的、田园的生活方式。人类学家将这种情况命名为法律多元。他们意识到欧洲宗主国法律的引进创造了一种法律规范多元的格局,但是却在很大程度上忽视了固有法存在的复杂性。[1]

对于殖民当局改造殖民地土著居民习惯法的做法,穆尔在《社会事实与社会虚构:乞力马扎罗的"习惯"法 1880—1980》一书中也有揭示。在穆尔看来,"习惯法"这个概念本身就是一种社会虚构,因此无论在她的书名还是行文当中的"习惯法"都带上了引号的标记。她对此有着清晰的解释与立场,认为引号强调的是,"习惯法"这个概念本身只是一种带有政治意涵的文化建构。这个术语仿佛是用于指代传统的一套简单规则体系,但实际上它指的是一套根植于变迁的历

---

[1] S. E. Merry, Legal Pluralism, *Law and Society*, Vol. 22, No. 5. (1988), p. 869.

史关系中的观念。她强调不能错误地把现在的"习惯法"系统当成是一百年前的。虽然很明显,它与过去相联系,但是现在是现在,没有什么是和原来一样。此外,她批评"习惯法"这种称呼的原因还在于她认为这个词源于殖民者对文化本质的错误理解,他们习惯用西方的宇宙观来解释人类生活。在殖民者眼里的"习惯法"实际在当地人看来同样是一种正式的法律形式,是他们观念的一部分,体现了他们对社会生活的认知。殖民当局还将殖民政府的组织和制度嫁接在当地土著人的社会结构之上。这些实质性的变化不仅影响到查加传统法律的运行环境,也对查加传统法律本身的地位和意义产生了重要影响,这其中也必然包括查加传统法律内容的变化。其实,从殖民时期开始,殖民政府就试图通过各种方式来重组、控制或型塑查加人的生活以服务于统治与管理之便利。除了上述的经济、政治措施外,规范的确立也是一种重要的方式。殖民政府通过确立规范,不仅告诉查加人什么可以做,什么则不能做,还具体阐明了查加"习惯法"中的哪些部分可以被接受,哪些则不能,"习惯法"的概念正是在此时产生的。在殖民政府看来,这个概念不仅可以将殖民政府制定的法律与之前查加社会的遗存相区别,还可以显示西方的优越性。穆尔认为,这种区分在查加的社会生活中创造了两个对立的法律种类,一个新的一个旧的。在区分的基础之上,殖民政府还进一步对"习惯法"进行了制度化的改造,即基本上只有那些没有违犯到殖民主义道德价值观的以及没有与殖民主义的法律或政策相冲突的"遗存类属"(residual category)才能被允许继续存在下来。[①] 按照穆尔的说法,殖民地存在着三种法律体系:宗主国的法律、殖民当局改造的"习惯法"和土著人传统的固有法。

(三)西方社会的研究

20世纪60年代开始,随着法律人类学家将研究视角转向西方社会后,对西方社会中的社会矛盾、制度缺陷、非正式制度、权力渗透等问题有了新的认识,进而在与殖民地法律现象的比较中,发现了西方社会的法律多元现象,为法律多元的普遍性增加了新的依据。前面提到的穆尔的"半自治社会领域"理论就是关于西方社会与非西方社会的非正式制度比较研究。

梅丽指出,法律多元理论的探索始于对殖民地社会的研究,在殖民地社会中,宗主国将具有中央集权和法典化特征的法律体系强加给在法律体系上有着

[①] 参见李婉琳:《社会变迁中的法律——穆尔法人类学思想研究》,中国人民公安大学出版社2011年版,第214、224页。

巨大差异的殖民地社会,这些殖民地社会往往是以不成文的、非正式的制度进行裁判和处罚。这是植根于不平等的权力关系基础上的法律多元。近年来,法律多元的概念被扩展到对发达工业社会法律关系的描述之中,但是,在这个场域的研究中,对法律多元的讨论出现了很大的变化。法律人类学家聚焦于抵制法律研究传统中的法律中心论,并质疑那种认为所有的法律都产生于法院的观点。这样的研究试图证明存在着具有法律象征意义的其他类型的社会规范,无论它们是强是弱,它们总是能够在它们的领域内运行,如在停车场甚至在临街的调解机构中都能发现这些社会规范。因此,这个研究进路担心,在中央法律体系占统治地位的语境中,有关研究难以把握正在发生的社会事实,难以认识来自法律外部的其他类型的社会规范构建法律的程度。[1]

(四) 关于法的定义的讨论

对于法律是什么,人类学与法学的观念差距很大。如果按照法学的理论,法律总是和国家、立法、法院、判决联系在一起,如果以这样的概念来度量社会中的规范,非正式制度及其规范就不能视为法律,初民社会中具有义务性的规范也不能视为法律,这就谈不上所谓的法律多元。出于对法律定义的谨慎,一些法学家或社会学家将法律人类学家所讲的法律多元叫做"规范多元",以避免扩大法律的内涵和外延。

然而,正是法律人类学家对法学中法律定义的质疑,以及对初民社会中存在法律的坚持,才有了对超越国家和西方法律观念的法律认识,从而破除了基于国家中心论和西方中心论建立的法的定义,将法的范围扩展到非正式制度的领域,确立了国家法之外存在着其他法律形式的观念,这样也才有了讨论法律多元的理论基础。当然,在法律人类学家的认识中,法律并不一定表现为规范,法律还可以表现为一种观念或一种信仰,这种认识也为法律多元理论的发展提供了社会事实的依据。尤其是法律人类学家将社会秩序假设为一种基于法律与规范之上的社会事实,极大地推动了对法律进行新分类的研究。[2]

(五) 对多元文化主义的批评和反思

在人类学的理论中,很早就注意到人类文化的多样性,并对不同的族群和不同地域的文化展开研究,从而形成人类学研究异文化的取向和坚持文化平等的

---

[1] S. E. Merry, Legal Pluralism, *Law and Society*, Vol. 22, No. 5. (1988), p. 874.
[2] F. Pirie, *The Anthropology of Law*, Oxford: Oxford University Press, 2013, p. 39.

价值观。20世纪60年代以来,文化多样性的表述更多地被社会哲学提出的"多元文化"或"多元文化主义"所替代,"多元文化"或"多元文化主义"从以前作为建立单一文化社会的工具,转向为在承认文化多样性前提下进行文化整合的理论。值得注意的是,尽管人类学家主张文化的多样性,但多元文化或多元文化主义却不是人类学的理论范畴,而是人类学批评和反思的对象。

穆尔指出,在过去的半个世纪,国家作为一个统一实体的概念已经有了稍许修正。文化多元和政治分层长期以来都被认为是许多政体的基础和长久的特征;处理不同文化群体事务的政府也经常用法律术语承认文化的差别。在20世纪60年代,殖民地国家独立时代的早期,殖民性质的多元文化遗产成为知识分子争辩中的热点问题。争辩关注的是新近独立的非洲国家是否能成功地演变为一个统一的民族国家,因为,这些国家存在着内部分裂和长期受殖民政府统治的历史,而殖民政府在其统治期间不断强化着族群之间的界限。这种民族的和种族的多元不仅在非洲而且在世界的其他地方构成了深刻的政治、宪法和其他法律问题。① 由此可见,在殖民地时期,多元主义曾经被殖民统治者用作推行民族隔阂和分裂政策的工具。

英国人类学家沃特森(C. W. Watson)在其著作《多元文化主义》中对多元文化主义的形成和影响有专门的论述。他说:"当涉及'多元文化的'和'多元文化主义'这两个不同的术语所表示的不同的范畴时,已经产生了部分的混淆,它们外表相似却承载着不同的涵义,'多元文化的'指的是那些可见的普遍的容易得到的文化多样性的产品——食物、服饰、音乐、戏剧,有时候也指特别的职业——而且在整体上它有其确切的理由:我们都很乐意生活在多元文化的社会,因为它使我们的生活方式变得多彩多姿,增加了我们作为消费者的选择的范围。而在另一面,'多元文化主义',它不仅仅是从'多元文化的'演变而来的一个名词,它将我们的注意力从这些单纯的可见的多样性方面转移开来,而去关注世界上具有不同倾向的现存的更为深刻的哲学和政治涵义,以及那些差异性如何竞相在国家和全球范围内得到认同的方式,它们有时彼此是和睦相处的,有时则激烈冲突。"②

对于多元文化主义的功能,沃特森认为:"无论我们是否试图去理解新兴的后殖民地的国家如何应付种族、宗教和代表权等问题,或者去压制后现代化的资

---

① S. F Moore, Certainties Undone: Fifty Turbulent Years of Legal Anthropology, 1949—1999, *Journal of the Royal Anthropological Institute*, Vol. 7, Issue 1. (Mar., 2001), p.106.
② 〔英〕C. W. 沃特森:《多元文化主义》,叶兴艺译,吉林人民出版社2005年版,第114页。

本主义社会在设法平衡他们的新兴市民对正义、公平和同等机会的要求的过程中的不安,多元文化主义在使我们回忆起在危机中的不同体验,承担了有用的功能。身份以及由此带来的自尊,毫无疑问是其一;归属感(对一个社会、一个宗教或者一个国家)是其二;乡土情结,或者说对某个地方的认同(从周围的人们所使用的语言上认为是其故乡的地方)是其三;而其四是历史感,源自过去,可以追寻血缘和家族的传统。"①

法律多元实际上是文化多元在法律上的反映,人类学对多元文化主义的批评和反思所揭示的文化同化、文化熔炉、文化整合,作为一种社会政策在影响着社会的发展,它证实了文化多样性存在于现代社会的事实,也反映了人们对待文化多样性的态度和主流文化与亚文化的关系。这些观点与法律多元研究的旨趣是相吻合的。

二、法律多元的理论维度

法律多元的理论维度是指法律多元的研究在时间和空间上展开的范围。对法律多元理论维度的考察,有助于了解法律多元理论的深度和广度。

(一)时间维度

在时间维度上,法律多元的研究可以从共时性和历时性两个层面来观察。

共时性的研究往往是在一个时间面上,考察现实社会或某个历史时期法律多元的状况。例如,关于殖民地或后殖民国家法律多元的考察。从解释多种法律在同一时期存在于同一社会的状况来讲,共时性的观察是必要的,它不仅可以解释法律多元存在的合理性,还可以为同时期不同社会法律多元的比较提供材料。历时性的研究往往是一个动态的过程研究,在法律多元的历时性研究中,时间变量提供了不同法律文化在共存、博弈、整合过程中的社会建构,可以更好地解释法律多元的形成和发展脉络。

(二)空间维度

空间维度是指法律多元研究的对象范围和地域选择。

从研究对象上看,法律多元最初关注的是规范多元的现象,以后逐渐扩展到对法律观念多元的研究上。后现代法学家桑托斯(B. D. S. Santos)试图基于法律多元和所谓"法制间"的观念提出一个后现代的法律概念,即法律是规范性秩

---

① 〔英〕C. W. 沃特森:《多元文化主义》,叶兴艺译,吉林人民出版社2005年版,第118页。

序的社会结构和实践这些规范性秩序的人类经验之总和。他指出:"法律多元主义是后现代法律观的关键概念。不是传统的法律人类学的法律多元主义,在那里不同的法律秩序被看作共存于同一政治空间的分离的实体,而是在我们的生活轨道发生质的跳跃或全面危机以及在呆板的无事发生的日常生活中附加、相互渗透和混合在我们思想中以及我们行为中的不同法律空间的观念。我们处在一个多孔的法制或法制的多孔性的时代,一个迫使我们不断的转变和渗入的法律秩序的多重网络的时代。我们的法律生活是由不同的法律秩序相互交叉即法制间(interlegality)而建构的。法制间是法律多元主义的现象学对应物。这就是为什么它是后现代法律观的第二个关键概念。"[①]

从研究的地域来看,法律多元研究的地域逐渐扩展,从小规模社会到大规模社会,从不发达国家到发达国家,从一个地区或一个国家到整个世界,都存在着法律多元的现象,也都可能成为法律多元研究的地域。

上述法律多元的研究范围已经可以和社会哲学中的多元主义相媲美了。穆尔指出:"很明显,围绕着法律多元的许多争论不仅仅是语词的争论,而且常常是关于当下国家状态的争论和对何处存在实在权力的追问。在跨国现象和全球化的背景下,关于法律多元讨论与通过隶属国家之群体的授权实现国家现状改变的讨论搅和在一起。现在,多元主义意味着:(1)国家承认在社会内部存在多种社会领域的方式,以及在与这些社会领域的关系中,国家在意识形态和组织形态上显示自我的方式;(2)国家行政机构的多样性,政府指令来源的多元性,在这样的语境中,政府的分支机构为争夺法律权威会发生争斗和竞争;(3)国家自身与其他国家在更大的舞台上(例如欧盟)竞争,甚至与整个世界竞争的方式;(4)国家与非政府的、半自治的社会领域相互交叉的方式,这些社会领域能生成自己的(非法律的)义务性规范并诱导或强制实施这些规范;(5)法律为了自身能够得以执行而依靠与非国家社会领域的合作的方式等。"[②]在穆尔给出的这个研究范围中,国家成了多元主义关注的中心,围绕这个中心,多元的现象在世界、国家和非政府、半自治社会领域的复杂情况中被研究。穆尔并不否认,这些主题仍然也是法律多元研究的主题。

---

① 〔英〕桑托斯:《法律:一张误读的地图——走向后现代法律观》,朱景文、南溪译,载朱景文主编:《当代西方后现代法学》,法律出版社2002年版,第113页。

② S. F. Moore, Certainties Undone: Fifty Turbulent Years of Legal Anthropology, 1949-1999, *Journal of the Royal Anthropological Institute*, Vol. 7, Issue 1. (Mar., 2001), p.107.

第二节 多彩的法律多元理论

法律多元理论的观点很多,不同的学者从不同的视角揭示了法律多元的各种状况,由此形成关于法律多元的不同观点,而这些不同的观点最终构成了所谓的"法律多元理论"。在法律多元理论中,有许多著名的观点,例如,穆尔的"半自治社会领域理论"、格尔兹的"地方性知识理论"、波斯比西的"法律层次论"、千叶正士的"法律三层结构论"和"固有法的同一性原理",以及格里菲斯关于法律多元的"苛刻批评理论"等。穆尔和格尔兹的理论前面已经有介绍,这里不再赘述。

一、经典的法律多元理论与新法律多元理论

梅丽认为,法律多元理论有新旧理论之分。早期的法律多元理论也被称为"经典的法律多元理论",该理论的研究重点在于通过对殖民社会和后殖民社会的研究,揭示殖民地区的人们同时使用着欧洲法律与固有法律,两种法律之间存在相互选择的问题。经典法律多元理论的理论贡献主要体现在三个方面:"第一,对规范性秩序之间的相互关系做了分析,这些规范性秩序在基本概念体系上有着根本性的差别。第二,对具有历史渊源的习惯法做了详尽的阐释。第三,描述了规范性秩序之间的辩证关系。在经典法律多元理论中,这种辩证关系往往发生在这样的情景下,即那些有着被迫接受具有明显差别的规范性秩序经历的族群,很容易识别规范性秩序的不同,并不断地抵制和重构着这些不同的规范性秩序。"[①]

新法律多元理论是将法律多元的研究扩展到欧美等发达工业社会取得的结果。新法律多元理论认为,每个社会都存在着多元的规范性秩序,法律多元的状况不仅表现在殖民社会,而且表现在发达的工业社会;不仅表现在规范之中,而且表现在观念之中;不仅表现在小型社会或一国的领域内,而且表现在国际社会

---

① S. E. Merry, Legal Pluralism, *Law and Society*, Vol. 22, No. 5. (1988), p. 873.

的交往之中。①

英国法律人类学家富勒(C. Fuller)在一篇题为《法律人类学,法律多元和法律思想》(1994)的论文中,同意梅丽关于古典法律多元和新法律多元的区分,觉得这个区分性的分类有助于对法律多元理论的理解。富勒说:毫无疑问,从古典法律多元的重要研究成果中,可以发现古典法律多元研究的两个重要贡献:第一,它证实了"传统的"法律是被构建的。在殖民时期,传统法律中有些部分是通过与国家法之间的辩证关系(the dialectical relation)被构建的。第二,这个事实对于后殖民地国家法律的分析至关重要,这正是一种多元的现象。新法律多元主义更关注现代社会尤其是西方社会中存在的规范多元。新法律多元的学者凭借批判法学的进路,他们拒绝用传统的法理学关于国家法特征的观点去研究问题,并批评官方将国家法作为唯一法律规范的法律意识形态,由于新法律多元研究的主要是西方社会,因此它和古典的法律人类学联系并不密切。富勒将康利和欧巴尔的《规则诉关系:法律话语的民族志》(1990)和梅丽的《诉讼的话语——生活在美国社会底层人的法律意识》(1990)作为新法律多元理论的代表作。②

二、 法律层次论

美国耶鲁大学教授、法律人类学家波斯比西(L. Pospisil)在《法律人类学:一种比较的理论》(1971)中,提出了一种解释法律多元现象的理论——法律层次论(levels of law)。他认为,由于法律属于特定群体这一事实的存在,所以,如果这个社会不是一个政治性的组织,我们将不能期望发现属于整个社会的法律。当然,这也不是说这样的社会缺失法律。无论是部落社会还是现代社会,它们都不是没有差异的族群混合体。社会是一个由许多亚族群组成的模式化的拼图,它属于确定的、通常被以社会成员的差别为标准很好地定义了类型的、合成的和具有包容度的实体。每一个亚群体应当把它在更大的社会共同体中的存在归功于这样一个法律体系,该法律体系是这个社会自有的,它具有规范社会成员行为的功能。这个族群的违法行为不能没有惩罚,纠纷也不能被允许长期处于未决状态,这样才能使社会免受失范和族群被侵害之苦。所以,社会控制的存在,也就是我们通常说的法律的存在,对于任何具有功能的社会群体或亚群体都是十分必要的。在一个给定的社会中,将会有与这个社会正在发挥功能的实体相一致

---

① S. E. Merry, Legal Pluralism, *Law and Society*, Vol. 22, No. 5. (1988), p. 873.
② C. Fuller, Legal Anthropology, Legal Pluralism and Legal Thought, *Anthropology Today*, Vol. 10, Issue 3. (Jun., 1994), pp. 9-12.

的法律体系存在。①

波斯比西指出,这种法律体系的法律规范必然呈现出一个与另一个相区别的多样性,有时还会出现彼此间的矛盾,它精确地反映着社会的亚族群的模式——即社会结构,或者说一个社会的结构。根据相关族群的模式和包容性,法律体系就能被认为属于不同的法律层次,它们是一个高于另一个的叠加模式,一个包含多个族群的大群体的法律体系将被适用于其统辖的亚族群。所以,个体往往要同时面对几个法律体系,因为,他所在的亚族群也得面对多种法律体系。作为一个模式化的由若干亚族群的拼图组成的社会,与亚族群特殊的法律体系相关,也与动态的权力中心相关,这个权力中心带来了统合的局面,也带来了具有基本法律特征的程序,这种法律特征会被置入与非法律的分类中,也会被当作确定差别的标准。法律层次的观点,可以帮助我们理解为什么一个社会中的个体首先应当是其氏族或村社的成员,其次才是部落或国家的成员,因此,在另一个具有更大包容性的社会中,政治性的、有组织的实体(部落或国家)控制着作为个体的人。一个歹徒的行为不是"绝对的非法",当它在国家层面或国家法律层次上被这样定义的同时,也可能被行为人所属群体的法律定义为合法。显然,法律领域均不能回避这种相对性。②

波斯比西得出的结论是:众多的个案和分析表明,对初民社会或是公民社会法律的有洞察力的分析,只有与相关的社会结构和法律层次联系起来才能获得,只有对社会中法律体系的多样性有充分的认识才能获得。总之,法律作为一种社会现象的类型,它不能被认作是与社会的有组织的原则无关的东西。③

波斯比西的法律层次论虽然是法律多元概念出现之前提出的理论,但是,该理论所揭示的法律体系在社会中呈现的多样性格局却是对法律多元的一种解释,所以,后来的学者仍然把法律层次论作为法律多元理论的一种经典理论来对待。

三、 法律三层结构论和固有法的同一性原理

日本法律人类学家千叶正士一直关注法律多元理论的发展和运用,在收录

---

① L. Pospisil, *Anthropology of Law: A Comparative Theory*, New York: Harper & Row, Publishers, Inc., 1971, p. 125.
② Ibid., pp. 125-126.
③ Ibid., p. 126.

其不同时期论文的集子《法律多元——从日本法律文化迈向一般理论》(1989)中,可以看到千叶正士如何一步步完善自己的理论,并将不同时期的观点整合为连贯的一般性理论。

基于法律多元的视角,千叶正士提出了法律的三层结构理论,他认为,人类社会中的法律由三个结构层次组成:法律原理、官方法和非官方法,它们构成了一个国家现行法律的整体结构。官方法是指一个国家的合法权威所认可的法律体系,国家法是标准的官方法,但是,它只是一个国家的许多官方法中的一种。在一些国家,有些官方法是由官方正式认可的其他权威确立或制定的,如一些宗教性法律:教会法、伊斯兰法、犹太教法,等等;又如家族法、本地法、职业行会法、少数民族法,等等。非官方法是指不由官方权威正式认可,而是由某个圈子的人们(无论是一个国家的人们,还是一个国家之内的人们,或是超越一个国家包括他国的人们)在实践中通过普遍的一致认可的法律体系。这种普遍的一致同意可以通过成文的意见来表达,或者通过特定的行为模式来表达。非官方法对于官方法的有效性有某种明显的影响,它们具有这样一些功能:明显地补充、反对、修正甚至破坏官方法,尤其是国家法。法律原理是指在确立、论证和指导官方法和非官方法中,与官方法和非官方法具体相关的价值和理想体系。它可能是诸如自然法、正义、衡平之类已经确立的法律观念;可能是宗教戒律和教义;可能是与社会结构相联系的社会原理和文化原理,如等级制、外婚制、个人主义,等等;可能是各种意识形态,如资本主义、社会主义、自由主义,等等。一个国家的法律原理是它同样论证和指导该国官方法与非官方法的基础。因此它不仅包括一致或中立,而且在一定的程度上也包括这些法律之间的不一致、对立、冲突或斗争,它还可以补充、反对、修正甚至破坏这些法律,因为每一种法律原理都支撑着相应的一种官方法体系或非官方法体系。在一个国家的整个法律结构内至少应当使这些法律体系保持最低限度的整合,以便维持官方法尤其是国家法的合法性。[①]

千叶正士强调,"法律三层结构",有两点需要特别加以评述。"其一,这三个层次的结合随社会文化的不同而不同。在现代社会官方法优越于非官方法,而在初民社会情况则恰好相反。这两个社会的法律原理由于这种不同而在法律的三层结构中占有不同的位置。其二,每一个层次上的次级体系的结合也随着社

[①] 〔日〕千叶正士:《法律多元——从日本法律文化迈向一般理论》,强世功等译,中国政法大学出版社1997年版,第149—151页。

会文化的不同而不同。在西方国家,宗教法作为一种官方法而与国家法相分离,其管辖范围就像法律原理或非官方法一样随之受到国家法的限制,而在伊斯兰国家中,宗教法作为官方法与国家法不可分割地联系在一起,尽管并不总是完全地联系在一起,其管辖范围就像法律原理与非官方法一样比西方国家的要宽泛得多。对法律的经验研究必须确定这种结合在两个阶段上的变化,而对法律的哲学研究则为这种变化提供一种体系化的详细论述。"①

千叶正士还提出了"固有法的同一性原理",他从日本对西方法的继受并未导致对其样本的完全复制,而是引发了西方法与日本本土的固有法之间的同化现象中,得出这样的认识:固有法在互动过程中如何接受或拒绝外国法;哪些固有法原理为这一过程提供了正当理由,这是研究日本对外国法继受的两个角度。"这里,我们必须假定有一些基本的法律原理在起作用,我把它称为'固有法的同一性原理',即'作为判断标准发挥作用的固有法原理,它评估外国法的价值,以决定如何接受或拒绝之,以便在其整体的法律结构中保持民族的文化同一性'。"②千叶正士认为,"固有法的同一性原理"是使一个民族在法律中保持其文化个性的基本法律原理,它引导处于抉择中的人们如何重新阐释固有法和被移植的外国法以保留其文化同一性;它是每个希冀保持文化独立的法律体系的必不可少的属性;它的作用可以由现代国家法中的宪政主义、伊斯兰法中的沙里阿、印度法中的达摩、大洋洲法中的宇宙统一论、世界其他地区形形色色的非官方法中种种未被明确确认的原理或日本人的变形虫式思维方式来发挥。这个原理具有两个性质和特征:"其一,它运行的成功度不等。在最佳状态下,它可以使一个法律体系的所有组成部分实现完满的整合,而不论这些部分源于何处。在最坏的情况下,它可能无法保证法律中的文化独立或者无法将各部分揉合成一个共同起作用的整体。其二,不同原理之间的竞争在所难免,不管是在空间上或是在理论上。这些竞争性的同一性原理必须根据一个更具包容性的原理来达致调和或整合。这意味着每个民族必须不仅珍视其固有法的同一性原理,而且他们应当不断努力去重新诠释其内容,唯其如此,事异时移时它才能在竞争中自存其身。"③

对于日本人的变形虫思维方式,千叶正士认为这就是日本固有法的同一性

---

① 〔日〕千叶正士:《法律多元——从日本法律文化迈向一般理论》,强世功等译,中国政法大学出版社1997年版,第151页。
② 同上书,第125—126页。
③ 同上书,第170页。

原理,持有这种思维方式的日本人在接受外国法时十分灵活,而在保持其整体法律结构中的文化同一性时又十分刚硬。[①] 日本固有法的同一性原理和这些态度有关:对法律和法律程序的反感,未从道德观中分化出来的法律概念,对权利和契约的不确定观念。没有任何基础性的起作用的原理(这种原理允许在官方法和非官方法之间作非此即彼的选择),从官方法的合法性压力角度看来,这种态度得不到社会的赞同。这个原理允许人们以这样一种方式来行事:超越官方法的规制却不藐视它的权威。它使得人们灵活行事以调整自己适应不断变化的环境,从而有可能在此范围内保持自己的个性/身份。[②]

在后来的研究中,千叶正士把上述理论进行了整合,提出了"多元法律的三重二分法"。"三重"讲的是法律的三层结构,而将它与"固有法的同一性原理"结合进一个单一的框架之内,并用"法律文化的同一性原理"将同一性原理扩展到法律的三层结构中,就可以得出三重二分法的结果。第一重二分法是官方法对非官方法;第二重二分法是实证规则(或法律规则)对原理性价值(或法律原理);第三重二分法是固有法对移植法。它们组合成一个在法律文化的同一性原理指导下的法律文化——是对一个民族运作中的法律的整体结构进行精确的观察和分析(个别地或比较性地)的有用的分析性工具。[③]

四、严格的法律多元理论

相对于日渐扩大的研究领域,也有学者提出要限制法律多元范围的主张。例如,格里菲斯(J. Griffiths)在一篇题为《什么是法律多元》(1986)的论文中,提出了一种观点,国家容许的法律多元不是真正的法律多元,真正的法律多元存在于国家控制之外。在这篇文章中,格里菲斯分析了法律多元的智识背景,评介了当时流行的法律多元概念,讨论了波斯比西的法律层次论、埃里希的"活法"理论、史密斯的"公司"理论(一个公司中的职员具有各种各样的背景,他们秉持着不同的为人处世原则;社会的本质性结构与公司的结构是一样的。在最简单的社会中,所有社会成员分享着一套共同的制度体系。在与之相对的复杂社会,包括最现代化的社会,却存在着系统性、制度性的多样化)、穆尔的半自治社会领域理论。最后,格里菲斯回答了什么是法律多元。他说:"任何形式的'多元主义'

---

① 〔日〕千叶正士:《法律多元——从日本法律文化迈向一般理论》,强世功等译,中国政法大学出版社1997年版,第126页。
② 同上书,第101—102页。
③ 同上书,第189—193页。

必然意味着,在其描述的领域中,有不止一种相关的东西存在。在法律多元化的情况下,必须有不止一种'法律'。由于我们在上面看到的理由,一个以上的规则适用于'相同'的情况,这种状态不属于法律多元,因为任何这样的构想都是基于规范,而不是基于经验。这种观点有助于识别一种状态,在这种状态中,法律虽然不统一,却不是一种法律多元。法律多元是社会领域的一个属性,而不是'法律'或'法律体系'。法律多元的描述性理论涉及一个事实,即在任何给定的领域内,不同来源的法律都可能是有效的。当在一个社会领域中,不止有一个'法律'的来源,并能够观察到一个以上的'法律秩序',那这个领域的社会秩序可以被认为是法律多元的状态。"①

对格里菲斯的这篇文章,罗兰德评介道:格里菲斯首先观察到有两种法律多元的存在,即被国家容许的多元和逃避国家控制的多元,其中只有第二种才是真正的法律多元。以大一统为目标的国家将多元性当作被诅咒的敌人。国家有两种手段对付多元,要么国家极力地完全消灭多元,或者不断地弱化非国家法域;要么就像其经常所为的那样,国家承认某些多元状况:如施行于少数民族、教会、殖民地的法规,等等。这种多元只是表面的,是服务于统一中央集权政策利益的。一方面这是因为国家制定规则——它能够决定在自身和那些被赋予一定程度自治的团体之间的法律管辖界限,并将自己的标准施加其上。另外一方面,这种对法律管辖权的划分通常是由国家掌控的,非国家法律只是扮演附属的和无关紧要的角色。②

五、全球性法律多元理论

皮里在其著作《法律人类学》中,综述了一种新近提出的法律多元理论,该理论主要针对的是法律多元的全球性问题,所以学者们将它命名为全球性法律多元理论(global legal pluralism)。

皮里写道:法律多元不仅启发了对非国家法的法律模式的研究,而且还被扩展到对"全球化"和"移植法"的研究中。例如,桑托斯在《迈向一种新的一般性法律观:范畴变化中的科学与政治》(2002)中认为,现在的学术讨论在关注一种超越国家的、全球性的法律秩序,它们共存于与国家和国家之下的社会领域相关的

---

① J. Griffiths, What Is Legal Pluralism, *Journal of Legal Pluralism and Unofficial Law*, Vol. 24. (1986), p. 38.
② N. Rouland, *Legal Anthropology*, translated by P. G. Planel, London: The Athlone Press, 1994, p. 56.

世界体系中。门斯基(W. Menski)在《全球化语境中的比较法:亚洲和非洲的法律体系》(2006)一书中主张,以法律多元作为一种工具理解全球法律的多样性,在法律之伞下,法律多元能够包容所有潜在的诉求。垂宁在(W. Twinning)《一个比较法研究的新起点:帕特里克·格伦(Partrick Glenn)的"世界性惯例"理论综述》(2009)中认为,为了在严格意义上使用非国家法的概念,我们需要考虑包括超国家法、非国家法和各种形式的"软法"。伯曼(P. Berman)是全球性法律多元理论最坚定的支持者,在《全球性法律多元理论》(2012)一书中,他认为,全球性法律多元理论提供了一个理解多样性世界的框架,在那里,有多个实体性的规范在竞争法律的支配地位,应当建立一门"世界性、多元化的法理学",将处于不同地位的法律都包含在研究中。他认为,为了不忽略具有重要影响力的社区规范(它们并不具备国家强制力),需要一个更宽泛的法律定义,该定义能够包括规范的范畴和特定领域的强制性法律,并适用于那些自认为受自己判断约束的人。[①]

第三节　法律多元理论的学术贡献和局限性

法律多元理论曾在一段时间被誉为法律人类学的核心概念和主要论题,其作为一种分析性概念和一种法律解释理论,在揭示社会的法律现象和法律间的关系上确实具有一定的解释力,所以才会被学界所接受,并产生广泛的影响。但是,该理论自生成之时,就伴随着对其理论缺陷的批评,这种批评主要来自法律人类学家的自省和对理论适用的克制。

一、法律多元理论的学术贡献

法律多元理论的解释力实际上就是该理论的学术贡献,它主要表现在以下几个方面:

第一,界定了表述法律多元状况的术语。在法律多元的研究中,学者们对法

---

① F. Pirie, *The Anthropology of Law*, Oxford: Oxford University Press, 2013, pp.40-41.

律多元理论中的术语运用有广泛的讨论,这些讨论有助于认识法律多元的不同状况,也有利于规范法律多元理论的研究。前面提到的千叶正士就界定了多个表达法律多元的概念及其所包含的不同种类的法律,如官方法、非官方法、固有法、移植法、法律原理等等。梅丽指出,对法律多元中不同秩序的定义还引发了对其他一些问题的研究,例如:法律多元是否回答了这些多元法律秩序在权力、潜在强制、象征力量、阶级附属中存在的差异?国家和非国家形式的秩序类似吗?存在国家法律体系制度根本不同于所有其他形式秩序的情形吗?在回答这些问题时,必须看到,国家法与其他形式的法有着根本性的差别,国家法凭借国家权力来行使国家的强制力,并垄断了以国家为象征的权力。在许多方面,国家法既在有意识地塑造其他规范性秩序,也为它们的实践提供一个不可回避的框架。①

第二,挑战了法律中心论。在法律中心论看来,国家法是唯一的法律,但是,在法律多元理论中,国家法只是诸多法律中的一种类型,在社会秩序的建构中,国家法虽然具有非国家法不可比拟的强制力,但却在社会领域中遭遇着非国家法或非正式制度的阻却,并不能全面地得到实施。如穆尔在半自治社会领域理论中所讲的情形。同时,在法律多元理论中,国家法的作用也需要在非国家法或非正式制度的配合下才能得以发挥。如,千叶正士的法律文化的同一性原理。

第三,加深了对非正式制度功能的认识。法律多元是一种解释社会建构的理论,它认为正式制度与非正式制度、国家法与非国家法都在建构着社会的秩序,在不同层次的法律建构下,社会秩序呈现出一种多元化的格局。不同的社会秩序之间互相影响,尤其是非正式制度或非国家法在建构社会秩序中扮演着十分重要的角色,它一方面受国家法或正式制度的制约或型塑,另一方面又对国家法或正式制度产生型塑、破坏、支持、扭曲的影响。如波斯比西的法律层次论和千叶正士的固有法的同一性原理。

第四,推动了对"习惯法"的再认识。在以往的研究中,习惯法被认为是一种传统的象征,是使用该习惯法的族群千百年来传承下来的规范性经验和秩序依据。然而,法律人类学家对法律多元现象的调查材料证实,在非洲殖民时期,许多部落的习惯法是被殖民当局建构的,它们不是来自传统,而是来自宗主国的法律,是一种强加于当地居民、虚构的习惯法。同时,习惯法还具有其他被现实社

---

① S. E. Merry, Legal Pluralism, *Law and Society*, 22, No.5. (1988), p.878.

会改造的特征。因此,在法律多元理论中,这种铭刻着西方印记或现代标识的习惯法成为一种打引号的"习惯法",它不代表传统,也不纯粹属于当地人,而是一种被西方国家权威推行的伪习惯法。

第五,法律是一种地方性知识的观点获得普遍认同。法律的多样性来自文化的多元,来自地方性知识的多样性。地方性知识是一种寓意深刻的理论,它通过事实与想象将法学与人类学相勾连,在不同地域、人群、阶层等具有的不同智识体系中认识法律多元,因为,法律是在不同的智识基础上构建的,其本身就是一种地方性知识,人们也是在其身处的具体的地方性知识基础上来认识法律的。法律作为地方性知识具有秩序建构的功能,也能让人们凭借它获得对其行为法律结果的想象,而不同的地方性知识会产生不同的法律想象。

第六,提供了实用的分析法律结构和法律与社会关系的理论工具。这种分析工具可以是一个概念——法律多元,也可以是一种理论,如不同学者提出的多彩多姿的法律多元理论。这个分析工具打通了东西方之间的隔离,扩展了法律概念的适用范围,用文化的观念解释法律,使法律多元的状况作为从社区到民族、从国家到世界普遍存在的社会事实被认识。

二、 法律多元理论的局限性

在对法律多元理论的批评中,该理论的局限性也被揭示出来。

第一,术语混乱。尽管人们普遍同意法律多元不是描述一种社会类型,而是描述一种随着法律多元在不同地域的增加或减少的连续变异,存在于多数大小不一社会里的情形,但是,相关术语的运用还是颇为混乱。梅丽指出,在法律多元的术语中,争论最大的是关于非国家法的名称表述,因为,在界定非国家法时,有可能遇到法律与社会生活的界限混淆,或质疑非国家法在建构秩序上的作用的难题。在关于法律多元理论的写作中,一旦放弃法律中心主义,往往就用法律术语来指称那些不属于国家法的所有秩序形式。在这方面的文献中,也尚未明确论证在规范性秩序之间是否存在能够辨别何为法律的界限。这里的困难在于,规范性秩序中存在的大量变化和多样性。并且在法律多元框架下,包括非殖民社会在内的社会运动增加了这种复杂性。[1]

第二,过于关注单一社会的变迁和特定区域的具体特征。梅丽指出,法律多元的分析更倾向于强调社会变迁产生于社会领域间的相互作用,而不会发生

---

[1] S. E. Merry, Legal Pluralism, *Law and Society*, Vol. 22, No. 5. (1988), p. 879.

在单个社会中。这种观点会失去一种对社会的研究途径,即在多种内在和外在的意识形态的和政治的强力中,一个特殊的社会领域会被逐渐重塑。例如,在关于殖民地时期欧洲传教士在南非的影响的研究中,科马洛夫夫妇(J. Comaroff and J. L. Comaroff)认为,传教士引入了关于时间、空间、工作、人格等的新概念,经过一段时间后散布到了全国各地,非洲人的意识逐渐改变,他们沿着遭遇、皈依或主动安排的路径被殖民征服。虽然在意识方面的历史转变可能被描述为法律多元——非洲人和传教士之间法律秩序的互动——但是法律多元概念并不关注解释在社会领域里存在的思考和认知方式间的复杂关系,不关注随着时间流逝,人们在改变着生活方式,也不关注代表生活方式的符号在大城市、小城镇和偏僻的地方不断渗入或离开法律体系。此外,法律多元的概念会快速偏向系统的分析,忽视当地特殊处境的多样性,以致很难同时去理解微小情形下的特殊性和大系统中不同因素的相互作用。法律多元有可能将我们带出法庭和律师的办公室,但是一旦出来,法律多元的分析将会导致对细节的审视远离本土特殊情景。在小地方和大型法律体系中同时存在着的法律形式和符号解释,往往是正常的、文化的、彼此对立的一些不断变化的概念,对它们进行考察是颇有难度的挑战。①

第三,法律多元的概念过于简单。富勒指出,作为一个分析性的概念,法律多元理论是有缺点的。首先,在现代社会,多元法律和规范共存是一个普遍的事实,故法律多元的概念并没有什么特别之处。它仅仅只是提醒我们避免从孤立的法律视角出发去研究问题,因为,不存在同质的社会。其次,法律多元的概念强调"法律",可以用来对法律中心主义进行重构。梅丽用"规范秩序"一词回避具有国家法属性的非国家法的提法(如法律主体的定义,特别是制度和人员等等)带来的污名。不仅法律秩序不是完全相同的,而且法律多元中至少有一些法律存在着支配和反抗的关系。法律多元适合于通过更宽阔、非法律语境的方式才能获得内在扩展解释的研究。②

第四,尚未形成整合的全面的知识体系。法律多元是一个分散的理论,至今仍然没有出现整合性的理论。这个缺陷与法律人类学长期以来存在的缺陷是一致的,而且,法律人类学的这个理论弱点在今天依然存在。"由于对19世纪摇椅上的学者臆想的宏大理论的不满,对特定社会的关注主导了20世纪的法律人类

---

① S. E. Merry, Legal Pluralism, *Law and Society*, Vol. 22, No. 5. (1988), p. 891.
② C. Fuller, Legal Anthropology, Legal Pluralism and Legal Thought, *Anthropology Today*, Vol. 10, Issue 3. (Jun., 1994), p. 10.

学研究。虽然大量的田野民族志使我们对某些具体社会中的法律的知识变得极大地丰富了,但是这却使我们走向了另一个极端——我们的视野局限于相对孤立的个案研究或法律的非制度方面,因而也很难形成全面整合的理论。这样既有碍于法律人类学成为人类学理论核心的组成部分,也不利于与宏大的法学理论形成更加直接和有力的对话。"①

第五,法律多元是一种本质主义的文化观。简单地说,本质主义是西方哲学的理论传统,它主张任何特定的实体,都有一组表明其身份和功能的属性,即该实体的本质,这种本质是该特定实体固有的、先验的、不变的特征。现代以来,尤其是后现代时期,本质主义遭受到科学哲学和后现代思潮的挑战。世界的不确定性,使得人们对事物本质的认识越来越模糊不清、迷惑不解,特定的事物有一致的本质吗?事物的本质从何而来?人类能认识事物的本质吗?这些问题不但是对本质主义的质疑,而且把本质主义推向了象征僵化、保守的泥沼之中。比利时鲁汶大学法社会学教授迪普雷(B. Dupret)在一篇题为《法律多元、法律的多元性和法律实践:理论、批评和实践性重构》的论文中,批评法律多元理论经常表现出很强的本质主义和文化主义的倾向。他指出,出于善意,一些法律多元论者提出了诸如"民间法""土著法""本土法""外来法""移植法""国家法""官方法""非官方法"等概念,这些概念与"法律"这一术语相关的许多定义问题一直难以解决。法律多元理论还假定社会中存在着类似"真实"法律的规范,这些规范反映着一个真实的社会,该社会的主要文化特征被转化为行为准则。实际上,这种"本土的"进路是经不起仔细考察的,它大大缺乏基本经验材料的支持。所谓的"土著法"或"本土法",只存在于这些学者的头脑之中,而往往不是一种现实的存在,尽管这些概念被构建成评价法律"涵化"范围的标准。②

总之,法律多元是一个分散的、可争辩的、可论证的和不令人满意的概念。③时至今日,法律多元仅仅是法律人类学中诸多理论中的一种理论,甚至在一些西方法律人类学的著作中,它受重视的程度远远不如纠纷、权力之类的研究。

---

① 高丙中、章邵增:《以法律多元为基础的民族志研究》,载《中国社会科学》2005 年第 5 期。
② B. Dupret, Legal Pluralism, Plurality of Laws, and Legal Practices: Theories, Critiques, and Praxiological Re-Specification, *European Journal of Legal Studies*, Vol. 1, Issue 1. (2007), p. 304.
③ C. Fuller, Legal Anthropology, Legal Pluralism and Legal Thought, *Anthropology Today*, Vol. 10, Issue 3. (Jun., 1994), p. 9.

第四节　法律多元与中国法治建设的路径选择①

对于中国法治建设的路径选择问题,法学界大体上存在着社会演进型和政府推进型两种不同的观点。社会演进型的法治路径主张:"法治主要是在社会生活(与政府相对应的'民间'社会生活)中自然形成和演变出来的,是社会自发形成的产物。"②法治秩序一般被视为一种自生自发的秩序,而非理性建构的秩序。通过模仿和外来的强力很难真正实现法治秩序的建构,只有借助传统才能为法治的制度性变迁提供基础。政府推进型的法治路径主张:"政府是法治运动的领导者和主要推动者,法治主要是在政府的目标指导下设计形成的,是主要借助和利用政府所掌握的本土政治资源完成的,是人为设计出来和建构出来的。"③与前一观点不同,法治秩序在这里一般被视为一种理性建构的秩序。鉴于中国历史上缺乏法治的传统,这些学者通常认为,通过模仿和外来的强制力可以真正实现法治秩序的建构,而不必借助于传统。传统甚至被视为一种现代化的障碍(而非可被批判吸收的资源),放在了法治建设的对立面。

笔者并不同意上述两种观点。社会演进型的路径强调法治建设的自发性,忽视了制度和组织在法治建设中的作用,选择这样的路径,势必延误我国建设社会主义法治国家的进程;政府推进型的路径强调法治建设可依托的力量是国家权力,法治建设实际上是国家的事情,与民间传统存在着冲突,这种观点忽视了中国法治建设的文化基础,选择这样的路径,势必造成国家法与民间传统的冲突,加大法治建设的成本。

在中国建设社会主义法治国家,面临着许许多多困难和问题,因此,法治建设的路径选择显得尤为重要。只有从中国的实际情况出发,充分考虑到中国的民间传统和中国在国家化进程中国家权力强化的客观现实,才有可能科学地选

---

① 此节的内容原载《中国西部科技》2005 年第 21 期,论文标题是《规范多元与中国法治建设的路径选择——兼论民间防火规范的价值》,署名作者为张晓辉。
② 蒋立山:《中国法治道路初探(上)》,载《中外法学》1998 年第 3 期。
③ 同上注。

择符合中国国情的法治建设路径。有鉴于此,本书提出的法治建设路径是:在法律多元背景下,发挥国家和民众两方面的积极性,上下互动,形成合力,共同促进法治国家的建设进程。

一、 法律多元的现实

法律多元指的是在同一地域上存在着不同的法律观念、法律规范和法律实施经验的现象。使用法律多元的概念作为分析工具,可以描述和论证中国社会所存在的不同法律观念、法律规范和法律实施经验对中国法治建设的影响。在这里,法律包括国家的法律,也包括社会生活中存在的各种指导和约束人的行为,并依靠公共组织的力量保证其实施的民间法。[①]

法律多元的现象一般表现在三个方面:其一,由于人们对法律认识的差异形成的法律观念多元;其二,由于法律来源的不同以及法律的内容、形式、效力不同形成的法律多元;其三,由于文化和社会条件的差别形成的法律实施经验的多元。

中国是一个统一的多民族的国家,社会文化和民族的多样性,以及地区和各民族在政治、经济、文化及历史沿革和现实发展等方面的巨大差别决定了中国社会中的法律现象在形式、种类、功能和价值取向上的多元特征。以中国的少数民族为例,2000 年云南大学对 55 个少数民族的村寨调查表明,虽然在各个村寨中普遍存在着社会发展和民族文化的差异,但是,每一个村寨都有一套强弱程度不等的规范体系在实际运行,对村民的行为发生着指导、鼓励和约束的作用。尤其突出的是,在这套规范体系中,并没有出现单纯以国家法或者民间法为规范渊源的村寨规范类型,而是表现为一种"混合法"的规范体系,即在所调查的民族村寨中,国家法和民间法共同组成村寨中的规范体系。国家法对村寨的成功渗透,可以说是 1980 年改革开放以来农村和民族地区社会主义建设运动和时下新农村建设的重要成果之一。但是,国家法的渗透并不意味着村寨中民间法被替代,相反,民间法作为一种与村民生活十分贴近的规范和地方性知识,仍然在乡村生活

[①] 这种"二分法"最早出自美国的法律社会学家劳伦斯·弗里德曼。在我国这种划分方法同样也受到了一些学者的批评,如黄宗智和梁治平等。黄宗智通过研究我国清代的司法审判个案发现,我国除了这两方面的制度形式存在外,还存在一个介于二者之间的"第三领域"。梁治平则一面批评了黄宗智的"第三领域"理论,一面将西方式的"国家"与"社会"二分法视为"容易于无意中歪曲和混淆了古代人的生活世界"的研究方法。参见梁治平著:《清代习惯法:社会与国家》,中国政法大学出版社 1996 年版。尽管存在上述的不同观点,但是我们仍然坚持这种划分方法,因为这种分类与法律的实践和村民对于规范形式的内心确认是最为吻合的。

中发挥着不可或缺的作用。不同种类的规范在少数民族村寨中并存的现象,也使不同规范之间的关系显得复杂和微妙:各种规范形式之间既相互影响、牵制,又相互渗透、支撑;既有分工、合作,又有矛盾、冲突。

二、民间法与法治建设的一致性——法律多元在认识论上的解释

法律的认知是指人们对法律的态度、观念和评价。在法治社会,国家法是统一的,但是,人们对国家法的认知结果却是多样的。不同的民族或居住在不同地域的同一民族,不同的地域或同一地域而社会分层不同的人对于国家法的态度、观念和评价都有很大的差别。这种现象反映出人们对国家法的认知并不取决于国家法的存在或者是国家法制定者的意愿,民族文化、地域文化和群体与个体文化的差异在国家法认知过程中对认知主体发生着作用,影响着人们对国家法的认知能力和认知程度。

人们的认知能力和认知程度与人们的知识体系有密切的关系,人们的知识体系决定着人们认知能力的大小和认知程度的深浅。随着依法治国,建设社会主义法治国家进程的发展,国家的政治文化、法律文化、经济文化得到迅速传播,并正在改变着我国公民的知识体系,公民的知识体系中关于国家文化的知识出现增强的趋势。但是,由于我国境内多民族的结构和地区间的发展不平衡,以及教育的差异和社会角色的不同,我国公民的知识体系呈现出一种多元的格局,这种多元格局的基础是对本民族文化、地域文化和角色文化的保存,它虽然不妨碍公民对国家文化的认同,却影响着公民对国家文化的认知。在不同社会群体的知识体系中,作为固有文化的民族文化、地域文化和角色文化与作为外来文化的国家文化相比,所占的位置并不相同。对于大部分公民来说,民族文化、地域文化和角色文化构成了公民知识体系中的主要内容。由于知识体系的不同,就有可能产生与知识体系相应的不同的法律观念、法律系统和法律实施经验,以至于人们往往不是处于一种法律系统的约束下,而是处于多元的法律系统的约束下。

我们一直强调提高公民的法律意识(国家法意识),然而,公民对国家法的认识决定于国家法所赖以存在的知识体系是否和他们的知识体系相吻合,如果国家法和他们的知识体系相吻合,他们对国家法的认知就会达到熟悉的程度,如果国家法和他们的知识体系不相吻合,他们就会出现对国家法无知或误识的现象。在少数民族地区,很多少数民族群众对国家法律的认知往往是以他们对本民族民间法的认知为基础,把国家法的内容转化为相应的民间法加以理解。实际上,在一部分少数民族群众中,他们认识的国家法是与民间法在价值取向上一致的

内容,是一种被转化为民间法观念的国家法,而不是真正意义上的国家法。

话语是人们知识体系的表达形式,不同的知识体系有不同的话语系统,由此构成不同的话语系统对同一事物的表达并不一致;同时,在同一话语系统中,使用话语的技能和经验足以让人们能够使用不同的话语来区分不同的事物。在国家法体系中,不同形式的国家法都需要通过一定的话语系统予以表达,国家法的话语要求简洁、准确、统一,但是,在国家法的实践中,知识体系不同的人对法律和法律事实的表述却存在着很大的差异。考察人们关于国家法的话语表达上的差异,了解不同知识体系在国家法认知过程中发生的碰撞、粘贴、借用和吸收的现象,对于认识人们的知识体系、法律信念和知法、用法的技能有重要的意义。

人们对国家法的认知能力和认知程度又直接影响着国家法的实施效果。国家法的作用之一是为人们提供一种行为准则,但是,如果国家法提供的行为准则不被人们所认知,再好的国家法也不会影响人们的行为。在公民的意识中,国家法律所具有的效力无疑比民间法强,当依据民间法解决纠纷不能实现公民心中的公平和正义观念时,越来越多的人开始向司法、行政机关请求再次解决,以推翻原来依据民间法作出的裁决。对于政府和司法部门严格执行的禁止性和命令性国家法,公民往往通过普法宣传和周围发生的案例得以认知,所以,刑法、计划生育法这类刚性国家法在社会中得到较好的执行。但是,对于不具有强制性(如授权性的法律)或执行力度不强的国家法,公民守法的态度就比较复杂,往往会基于功利的考虑,放弃遵守国家法的行为选择。

以上关于法律认知的理论,实际上是对立法、司法和执法中存在的法律现象的一种形而上的概括。在现实的司法实践中,我们可以时时发现国家法认知的差异对国家法适用的影响,法官对国家法认知的差异,会导致判决的事实认定和判决结果的差异,当事人对国家法认知的差异,会导致当事人对法律事实的错误判断和对判决结果的不同态度。当国家法颁布后,立法者、司法者和执法者都希望人们对国家法的认知保持统一,但是,这仅仅是一种希望而已。虽然如此,国家法认知上的相对同一还是可以实现的,否则岂不乱了套?国家法认知相对同一的基础有几个方面:其一,人们对公平、正义、公正的价值理念和国家法立法宗旨的一致性;其二,国家法的权威和维护国家法权威的机构、程序和各种措施;其三,国家法制定和解释机关的唯一性和至上性;其四,国家法知识作为一种国家文化得以传播和普及;其五,整个社会正在形成的公民学法、用法的社会氛围。正是存在着以上基础,所以,立法、司法、执法和守法才能在大众知识体系存在差异的背景下保证统一,从而实现国家法面前人人平等的目标。

三、民间规范的价值——以民间防火规范为例

在少数民族地区,多层次的规范体系虽然有冲突,但这些规范仍然存在于少数民族的村寨生活中,维护着村寨的日常秩序。这种多层次、不同内容、性质、来源的规范能够同时并存,实际上是它们在运行过程中经过相互调适、缓解冲突,最终整合为统一的规范体系。在这个规范体系中,每个层次的规范都有存在的位置和相应的功能,它们共同对村寨的社会控制发挥作用。即使在这个规范体系中的一些规范会发生冲突,但这些冲突的解决方案往往是采用民间法优先适用,或冲突规范相互妥协的原则。当没有国家机关介入时,采用哪一种方案的选择,往往是村委会等公共权力机构或宗族势力根据朴素的公平、合理的精神来决定。① 所以,尽管规范的差异和冲突存在,但村寨的各项活动和村民间的相互关系仍然被这样多层次的规范体系调整得井井有条。因此,在社会主义法治国家的建设中,除了重视国家法的普及和实施之外,还应当对民间法在建构社会秩序中的价值给予充分的认识。

以贵州省雷山县苗族聚集区的民间防火制度为例,可以发现民间防火规范在村寨火灾预防中的价值。②

> 雷山县境内的苗族村寨都是位于山区,住房均为木结构,且成连片居住的格局,一旦发生火灾,往往殃及面广,损失严重。为了预防火灾,当地的苗族村寨长期以来形成了一套行之有效的民间防火规范。这些规范包括扫寨制度、村规民约等。

该县方祥乡格头村有扫寨制度,一旦发生火灾或者发现有发生火灾的苗头,就要按照古老的习俗举行扫火星的仪式,以此惩罚失火者,并警示全村村民提高警惕,预防火灾。

方祥乡格头村的村规民约中还设立专章规定了防火制度。具体条文如下:

第十一条:切实做好防火安全工作,教育好自己的家属子女,时刻警惕火灾、火警的发生,对用火必须慎之又慎。

第十二条:稻谷草、干杂草、毛柴等干物,必须抬到村外自家定点堆放,

---

① 在各个少数民族村寨中,尽管有一定的普同性规范或原则,但规范间和做法上的差别也很多。在有的村寨,除重大犯罪外,所有的村寨事务都按民间法来调整;在有的村寨,选择适用的规范已成为村民的权利;在有的村寨,国家法或官方的规范成为处理纠纷的首选规范。

② 参见周相卿:《黔东南雷山县三村苗族习惯法研究》,贵州人民出版社2006年版,第95—98页。

家中只准存放一挑,用完了再去抬用,若发现谁家存放二挑以上的稻草和其他干草,罚款10元。

第十三条:从本村规民约签订之日起,谁家发生火警给予重罚三个120斤(大米、酒、肉)。

第十四条:寨内一旦发生重大火灾,村民必须全力以救,不准擅自搬迁自家财产。等火灾全部扑灭后,不论灾情大小,由火灾发生户承担扫寨等责任。救火洗手猪一头,扫寨猪一头(一百斤以上),大米120斤,酒120斤,肉120斤。

第十五条:本村辖区内发生山火,一经查实,每烧毁一亩(草地或林地),罚纵火户每亩50元并补栽树苗。

第十六条:不准擅自到他人自留山或集体山上烧灰、种土烟,违者罚款10元。

在方祥乡格头村,尽管村民们并不知道国家的消防法,但是,他们根据自己的知识体系和当地的实际情况建立的防火制度,起到了消防法中预防火灾规定的作用。只是这套民间规范防火规范体系是用民间的话语表达,用民间的方式保证其实施。

综上所述,以法律多元为理论的切入点研究中国法治建设的路径选择,提出了一个重要问题,即现行的国家法应当给民间法留出一定的空间,以便在保障国家法实施和权威的前提下,充分发挥作为本土资源的民间法文化的作用,从而形成建设社会主义法治国家的合力。中国社会是一个具有五千年文化历史的社会,由于历史的原因,现代中国既有统一国家的特征,又有多民族社会和地方发展不平衡、社会分层多样的特征,因此,法律多元和文化多元是一种普遍的社会现象。在这样的社会背景下建设社会主义的法治国家,不应当忽视表现为文化现象和行为规则的民间法,否则,基层社会的秩序将无法建立。换言之,中国法治建设的路径应当选择国家推进和民间推进并行的模式。

第十章 纠纷与纠纷解决

第一节 人类学的纠纷研究进路
第二节 纠纷的理论
第三节 纠纷解决机制
第四节 纠纷过程中的权力博弈和过程控制——以医疗纠纷为例

纠纷研究是指对纠纷和纠纷解决机制的研究。在现代人类学的学术史中，纠纷与纠纷解决机制的研究一直是西方人类学理论的核心问题，不仅许多著名人类学家的研究都涉及纠纷与纠纷解决机制的问题，而且在纠纷研究中形成的种种人类学关于社会和法律的研究进路和相关的理论观点，也对人类学的一般理论产生了重要影响。

第一节　人类学的纠纷研究进路①

纠纷是人类社会普遍存在的需要正式制度和非正式制度加以规制和处置的社会现象，因此，纠纷研究实际上是法律与社会研究的一个重要领域。在人类学的纠纷研究中，随着研究的拓展和深入，关于纠纷研究的方法或进路也在不断地更新和完善，这些研究纠纷的方法或进路，为人类学纠纷理论的建构奠定了基础。

一、纠纷研究在人类学理论中的地位

纠纷研究之所以成为人类学研究中的核心问题，与纠纷和纠纷解决机制自身的特点有很大关系。作为人类社会运行中由于人与人之间、个人与社会组织之间、社会组织与社会组织之间的利益冲突和矛盾而产生的社会现象，纠纷反映着社会矛盾的内容、程度，也使处于纠纷中的人或社会组织撕下平日的面具，显露出其真实品格。而纠纷当事人背后的社会关系和社会组织在纠纷解决中扮演的角色，使纠纷和纠纷的解决机制具有了关于社会系统的矛盾、冲突特征的面相，也为研究与之相关的权力和权威结构指明了方向。②

---

① 本节的内容原载《贵州社会科学》2012年第11期，标题是《论人类学的纠纷研究进路》，署名作者为张晓辉。

② Charlotte Seymour-Smith, *Macmillan Dictionary of Anthropology*, London: Macmillasn Press Ltd., 1986, pp. 78-79.

具有上述特征的纠纷研究,对于人类学家认识人类社会的社会结构和社会变迁及其相关的文化背景具有重要的意义。首先,纠纷研究可以发现社会的制度和规则。由于纠纷的发生和纠纷的解决与社会的制度和规则关系密切,所以,"我们所发现的所有具有法律属性的有效的制度,毋宁更多地属于消除事态的非法或令人不堪忍受的状态,恢复社会生活的平衡的手段,宣泄个人的被压迫感和非正义感的渠道"①。其次,纠纷研究可以揭示社会中存在的社会关系。发生在族群内部的纠纷和族群之间的纠纷,充分展示了人与人之间社会关系的复杂性,因此,纠纷研究不仅可以认识判例中法律规定的意义,而且可以展示法律的程序、技术,法律体系的相互关系,法律职业者与社会、经济、政治的关系,以及其作为社会个体与社会发生的各种联系。② 再次,纠纷研究可以深入了解社会的政治和经济。纠纷与纠纷解决是每个社会的一种常态,纠纷发生的原因、过程、规模和纠纷解决机制的选择、运作及裁判都与社会的政治结构、经济结构相关联。所以,纠纷研究成为了解社会中"更为广泛的政治和经济结构的切入点"③。最后,纠纷研究可以为人类社会提供多元的纠纷解决机制。由于社会环境和历史文化的差异,不同社会有不同的纠纷解决机制,同一社会也可能存在多元的纠纷解决机制。人类学的纠纷研究通过发现和比较不同社会的纠纷解决机制,为社会提供反思和改革自身纠纷解决机制的可能性。

二、人类学研究纠纷的进路

(一) 纠纷研究的民族志方法

马林诺夫斯基在《初民社会的犯罪与习俗》中,通过纠纷展示了个案描述的民族志方法,并以纠纷与纠纷解决为例,用功能主义的理论论证法律在初民社会的存在和法律的功能。透过纠纷的分析,马林诺夫斯基提出了一种全新的研究进路:在一个社会中,有多种纠纷解决的制度并存,且相互冲突,但却各自发挥着维护秩序的功能④;法律的理念与其实现的程序、正统观念与实际生活现实之间

---

① 〔英〕B. 马林诺夫斯基:《初民社会的犯罪与习俗》,许章润译,载〔英〕B. 马林诺夫斯基、〔美〕T. 塞林:《犯罪:社会与文化》,许章润、么志龙译,广西师范大学出版社 2003 年版,第 59 页。
② K. N. Llewellyn, F. A. Hoebel, *The Cheyenne Way*: *Conflict and Case Law in Primitive Jurisprudence*, Norman: University of Oklahoma Press, 1941, Preface, p. ix.
③ 〔美〕劳伦斯·罗森:《法律与文化:一位法律人类学家的邀请》,彭艳崇译,法律出版社 2011 年版,第 45 页。
④ 〔英〕B. 马林诺夫斯基:《初民社会的犯罪与习俗》,许章润译,载〔英〕B. 马林诺夫斯基、〔美〕T. 塞林:《犯罪:社会与文化》,许章润、么志龙译,广西师范大学出版社 2003 年版,第 59 页。

存在脱节的问题①;所以,对原始规则体系的文化背景的研究,"需要一种新型的人类学田野调查,经由对于正在实际生活中运作的习俗规则的直接观察来进行研究"②。

(二)疑难案件研究方法

霍贝尔与卢埃林合著的《夏安人的方式:初民社会法理学中的冲突和案例法》,研究了生活在美国大平原上夏安人印第安部落的法律和裁判。作者在书中透过夏安人部落发生的53个疑难案例,发现了法律中存在的社会性和文化性,并将现实主义法学的疑难案件研究进路引入人类学的研究中。作者说:"疑难案件是一种令人生疑或令原则失效的案件,是一种经由具有不墨守成规的个性打破惯例获得行动或指导性新路径的案例,也是一种试图以古老制度对抗现实压力的案例。可以说,疑难案件具有或产生、或破坏、或曲解、或直接构建规则、制度和权威的功能。""疑难案件的材料最确定,内容最丰富,也最具拓展性,因此,探寻和细心考察疑难案件,是发现法律的最安全的方法。"③

(三)法庭观察法与案例扩展研究法

格拉克曼在对非洲部落社会和习惯法研究中,创造了关于纠纷研究的法庭观察法和案例扩展研究的方法,从他开始,对当地纠纷的观察成了人类学社会观察的基本研究方式。通过法庭观察法,格拉克曼得以比较非洲部落"法官"(裁判者)与西方国家法官的推理方式和裁判理由,他认为,非洲部落法官与西方国家的法官皆秉持同样的理性,并共用着普遍存在于法律体系中的推理原则。这样的观点有力地挑战了当时法学领域中盛行的西方中心论和西方文化优越论。④被格拉克曼命名为扩展个案研究法的分析方法,来自曼彻斯特学派和其他人类学家的研究成果,这些人类学家的研究与往常对部落社会结构仅做形貌学上的分析不同,也超越了只对宗教体系和与之相协调的世俗关系及行为做一般概括的分析。他们的分析关注在不同原则和价值的冲突压力之下,社会关系自身的发展,并通过对这些社会关系的长时间观察,发现社会中的组织和群体如何运作

---

① 〔英〕B.马林诺夫斯基:《初民社会的犯罪与习俗》,许章润译,载〔英〕B.马林诺夫斯基、〔美〕T.塞林:《犯罪:社会与文化》,许章润、么志龙译,广西师范大学出版社2003年版,第64页。

② 同上书,第76页。

③ K. N. Llewelyn, F. A. Hoebel, *The Cheyenne Way: Conflict and Case Law in Primitive Jurisprudence*, Norman: University of Oklahoma Press, 1941, p.29.

④ S. F. Moore, Certainties Undone: Fifty Turbulent years of Legal Anthropology, 1949-1999, *Journal of the Royal Anthropological Institute*, Vol. 7, Issue 1. (Mar., 2001), p.98.

或操作各种神秘宗教来达到自己的目的。① 这种方法被格拉克曼和其他人类学家运用在纠纷研究中,强调对个案涉及的社会、原则、价值进行持续性的分析,进而在更广阔的社会背景下分析社会变迁的过程,并将人类学的历史分析和整体论分析运用于个案研究,把反思贯穿于民族志写作的始终。

(四)纠纷的过程研究方法

纠纷的过程包括纠纷进展的过程和解决纠纷的过程。对纠纷的过程研究出现于20世纪60年代,很多人类学家在纠纷研究中不再局限于发现规则,转而关注纠纷的历史、当事人之间的关系、纠纷解决的过程等问题,对纠纷做历时性的研究。② 这种进路的学术渊源与扩展案例研究法有关联,但其更强调纠纷过程在研究中的重要性。该方法的好处在于,它适合不同文化间的比较,将众多的社会事实纳入法律视野,能更好地解释社会的变迁和涵化,并可以更好地将应然的法律观念与实然的法律经验结合起来。③ 纠纷的过程研究启发了法学的研究,受人类学理论影响的日本法学家棚濑孝雄将这种进路的要点简化成一句话:"从对制度的描述、分析转向对过程的描述、分析。"④

(五)纠纷的文化阐释方法

美国人类学家格尔兹在《地方性知识:事实与法律的比较透视》的论文中,也涉足纠纷与纠纷解决的法人类学研究,并对纠纷与纠纷解决作出了示范式的阐释主义的文化解释,试图"用一种阐释学的方法将法学和人类学勾连起来"⑤。在该论文中,格尔兹模仿马林诺夫斯基的案例描述风格讲了一个发生在南太平洋小岛上的案例,进而在案例的分析中概括了他的研究进路:这种方法既不是把规则作为关注点,也不是把事件作为关注中心,而是发现一般观念,"把一般观念作为便利之器而用之,以理解社会制度以及围绕这些社会制度并赋予这些制度以

---

① M. Gluckman, *Politics, Law, and Ritual in Tribal Society*, London: Bail Blackwell, 1965, p.235.

② 据斯奈德考证,"纠纷过程"一词最早出现于 1974 年的一篇论文中,即 Felstiner, Influences of Social Organization on Dispute Processing, *Law and Society Review*, No. 9. (1974), pp. 63-94. 参见 Francis G. Snyder, Anthropology, Dispute Processes and Law: A Critical Introduction, *British Journal of Law and Society*, Vol. 8, Issue 2. (Winter, 1981), p. 145.

③ Norbert Rouland, *Legal Anthropology*, translated by Philippe G. Planel, London: The Athlone Press, 1994, p. 41.

④ 〔日〕棚濑孝雄:《纠纷的解决与审判制度》,王亚新译,中国政法大学出版社 1994 年版,第 4 页。

⑤ 〔美〕克利福德·吉尔兹:《地方性知识:事实与法律的比较透视》,邓正来译,载梁治平编:《法律的文化解释》,生活·读书·新知三联书店 1994 年版,第 77 页。

意义的文化程式"①。在格尔兹看来,一般观念实际上就是地方性知识,法律是一种地方性知识。在纠纷解决过程中,当事人、法官和调解人会把对所发生的事件的本地认识与对可能发生的事件的本地想象联系在一起,形成基于本地认识和想象的复合体,进而形成隐含于对原则的形象化描述中的事件叙述。②

三、人类学纠纷研究进路的特点

人类学的纠纷研究进路有以下几个特点:

其一,将人类学的方法论贯彻到纠纷研究的全过程。具体而言,纠纷研究中的人类学方法可以概括为:通过参与观察和深度访谈的田野调查,采用小地方、大问题的整体论研究视角,借用他者的眼光和主客位的价值取向,坚持反观自省的文化自觉,运用从民族志到社会与文化的分析、比较和解释的写作方法对纠纷问题进行研究。纠纷研究所需要的理论工具和方法并不限于人类学的某一个学派或某一种理论、方法,而可以是综合的或有选择的理论工具和方法。

其二,通过纠纷研究构建社会事实。纠纷和纠纷解决具有建构事实的特点,纠纷的当事人和纠纷的裁判者都需要通过各种途径建构与规范相关的法律事实。人类学的纠纷研究也在建构事实,人类学家通过纠纷的研究,在时间和空间的维度上建构与社会的政治、经济、文化相关的社会事实。③ 人类学建构的社会事实与人类学家的认识能力和所处的社会环境有密切的关系,纠纷研究的不同进路,实际上是人类学家建构社会事实的实践路径。

其三,将纠纷作为一个理论概念。对于1960年代以来法律人类学以纠纷解决和纠纷过程为核心命题的研究进路,斯奈德评价道:在这样的研究进路下,纠纷取代了法律成为研究的主题,于是,纠纷,而不是法律,也成了一个主要的理论概念。在这个框架中,法律的定义常常被认为是不必要的,这不仅是因为法律的定义往往被认为具有民族中心主义色彩,而且还因为法律定义的运用本身就是无理论价值和乏味的。同样,实体概念和规则的研究也居于次要的位置,它们隶属于程序、策略和过程的分析,这些分析显然不局限于诸如法院这样的科层制机构。通过案例扩展研究法或情景分析法,将纠纷当作社会过程分析的进路,把调

---

① 〔美〕克利福德·吉尔兹:《地方性知识:事实与法律的比较透视》,邓正来译,载梁治平编:《法律的文化解释》,生活·读书·新知三联书店1994年版,第97页。
② 同上书,第126页。
③ 〔美〕劳伦斯·罗森:《法律与文化:一位法律人类学家的邀请》,彭艳崇译,法律出版社2011年版,第98—99页。

查的着力点从社会组织转向过程,从族群转向个人关系网。它强调当事人在纠纷中的行为,也关注谈判者或裁决者的行动,目的是描绘纠纷当事人的认知,并对社会行为的文化意义和合理性给予特别的关怀。[1]

其四,迈向法律多元。人类学的纠纷研究进路经历了从发现规则到解释规则与社会、纠纷与社会关系,再到发现和解释观念的不同阶段。20世纪中期以后,纠纷研究开始更多地关注法律的政治和经济背景以及利己行为对法律的影响。一些新的研究转向西方法律制度下阶级和统治的问题,并在纠纷解决机制研究中发现国家不是强制性规范的唯一来源,在与国家共存的其他许多地域内,也有规范制定和社会控制实施的现象。这种被称为"法律多元"的现象和与之相关的理论,成了当代人类学法律研究的核心理论。上述纠纷研究的过程研究方法和文化阐释研究方法便是一种法律多元理论背景下的进路。

将纠纷和纠纷解决作为一种社会事实,而不是作为单纯的法律事实进行观察和分析,是人类学纠纷研究与法学中的纠纷研究的区别。纠纷和纠纷解决是人类社会普遍存在的现象,它影响着社会的秩序,同时,它的存在也被社会结构和社会文化所决定。人类学的纠纷研究进路以人文的视角展现纠纷和纠纷解决的多元格局,是一种认识社会的有效方法。

第二节 纠纷的理论

人类学家在对初民社会和现代社会的研究中发现,纠纷是人类社会的普遍现象,不同社会有着不同的纠纷类型,纠纷与规范、观念、权力有密切的关系,纠纷具有特殊的社会功能,它对社会秩序有着破坏、维护、重构的作用。

一、纠纷的功能

罗伯茨在《秩序与争议——法律人类学导论》的开篇谈到,社会学对解决争

---

[1] F. G. Snyder, Anthropology, Dispute Processes and Law A Critical Introduction, *British Journal of Law & Society*, Vol. 8, No. 2, (Winter, 1981), p. 145.

端的重要性存在着广泛的争论,争端可以被看作社会出了问题的病态事件或症候,或者被看作社会生活的正常的和不可避免的特征。①

在西方社会学关于冲突的研究中,关于冲突和冲突功能的争论促进了学界对冲突性质和社会功能的认识。美国社会学家科赛(Lewis A. Coser)在《社会冲突的功能》(1964)一书中,对西方社会学关于冲突的理论作了介绍,并以德国社会学家齐美尔(G. simmel)的冲突功能论为依据,论述了社会冲突的功能。

科赛指出,冲突是早期美国社会学理论体系的中心范畴(19世纪末—20世纪初),并被看作是社会组织的基础和组成部分。从整个社会特别是从社会变迁的角度来看,似乎社会学家对不涉及冲突的现象注意不够。社会学家对冲突的认识也不一致,有的认为,冲突与合作是不可分割的,而且一个过程的每个阶段总是包含这两方面的内容。有的主张,在形式上,社会进程是由在某种程度上与他人利益相冲突,同时在某种程度上又与他人利益相一致的个人利益所驱动的连续过程。有的强调,在某种程度上说,公开的对立保护着社会……在任何一个自愿联合体中通过支配因素抑制异议和其他形式的对立都可能导致组织的分裂……组织要进一步巩固与面临困难的矛盾才能够维持组织的延续。有的则断言,本组织内部的友谊与和睦关系及对其他组织的敌意和冲突是相互关联的。在这一代社会学家的理论中,冲突被认为是社会结构中固有的,那些具有消极影响的特殊类型的冲突通过社会变迁就可以被消除。20世纪早期的社会学家关于冲突理论有了变化。在芝加哥学派的理论中,冲突的积极作用被肯定,他们认为,只有存在冲突的地方才有行为意识和自我意识,只有这样的地方才有理性行为的条件。20世纪中期的社会学主流理论则把结构归于心理的范畴,从而把社会冲突归于个人机能失调,并倾向于用"压力""紧张"和心理机能失调的研究来取代对冲突的分析。工业社会学派则把"冲突状态"定义为"社会疾病",把"合作状态"定义为"社会健康",认为社会应当回避冲突,促进合作。在华尔纳(L. Warner)的著作中,强调了冲突的消极意义,将社会冲突,尤其是阶级冲突,视为毁灭美国社会稳定性并危及美国社会结构的因素。科赛批评道:华尔纳著作中关于结构的稳定、和谐和整合的人类学偏见使冲突完全成为一种分裂性的、破坏整合的现象。② 这个批评中所讲的人类学偏见确实是早期结构功能论的理论缺陷之一。

---

① 〔英〕西蒙·罗伯茨:《秩序与争议——法律人类学导论》,沈伟、张铮译,上海交通大学出版社2012年版,第1页。
② 〔美〕L·科赛:《社会冲突的功能》,孙立平等译,华夏出版社1989年版,第5—10页。

在科赛的著作中，大量的篇幅是对齐美尔的著作《冲突论》(1919)中关于社会冲突功能论的评论。齐美尔认为"冲突是一种社会化的形式"，没有哪个组织是完全和谐的，因为那样的话就将使组织缺少变化过程和结构性。组织既需要和谐、也需要不和谐；需要对立、也需要合作；它们之间的冲突绝不全是破坏因素。组织的形式是两种类型变化过程的结果。一个过程摧毁别人建立的东西，以便最终所保留的是一个消灭另一个的结果，这种观念是一种误解。正相反，正是"积极"和"消极"因素二者构成群体关系。冲突及合作都具有社会功能。绝不是说反功能必要，而是说一定程度的冲突是群体形成和群体生活持续的基本要素。①

科赛概括并逐一评述了齐美尔提出的关于社会冲突功能的基本命题：(1)冲突有助于建立和维持社会或群体的身份和边界线，对群体有聚合的功能。②(2)冲突调节着关系系统，对群体有保护的功能。③(3)冲突可以是达到目的的手段，也可以是一种目的，前者是现实性的冲突，后者是非现实性的冲突。④(4)敌对感情产生于"敌对冲动"与所反对的对象间的相互作用；要分析冲突的情境，仅仅考虑精神上的动机是不够的；精神上的动机可以加强现实性争夺。⑤(5)社会关系似乎都涉及趋同和趋异两种动机，都涉及"爱与恨"，这两种因素一般是错综复杂地联系在一起的。人们经常恨所爱的人；因此在具体的现实中要分离这两种因素是徒劳的。要把一个因素建立在另一个已经分裂的因素之上是不可能的。⑥(6)在冲突发生时，紧密关系和更多的投入可以使冲突更加激烈。⑦(7)冲突可能有助于消除某种关系中的分裂因素并重建统一。在冲突能消除敌对者之间紧张关系的范围内，冲突具有安定的功能，并成为关系的整合因素。⑧(8)不出现冲突情形绝不是具有最真正、最深厚感情的标志，一种关系内部没有冲突不能成为其基础稳固的标志。⑨(9)与其他群体的冲突能动员起群体成员的活力，进而增强群体的团结。⑩(10)群体对内部意见分歧反应的激

---

① 〔美〕L·科赛：《社会冲突的功能》，孙立平等译，华夏出版社1989年版，第16页。
② 同上书，第17页。
③ 同上书，第24页。
④ 同上书，第35页。
⑤ 同上书，第42页。
⑥ 同上书，第48页。
⑦ 同上书，第54页。
⑧ 同上书，第67页。
⑨ 同上书，第68页。
⑩ 同上书，第81页。

烈程度取决于群体结构的某些方面,以及冲突的强烈程度。①（11）树立一个敌人或虚构一个这样的敌人,能加强受到内部威胁的群体团结。②（12）参与者感到他们只是集体或群体的代表,不是为自己而只是为他们代表的群体的理想而战斗的冲突,似乎要比为个人原因而进行的斗争要更激进、更冷酷无情。③（13）导致与对手发生冲突的行为,同时又使双方建立起一种过去未曾有过的关系或联系。冲突还倾向于产生支配它自身行为的规则和规范,并约束解决冲突的斗争形式。④（14）鉴于组织的统一有益于其在冲突中取胜,可以假定每一方都迫切期望对方的组织缺少这种统一性,但这并不总是正确的。只要双方势均力敌;统一的一方更喜欢一个联合、统一的对手。⑤（15）最有效的抑制冲突的力量就是相对力量的展示,而这只能通过冲突较量才可能。⑥（16）冲突导致先前毫无联系的双方之间的联合和联盟的产生。⑦ 科赛认为,这些命题提醒我们注意各种各样的不同条件——即社会冲突对于社会关系和社会结构的维护、调节和适应发生作用的条件。⑧

当代社会学的冲突理论在研究对象上从冲突功能的研究转向对社会分化的研究,集中探讨权力、不平等和斗争的问题,倾向于把社会看作是由追求各自利益的不同的群体组成的实体。当代冲突理论认为:"不同利益的存在意味着矛盾是永远潜在的,某些群体将比其他群体获得更多的利益。冲突理论家考察社会强势与弱势群体之间的紧张状态,并试图理解统治关系是如何得以建立和维持的。"⑨

社会学的传统理论对法律人类学也有较大的影响。罗伯茨就很赞赏齐美尔对冲突功能的分析,认为齐美尔的观点得到了其他社会学家的广泛认同,他还以人类学的个案来证实齐美尔关于冲突具有建设性和整合性的观点。⑩ 不过,社会学所研究的冲突,在法律人类学中更多的是转变为争议或纠纷进行研究,有的学

---

① 〔美〕L·科赛:《社会冲突的功能》,孙立平等译,华夏出版社1989年版,第83页。
② 同上书,第97页。
③ 同上书,第105页。
④ 同上书,第106页。
⑤ 同上书,第118页。
⑥ 同上书,第119页。
⑦ 同上书,第124页。
⑧ 同上书,第135页。
⑨ 〔英〕安东尼·吉登斯:《社会学》(第4版),赵旭东等译,北京大学出版社2003年版,第23—24页。
⑩ 〔英〕西蒙·罗伯茨:《秩序与争议——法律人类学导论》,沈伟、张铮译,上海交通大学出版社2012年版,第29—30页。

者更是把纠纷(争议)与秩序作为法律人类学的一条主线来统领整个法律人类学理论。如罗伯茨对《秩序与争议——法律人类学导论》一书的命题解释道:"选择关注'秩序'和'争议'有两个简单的预设:第一,我认为理所当然的是,任何一个社会群体要想生存就必须有某种程度的规律性,社会这一观念即暗含了这一点。第二,我假设争议不可避免。正如韦伯所说:'冲突无法从社会生活中排除。'对韦伯的这种宽泛的观点我并不声称有独创性。当马林诺夫斯基写道:'我个人相信,在这些原始社群中,法律应以功能来定义,而不是以形式来定义,也就是说,我们应当观察那些使得法律能得以执行的安排、社会学事实以及法律机制。'他已经暗示了采纳这一观点的必要性。一些美国的'现实主义'理论关注法律做什么,而非法律是什么,这也显示了同样的思路。"①在这里,纠纷的普遍性及其与法律、秩序的功能性关系成了法律人类学以整体观研究社会中法律问题的进路。②

二、 纠纷的类型

在不同的时期和不同的地方,纠纷会有不同的特点,这种现象与自然环境、社会结构、文化历史以及地方知识有很大关系。孟德斯鸠(C. D. S. Montesquieu)在《论法的精神》(1748)中,就谈到了自然环境和文化对人的行为和法律的影响。他说:"如果精神的气质和内心的感情真正因不同的气候而有极端差别的话,法律就应当和这些感情的差别以及这些气质的差别有一定关系。"③不同的人类学理论对纠纷在类型上表现出来的差异性,也有不同的解释。按照功能论的理论,纠纷的发生与社会的结构和人们的生产、生活方式有很大的关系,不同社会结构的社会或者即使社会结构相同但人们的生产、生活方式不同的社会,纠纷的起因、范围、持续期和激烈程度都会有不同的表现。这样的观点,按照博厄斯的历史特殊论,或者格尔兹的地方性知识等理论,也能获得,只是论证的依据不一样而已。按照历史特殊论,一个族群的文化,总是与这个族群的自然环境、历史、社会因素和生理、心理因素相关,在不同族群文化中发生的纠纷,带着不同族群文化的烙印,当然会有不同的表现。按照地方性知识的理论,人们对社会事实认识的基础是其所归属的族群、阶层、地域的地方性知识体系,不同的

---

① 〔英〕西蒙·罗伯茨:《秩序与争议——法律人类学导论》,沈伟、张铮译,上海交通大学出版社 2012 年版,第 15 页。
② 英文单词"dispute"的中文翻译有争议、纠纷的含义,故中国学者所称的争议、纠纷实际上来自同一个英文单词。另外,dispute 与 conflict 的意涵相近,所以,在西方法律人类学文献中,这两个词常常混用,指代纠纷的状态。
③ 〔法〕孟德斯鸠:《论法的精神》(上册),张雁深译,商务印书馆 1982 年版,第 227 页。

地方性知识,会导致纠纷的原因、过程和结果上的差别。

这里,我们主要介绍的是罗伯茨从功能论的立场出发,对狩猎—采集社会和定居社会的纠纷类型差别进行的分析。

罗伯茨认为:"游牧狩猎和采集部落的共有特点尽管有限,却对维持和谐以及处理争议的方式有着普遍意义上的影响。首先,经常迁徙这一事实本身,以某种方式限定了社会所接受的规则需要涵盖的范围。在任何社会中都必然存在一个得到彼此理解的规范总和,它指明了得到许可或被反对的行为方式,并提供了一个足以使其成员能够在日常事务中相互预测行为的框架。但在狩猎和采集社会中,这些规范不需要非常精致或广泛。其次,在个人财物很少,且无需维持食品盈余的地方,几乎不需要什么财产方面的规则。最后,类似地,如果耕种行为和放牧行为不存在,个人或群体与特定土地产生密切认同的可能性就会减少。这样,争议的可能领域就局限在性交以及对易逝消费品的获得等方面。关于个人财产以及土地的争议(在其他社会中的主要冲突来源)是不太可能发生的。所以,最低程度的规则只需要涵盖性交、食品资源的分享和狩猎采集行为所需遵守的程序等。"①

在对定居社会的分析中,罗伯茨指出,从狩猎和采集到依赖于耕种土地的定居社会,这一生活的转变对维护秩序和其延续性的方式会有必然的影响。在定居社会,农业实践需要在一个给定的地域范围内,且至少在一年中的一部分时间内要处于定居状态;还需要更加精致的合作形式,以保证建造永久的住宅和进行耕种活动;另外,农业还会带来更多的休闲时间。所有这些农业活动的伴随物,都对一个给定社会里的秩序的维持和争议的解决方式有着重要的影响,使这个社会的规范呈现数量增长、体系复杂的状态。在这个更加广阔的以规则为基础的背景下,一系列新的潜在的争议会随之发生。这些争议包括:关于最适合居住的地点和最适合的可耕地的争议,关于耕种活动成功之后的产品分配的争议,关于家属或同居者之间相互期待的与帮助土地清理、耕种和收获活动有关的争议,关于土地和动产在某人死后由谁继承权益的争议。这样,在狩猎和采集社会里已经注意到的易腐食物和性接触的争议之外,就又加上了一类新的管理和享用有价值的耐用财产的争议。②

除此之外,罗伯茨还以争议本身的特点为依据,将争议分为两个种类:群体

---

① 〔英〕西蒙·罗伯茨:《秩序与争议——法律人类学导论》,沈伟、张铮译,上海交通大学出版社 2012 年版,第 59 页。
② 同上书,第 74—76 页。

间争议与群体内争议,违反规则的争议与利益冲突的争议。他说:"任何对争议进行分类的努力从一开始就是困难的,人们可能发生争吵的事情的范围几乎是无限的,就像在规模和持续时间上可认知的变化很多一样。当我们谈论一个争议时,我们想到的可能是无需超越夫妇直接关系之外便可以友好解决的家庭'口角',也可能是最终要靠战争加以解决的民族国家间的对抗。同样,该术语可能指在某一个下午产生并得到解决的争论,也可以指延续好几代人的血族复仇。并且,还存在原因与形式之间关系的问题。争吵的直接重点可能与其背后的原因很少有关系。尽管争议的形式、规模和重点变化多端,在对争议进行归类时,还是有两个一般的区别反复出现。一个涉及群体和群体之间以及群体内部争议的对比,即群体间冲突和群体内冲突;另一个涉及因规则被违反而引起的冲突以及源于对稀缺的有价值资源的竞争之间的对立。"①

三、 纠纷与规范

对于纠纷而言,社会规范具有两方面的作用,一是指导人们的行为,避免纠纷的发生;二是作为纠纷解决的依据,促成和解或裁判的达成。在社会生活中,这两个作用的实现有着复杂的过程,它们与规范的形成、规范的适用以及人们对规范的认识有密切的关系。

罗伯茨认为,无论共识与强制如何通过特定的平衡保证服从,任何社会的秩序必须首先依赖于其成员之间存在的、针对应如何安排日常生活以及一个特定情境下,什么形式的行为可接受、什么不可接受的某种理解。这些共享的理解是什么以及与它们相关事项的范围,都取决于相关社会成员所持有的价值和信仰、他们谋生的方式以及社会组织方式。最低限度上,必须存在规范人际暴力的社会可接受规范,必须存在关于性行为、分享食物以及管理其他稀缺有价值资源的一些规定。社会组织形式越复杂,规则也将变得越繁多,而这些规则中隐含人们共享的对社会生活和社会秩序的理解。但这些共享的理解在何种程度上转换为成员们所谈论的明示规则,在不同的族群间却有着差别。一些民族自由讨论他们的规则,在日常生活中不断援引它们,并向那些询问的人提供详尽的解答;另一些民族却发现以规则(即以人们"应当"如何行为)来思考和交谈是根本不可能的,但根本性的重要规范也许被默认并存在于社会的基本组织特征中。此外,尽

---

① 〔英〕西蒙·罗伯茨:《秩序与争议——法律人类学导论》,沈伟、张铮译,上海交通大学出版社 2012 年版,第 31—32 页。

管在任何社群中,个人均渴望根据他们所认知的自我利益最大化来组织他们的事务,但在此过程中遵守规则多大程度得到强调却存在差异。在一些社会中,这种遵守得到意识形态的有力强调,并明确被认为是社会凝聚在一起的唯一途径。但在其他社会,日常行为更多是根据某个给定情况下他人所能够忍受的程度、特定利益如何最好地实现以及通过一个特定的交易的得失来判断的。因此,一些民族更有可能会比其他民族过上"操纵性的、讨价还价的、交易式的生活"。即使在规则被明确给定的地方,也可能存在对违反行为的迥异态度。①

在纠纷解决过程中,规范的援引和运用是诉讼参与人的一种普遍的行为,也是其社会经验和法庭技巧的展现。科马洛夫和罗伯茨在《规则与程序——非洲语境中争议的文化逻辑》(1981)中,对规则在赞比亚茨瓦纳人纠纷解决中的重要性提供了精彩的个案:"在展现一个案例时,茨瓦纳的争讼者们通常试图达到一个我们称之为'辩论范式'的东西,那是一个依据一个或多个非明引或者明引的规范参考来组织相关的事件和行为的连贯图景。任何此类'辩论范式'最终落实于一个特定案例的要求,并且不是固定或先决的。它的复杂和整合程度取决于若干因素,比如当事人的演说才能,他对对方的策略的预期算计,和他自己的策略意图。而且,它的构建可能因同一争讼在不同机构前的听审而有所区别,因为对立的两方的理解、预期和策略会变化或者变得逐渐完善。要提到的重要的一点是,原告,他总是先发言,通过围绕对规范公开明确或非公开明确的引用组织事实来建立范式。被告,在回答的时候,可以接受这些被引规范以及范式本身;如果他这样做,他会在范式内部对案例的情况进行辩论。或者,他也可以通过引入不同的规范依据而提出一个不同的范式,在这种情况下他可能根本就不对事实进行质疑。在高层面前,在那里解决的模式将变成一个判决,对此负责的第三方(一个头人或者首长)可以在被共识的范式内作出他的判决,在对立的两者之间作出选择,或者对纠纷下的问题再适用一个新的范式。"②

穆尔对司法中的规范适用有较多的研究,她批评了格列弗提出的政治模式和司法模式分类(将纠纷分为以力量比较作为纠纷解决依据的政治型纠纷解决系统和以规范作为纠纷解决依据的司法型纠纷解决系统),认为这种分类过于简单,且有局限性,是一种两级化的模式。她认为,规范的司法运用通常是一个很

---

① 〔英〕西蒙·罗伯茨:《秩序与争议——法律人类学导论》,沈伟、张铮译,上海交通大学出版社2012年版,第17—18页。

② 〔美〕约翰·科马洛夫、〔英〕西蒙·罗伯茨:《规则与程序——非洲语境中争议的文化逻辑》,沈伟、费梦恬译,上海交通大学出版社2016年版,第93—94页。

复杂且不确定的情形。假如,在阿鲁沙地方法庭中的所有案件处理都像格列弗描述的个别案例那般机械,那也是十分特殊的情况。因为不管是在格拉克曼的民族志材料中,还是在她自己的调查体验中,或者其他很多人的案例材料中,法庭在对诸多案件进行处理的过程中,法官对规范的运用都有很广泛的选择,适合的规范将会被作为使裁决合理化的基础。规范通常都具有笼统性,以服务于解释的多样化。甚至当可适用的规范很清晰的时候,也可能由于证据的充分与否而可能有其他替代性的裁决结果,这是根植于司法能动性所产生的可能性背景之下的。所有这些裁决过程的复杂性,都从不同方面说明了规范并不是总能自然地影响裁决结果。但是,无论什么是决定裁决结果的真实因素,规范经常都会被明确地引用并用于说明和支持裁决结果。这主要是利用了它的表面价值,似乎好像是法官所引用的规范决定了他的选择。但是,在实际的司法裁决中规范的地位远比它看上去的情况复杂得多。①

棚濑孝雄从当事人的角度分析了非诉讼的纠纷解决过程中规范的导入对当事人的价值。他指出:"当事者为了成功地争取从社会一般成员那里得到物质和精神上的支持,往往必须说服社会成员,让他们相信自己的主张符合这些社会成员一般接受的价值、规范。这种说服是否有效虽然一定程度上也依存于辩论的技巧,但一般还是以当事者主张的内容真正符合规范为前提条件。尤其在当事者寻求支持的社会成员范围较宽、争取到与纠纷没有直接利害关系的人们也来干预纠纷的时候,就更有必要以规范作为自己主张正当化的根据。就第三者而言道理也是同样的,因为第三者的决定被社会成员所称赞还是批评关系到他的威信乃至统治的基础,他必须时时证明自己的决定符合社会成员广泛持有的价值及规范。尤其在第三者的决定权尚未充分确立,或为了执行其决定有必要获得社会成员直接援助的情况下,第三者不得不对社会成员的评价更加敏感。总之,纠纷解决过程由于有社会成员的干预,不但解决得到促进,而且解决内容受到规范制约的可能性也大大增加。"②

四、纠纷与权力

纠纷的发生和纠纷的解决与社会中存在的权力有直接的关系,这里的权力不是指国家权力,而是指福柯意义上的那种权力,一种对社会资源的支配权,以

---

① 参见李婉琳:《社会变迁中的法律——穆尔法人类学思想研究》,中国人民公安大学出版社 2011 年版,第 150、162 页。
② 〔日〕棚濑孝雄:《纠纷的解决与审判制度》,王亚新译,中国政法大学出版社 1994 年版,第 45 页。

及由这种支配权引起的有些人得到一些东西,而另一些人没有得到的不平等。①在日常生活中,权力的不平等可能会遭遇反抗,反抗也会遭遇权力的维护,这种反抗与维护之间的角力,在社会中上演的就是纠纷与纠纷的解决。

纳德从权力的视角分析了纠纷的起因和权力对纠纷解决的影响。她指出,正是与控制资源——特别是稀缺资源——的关系,导致争议标的物变得格外突出。在稀缺资源构成纠纷主要原因的情况下,个人对资源的看重可能胜于关系,为获得或独占性地使用资源,也许宁可牺牲与对方的社会关系。当事人不得不对其优先选择权衡顺序。纳德认为:"法律作为权力平衡器发挥功能的程度取决于许多因素,诸如谁控制规范的制定或者法院、村落会议组织,以及是否容易接近对抗制的代理人,如律师。在一切社会中,主导法律结构的意识形态与此种结构如何实际运作之间皆存在矛盾。然而,总体的矛盾最有可能出现在以社会和文化多样性为特征的社区中。显而易见,法律担负着平衡权力、保障公平之功能,而且还有使某种文化或亚文化对其他文化的支配关系合法化的功能……在分割的本土社会中各种功能都可能出现,而在以阶层化和文化多样性为特征的社会中,与强势群体来自法律日常运作的权力相比,法律作为平衡器的权重看来较轻。在小型、同质的社会中,存在一种植根于如下事实的社会控制:冲突者彼此认识且分享着广泛的人际纽带和有关权力关系的共识。个人因其社会福利而相互依赖。在工业化的社会中,一般缺少分割的社会中所常见的那种社区社会控制。当个人不再因其福利而相互依赖时,对于强势群体而言的趋向就是为其排他性优势而操控法律手段。"②

对于权力在纠纷中的作用,罗伯茨持保守的态度,认为规则的运作与权力的行使在任何社会中都是同时存在且紧密联系的现象,应当把二者结合在一起加以考察。他指出:"我们可以想象,一方面社会的规则作为适当行为的标尺是清晰的,有合理的综合性和广泛的认受性。此外,在这样一个社会里,人们理解,当争吵发生的时候,它们应当根据规则得到解决。最后的方式是也许存在可用的机构来裁决争议方的争议,并且强加一个以规则为基础的决定。这样一个社会可以与那种没有明确表述的规则的社会形成对比,在这样的社会里,每个人必须尽其可能地追求自己的利益,成就是根据成功得到这些利益来衡量的。当争议

---

① 〔美〕约翰・M. 康利、〔美〕威廉・M. 欧巴尔:《法律、语言与权力》(第2版),程朝阳译,法律出版社2007年版,第10页。

② Laura Nader,Harry F. Todd, Jr:《人类学视野中的纠纷解决:材料、方法与理论》,徐昕译,载吴敬琏、江平主编、梁治平执行主编:《洪范评论(第8辑)》,中国法制出版社2007年版,第149—151页。

发生且不通过武力解决时,它们是根据各方相对的力量,通过谈判得到处理。对任何一方行使力量的唯一限制具有实用特征。然而,这些例子仅仅展现了模型而已,可能在实践中永远不会得到确切的复制。我们只要考虑我们已经检视过的社会,就可以看出这些模型同现实相差甚远。"①罗伯茨认同格利弗对坦桑尼亚阿鲁沙人的描述,即在纠纷解决中如果当事人双方的力量对比成为影响结果的重要指标时,他们接受的是其他标准,而不是被认可的规则。但是,罗伯茨也强调不应当低估规则在调解或谈判性质的程序中发挥的作用。他说:"当我们考察'法律'和'政治'、规则和权力关系的时候,我们必须从这样的立场开始:所有的争议都是政治的,争议者将要在面对不一致或竞争的诉求中寻找他们各自的利益。除此之外,尽管任何社会必须有一些规范基础,但规范被清晰描述的程度和在价值体系中守法被强调的程度,将有很大的差别。由此可见,一个简单的规则/权力的分野,即一方是根据规则的严格适用以维持秩序的社会,另一方是其成员自始至终在实用主义的基础上处理他们事务的社会,最多只是一个漫画讽刺。进而言之,尽管这种两极对立已经在努力确定不同类型的争议解决的关键特性中被广泛援引,但对它们的理解路径却在于对特定程序中规则同权力之间关系的把握上,而不是根据这些假定的要素之一的存在或缺失来进行定性。"②

第三节　纠纷解决机制

纠纷解决机制是指当纠纷发生后,社会为当事人提供的解决纠纷的模式。与纠纷类型一样,由于社会结构或社会文化的不同,不同社会的纠纷解决机制也不一样。但是,从纠纷解决机制的一般特点上来分类,人类学理论把纠纷解决机制分为两种类型,即自助模式和第三方模式。自助模式是指当事人依靠协商、回避、强迫、打斗、结仇、攻击、复仇等行为来处理纠纷,这种纠纷解决机制往往导致原来的冲突逐步升级,所以,许多社会还有其他类型的纠纷解决机制,以保证纠

---

① 〔英〕西蒙·罗伯茨:《秩序与争议——法律人类学导论》,沈伟、张铮译,上海交通大学出版社 2012 年版,第 131—132 页。
② 同上书,第 143—144 页。

纷可以和平地得到解决。第三方模式是通过当事人以外的第三方（包括个人、组织等）介入纠纷或冲突解决之中，按照当地文化（规则、社会力量、社会观念）来解决纠纷的模式。第三方模式包括调解、仲裁和审判等不同的程序，这些程序往往是以正式制度的面相出现，但是，在每一种程序中，都可以看到非正式制度的参与，而在一些社会，调解和仲裁也可能就是由非正式制度所做的安排。除此之外，一些社会还流行依靠诅咒和神判的程序来解决纠纷，人类学研究感兴趣的是，在这样的程序中是谁在操控或决定诅咒和神判的结果。①

一、民族志中的纠纷解决机制

人类学家的民族志中记录了许多有趣的纠纷解决机制。

霍贝尔在《初民的法律》中描述了爱斯基摩人的纠纷解决机制，其中，有两个个案很有特点。第一个个案来自博厄斯的讲述："在如此广泛地分散的部落中发现的这一习惯事实情况，将证明依我自己对这些事件的观察而作的描述是完全正确的。在帕德利(Padli)有一个叫派得鲁(Padlu)的当地人，他诱使坎伯兰海峡的一个土著人的妻子遗弃了她的丈夫而与其私奔，那位被遗弃的丈夫打算报仇雪耻……来到帕德利走访他的朋友，但在他实施其杀死派得鲁的计划之前，后者却抢先将他击毙了……死者的一个兄弟为了报仇来到帕德利，也被派得鲁杀死了。坎伯兰海峡的第三个前来打算为其死难的亲属复仇的人，同样也被他杀害了。考虑到派得鲁所犯下的这些暴行，当地人决定除去这个祸根，但他们不敢攻击他。当阿库德密尔缪特人(Akudmirmuit)的匹马因（头人）得知了这一情况后，他向南方出发，询问了帕德利的每一个男子，问他们派得鲁是否应该被处死。众人一致赞成处死派得鲁，于是他遂同派得鲁一起去猎鹿……从背后将其射杀。"②

这个个案表现了纠纷解决如何从最初的自助模式转换为通过第三方模式解决的过程，其中的原因与爱斯基摩人的习俗有关。霍贝尔指出：一位一次杀死数人的杀人凶手会因此提高而不是有损他在该社区的声望。但杀人惯犯却与此相反，他是在任何时候都有可能杀害他人的社会安全的威胁者。作为一个社会普遍安全的威胁者，他成了公众的敌人；而作为公众的敌人，他就成了公诉的对象。

---

① Charlotte Seymour-Smith, *Macmillan Dictionary of Anthropology*, London: Macmillan Press Ltd., 1986, pp. 78-79.

② 转引自〔美〕E. A. 霍贝尔：《初民的法律——法的动态比较研究》，周勇译，中国社会科学出版社1993年版，第96页。

这种公诉就是法律的强制执行,即行刑人享有处死该杀人惯犯的特许权。一次杀人的行为是一种私法上的过错,由被害人的亲属予以补救;多次犯有杀人行为的人,则被视为危害公共利益的罪犯,由该社区的代理人将其处死。①

第二个个案讲的是以决斗作为纠纷解决机制。在许多爱斯基摩人的团体中,杀人的纠纷尽管十分普遍,却难得在诉诸依照一定的规则进行决斗的活动中发生,其决斗的方式是摔跤、拳击和抵撞。拳击的方式在哈得逊湾到白令海峡沿北极圈一线的中心部落中均有所见。摔跤发生在西伯利亚、阿拉斯加、巴芬兰和格陵兰岛的西北部。作为斗歌的一个组成部分,以头相抵撞则见于格陵兰岛的东部和西部,这三种方式都属于不含神判因素的、以决斗的方式来裁判争议的方法。在这里,强者是以上半身的力量而获胜的,拳击或抵撞争斗中失利的一方并不被杀害,而是处于臣服的地位;胜方总是赢得社会的褒扬,败方则失去社会地位。拳击、抵撞以及斗歌均可以用来解决除杀人以外的一切正常秩序中所发生的怨恨和纷争。以斗歌为例,东格陵兰岛人如此热衷于歌唱的艺术技巧,而忘记了产生怨恨的原因,便是可以理解的了。歌唱的技巧在这些爱斯基摩人看来,等于其至高于个人所拥有的全部身体上的本领。歌唱的风格是高度规范化了的,成功的歌手运用传统的曲调格式,以赢得观众的热烈喝彩。被衷心鼓掌喝彩的便是胜利者。赢得斗歌的胜利,其结果并不带来任何经济上的补偿,唯一的得益是个人社会威望的增长。在东格陵兰岛的爱斯基摩人中,斗歌可能仅仅是为了娱乐的缘故而持续好几年。但其他地方,因怨恨而进行的这种争斗,通常在一个季度里完成,曲调是古老而传统的,歌词却因各种不同的情况而新创,以嘲弄和集中攻击对方的弱点。②

尽管斗歌仪式中仍然存在暴力(抵撞),但是,它实际上促进着将自助模式中的暴力决斗向非身体暴力(滑稽、嘲讽和贬损语言)的转换,同时,由于裁决输赢的权力属于观众,所以,这种纠纷解决机制应当是一种与单纯决斗相区别的第三方模式。在我国西南少数民族地区,也有纯粹以斗歌来解决纠纷的方式,如贵州省的侗族就流行以侗歌调解民事纠纷的习俗。③

神判也是初民社会常见的纠纷解决方式。如基辛在《文化人类学》中记述的菲律宾吕宋岛伊芙高人(也译作伊富高人)的神判:在菲律省的伊芙高族

---

① 转引自〔美〕E. A. 霍贝尔:《初民的法律——法的动态比较研究》,周勇译,中国社会科学出版社1993年版,第95—96页。
② 同上书,第100—102页。
③ 吴大华等:《侗族习惯法研究》,北京大学出版社2012年版,196页。

(Ifugao),刑事案件和财产纠纷之类的民事案件常用神判来解决。被控诉某项罪行的人如果坚持不认罪,就会送去神判以作为一项挑战;或者原告会向被告挑战,要他证明自己的无辜。被指控的个人或团体如果拒绝接受神判,就表示确实犯错了。伊芙高族有好几种神判的形式。在渡水神判中,被试者得用手伸进滚烫的一锅水取出砾石,再拿一块放回去。在伊芙高族的其他地区,则用烧红的刀子放在被试者的手上。无论采用哪一种测试法,如果被试者有罪的话,他的手就会严重灼伤;如果无罪的话(在财产纠纷的例子中对的一方)就不会严重灼伤,这时原告(或对手)就得付出赔偿。发生纠纷的双方都得把刀放在他们的手上,对的一方灼伤的情形就比较不严重。①

在我国的少数民族地区和一些汉族地区,神判也很常见。夏之乾在《神判》一书中,记述了捞油汤、发誓、热铁神判、动物神判、嚼米、煮米和量米、潜水、掷骰和抽签、蹲寺庙和钻神索、扎手、磨掌、击头、吊簸箕和漂灯草、占卜等多种神判方式。这里仅摘录发誓和占卜的内容。

发誓的神判形式在做法上较为简便,手段也相当温和,它不会给当事人造成皮肉的痛苦,更不会给任何一方的人身安全带来威胁。在不同的民族地区发誓的形式各有不同,常见的有对天发誓、对神发誓、砍鸡剁狗、饮血酒和洒血酒等几个类型。例如,云南滇西一带的景颇族,过去发生偷盗事件,失者与被疑者争执不清,难明事实时,双方可请两位证人,一同至容易遭受雷击的大树之下,呼天叫地的发誓。被疑者对天呼喊道:"老天听着!老天看着!如果是我偷的,给我死!"原告随即也对天呼叫道:"老天听着!老天看着!如果我诬赖他,给我死!"到此事情即算了结。他们确信,在如此庄严的场合对天发誓,对原告、被告双方来说都非同儿戏,撒谎者定会遭致报应,或遭雷打火烧,或会染恶疾而亡。②

占卜是神判的一种方式,但是它的运用范围并不局限于解决纠纷。夏之乾认为:"占卜包括的范围很广,内容也相当多。一般说来,占卜和神判并非一回事,虽然神判中的不少内容和形式都与占卜有关,但占卜中相当多的内容却并不属于神判。也就是说,占卜比神判所包括的范围要广得多,占卜在一定程度上可以包括神判的某些内容,而神判则远远不能包括占卜。此外,就它们所具有的功能而论,占卜的主要目的是为了问吉凶祸福,而神判则是为了判定一个案子中原告、被告双方的是非真伪。再从它们本身的性质来看,占卜主要是属于原始宗教

---

① 〔美〕基辛:《人类学绪论》,张恭启、于嘉云译,台湾巨流图书公司1989年版,第376页。
② 夏之乾:《神判》,生活·读书·新知三联书店上海分店1990年版,第22—23页。

(特别是巫术)的范畴,而神判法虽然也包含有相当的原始宗教的成分,但就其主要属性而言则应是一种习惯法。当然,在有些情况下,占卜和神判两者实际上合二而一了,实在难于将它们严格区分开来。"①还是以景颇族为例,过去在云南盈江县的景颇族中,当失主怀疑某人有偷窃行为,可请"山官"到场作证,由"董萨"念咒之后让被嫌者将一枚生鸡蛋放于手中用力捏挤。若鸡蛋未被捏破,则意味着被嫌者与该盗案无关;若是蛋被捏破,则表明被嫌者确系偷窃者,令其赔偿失物。从一定意义上来说,这种神判的主动权操在被嫌者手上,而不是由原告来随意摆布。因此,只要被嫌者能略施手段,那么逃脱惩罚的可能性是比较大的。②

笔者1989年在云南省西双版纳州调查时,曾听到一起发生在1940年代的动物神判的故事:那时,西双版纳傣族农户的耕牛处于散养的状态,农闲时,耕牛放养于山间,农忙时才拉回来耕地。为了便于识别,各家的耕牛会被主人在身上做一些标记,或是剪掉半只耳朵,或是锯掉一截牛角,或是在牛身上烙上印记等。但这些标记往往会有雷同,农忙时相同标记的牛属于谁往往会引起纠纷。那一年,景洪城附近的两个寨子就为一头缺半只耳朵的耕牛发生了纠纷,两个寨子都认定这头牛属于本寨,争执不下,只好请宣抚司的掌象官裁决。掌象官决定用神判的方法来解决这起纠纷。他让人将牛牵到一块空地的中央,两个寨子的村民分别站在空地的两端。掌象官告诉村民,你们呼喊牛的名字,如果牛能听懂,走向哪个寨子的村民,牛就是哪个寨子的。于是两个寨子的村民大声呼喊牛的名字,这头牛开始走向东边的村民,西边的村民急了,呼喊的声音更加响亮,结果,这头牛犹豫了片刻,最终转头走向西边。纠纷解决后,两个寨子的村民都称赞掌象官,认为他的这个方法公平。

二、第三方参与的纠纷解决机制

纠纷解决机制中适用最普遍的还是第三方模式,即有第三方参与的纠纷解决机制。在分类上,一般根据参与纠纷解决的第三方在纠纷解决过程中充当的角色和纠纷解决方案的实现方式,将这种第三方模式划分为调解和裁判两种类型。

(一) 调解

罗伯茨说,我们已经把最简单形式的调解定义为,在争议双方试图找到和解

---

① 夏之乾:《神判》,生活·读书·新知三联书店上海分店1990年版,第81页。
② 同上书,第84—85页。

的道路时,为争议方之间的信息沟通提供一种管道。尽管调解人的角色是有限的,但他在争议方因为某些原因不能面对面相聚的情况时具有巨大的重要性,尤其是当关系高度紧张,会有发生暴力危险时更是如此。调解的目的是通过诉诸争议方自己的利益从而施加影响以达成协议,所以,调解人必须首先成为争议方之间交流的连线,然后帮助他们明确表述自己的立场,最终指出和解的好处。①罗伯茨认为:"与那些以其他方式介入争议的人相比,一个成功的调解人的诸多特点就显露无遗了。……卷入争议的人们总是试图寻求近亲、同乡、同族、同龄、宗教、魔法的专业人士以及社会中的老年人和有影响力的人的帮助,无论这些人是不是正式职位的占有者。哪一种类的人会被引入争议以及什么时候被引入争议,取决于一整套变量,但特别重要的是被寻找的人的身份。当一个人卷入一个争议的时候,一般来说,他或者是因想得到第三方的支持并使他们加入自己一边,或者是因为他相信第三方会以不偏不倚的、他自己和另一方都能接受的方式——从中立的立场来解决问题。"②

  调解中的第三方一般被认为或被要求在处理纠纷的过程中居于中立的立场,但是,这只是当事人或旁观者的一厢情愿而已。在纠纷解决的过程中,调解人并不一定保持中立。康利和欧巴尔在《法律、语言与权力》一书中,通过对调解过程中的语言分析,得出这样的观点:一般说来,调解是指争端当事人在中立的调解人的帮助下,试图就他们争议的问题达成彼此都能接受的解决办法的任何调和性的、非强制性的过程。调解的调和性特点是指当事人之间相互交谈,以力图实现妥协,而不是像正式开庭中那样相互提出竞争性的证据。调解的非强制性特点是指调解人不像法官或仲裁员,他没有任何权力做出最后的判决。③ 但是,当从语言的角度对调解人的行为做出仔细的分析、审查的时候,调解人表面上的中立性可能会消失不见……调解人让双方当事人都说话,他充满尊敬地朝双方当事人说话,他既没有从个人立场出发去赞扬任何一方,也没有从个人立场出发去批评任何一方。当事人自己没有提供任何证据证明他们意识到调解人存在某种偏袒。但是这些语篇让我们几乎毫不怀疑,调解人正在微妙却有效地将

---

  ① 〔英〕西蒙·罗伯茨:《秩序与争议——法律人类学导论》,沈伟、张铮译,上海交通大学出版社2012年版,第51—52页。
  ② 同上书,第53页。
  ③ 〔美〕约翰·M. 康利、〔美〕威廉·M. 欧巴尔:《法律、语言与权力》(第2版),程朝阳译,法律出版社2007年版,第51页。

谈话引向一个他所意图的结果。① 两位作者对有女性当事人参加的调解进行微观话语分析后指出:"我们从对调解的中立性过程的考察转向对这一批评做出评价,即调解事实上是一种压迫妇女的工具。在语言证据和其他证据的基础上,我们已经得出结论,认为这种批评如果说还未被证实,至少需要认真对待。如果我们最终认为女性主义者对调解的批评是正确的,那么我们将面临一个痛苦的讽刺:一种因为其对妇女情感的关爱而被提倡的程序却变成了用以伤害妇女的武器。"②

(二) 裁判

裁判包括仲裁和审判。仲裁是一种充分格式化的调解模式,在这种模式中,纠纷的当事人同意将自己的命运交给一个被授权或指定的第三方来裁定。③ 审判是中立的第三方应一方当事人的要求,针对纠纷当事人之间的对立做出某种权威的判断。④ 仲裁和审判均是一种以第三方裁判的方式解决纠纷的机制,它们都为双方当事人作出决定,只是仲裁由双方当事人选择裁判者,裁决由当事人自觉履行或申请公权机构执行;而审判则由公权机构指定裁判者,并由公权机构的强制力保证执行。

初民社会也有法庭及其审判活动,有的社会通行的是非正式制度,诉讼的场合可能是一场宴会、一次临时或安排好的集会,或是由社区的决策者、有影响力的人组织的会议;但是,在有正式法律系统的社会,法院、审判、法官、上诉等等制度会非常精致。基辛引用了一个个案说明非洲部落社会的法庭制度:中南非洲的兹旺那族(Tswana)⑤拥有一套复杂的各级法庭制度,与其政治组织系统平行。每个地方世系群或区(ward)均有自己的法庭,以其头人为法官。每个村落也有自己的法庭和法官。较低级的法庭处理民事案件(即地位、财产、契约等案件);但较难处理的案件可呈送高一级的法庭。包括杀人、巫法在内的刑事案件,可由低等法庭调查,但判决则由部落酋长的法庭经过法律专家和完备的正式程序来完成。在兹旺那族的法庭中,法官及其顾问要面审诉讼当事人。先由诉讼当事人做正式陈述,然后再由证人作证并由法庭的顾问详审,完全根据兹旺那法律严

---

① 〔美〕约翰·M.康利、〔美〕威廉·M.欧巴尔:《法律、语言与权力》(第2版),程朝阳译,法律出版社2007年版,第73—74页。

② 同上书,第77页。

③ Charlotte Seymour-Smith, *Macmillan Dictionary of Anthropology*, London: Macmillan Press Ltd., 1986, pp. 78-79.

④ 〔日〕棚濑孝雄:《纠纷的解决与审判制度》,王亚新译,中国政法大学出版社1994年版,第1页。

⑤ 也译为"茨瓦纳"。

谨详细的原则而行。顾问为案件的是非辩论,然后由法官综合证据宣判。在法庭中行事的法律专家所熟悉的兹旺那法,其复杂和精密程度相当惊人。在兹旺那族做调查的沙培拉(I. Schapera)对当地法律已有多年的研究经验,但当被邀请担任法庭中的顾问时,他发现自己的技巧和兹旺那的专家比较起来,还是对其法律的纤巧之处不够熟练。①

调解、仲裁和审判所凭借的条件是有差别的。罗伯茨指出:"调解人必须在双方的各自利益间做出折中,他能否成功解决纠纷,取决于争议双方眼中所认为的这些论证的质量(无论他诉诸争议方的狭隘利益、社会的未来和谐,抑或某些被认可的规则的完整性)。在用决定来解决纠纷的裁判中,裁判者为自己的决定进行辩护论证的质量无足轻重,但这种质量会影响他的角色整体的正当性。然而,在这个层次上,仲裁者与审判者的区分变得重要。因为仲裁者依靠争议方的同意来获得做出决定的权威,他必然对他们关于什么决定可以接受的意见很敏感,否则,他的决定被遵守的机会以及他在以后争端中仍被选中的概率就很小。在因其在社会中的职位而听审和做决定的审判者那里,这些顾虑就不存在。他不但有权听审,而且可能拥有可支配的力量来保证其决定的遵守,即使争议方不喜欢他的决定。只有在长得多的周期里,不受欢迎的决定才可能影响他的正当性。"②

三、 替代性纠纷解决机制

替代性纠纷解决机制一般是指诉讼外的纠纷解决机制,但从广义来讲,也指所有的非正式制度的纠纷解决机制。自 20 世纪 70 年代以来,为了解决社会冲突频发、法院案件过多、诉讼成本过高的问题,美国法院开始推行替代性纠纷解决机制,在法院设立法律事务中心,聘请社会人员担任调解员,用非正式制度的纠纷解决机制处理日常生活中因琐碎事务引起的纠纷,以缓解法院诉讼的压力。此后,这种被称为替代性纠纷解决机制的司法改革风靡西方世界,被多国所采用。罗伯茨和彭文浩评论道:"1980 年代新兴的各种机制,在短短的二十年后,成为纠纷解决中的基础内容。替代性纠纷解决的理念,其'和解'(settlement)的根本目的,以及其最主要的制度化机制'调解',都已经成了各国纠纷解决文化中不容忽视的特征。在这一变化的众多内容中,有两点值得我们注意:第一,这场变

---

① 〔美〕基辛:《人类学绪论》,张恭启、于嘉云译,台湾巨流图书公司1989年版,第 374 页。
② 〔英〕西蒙·罗伯茨:《秩序与争议——法律人类学导论》,沈伟、张铮译,上海交通大学出版社 2012 年版,第 55—56 页。

化与20世纪80年代早期的一些近似寓言的论断基本吻合……例如,英国的沃尔夫爵士在他关于接近正义(access to justice)的开创性报告(1995;1996)中,将民事诉讼的基本目的描述为和解,而裁判仅仅被认为是一种纠纷解决的最后手段……和解就是司法的目的。这一论断颠覆了传统。事实上,不管我们怎么惶恐或是抵制,1998年的新民事诉讼规则已经将他的理念变成了现实。所以,现在的民事诉讼就是和解,'命令'(command)逐渐隐身在'引导'(inducement)之后。普通法世界中的第二点变化是,新兴的正式机制取代了过去各种犬牙交错的程序。长期以来,当事人对一些解决纠纷的机制还能胜任,他们在起诉前首先尝试亲自去达成和解,而不需要去寻求律师谈判或者求助于调解员。但现在,一切都变了。例如,在英国,各种解决纠纷方式泾渭分明。纠纷解决的三种机制(协商、调解、裁决)已经构成了一种严格的递进式关系。诉前议定书要求当事人首先进行协商,否则会处以诉讼费用上的处罚;即便诉讼提起,在审前阶段运用了适当的ADR(替代性纠纷解决)机制,也是最后审判的前置条件。"[1]

替代性纠纷解决机制的实践一直是法学家和法律人类学家关注的问题。棚濑孝雄从法院审判的局限性出发,主张将研究的视野扩大到诉讼外的纠纷解决机制上。他认为:"首先,社会上发生的所有纠纷并不都是通过审判来解决的,仅仅考虑审判过程内的纠纷解决,从社会整体的纠纷解决这一角度来看就意味着研究对象被局限于现象中极为有限的一个部分上。何种纠纷被置于法院的管辖之下依时间和空间而有所不同。但无论在什么样的审判制度下,总以某种形式将'适合于审判的纠纷'和'不适合于审判的纠纷'区别开来。被审判制度关在门外的纠纷或者就此消失,或者通过其他各种可能利用的手段——有时是通过诉诸暴力——在诉讼外得到解决。再者,就是被法律认为适合于通过审判解决的纠纷,在现实中没有通过诉讼就得到解决的也不计其数。单纯作为量的问题来说,在所谓适合审判的纠纷中,通过当事者之间的交涉、第三者的斡旋以及调解、仲裁等'准司法机关'而达到解决的,与通过审判解决的相比,占压倒的多数。"[2]

梅丽在《人类学与替代性纠纷解决机制研究》(1984)一文中,回答了替代性纠纷解决机制研究的缘起和运用中的问题。她认为,当法律研究从全力关注通过法院操控的社会控制转向对替代性纠纷解决机制的兴趣时,人类学提倡的对法律与社会进行整体、语境式理解的理论价值逐渐显现。法律人类学的关注中

---

[1] 〔英〕西蒙·罗伯茨、〔英〕彭文浩:《纠纷解决过程:ADR与形成决定的主要形式》(第2版),刘哲玮、李佳佳、于春露译,北京大学出版社2011年版,第482—483页。
[2] 〔日〕棚濑孝雄:《纠纷的解决与审判制度》,王亚新译,中国政法大学出版社1994年版,第2页。

心在于以一种比较的、跨文化的进路研究法律与社会结构之间的关系,譬如在各种文化模式中社会组织形式、立法模式和冲突处理之间的关系。该进路以行为人为中心,考察个人控制和规则控制的方式。它基于整体论的观点,发现了在各种社会中存在法律体系和纠纷解决机制的多样性。法律人类学家对社会中维护社会秩序的机制感兴趣,他们寻找并确认那些生产秩序和促使人们遵守秩序的过程,法院仅仅是这些过程中的一种,很多小规模的社会没有国家和正式的法律机制,但它们依靠广泛的非正式机制,如流言蜚语、对放逐的恐惧,也能维护秩序,经济互助、政治支持和村落头领的仲裁也是这些社会维护秩序的保障。这些具有普遍性的非正式制度体系比最早的国家还要古老,也存在于现代国家。因此,法律体系自身应当被认为是对非正式制度体系的替代,而不是相反。在替代性纠纷解决机制的研究中,法律人类学对法学的研究有两个理论贡献:一是任何社会控制系统都包括适应社会秩序所需要的替代性机制;二是法律植根于社会结构和社会文化之中,不能孤立地理解法律。①

为了证明上述理论的解释力,梅丽分析了非西方社会和美国社会中的替代性纠纷解决机制,她指出,在小规模社会,普遍存在的非正式制度是一种有效的纠纷解决机制,随着社会的复杂性增加,社会控制体系的数量也在增加,国家在社会控制机制中的分量也扩张。替代性纠纷解决机制之所以在美国社会得以发展,与美国社会的变迁有密切的关系。其一,自 20 世纪 60 年代以来,美国人的权利意识和在正式制度的程序中保护自己权利的实践能力都得以提升;其二,多元文化主义作为都市社区道德生活的品格被接纳;其三,美国社会日益增加的复杂性、规模化和社会分层,导致冲突行为发生了变化。梅丽认为,纠纷的替代性解决机制为非对抗、非诉的方式解决社会矛盾提供了实践场域,它反映了这样一种社会事实,即随着大型、复杂的科层制组织越来越多地吸纳人们加入其中,这些组织中存在的对抗、暴力或好争论的人也越来越对社会秩序产生着破坏和危险。如果现代资本主义社会确实需要在工作压力和社区生活中保持高质量的稳定以维持社会的繁荣,而与此同时在通过非正式制度的压力维护社会稳定的条件消失的情况下,那么为了让那些主张和维护权利的人获得再教育和重新定位人生的机会,引入安抚性的、不涉及政治的调和机制并不令人惊讶。由此可见,一种整体论的、法律多元的人类学研究模式,可以让研究者跳出替代性纠纷解决

---

① S. E. Merry, Anthropology and the Study of Alternative Dispute Resolution, *Journal of Legal Education*, Vol. 34, Issue 2.(1984), pp. 277-288.

机制的效用问题,追问这些机制对社会的意义是什么,这些机制如何变迁,又如何被与之相吻合的社会结构所改变。[1]

纳德对美国的替代性纠纷解决机制有较激烈的批评,她指出,替代性纠纷解决机制是以非司法意义的程序来处理纠纷,最常见的就是调解和仲裁的模式,也可以称为"非正式司法",它提倡妥协而不是非赢即输,宣称用和谐和合意替代对抗,用和平替代战争,取得双赢的结局。1976年由美国司法部组织的"庞德会议:未来司法的进路"之后,和谐与效率作为依靠文化解决社会冲突、结构性不平等问题的思想模式被构建,甚至有取代立法、司法模式的趋势。替代性纠纷解决机制的出现是对权利和正义思想的大变革,它的特点是非对抗、柔性化、不关注正义和根本原因,以和谐为最大的追求,而这种和谐的产物就是控制被剥夺了公民权利的活动。这种控制比国家的控制更具有渗透力,它对冲突的不宽容态度成了一种文化,要求人们阻止冲突,想尽办法创造合意、和谐与和解。在国家的支持下,替代性纠纷解决机制被众多的华丽辞藻所粉饰,它与司法纠纷解决相比较,前者意味着和平、非对抗、合作、善意和以敏捷的行动解决人类冲突,取得的双赢结局;后者意味着战争、对抗、交锋、破坏信任和合作,剩下的仅仅是失败者。实际上,替代性纠纷解决机制并没有对法院的诉讼产生明显的影响,法院的诉讼案件数量变化不大,诉讼爆炸也没有发生,变化的是随着司法改革的推进,替代性纠纷解决机制在众说纷纭中,迅速进入到美国人生活的各个领域,遍及学校、车间、家庭、医院、学生宿舍、教室和行政机构。要注意的是,替代性纠纷解决机制出现的历史背景是,为了平息自20世纪60年代开始的民权运动和抑制越战反对者,美国社会将和谐视为一种美德。所以,作为一种和谐模式的替代性纠纷解决机制过去和现在的要害在于,它不关注权利的不平等或不公正,仅仅关注社会关系和人际冲突的处理技巧。在这种模式中,民事诉讼的原告被当作需要治疗(和解计划)的"病人"。正如批评者指出的那样,美国的替代性纠纷解决机制中的强制性调解,在定义"问题"、控制言论方面与抗辩式诉讼如出一辙;而仲裁或协商则因为采用限制对往事的讨论、禁止发怒、强迫承诺等手段,成了权利的破坏者。[2]

---

[1] S. E. Merry, Anthropology and the Study of Alternative Dispute Resolution, *Journal of Legal Education*, Vol. 34, Issue 2.(1984), pp. 282-283.

[2] L. Nader, Coercive Harmony: the Political Economy of Legal Models, *Kroeber Anthropological Society Papers*, Number 80.(1996), pp. 3-5.

第四节　纠纷过程中的权力博弈和过程控制——以医疗纠纷为例[①]

医疗纠纷是近年来的社会热点之一,引发医疗纠纷的因素错综复杂,技术的、制度的、社会心理的因素往往纠缠在一起,影响着医疗纠纷的走向、规模和结局。本节试图运用法律人类学的方法和理论,对涉及医疗纠纷的因素进行过程分析,以揭示医疗纠纷背后的权力博弈对立法和法律适用的影响,并论证用和谐共赢理念指导医疗纠纷处理过程的可行性。

一、作为过程的医疗纠纷

医疗纠纷指患者在医疗机构接受诊疗时,因医疗侵权或对医疗行为的认识差异而导致的纠纷。医疗纠纷发生之初,患者会要求医疗机构"给个说法",医疗机构对患者进行解释后,如果患者接受医疗机构的解释,认为自己已经"被给个说法了",纠纷即告解决。如果患者认为医疗机构的解释不能满足自己的要求,就会要求医疗机构继续给出"说法"。医疗机构这时通常会采取的策略包括:如果自我评估认为自己的诊疗确实存在过错,便会和患者协商赔偿事宜;如果认为自己的诊疗行为不存在过错,则要求患者去进行医学鉴定或者司法鉴定,准备行政调解、人民调解或司法诉讼。此时,医疗纠纷就可能进入医患对抗或第三方程序的模式。

上述纠纷过程只是医疗纠纷的表象,在这样的表象背后,实际上充满医患之间的权力和利益博弈,而且,这种博弈会由于医疗纠纷的性质和医患双方的社会关系扩展到医疗机构之外的场域。因此,对医疗纠纷的分析,不能停留在对表象的认知,而应当关注医疗纠纷过程中的权力博弈和过程控制,从医患双方的权力博弈中寻找控制医疗纠纷过程的因素,预防医疗纠纷的发生和激化。

[①] 本节的内容原载《贵州社会科学》2015 年第 12 期,论文标题是《论医疗纠纷中的权力博弈和过程控制》,署名作者为张晓辉、李晓堰。

纠纷研究是法律人类学的长项,现在通行的纠纷过程研究是一种综合的、整体论的理论与方法,不同的法律人类学家在具体运用这种方法时会有不同的视角和切入方法。鉴于医疗纠纷的特殊性,本书采用的过程研究是纳德的"垂直切片"(The Vertical Slice)和"过程控制"(Controlling Processes)的研究进路。"垂直切片"进路把社会底层至社会顶端视为一个整体,对社会现象进行纵向的分层研究,观察和分析社会中存在的各个阶层,以获得对社会全貌的认识。[①] "过程控制"进路是对"垂直切片"进路的补充,它将制度运作视为权力构成要素的动态表现,既从宏观上研究不同社会阶层如何制定和适用核心规则的过程;也关注微观过程中的个人和群体如何被影响和说服去参与或反抗对自我的支配,以及由此产生的过程控制的混乱或被反转现象。[②]

将医疗纠纷当作一个过程进行"垂直切片"和"过程控制"研究,不仅仅是引入一个时间的概念,更重要的是,透过时间展现的过程和社会分层,发现处于社会不同阶层的纠纷当事人(医患双方)以及与医疗纠纷相关的人员(法律和政策制定者、医疗机构管理者、鉴定人、调解者或裁判者,当事人的权力或利益相关者等),在纠纷过程中扮演的角色和发挥的作用。这些不同阶层的人员由于其身份、社会地位、知识构成等状况的不同,拥有不同的社会权力和利益诉求,对纠纷的发生、发展和结局有着不同的影响力。尽管医疗纠纷的个案不尽相同,但是,"垂直切片"和"过程控制"进路所持的以整体论为指导的文化比较和文化解释态度,可以揭示形形色色的医疗纠纷个案中具有普遍性的控制医疗纠纷过程的因素。

二、医疗纠纷中的权力博弈

人类学对权力的理解一般采用广义的解释,即权力是在特定环境中,个人或社会群体具有通过支配他人的活动形式影响其行为和决定的能力。[③] 简单地说,权力是一种对人和物的支配力,支配力的强弱决定着权力的大小。所以,从理论上讲,任何人或社会组织都具有不同程度的权力。权力的运用总是与个人和社

[①] L. Nader, *The vertical slice: Hierarchies and children*, In Hierarchy and society: Anthropological perspectives on bureaucracy, In G. M. Britan and R. Cohen (ed.), *Philadelphia: Institute for the Study of Human Issues*, (1980), pp. 37-40.

[②] L. Nader, Controlling Processes: Tracing the Dynamic Components of Power, *Current Anthropology*, Volume 38, Number 5, (December, 1997), p. 712.

[③] Charlotte Seymour-Smith, *Macmillan Dictionary of Anthropology*, London: Macmillan Press Ltd., 1986, p. 230.

会组织的利益相关,除了为了自身利益之外,权力的运用还可能是为了他人利益或是公共利益。在利益主体不同和利益认知差异的社会中,因为利益分配发生的纠纷是社会生活的一种普遍现象,并表现为个人和社会组织运用自身掌握的权力谋求利益的博弈。在权力博弈的过程中,利益的相关性和互惠性迫使博弈的各方在一定的秩序下进行竞争,只有"合法"取得的利益才被社会所认同和保护。人类学意义上的权力的合法性有两个来源,一是来源于正式制度,即国家的法律法规规定的权力和权利具有合法性。权力是国家机构及其法律授权的机构拥有的社会管理权(公权力),包括立法、行政和司法权。权利是法律赋予公民和社会团体的权利(私权利),这种权利虽然在人类学意义上也是一种支配权,属于权力的范畴,但是,在法律的语境下,这种支配力变身为与义务相一致的法定权利,并得到国家法律的保护。二是来源于非正式制度,即由习惯、禁忌、社会组织规范等民间法认可的支配权具有民间法的合法性,受民间法的保护,故可称为民间法权力,以区别于法律术语中的"权力"和"权利"。

医疗纠纷中的权力博弈首先表现在立法领域,有关医疗纠纷的法律是医患双方的利益冲突在立法层面上的反映。在相关立法过程中,作为医疗机构和医生的一方和作为患者的一方在权力博弈中并不以个体的形式出现,而是以整体的形式出现,代表着不同群体社会意识和利益的立法参与人,通过立法活动争取诉求的合法性,从而深刻地影响着医疗纠纷的立法。

在现行国家法律中,除了司法解释之外,处理医疗损害责任及其医疗纠纷适用的法律法规主要有 3 部:即全国人民代表大会审议通过的《民法通则》(1986),国务院颁布的《医疗事故处理条例》(2002)和全国人大常委会审议通过的《侵权责任法》(2009)。《民法通则》是基本法,其对一般人身损害行为所做的原则性规定适用于医疗损害行为的处理。[①]《医疗事故处理条例》属于行政法规,该法共设 7 章,分别规定了总则、医疗事故的预防与处置、技术鉴定、行政处理与监督、赔偿、罚则和附则,将医疗事故的处理过程控制在行政权的范围内。《侵权责任法》属于民事法律,该法设专章规定了"医疗损害责任",共 11 条,除明确规定"患者在诊疗活动中受到损害,医疗机构及其医务人员有过错的,由医疗机构承担赔偿责任"(第 54 条)之外,还对医疗损害责任的构成要件、责任推定和排除要件做了规定。重要的是,该法将医疗纠纷作为一般侵权行为的种类加以规定,使医疗纠

---

① 该法第 98 条规定:"公民享有生命健康权。"第 119 条规定:"侵害公民身体造成伤害的,应当赔偿医疗费、因误工减少的收入、残废者生活补助费等费用;造成死亡的,并应当支付丧葬费、死者生前扶养的人必要的生活费等费用。"

纷的处理过程脱离行政权的控制,回归到司法权控制的轨道。

医疗纠纷处理的过程控制从行政权移位司法权并不容易,其中作为现实推力的权力博弈对立法的影响显而易见。《医疗事故处理条例》颁布实施后,在实践中一直备受批评。来自法学界的批评者认为该法律以行政权构建对医疗纠纷的支配权,不仅设置了民事纠纷当事人的不平等地位①,而且致使医疗纠纷民事诉讼的法律适用出现"二元"现象。② 在2009年审议《侵权责任法》时,"各方面普遍认为,医疗纠纷案件处理中法律适用二元化现象损害了我国法制的严肃性和统一性,影响了司法公正,加剧了医患矛盾,亟需通过立法加以解决"。③《侵权责任法》中关于"医疗侵权责任"的规定,修正了《医疗事故处理条例》滥设行政权造成的法律混乱,使医疗纠纷重新回归到民事纠纷的范畴。有学者在评价《侵权责任法》时断言:"立法机关决心排除一切干扰,借制定《侵权责任法》之机会,废止《医疗事故处理条例》,为人民法院审理医疗损害案件设立裁判规则。"④与上述批评意见相左的是来自于医疗卫生行政管理部门和医疗机构人员的意见,他们认为《医疗事故处理条例》与《侵权责任法》的适用对象并不一致,后法不能废止前法,医疗纠纷适用法律的二元甚至多元现象不会消除。⑤

《医疗事故处理条例》的批评者和拥护者的意见代表着不同的利益。作为职业法律人的批评者站在保护私权的立场上,将医疗侵权视为对患者健康权和生命权等私权的侵犯,试图以《侵权责任法》为救济手段维护处于医疗纠纷中的患者的私权。而作为医疗卫生的职业管理人和从业者站在医疗机构的立场上,将医疗管理和对医疗机构及医生进行医疗活动的维护视为公权范畴,试图以行政权干预医疗纠纷的处理,避免医疗纠纷破坏正常的医疗秩序。在立法和影响立法的舆论工具层面,双方都掌握着一定的话语权,并通过各自的权力网络进行博弈,进而影响立法。在博弈中,全面表达了医疗卫生职业管理人和从业者利益的

---

① 例如,蒋德海认为,《医疗事故处理条例》将患者和医疗纠纷纳入行政管理,属于行政权的扩张行为;由医疗管理部门制定认定事故性质和处理事故纠纷的法规,对患者来说显失公平。参见蒋德海:《关于〈医疗事故处理条例〉的实践思考》,载《法律适用》2002年第11期。

② 所谓医疗纠纷法律适用"二元"现象,指按照《医疗事故处理条例》的规定,医疗侵权行为被分为医疗事故的侵权行为和非医疗事故的侵权行为,前者适用《医疗事故处理条例》,后者适用《民法通则》。适用法律的不同,进而又导致在司法诉讼中的赔偿责任和鉴定机构的差异,前者规定的赔偿范围小于后者;前者规定的鉴定机构为卫生行政部门领导的医学会,后者未规定程序事项,按照《民事诉讼法》的规定,鉴定机构应当是当事人认可或法院指定的司法鉴定机构。

③ 全国人大常委会法制工作委员会编:《中华人民共和国侵权责任法释义》,法律出版社2010年版,第276页。

④ 梁慧星:《论〈侵权责任法〉中的医疗损害责任》,载《法商研究》2010年第6期。

⑤ 胡晓翔等:《〈侵权责任法〉系列讲座之二:法律适用相关问题》,载《临床误诊误治》2011年第2期。

《医疗事故处理条例》,由于在立法意图和法律实施中暴露了该法不适当地扩张行政权损害患者权益的弊端,而在7年之后被强调对患者私权保护的《侵权责任法》所替代,这个变迁说明立法活动中的权力博弈有利于生成利益平衡的结果。

医疗纠纷中的权力博弈还表现在具体的个案中,尽管这些个案形形色色,但其中的诉求却十分一致,患者要求得到尽可能多的赔偿,医疗机构则通过抗辩尽可能地减轻赔偿责任。在医疗纠纷的不同处理模式中,医患双方的诉求通过双方对纠纷处理过程的控制得以表现和实现。医疗纠纷发生之初,单边程序可能出现:一是医疗机构为了息事宁人,维护名誉和工作秩序,以患者难以拒绝的赔偿使医疗纠纷得以解决。二是患者鉴于医学知识、证据收集、经济负担和人际关系等方面的劣势,放弃维权。三是患者采取过激方式,使用暴力或变相暴力的方式,迫使医疗机构接受其提出的赔偿诉求。在这三种情形中,医疗机构或患者凭借一己之力控制纠纷处理过程,故称为"单边程序"。与单边程序相比,医疗纠纷中医患双方更多选择双方协商的方式处理纠纷,这种处理纠纷的方式被称为"双边程序"。在双边程序下解决纠纷,虽然有"协商"之美名,但是,协商过程实际上是一个医患双方权力博弈的过程,医患双方在此过程中动员己方的权力和社会力量控制协商过程,以实现其诉求。医疗机构以组织的力量启动应急机制,从有利抗辩,避免和减轻责任的立场,开展完善病历,统一口径,协调内外关系,寻求政府支持等工作,县级及县级以上的医疗机构往往还设置专门的机构或人员应对医疗纠纷。面对医疗机构强势的组织行为,作为个体的患者往往由于缺乏专业知识而丧失收集证据、辨识事实的时机,为了改变弱势的地位,患者利用自己的社会关系动员力量与医疗机构控制协商过程的行为抗衡。患者能动员的社会力量包括亲朋好友和雇佣的专业人员。患者的亲朋好友可能身处不同的社会阶层,有的可以提供处理医疗纠纷的专业知识,有的可以利用自身的权力或社会关系向医疗机构施加压力,有的可以组织和参与围堵医疗机构。患者雇佣的专业人员有两种,一是律师或法律及社会工作专业人士,二是职业"医闹"人员。由此可见,协商过程实际上是医患双方动员和组织社会力量对医疗纠纷处理过程的控制,当双方力量均衡时,协商会以平等的方式进行;当双方力量不平等时,具有控制力的一方会凭借优势地位取得对己方有利的结果。单边程序和双边程序均属于当事人以自助方式解决纠纷的私力救济,尽管双边程序在形式上有双方自愿的表象,但实质上与单边程序一样存在着排斥法律适用,凭借社会力量强迫对方屈服的内涵,而这种强迫时常会引起反抗,因此,单边程序和双边程序在纠纷处理过程中容易发生激烈对抗和群体性事件。

在法治社会,医疗纠纷处理过程普遍采用第三方介入的模式,也称"第三方程序",包括调解和诉讼方式。①第三方程序的特点是介入医疗纠纷的第三方处于中立的地位,或以调解的方式帮助医患双方当事人通过和平协商就纠纷处理达成一致,或者以裁判的方式将医疗纠纷的司法判决下达给医患双方当事人。在《侵权责任法》适用之前,以医疗事故处理的医疗纠纷虽然在形式上是第三方程序,但由于被《医疗事故处理条例》赋予第三方地位的地方医疗卫生行政机构和医学会与作为纠纷当事人的医疗机构同属一个体系的机构,故其第三方的中立地位受到普遍质疑。《侵权责任法》适用之后,各地依照《人民调解法》建立了医疗纠纷调解机构,使医疗纠纷的民间调解有了常识意义上的第三方程序的特点。在第三方程序中,人民调解机构和法院,依法查明事实,促使医患双方当事人和平协商解决纠纷;对于协商不成的案件,法院具有依法裁判的权力。然而,即使在第三方程序强调法律适用的情形中,医患双方的权力博弈仍然有施展的空间。首先,构建事实的冲突。调解书和判决书中认定的法律事实是基于医患双方当事人提供的证据构建的,医疗机构一方主导医疗过程,既是医疗活动的实施者,也是医疗活动的记录者和证据保管者,从医疗道德上讲,医疗机构能够建构完整真实的纠纷事实。但由于纠纷事实的建构关系到医疗机构法律责任的轻重,所以,有的医疗机构往往采取隐匿、拒绝提供与纠纷有关的病历资料,伪造、篡改或者销毁病历资料的方式建构虚假的纠纷事实,以求减轻或逃避法律责任。根据《侵权责任法》第58条的规定,医疗机构一旦实施上述行为,即可推定医疗机构有过错。患者一方也在构建纠纷事实,患者建构纠纷事实的证据来源主要是自己对医疗活动的观察,以及依据法律赋予的知情权从医疗机构取得的证据。由于证据来源存在不一致,医患双方构建的事实往往是相互有矛盾的。其次,话语权之争。事实构建上存在的差异必然导致医患双方对法律适用认识的冲突,此时,医患双方需要对第三方施加影响力,使中立的第三方接受自己的事实构建和法律适用意见。为了达到这个目的,擅长事实建构和法律适用的职业律师或法律专业人员被医患双方聘请为代理人介入纠纷,从实际效果看,优秀的职业律师显然更有能力收集、选择构建事实的证据和论证适用法律的理由。然而,优秀的专业律师收取的高额代理费,使经济能力有限的医疗机构和患者望而却步。在代理人的竞争上,经济能力会使一些医疗纠纷的当事人丧失或部分丧失在第三

---

① 由于医疗纠纷发生之前医患双方极少签署仲裁协议,故仲裁方式在医疗纠纷的处理过程中十分罕见。

方程序中的话语权,从而在纠纷处理的过程控制上处于被动地位。

三、 医疗纠纷的结局:零和博弈或是和谐共赢

在一般人的认识中,医疗纠纷的过程虽然复杂多变,但结局只是零和博弈,或是医疗机构获胜,或是患者获胜。这种零和博弈的意识让医患双方在纠纷处理过程中将对方视为敌对方,进而动员一切可以介入纠纷的社会关系和社会力量参加博弈。可是,博弈结果的胜负结局虽然在程序上结束了纠纷,却不能解决医患双方对纠纷事实和结局认识的不一致,医患双方不仅在个案上保持着对立,并且将个案的对立性抽象为一种医患对立的社会意识,更加剧了医患关系的紧张程度。零和博弈的意识不但影响着医疗纠纷的当事人,而且也影响着作为第三方出现的调解人和法官,一些调解人和法官也将纠纷处理当作胜负关系来处理,进而助长了医患双方当事人恐惧诉求失败的争胜心理和失控行为。

从真实的医患关系的层面上分析,医疗纠纷的结局不应当是零和博弈,而应当是和谐共赢。因为,医患双方存在着相互依赖的和谐关系,医疗机构失去患者将无法生存,患者的健康和生命也离不开医疗机构的救护。医疗纠纷的发生客观上损害了医患之间应有的和谐关系,但相互依存的医患关系仍然存在。日本法学家棚濑孝雄指出:"同样的纠纷因处理方法的不同,既可能导致当事者之间的社会关系不可避免地彻底破裂,也可能消除敌对情绪和感情上的疙瘩,使当事人恢复友好的社会关系,和好如初。"①所以,如果在医疗纠纷的处理过程中,改变零和博弈的观念,以重建和谐医患关系的理念控制医疗纠纷的处理过程,通过第三方纠纷处理程序,普及医学和法律知识,教育医患双方依法处理纠纷,在维护各自的合法权益的同时,自觉承担法律责任,使原本因为纠纷而对抗的双方成为合作解决纠纷的当事人,重建友好的医患关系。这种结局就是本书所讲的"和谐共赢"。

医疗纠纷的发生有多种情形,有的产生于医患双方对事实和法律的误解,有的产生于现有的医疗知识和技术的局限,有的产生于医疗机构的过错。在前两种情形中,并无胜负关系存在,需要的是耐心解释和真诚的沟通。即使是由于医疗机构的过错引起的纠纷,在厘清侵权事实、确定侵权责任的过程中,消除当事人的零和博弈意识,让医疗机构客观地认识过错,真诚地向被侵权的患者道歉,赢得患者的理解和宽恕,也可以重建和谐的医患关系。在纠纷处理机制的建构

---

① 〔日〕棚濑孝雄:《纠纷的解决与审判制度》,王亚新译,中国政法大学出版社1994年版,第29页。

上，要实现第三方程序中的和谐共赢，应当注意以下几个问题：第一，保证第三方的中立性，避免医患双方的社会关系对第三方中立性的干涉影响纠纷处理的公正。第二，提高调解人和法官的医学和法律知识，并在解决技术性专业问题时，强化专家证人制度的运用，弥补调解人和法官的知识局限性。第三，建立医患和谐关系重建指标体系作为医疗纠纷调解和审判的指导原则和评价依据，使重建"和谐共赢"医患关系的理念成为第三方程序中调解人和法官控制纠纷处理过程和适用法律的行动指南。

由于医疗纠纷关涉医患双方的切身利益，医患双方在纠纷过程中展开的权力博弈难以避免，医患双方试图动员社会资源控制纠纷处理过程，获取构建事实和适用法律上的话语权。反思以往处理医疗纠纷的实践不难发现，在零和博弈的社会意识支配下，医疗纠纷的处理不仅不能改善医患关系，反而会加剧医患之间的矛盾。因此，应当客观地认识医患关系，将重建医患之间相互依赖的和谐关系作为第三方程序中处理医疗纠纷的理念，通过构建事实和适用法律的活动，化解医患矛盾，实现和谐共赢的结局。

第十一章　西部少数民族创世神话的规范价值①

　　第一节　创世神话中的早期规范
　　第二节　创世神话中的"活法"
　　第三节　创世神话中的规范变迁

---

① 本章的部分内容曾发表于《西北民族大学学报(哲学社会科学版)》2013 年第 4 期,署名作者为张晓辉。之后作者又做了较多的修改,补充了更多的文献材料,发表于陈云东主编:《云南大学法律评论(第 1 卷)》,法律出版社 2016 年版,论文标题是《论西南少数民族创世神话的规范价值——基于人类学理论的分析》。在本章中,作者增加了西部其他少数民族的创世神话材料。

创世神话是指描写天地形成、人类起源、社会历史变迁的创世史诗和神话传说。① 创世神话记载的内容有三个基本特征,即特殊性、现实性和历史性。创世神话是一个民族对特殊历史阶段的集体记忆,反映了早期社会的人类生活状况、制度起源、重大事件和社会变迁过程,所以,创世神话成为了解人类早期社会的重要材料。由于很多创世神话在现实社会中以各种形式存在并成为世代相传的濡化材料,也在传承中被不断加工、改造,创世神话的内容是传承神话的民族想象中的现实和共同的知识。另外,创世神话记载的社会历史与一个民族的发展史有密切的关系,它以叙事神话的方式表达了一个民族对自己历史的认识,并以集体记忆构建自己的历史,成为研究该民族生活方式和社会制度变迁的历史资料。创世神话的上述三个特征也奠定了神话在法学研究中具有的法律价值,即探究早期社会规范的价值、发现现实社会规范的价值和揭示规范和制度变迁史的价值。在人类学理论中,人类学的经典作家已经对创世神话的法律价值作出了开创性的研究,并从不同层面给出了通过创世神话研究规范和规范观念的路径和理论分析工具。

在我国,西部少数民族的创世神话最为丰富,是民族文化中一块璀璨的宝石,其中记载的丰富规范资源,奠定了以创世神话研究少数民族法律文化的基础。本章试图以人类学的理论为分析工具,解读西部少数民族创世神话的规范价值,分析创世神话中的行为规范和规范观念,为西部少数民族传统法律文化的民族法学和法人类学研究提供一种新的路径。

第一节 创世神话中的早期规范

依据创世史诗研究早期社会的法律,最早始于 19 世纪英国著名法学家梅

---

① 关于神话的定义在神话学界众说纷纭,没有统一的概念。笔者同意神话学家李子贤教授的观点,即神话具有多种存在形态。所谓多种存在形态,包括叙事形式的多样性,如叙事诗、故事和歌谣等,也包括活形态的、口头的、文献的以及诸种表达载体的形态。所以,本书将具有神话特征的创世史诗和关于创世事迹的传说都归类于创世神话的范畴。参见李子贤:《存在形态、动态结构与文化生态系统——神话研究的多维视点》,载《云南师范大学学报(哲学社会科学版)》2006 年第 3 期。

因。在《古代法》一书中,梅因运用"荷马史诗"中的材料,努力去还原古希腊社会的法律制度,以论证西方法律制度的历史渊源。梅因认为,"荷马史诗"提供了认识早期法律现象的知识,虽然不能把它认作一种确实事件的历史,但能把它作为"作者所知道的不是出于想象的一种社会状态的描写"①。

西部少数民族的创世神话中记载的规范内容反映了早期社会中不同少数民族对自然、社会和自我的认识。按照早期规范的调整对象,可以把西部少数民族创世神话中的规范分为祭祀的规范、战争的规范、生产的规范、婚姻家庭的规范几种类型。②

祭祀的规范与西部少数民族的原始宗教有密切的关系。人类学理论认为,宗教起源于人类企图把握未知的超越人的能力范围的事物,"是人们试图赖以控制世界上他们所不能控制的领域的信仰和行为方式"③。在早期社会,西部少数民族显然有太多他们不能控制的领域和不能解释的现象,他们创造了各种各样的神,将自己的祖先与神联系在一起,用神的超能力和神的预言来解决世俗社会的困难,寄托趋利避害的希望,并创造了各种不同的仪式和仪式规则使对神和祖先的信仰在仪式活动中得以实践。祭祀就是西部少数民族原始宗教的仪式性实践活动,为了表达对神的尊敬,保证祭祀活动的进行,每个民族都有一套严格的祭祀规范。因此,祭祀规范作为早期社会规范的重要组成部分在创世神话中得以完整地描述。例如,苗族认为雷神是最大的神,祭雷神事关重大。在贵州苗族地区流传的《苗族古歌》唱道:现在有了千万坡/千份祭祀雷公肉/千串房族祭祀肉/江河也有山冲流/纺车也能摇得动/田地也会出米粮/我们也得到衣穿/美好生活说不完。这里祭雷神的规范是用肉做祭品,每家都要祭,祭家的房族兄弟有多少户,就把祭肉分成多少份,每份肉用竹签串好,逐一散给各家,每户一份,作为分祭自家祖宗的祭品。④ 四川茂县发现的《西羌古唱经》中⑤,详细记载了羌族祭祀的贡品、用具、神的排位和祭祀的程序。羌族祭祀中,祭品主要是鸡、羊、刀头肉、馍馍、香蜡和柏树枝等,数量按神的大小增减。祭神时敲的鼓分三种,白鼓

---

① 〔英〕梅因:《古代法》,沈景一译,商务印书馆1959年版,第1页。
② 在笔者查阅的西部少数民族创世神话关于规范的记载中,基本上没有犯罪和一般违法的区分,所有违反行为规范的行为都具有同样的性质,即对秩序的破坏。故本章不将犯罪作为分类的内容。
③ 朱炳祥:《社会人类学》,武汉大学出版社2004年版,第162页。
④ 贵州省少数民族古籍整理出版规划小组办公室编、燕宝整理译注:《苗族古歌》,贵州民族出版社1993年版,第39页。
⑤ 《西羌古唱经》虽然只是非公开出版物,但其研究价值颇为重要,被羌族研究者视为羌族的创世史诗。参见孔又专、吴丹妮:《云端里的绚丽:羌民族宗教文化研究九十年》,载《西北民族大学学报(哲学社会科学版)》2010年第4期。

用来还天愿,黑鼓用来保太平,黄鼓用来驱凶邪。神有大小,祭祀时要依次排列,如太阳神管诸神排在首位,其他的神有天神、年神、天神娘娘、四大金刚神、地神、地神娘娘、山神、开光亮的神和它的娘娘、神坛的门神等。祭祀活动的高潮是杀鸡宰羊祭神。杀鸡有规定的程序:一刀宰下鸡的头,松开捆鸡的绳子,用火燎鸡毛,再燎鸡头的毛,扯下一点鸡顶毛放在白纸上用火烧,最后放完鸡血后将祭鸡放在一旁。① 在云南武定彝族史诗《彝族氏族部落史》中,祭祀寄托着繁荣的希望:用鸡献高神/用牲来解罪/椎牛置高山/牲尸垒山尖/牲血扇形流/祭祀得繁荣。②

战争是早期社会民族生存的主要手段,创世神话中颂扬民族英雄和民族美德的英雄史诗和故事往往以战争为背景,而要进行战争并取得战争的胜利,则需要战争的规范约束或激励人的行为。云南西双版纳傣族的英雄史诗《厘俸》记述了一场傣族英雄骑战象作战的大战。故事的大意是傣族首领海罕的妻子被另一部落的首领俸改抢走,海罕为了夺回妻子,发动了对俸改部落的战争,经过浴血奋战,在神的帮助下取得了战争胜利。史诗中,海罕在战前发布了这样的命令:如果有人抗拒/把他消灭干净/如果投降/宽大处理不许杀/百姓的财产/不准何人去抢夺。海罕大军攻下勐海后,海罕又下命令:不得私藏金银财宝/应共同分享/战马战象谁得归谁。战争的另一方俸改部落也有战争法则,勐海一役失败后,俸改下令处罚欲向海罕投降的部落:罚你一百二十头大象/绸缎一百二十匹/金子一百二十两/美女一百二十个/还要用铅做出人的形状。当俸改属下在战场上投降时,要放下武器,跪在地上,用杂草或其他东西含在口中,以此表示投降。在攻打俸改老巢时,海罕下达奖惩命令激励将士:谁往后退枷锁上/谁蹬大象猛冲锋/不仅赐予金幡幢/还给一个村寨做奖赏。③

蒙古族史诗《江格尔》中,江格尔在征服扎干泰吉可汗的战争前,对英雄萨纳拉下达了这样的命令:"如果他要和平,让他们发誓保证:缴五十年的贡品,一千零一年的税金,永远做宝木巴的属民。如果他们要战争,你就砍倒他们的旗杆,将他们的黑花旗装进口袋,赶来他的八万匹黑马群。"江格尔的命令就是法律,其中规定了和平的条件、贡品和税金的缴纳期限、战争胜利的标志和战利品的处理等事项。对战俘的处理也是战争中的重要规则,在这部史诗中,战俘被作为战争

---

① 茂县羌族文学社整理:《羌族古唱经》(四川阿坝,阿新出内(2004)字第 29 号),第 58—68 页。
② 杨凤江译注:《彝族氏族部落史》,云南人民出版社 1992 年版,第 66 页。
③ 云南省少数民族古籍整理出版规划办公室编:《厘俸:傣族英雄史诗(汉、傣文对照)》,刀永明、薛贤、周凤祥翻译整理,云南民族出版社 1987 年版,第 17—18、28—29、88、237 页。

获得的财产来处理,战俘们被打上宝木巴的火印,当江格尔的奴隶。在江格尔的宝木巴,有操 7 种语言,从事酿酒、裁缝、放牧、烹饪等各种劳动的奴隶。而江格尔的对手处理战俘的手段也很残酷。江格尔的好朋友英雄洪古尔战败被俘后,被抽打 8000 鞭,被刀剐 8000 下,又被送到 7 层地下的红海海底,用 72 道看管,最后被关入地洞,遭受 12 层地狱般的折磨。战争中,誓言也具有规范的约束力,《江格尔》中的英雄一经立誓,即使赴汤蹈火,献出生命也要履行誓言。萨布尔被江格尔收服后,立誓愿意将生命交给高尚的洪古尔,将力量献给荣耀的江格尔,并将誓言重复了三遍。在以后的征战中,萨布尔果然履行誓言,屡立战功。①

在藏族英雄史诗《格萨尔》中,格萨尔在 18 次大小征战中,以武力获取财富,战争中的战利品成了岭国财富的重要来源,所以,收缴战利品以充国库,也是战争的规则之一。以下是关于格萨尔获得的战争财富统计:与大食国之战,获得大批牛与财宝;与上蒙古之战,获得大批蒙古宝马;与下蒙古之战,获得大批铠甲与美玉;与阿扎国之战,获得宝库中的玛瑙;与碣日国之战,获得大批珊瑚;与祝古国之战,得兵器;与卡契国之战,得玉;与雪山国之战,得水晶;与松巴国之战,得大批犏牛;与美努国之战,得与该国大女王的妹妹联盟;与阿里国之战,得大批金子;与穆古国之战,得大批骡子;与珈岭国之战,得宝。②

西部少数民族的生产活动主要是农耕、狩猎和采集,为了获得好的收获,关于生产活动的规范成为行为规范中的重要内容。例如,哈尼族生产活动涉及农耕、狩猎、采集,他们在居住地的选择上,必须考虑这些生产活动的开展。云南红河地区哈尼族的创世史诗《哈尼阿培聪坡坡》中描述了好寨子的条件:上头山包像斜插的手/寨头靠着交叉的山岗/下面的山包像牛衹架/寨脚就建在这个地方/寨心安在哪里/就在凹塘中央/这里白鹇爱找食/这里箐鸡爱游荡/火神也好来歇/水神也好来唱。③ 由此看来,哈尼族居住地在山腰,那里必须有山有水,有森林有动物,这才是种地、狩猎和采集的好地方。居住在云南怒江地区的傈僳族的叙事长诗《创世纪》对生产活动规范和家庭劳动成果的共享有这样的记述:"人要吃饭要劳动/不生产的没酒喝/不劳动的没饭吃/人生自古这样传/人生自古这样续。""布谷鸟鸣早播种/桃花开时早翻地/谷苗长得绿茵茵/谷花开得鲜艳艳/粮架需得多接宽/仓库需要多扩大/一眼就能看得到/一下就能瞅得着/有大有小不

---

① 潜明兹:《中国少数民族英雄史诗》,天津教育出版社 1991 年版,第 54、47、57 页。
② 同上书,第 38 页。
③ 云南省少数民族古籍整理出版规划办公室编、朱小和演唱、史军超等翻译:《哈尼阿培聪坡坡(汉文、哈尼文对照)》,云南民族出版社 1986 年版,第 26 页。

平等/有小有大不公平/成家将不会牢固/立业将不会踏实。"①

　　羌族的《木姐珠与斗安珠》中,天神规定下天律,天上和人间不得往来。天神的女儿木姐珠天生叛逆,摘下人间代表婚姻的羊角花。当木姐珠长到18岁时,天上的求婚神仙踏破门槛,却没有谁被看中。天王让锡拉(巫师)来算卦,看看木姐珠的喜星在哪里。锡拉拿出羊骨卦片,敲响羊皮鼓,念起驱邪经,算得木姐珠有好姻缘。人间的小伙子斗安珠长到20岁,聪明过人,力大无穷,父母催他早日结婚。一天在天上放牧神羊的木姐珠和地上放牧羊群的斗安珠在龙池相遇,在对歌中产生爱情,仙女送出花腰带,小伙子送出银戒指,还交换了牧羊鞭和背水带。在木姐珠的鼓励下,斗安珠来到天庭求婚。天王听了斗安珠的求婚,怒斥他胆大妄为闯天庭,不自量力来求婚,已经犯了两条天罪,犯一罪要砍头,犯两罪,要剖腹挖心。斗安珠不畏天王,据理力争。说天神没有真本事,只会耍法术权柄。在天王对斗安珠的考验中,斗安珠险些被天王害死,幸好得到木姐珠和巫师的帮助转危而安,最后终成眷属,并从天上带回粮种和树种。他们在山坡上种青稞,在平坝种米粮,在高山上养马放牛羊,从此羌人过上了幸福的日子,但由于天王对天上人间的阻隔,木姐珠再也不能上天庭见父母,只好在每年十月初一,献上丰收的青稞和自酿的美酒祭拜父母,告诉他们人间的生活比天上好。② 这首叙事诗歌颂了勤劳勇敢和善良智慧是从事生产劳动的美德,讲述了农业种植的规律和羌族十月祭祖习俗与生产活动的关系。

　　家庭是社会的基本组织,与家庭相关的婚姻关系、财产关系、人身关系是社会稳定的基础,因此,调整家庭关系的规范是西部少数民族早期社会中最为普通、数量最多的规范,在每个民族的创世神话中都有关于婚姻家庭方面的规范。《苗族古歌》中记载了苗族的家庭关系:儿子的胎盘埋在房柱脚,女儿胎盘埋在灶房;要杀鸡庆生,用鸡肉抹婴儿的嘴唇;孩子出生,舅舅要送一只鸭,舅妈要送一段布,还要提一罐酒来庆贺。苗族实行幼子继承制,幺儿养老,父母要送他寨脚田。在家里,父亲不在家或去世后,由哥哥担当父亲当家作主的角色。③ 云南红河地区的彝族创世史诗《阿赫西尼摩》记述了彝族的丧葬规则:人死要埋葬/人亡要祭奠/老人死去了/要把丧幡做/还要做咯补/要把牺牲杀/热闹来发丧。舅家

---

① 裴阿欠、黑达唱述、木玉璋搜集整理:《人类的金色童年:傈僳族叙事长诗创世纪·牧羊歌》,云南民族出版社2004年版,第5、18—19页。
② 罗世泽、时逢春搜集整理:《木姐珠与斗安珠》,四川民族出版社1983年版,第3—75页。
③ 贵州省少数民族古籍整理出版规划小组办公室编、燕宝整理译注:《苗族古歌》,贵州民族出版社1993年版,第106—121、149、505页。

有人丧/吊丧要带牛/亲戚亡故了/吊丧带猪羊/家族有人故/吊丧带公鸡/丧者的女儿/吊丧带熟饭/还要带咯补/还要带糯粑。①

　　家庭关系也会表现在习俗的记载中。柯尔克孜族的《玛纳斯》中,玛纳斯与卡塔依王子阿里曼别特结为盟友后,带王子去家中拜见父母。玛纳斯的父亲见到王子即如久别重逢的亲生父子一般,紧紧拥抱,并揭开王子的衣襟亲吻他的身体,给了王子最亲密的礼节。玛纳斯的母亲的乳房则喷射出洁白的乳汁,让玛纳斯和王子吸吮。② 这个故事生动地描述了柯尔克孜族的家庭规范,即亲生父子久别重逢,长辈要掀起儿子的衣襟亲吻他的身体,以示亲密;喝过同一母亲乳汁的人,即使不是该母亲所生的儿子,也要视为同乳兄弟。

　　家庭关系还会表现在祖先的训诫中。藏族英雄史诗《格萨尔》中,当格萨尔作为神下界81载即将返回天界时,他对臣民和子孙留下如下训诫:"后代的青年儿孙辈,都要向本尊托性命。上对长辈要敬重,下对弱小不欺凌;对外不暴露自家丑,对内不欺压老百姓;不分尊卑讲话要和气,切忌去做坏事情;要尊敬有恩的父和母,因为福分是他们生;王子嗣位要知奉佛法,它可使地方都安宁;要向土地神去求福,它能使夏季六谷生。"③格萨尔的训诫规定了家庭中的尊卑长幼关系、父母与子女的关系、内外有别的关系和人与神的关系,可谓言简意赅,面面俱到。

　　西部少数民族创世神话中记载的行为规范具有两个显著特点:从内容上看,不同民族由于生存的环境和发展历史的差异,所形成的行为规范也不同。正如博厄斯在《原始人的心智》(1919)中所说:"环境对人的习俗和信仰有重大影响,但这种影响充其量只是有助于决定习俗和信仰的特殊形式。然而,这些形式却主要建立在文化条件的基础之上,而这些条件本身则是历史原因造成的。"④从结构上看,神话中的行为规范是构成神话意义的组成部分,对规范意义的理解不能脱离神话构成的整体内容。例如,神话中的行为规范在结构上表现为行为模式和规范后果两部分,对行为模式和规范后果的意义不能依靠其自身的内容予以解释,而只能将它们放在神话的整体结构和内容中才能理解其意义。关于这一点,列维—斯特劳斯在《神话的结构研究》(1955)中指出:"如果神话有某种意义的话,这个意义不可能存在于构成神话的孤立的单位中,而只能存在于将这些部

---

① 云南省少数民族古籍整理出版规划办公室编、施文科、李亮文吟唱、罗希吾戈、普学旺译注:《彝族创世史—阿赫希尼摩(汉文、彝文对照)》,云南民族出版社1990年版,第105—106页。
② 潜明兹:《中国少数民族英雄史诗》,天津教育出版社1991年版,第79页。
③ 降边嘉措、吴伟编纂:《格萨尔王全传(修订本)》,作家出版社1997年版,第926页。
④ 〔美〕弗兰兹·博厄斯:《原始人的心智》,项龙、王星译,国际文化出版公司1989年版,第88页。

分组成一个整体的方式中"①。

第二节　创世神话中的"活法"

如果仅仅把创世神话作为了解人类社会早期法律的工具,实际上只是将创世神话作为一种静态的文献予以研究,没有关注创世神话作为一种"活态"知识的存在形态,而在现实生活中,很多创世神话是拥有创世神话的民族奉为民族精神的地方性知识,并通过讲述、传唱和仪式等活动代代相传。在这些民族的生活中,创世神话中的行为规范和规范观念不仅存在于早期社会,而且也是现实社会中实际运行的行为规范和规范观念,是一种建立现实社会秩序的"活法"。②

马林诺夫斯基最早注意到神话在现实社会中的功能。在《西太平洋的航海者》一书的第十二章中,马林诺夫斯基专门讨论了特罗布里恩德群岛的库拉神话,他将神话分成三类,即最古老的神话、文化神话和关于拥有巫术的普通人的神话。"最古老的神话"涉及人类起源、氏族分支和村落的社会学、今世和后世永久关系的建立等内容;"文化神话"涉及妖魔及降妖、风俗和文化的建立、制度的起源等内容;"关于拥有巫术的普通人的神话"中没有妖魔和怪物,只包括巫术的起源、祈爱巫术、飞行独木舟等内容。在描述了库拉神话的内容后,马林诺夫斯基认为,"神话被赋予建立风俗、决定行为模式、树立制度的权威和重要性的规范力量",并满足了人们对巫术和好运的期望,因而具有"为土著人提供非常有价值的行为准则和欲望的归宿"的功能。③ 马林诺夫斯基对神话的这种规范功能是这样描述的:"严格遵从风俗,即别人都遵守的风俗,是特罗布里恩德土著人的主要

---

① 〔法〕克劳德·列维—斯特劳斯:《结构人类学——巫术·宗教·艺术·神话》,陆晓禾、黄锡光等译,文化艺术出版社1989年版,第46页。

② "活法"(the Living Law)是德国法社会学家埃里希(Eugene Ehrlich,1862—1922)在《法律社会学基本原理》(1913)中提出的与国家法相对的概念,指存在于制定法之外的判例、习惯、民间契约和规范等被人们平常遵守的,真正支配实际社会生活,建构社会秩序的法律。参见:〔奥〕欧根·埃利希:《法社会学原理》,舒国滢译,中国大百科全书出版社2009年版,第545—550页。

③ 〔英〕马凌诺斯基:《西太平洋的航海者》,梁永佳、李绍明译,华夏出版社2002年版,第264、281—282页。

行为准则。由此推出另一个重要的原则是:过去比现在重要。父亲(在特罗布里恩德是舅父)所做的,比兄弟做的更为重要。特罗布里恩德人本能地以上代的行为作指南。因此,神话中的故事,那些神人、英雄的事迹,当然比起刚刚逝去的先人的行为更有社会影响力。重要事件的故事被奉为圭臬,因为它们属于伟大的神话年代,也因为它们是真理,并被广为传诵。它们由于其普遍性和远古性而成为正当的准则。"①

西部少数民族创世神话中的许多行为规范在现实社会中也具有行为准则的功能,尤其是神话中与行为规范相关的规范观念,如神主宰世界的观念、祖先与神同在的观念、因果报应的观念等,仍然深深地影响着当代西部少数民族群众的价值判断和行为模式。

在创世神话中往往有"开天辟地"和"人类起源"的内容,述说的基本上是无所不能的神创造了万物和人类,也能毁灭万物和人类;所以,人类只能服从神的旨意,并用祭祀等活动表示对神的尊敬和畏惧,对神的冒犯是不可饶恕的行为。在四川的羌族叙事长诗《羌戈大战》中,与羌族祖先发生战争的戈基人偷吃了天神的神牛,并且不敬天神,天神便助力羌族祖先打败戈基人,夺取戈基人的土地,从此奠定了羌族社会繁荣的基础。战后,羌族首领带领羌族人设白石台祭天,感谢天神阿巴木比塔的恩泽和羌族始祖女神木姐的引领。② 现在,羌族祭天的仪式已经演变成现代羌族的节日,每年农历四月羌族的祭山会和农历十月初一羌历新年,在祈求丰收或庆祝丰收的同时,祭祀天神阿巴木比塔和羌族祖先是节日的主要活动。现行《阿坝藏族羌族自治州自治条例》还将羌历新年确定为法定节日,该条例第 71 条第 3 款规定:"自治机关尊重各民族的传统节日。藏历新年、羌历新年分别休假三天。"

在西部少数民族创世神话中,与神关系最紧密的是他们的祖先。祖先或者是神,或者是神的朋友,或者是神的创造物。祖先与神的关系一方面提高了本民族的地位,另一方面也奠定了祖先与长辈在族群中的神圣权威。

在藏族英雄史诗《格萨尔》中,格萨尔直接就是天神投胎下凡。而在蒙古族的英雄史诗《江格尔》中,蒙古族的英雄江格尔和洪古尔 7 岁开始就在征战中显露英雄本色,具有先知能力的英雄阿拉谭策吉预言:江格尔将是勇猛无双的英雄,要不了多久,千百万东方的魔王将会为之归服。江格尔又是无私无畏、心怀

---

① 〔英〕马凌诺斯基:《西太平洋的航海者》,梁永佳、李绍明译,华夏出版社 2002 年版,第 281 页。
② 罗世泽整理:《羌戈大战》,载罗世泽、时逢春搜集整理:《木姐珠与斗安珠》,四川民族出版社 1983 年版,第 108—119 页。

坦荡的圣主,将会有六千又十二名勇士云集在他身边,未来江格尔的英雄业绩将光照四方,英名也会远播传扬。① 祖先与神一样是江格尔的保护神。在江格尔拯救英雄洪古尔的故事中,江格尔与一个本领高强的小妖厮打了24天不分胜负,江格尔削铁如泥的宝刀碰到小妖如同碰到石头。最后,江格尔发现了小妖的致命要害,拽出小妖的心脏,哪知心脏喷出3股烈火围住江格尔,江格尔急忙祈求神灵和祖先降雨灭火,才逃过一劫。② 柯尔克孜族的英雄玛纳斯在征战中受伤致死,临死前,玛纳斯述说了自己的英雄业绩:"我即将走完一生的里程。我怎样估计自己?我集聚了四十多个少年,把他们由雏鹰培养成勇士,我们都坚强地战斗,歼灭敌人。我把受尽苦难的柯尔克孜人,由受压迫的奴隶变成强大的民族。现在这一切都要烟消云散了,我就要和大家诀别,即将离开人世。"③

西部少数民族创世神话中表达得最彻底的观念是因果报应,各民族的创世神话中,人与神、人与自然、人与人的关系处处存在因果报应,行为与结果之间彰显着的价值观就是:善有善报,恶有恶报。彝族创世史诗《阿赫西尼摩》描述的因果报应的故事最为生动:在现在的人类诞生之前,世上只有竖眼人,竖眼人时代,"人间乱如麻/天下不安宁/大人骗小孩/小孩骗大人/杀猪不祭祖/杀鸡不敬神/不把青香烧/也不把烛点/道理全不要/礼节都丢光。"为了惩罚竖眼人,地神将粮食的种子收回,天神将乾坤门锁闭,世界一片黑暗陷于混乱。后经天君的许可重开乾坤门,但竖眼人仍然不知悔改,不懂礼和德。于是天神专门为他们制定了规章、礼俗和节令。可是竖眼人我行我素,无视规矩,"正月不祭龙/初一不烧香/十五不献水/六月不杀牛/腊月不杀猪/不把天地祭"。天君下令处罚,六年不下雨,粮食颗粒无收,竖眼人祭天祭龙王,才得风调雨顺,粮食丰收。竖眼人过上好日子后,又不守规矩,不敬天神。最后天神大怒,发大洪水毁灭了竖眼人,只留下善良款待天神的彝族始祖阿谱都阿木,重新创造出守规矩、敬天神的新人类。④

柯尔克孜族的英雄史诗《玛纳斯》在讲述玛纳斯的征战故事中,因果报应是永恒的主题。例如,第二次出征的原因就是卡勒玛克人不遵守玛纳斯与他们的约法三章,名叫肖鲁克的汗还骚扰玛纳斯的盟友哈萨克人,结果玛纳斯率兵杀死了肖鲁克,并将肖鲁克的女儿和40个侍女作为战利品分发给众英雄当妻子。在

---

① 潜明兹:《中国少数民族英雄史诗》,天津教育出版社1991年版,第50页。
② 同上书,第48页。
③ 同上书,第76页。
④ 云南省少数民族古籍整理出版规划办公室编、施文科、李亮文吟唱、罗希吾戈、普学旺译注:《彝族创世史—阿赫希尼摩(汉文、彝文对照)》,云南民族出版社1990年版,第17—52页。

第五次出征中,玛纳斯的敌人卡尔洛夫强迫部下作战,导致部下产生厌战情绪;而玛纳斯在停战期间开荒种地,丰衣足食,吸引敌对部落的百姓纷纷投奔于他,最后轻而易举地战胜了卡尔洛夫。[1]

西部少数民族创世神话中表现的因果报应观念,是古代的人和现代的人都可以观察到的自然现象和社会现象,其中反映的因果关系基本上是大人小孩都很容易判断的简单因果关系。所以,因果报应的观念并不因为社会的变迁而改变,反而随着创世神话的流传而代代相传。现在,西部少数民族村寨中的村规民约和仍在实行的习惯法中的核心理念,依然是因果报应的观念。

上述这些创世神话中的行为规范和规范观念经过口耳相传、耳濡目染的濡化过程,成为创世神话拥有者的西部少数民族群众知识体系中的重要内容,当现实生活中发生某种事件,他们便会从本民族创世神话中寻找相关的行为规范和规范观念,以获得对事件处理的认识,这种认识不仅控制着他们的行为,而且解释着他们的行为。实际上,这些来自创世神话中的"活法"就是所谓的地方性知识。

第三节 创世神话中的规范变迁

尽管马林诺夫斯基揭示了神话在现实社会中具有规范力量的功能,但是,他认为对神话只能做共时性的研究,而不能做历时性的研究,因为,土著人"没有历史时序的概念","不会回顾大自然或人类社会所产生的连续性变化","神话英雄过着和今天同样的生活,处于同样的社会和环境中"。[2] 马林诺夫斯基的这一论断对后来的社会人类学研究产生了广泛的影响,直到20世纪中叶才被新生代的人类学家纠正。格拉克曼不同意马林诺夫斯基关于土著人没有历史的观点,在对非洲部落社会的研究中,他将历时性研究引入社会人类学的法律研究中,并取得了创新性的成果。在《部落社会的政治、法律和仪式》(1965)一书中,他对以往

---

[1] 潜明兹:《中国少数民族英雄史诗》,天津教育出版社1991年版,第69—72页。
[2] 〔英〕马凌诺斯基:《西太平洋的航海者》,梁永佳、李绍明译,华夏出版社2002年版,第261—262页。

的研究作了这样的总结：认为非洲没有历史记录而不能对其进行历史分析的观点是错误的。非洲的历史存在于神话传说中，透过关于社会制度进步发展道理的传说和将变迁吸纳进去并对信仰体系具有支配作用的固有观念，以及社会中安排现存秩序的历史事件就可以发现非洲的历史。① 在人类学的法律研究中，这种历史研究就是关于法律制度变迁的历时性研究，它不再把初民社会视为在时间上静止的、只能做共时性研究的社会，而是把初民社会视为在时间的动态过程中不断变迁的社会而进行相关的制度史研究。

西部少数民族创世神话中在记载行为规范和规范观念的同时，也描述了规范起源与发展和环境与社会变迁的关系，这些内容是研究西部少数民族规范变迁和建构少数民族法律史的重要材料之一。

根据创世神话研究西部少数民族的规范变迁可以有三种方法。

其一，直接从创世神话的描述中发现规范变迁的事件和过程。例如，藏族的英雄史诗《格萨尔》中，格萨尔的叔叔达绒长官晁通（又译做"超同"）对格萨尔讲处世的道理："幼年、青年和老年，是人生旅途的三装饰。青少年时有慈父母，常乐到老福无止。上师、弟子和施主，是修行人的三装饰。勤修法，师徒双方悦，修得正果都欢喜。首领、大臣和属民，是世间福禄的三装饰。德政感人君臣悦，保民怀德都欢喜。父叔、弟兄和子侄，是部落声誉的三装饰。以计服敌双方悦，相亲相爱亲人都欢喜。婆婆、女儿和儿媳，是家庭兴旺的三装饰。心口一致双方悦，长久相安都欢喜。亲人、友人和熟人，是世间快乐的三装饰，相互有利双方悦，赤诚无私三欢喜。太阳、月亮和星星，是湛湛青天的三装饰。温暖的阳光照世界，同在宇宙不分离。云雾、雷鸣和甘霖，是茫茫太空的三装饰。相互为伴相互依，共传福音为大地。草籽、庄稼和果实，是肥沃土地的三装饰。安排人畜得安乐，争艳增辉不相离。爸爸、叔叔和侄儿，合为岭噶布的三装饰。共谋良策降四敌，安乐相伴不分离。"格萨尔识破晁通的花言巧语和伪善的规训说教，尖锐地反驳道："小孩无知亦无识，青春年少不懂事；老来昏庸无羞耻，长乐到老不如死。佛僧心娇图权利，弟子违法又乱纪；施主挽着吝啬结，护法守纪是自欺。首领的心钻在钱袋里，大臣们哄上对下欺；属民们无辜被处罚，说什么保民怀德都欢喜？爸爸叔叔的诡诈比山大，弟兄们的心机如臭尸；子侄无权被赶到边地，降敌保亲也无益。婆母的心比虚空黑，儿媳的行为比山羊野，女儿心中求贪欲，长久相安

---

① M. Gluckman, *Politics, Law, and Ritual in Tribal Society*, London: Bail Blackwell, 1965, pp. 269-270.

恐难得。亲人最后抱仇恨,相识最后把脸翻,亲友最后打官司,赤诚无私难上难。太阳落到西山去,云遮月亮黑漆漆,星星被曙光赶,碧空装饰三分离。浓云已被风吹散,苍龙躲藏不见面,甘霖消失在天边,难传福音为大地。草籽已被野牛吃,粮食装进仓库里,成熟的水果烂在地,花朵争艳只一时。爸爸森伦心眼痴,叔叔晁通有心机,难以为伴自分离。"①格萨尔看透了当时无视法律和道德的恶行,也觉察到当时法律规范的软弱,所以,登上象征着权力和财富的王位金座后,格萨尔即废除旧法,颁布新法,建立他所需要的秩序。格萨尔当众宣布:"除了岭国的公敌外,我格萨尔并无私敌;除了黑头藏民的公法外,格萨尔自己并无私法。从今后,我们岭噶布的众臣民,有了十善的法纪,就要把那十恶的法纪抛弃。只要我们齐心努力,众生就能长享太平。"②

柯尔克孜族的英雄史诗《玛纳斯》中,年轻的玛纳斯第一次出征,征服了卡勒玛克人的空托依部落,并掠夺了战败者的财产。战后柯尔克孜人对战利品的分配产生了争执,老将们要求按照传统的习惯法占有这些战利品,认为战利品代表着胜利,没有战利品就没有胜利。玛纳斯则要改变传统的习惯法,他主张将战利品留给被征服部落的人民,让他们安居乐业。他说:"掳掠人民的财产,那是暴军们干的事情;凌辱可怜的百姓,那是空托依汗的本领。"玛纳斯的主张得到青年将领的拥护,将百姓财产作为战利品占有的习惯法从此被改变。③

其二,将创世神话中记载的行为规范与现实社会中的行为规范予以比较,从中发现现实社会中的行为规范与创世神话的联系,以及旧时的行为规范在现实社会中的变迁。例如,贵州黔西南州兴义地区布依族的叙事古歌《六月六》唱道:水有源,树有根/众乡亲啊,你请听/为什么/布依人身穿青衣镶大滚/布依人要带银圈和压领/布依女要穿青衣/众寨邻啊,你请听/为什么/燕子飞来把虫捉/蜘蛛牵网捕飞蛾/蛤蟆守护秧根脚/田边要插龙猫竹/一坝秧苗才会绿。古歌以提问开头,讲述了布依族关于"六月六"及其风俗形成的神话故事。传说很早以前,布依族居住的地方飞蛾、蚂蚱和害虫成灾,庄稼颗粒无收,百姓生活困苦。寨里的老人指点最勤劳勇敢的青年夫妻得莱和阿菊去找太阳和月亮想办法。得莱和阿菊途中得到燕子、蜘蛛和蛤蟆的帮助,克服重重困难,找到太阳和月亮,得到了龙猫竹、青头帕、青布裙和白龙马。回到家乡后,得莱和阿菊在这些宝物的帮助下,带领众乡亲消灭了害虫,过上了幸福生活。太阳和月亮对布依人说,"今年到了

---

① 降边嘉措、吴伟编纂:《格萨尔王全传(修订本)》,作家出版社1997年版,第122—125页。
② 同上书,第156页。
③ 潜明兹:《中国少数民族英雄史诗》,天津教育出版社1991年版,第69—72页。

六月六/田中要插龙猫竹/年年记得献双马/年年记得杀害虫/青布衣裙青帕子/布依家家衣食足"。① 时至今日,"六月六"已经演变成布依族的传统节日,神话中太阳和月亮立的规矩仍然是布依族遵守的习俗,围绕着习俗中祈求丰收、平安和健康的内核,又延伸出一些类似的习俗。② 尽管作为节日的"六月六"现在已被赋予了新的观念,但原始的观念外观仍然被保留着。③ 每年到了"六月六",每家都要制作新衣,"青布衣裙青帕子"是布依族传统服饰的基本格调。节日期间,村寨除举行祭龙大典之外;各家要用白纸剪成纸马、纸人或三角旗,染上鸡血,插于稻田中,奉祀"白马";中老年妇女则把家里用过的衣笼垫被等物,全部挑到河边、塘边、沟边等清流水之处洗净和沐浴;村寨中的少年男女会挑着煮熟的鸡腿和粽子到河边、田坝水口边祭祀"天神""水神"和河神。④ 如果说布依族"六月六"的习俗规则已经变成象征意义的民族节日,那么,彝族的祭祀规则的变迁,在今天的彝族祭祀中仍然保留着被史诗改变了的规则。彝族的史诗《勒俄特衣》中,有关于彝族祭祀礼仪变迁的记载。传说中,一个地名叫施八卡的地方住着浦合三兄弟,母亲死后,三兄弟先为争夺衣物田产起纷争,后为争夺母亲的尸体发生矛盾,大哥争得头、二哥争得身子、三弟争得双脚。三弟请毕摩为母亲超度亡灵。"白彝毕摩坐上方,黑彝毕摩坐上方,学徒毕摩坐中央。"毕摩之间对祭祀祭场的设置发生了争论。毕摩提毕扎木说,按照古法,祭祀要将"林中獐子扇骨拿来灸,天空神鹰腿骨拿来插,地上老鼠腿骨拿来插,金枝银枝做神叉,麂子捉来栓,獐子捉来套,雉鸡捉来栓,锦鸡捉来套,松树拔来转"。毕摩尼毕始助认为这样的古法要改,否则后人无法找到这些东西就无法做祭祀。可以将"家中绵羊扇骨拿来灸,檐下家鸡腿骨拿来插,柏树树枝做神叉,小鸡拿来栓,小猪拿来套,红子树竿做神

---

① 布哥收集、黄寿昌等整理:《六月六》,载贵州省社会科学院文学研究所、黔南布依族苗族自治州文艺研究室编:《布依族古歌叙事歌选》,贵州人民出版社 1982 年版,第 97—116 页。
② 布依族"六月六"节日的来历和相关的神话在不同的布依族地区有不同的内容,但基本上都是关于神佑族人、祖先创世或驱邪避灾的故事。由于神话中的保护神不同,各地祭祀活动中祭拜的神也不同,但是祭拜的行为和程式基本相同。
③ 博厄斯在 20 世纪初期就观察到这种演变为仪式的习俗,他指出:所有类型的文化中都可能辨认出观念联想的某些模式。在有些历史遗存中,旧的观念已然消失,只保留了这些观念的外观。例如,在仪典的领域,很多重大事件都伴随着无数规定好的仪典程式,虽然这些仪式的最初意义已经完全消失了,但人们还是经常地举行这些仪式。很多仪典程式源于非常古老的年代,所以,我们必须从古文物中,甚至到史前时期去寻找它们的起源。〔美〕弗兰兹·博厄斯:《原始人的心智》,项龙、王星译,国际文化出版公司 1989 年版,第 124—125 页。
④ 马启忠:《布依族"六月六"探源》,载《安顺师专学报(社会科学版)》1996 年第 1 期。

灵,竹根拔来转"①。直到现在,毕摩尼毕始助修改的祭祀祭场规则仍然被使用。凡占卜某事之前,先由毕摩牵来一猪或羊,诵骨卜经,然后宰牲取出肩胛骨,由毕摩查验所呈之纹路,再对照经书,以断吉凶。②

　　社会变迁,物是人非,就相同的事物而言,古老的规则只能作为传说存在于神话或史诗中。藏族英雄史诗《格萨尔》对赛马习俗的描述与今天藏区的赛马习俗相比有了很大的差别。《格萨尔》中描述了格萨尔夺取王位的那场赛马大会的规则:参加赛马的人不分贵贱人人平等,都有参加赛马的权利,都有夺得王位的可能。赛马的时间定在6月温暖的日子。赛马的彩注是女神白度母的化身、美丽无比的珠牡姑娘,获胜者无论尊卑、无论老少都会得到这个美女。③ 今天的藏区也举行传统的赛马大会,例如,云南省迪庆州香格里拉市的藏族群众每年农历五月初五要举行赛马会,内容有比速度、比马上抢旗、跑马拾物等,获胜者能得到一定的奖品,并为自己和村寨赢得荣誉。至于王位、彩注和美女都只是传说了。

　　其三,比较同一民族或不同民族的创世神话和现实社会中的行为规范和规范观念,对传统法律文化的变迁作出合理的解释。例如,西部少数民族的创世神话中都有关于乱伦禁忌的故事,但是,即使是在同一民族中,不同群体关于乱伦禁忌的禁止性规范也并不相同,这种现象和该民族对乱伦禁忌的理解和识别血缘集团的标志不同和变迁有很大的关系。以苗族为例,在《苗族古歌》中,记述了苗族分宗开亲的习俗,但分宗开亲也有例外,古歌里的苗族男青年阿今与女青年阿娲是同一氏族兄妹,两人结婚有违同宗不婚的习俗,于是寨子里的叔伯想出办法,杀一只公鸭来祭祖和向祖先赔礼后,二人便可以成婚。④ 历史上,苗族一直有分宗开亲、同宗不婚的风俗,但各地的苗族对同宗的理解又有差别,有的地方以可识别父系血亲集团的苗姓为认定同宗的标志,如贵州松桃、炉江(现属凯里市)一带;有的地方,以鼓社为标志,有"同鼓不婚"之说⑤,如黔东南地区的台江、剑河一带的苗族。还有的地方将结拜兄弟也视为同宗。⑥ 现在,同宗不婚的风俗在贵

---

①《勒俄特衣》,曲比石美等搜集翻译、冯元蔚等整理校订,载《凉山彝族奴隶社会》编写组编:《凉山彝文资料选集(第一集)》,西南民族学院1978年印,第110—113页。
② 杨凤江译注:《彝族氏族部落史》,云南人民出版社1992年版,第122页。
③ 降边嘉措、吴伟编纂:《格萨尔王全传(修订本)》,作家出版社1997年版,第85—89页。
④ 贵州省少数民族古籍整理出版规划小组办公室编、燕宝整理译注:《苗族古歌》,贵州民族出版社1993年版,第134页。
⑤ "鼓社"为氏族外婚制组织,一般由同宗的一个或几个村落组成。鼓社有号令宗族,制定规约,主持祭祀,执行赏罚的功能。参见李廷贵、酒素:《苗族"习惯法"概论》,载胡起望、李廷贵编:《苗族研究论丛》,贵州民族出版社1988年版,第352—353页。
⑥《苗族简史》编写组:《苗族简史》,贵州民族出版社1985年版,第321页。

州的苗族聚居区仍然保留着,但是,也有一些村寨受国家婚姻法的影响或因通婚择偶的需要,同宗不婚的观念发生了变迁,出现了同宗结婚或结拜兄弟的后代结婚的现象。①

在云南省屏边苗族自治县苗族群众有过花山节的传统习俗。关于花山节有很多传说,比较统一的一种是:在一次因战争引起的迁徙中,一对夫妻与他们的两个孩子走散。为了找到孩子,夫妻俩在高山上立起10多米高的花竿,花竿顶上挂着青、蓝、白三条麻布,花竿脚下放两大瓶酒,号召群众到花竿脚下来玩。消息传开后,四面八方的苗家乡亲都赶来参加,夫妻俩也在人群中找到了自己的孩子。从此,苗族就有立花竿的习俗,凡是求儿找女或缺儿少女的人家,就要连续3年立花竿,祈祷早日生儿育女,子孙繁盛。现在屏边县苗族的花山节于每年正月初三至初五举行。节前的腊月中旬,花山的主办人就要在花山盛会的场地中央高高地立起花竿,花竿上系着红、绿、白色的彩带。到花山节开山的时间,主办人准备一些酒放在花竿下,芦笙师傅吹响芦笙围绕花竿跳三圈后,便可宣布花山节开始。20世纪50年代前,主办人会用牛皮绳涂抹油脂围赶群众参加活动。新中国成立后,花山节由政府和主办人共同主办,政府每年都拨专款给予一定资助,以发展民间文化活动。至此,花山节已经不再是单纯的民间活动了,而变成了半官方的活动。这个时期的花山节内容丰富,有芦笙舞、舞狮队爬花竿、斗牛、赛马、龙灯起舞、对唱山歌、武术表演等。1985年屏边县人大常委会正式决定花山节为屏边苗族的传统节日,每年农历正月初三至初五举行。② 所以,现在的花山节成了当地的法定节日。花山节的习俗普遍存在于云南、贵州、四川的苗族地区,是苗族一年中比较隆重的祭祀活动。各地苗族关于花山节的传说并不一样。有的传说与苗族和外族的战争相关,有的传说与苗族的迁徙相关,有的传说则与苗族的日常生活相关。花山节的传说不同,各地苗族花山节的祭祀规则又不相同,而规则的不同又往往与各地花山节的传说有关。以贵州的苗族为例:长顺县的苗族先砍一根最好的长竹,在竹子的顶端挂一小块红布,齐胸处挂一把马刀,下面摆一张小桌,放上四碗酒。寨主喝完酒后,用苗语念咒,宣布任命当年的花场场长,被任命的花场场长要半跪着从寨主手中接过宝刀。然后寨主指定的两位老人绕着旗杆吹响芦笙,花山节便正式开始。长顺县花山节的传说是纪念因反抗压迫战死沙场的苗族英雄,所以,祭祀中的宝刀就是英雄的象征。贵州贵阳

---

① 周相卿:《台江县五个苗族自然寨习惯法调查与研究》,贵州人民出版社2009年版,第137—138页。
② 云南省屏边苗族自治县民族事务委员会、县志办公室编:《屏边苗族自治县民族志》,云南大学出版社1990年版,第36、41页。

花溪的苗族花山节的开始仪式则是要挑选出童男童女各六名,男孩手持芦笙,女孩手持自家做的糯米饭、酒、鸡和猪头,在组织者的带领下围着旗杆按顺时针方向走三圈,将把食品放在桌上供神。然后,男孩吹芦笙,女孩起舞,先向左跳三圈,再向右跳三圈,花山节才正式开始。① 贵阳花溪苗族花山节的传说很多,其中就有求子的传说和男女青年喜结良缘的传说,仪式中童男童女的敬献和舞蹈也是一种祈神的行为。

上述研究规范变迁的三种方法既可以单独使用,也可综合使用。重要的是在利用创世神话研究西部少数民族的规范变迁时,要坚持整体论的立场,将规范变迁放到整篇神话和西部少数民族的社会历史变迁中进行考察,把握规范变迁的原因和目的;同时,也要善于运用比较的方法,通过历史与现实的比较、不同民族或同一民族不同群体的比较,把握规范变迁的特殊性。

列维—斯特劳斯在《神话是如何消亡的》(1971)一文中,对神话的空间上变化和消亡作出这样的论断:神话在空间的传播过程中,虽然会有筋疲力尽的状况,但是,"有两条路仍然敞开着:虚构加工的道路和重新用来为证明历史的合理性这个目的服务的道路。这个历史可能有两种类型:回溯型,以发现古昔的传统秩序;或展望型,以使往昔成为开始明确起来的未来的开端"②。西部少数民族创世神话中的行为规范和规范观念也有这样的特点,它们将长期存在于少数民族的观念和实践中,既是对早期规范的集体记忆,又是当今维护传统秩序的"活法",还是构建新秩序的开端。所以,创世神话的法律价值应当引起民族法学和法人类学研究的重视。

---

① 薛丽娥:《苗族"花山节"起源初探》,载《贵州大学学报(艺术版)》2009 年第 3 期。
② 〔法〕克劳德·列维—斯特劳斯:《结构人类学——巫术·宗教·艺术·神话》,陆晓禾、黄锡光等译,文化艺术出版社 1989 年版,第 272 页。

第十二章　民族志中的家族法①

　　第一节　家族法的类型、特点与功能
　　第二节　家族成员的人身关系
　　第三节　家族的婚姻
　　第四节　家族的财产关系
　　第五节　对违反家族法行为的惩罚

---

① 本章中的民族志材料大部分来自1950年代民族调查形成的"中国少数民族社会历史调查材料",故其呈现的家族法也基本上是1950年代以前或1950年代的状态。随着社会的变迁,这些家族法很多已经消失了。另外,限于篇幅,本章采用的民族志材料只限于西部少数民族地区的调查材料。本章的内容原载张晓辉等编著:《中国西部民族文化通志·法律卷》,云南人民出版社2017年版,第五章;署名作者为张晓辉、王秋俊。原文约5万字,本章是经过删减后保留的内容。

家族法是调整宗族和家庭内部和外部关系的法律制度,它通过规定宗族和家庭中的人身关系、婚姻关系、财产关系和对违反家族法行为的处罚,建构宗族和家庭在生产劳动和社会生活中所需要的秩序,以保证宗族和家庭的繁衍和生存。① 在国家法的层面上,中国古代法律将家、宗族和国家视为一个整体,宗法制度是国家法的重要内容,国家政权通过国家强制力保证宗法制度的实施。在现代中国,宗法制度在国家法中已经被取消,我国婚姻法构建的基于婚姻自由、一夫一妻、男女平等婚姻制度上的平等、和睦、文明的婚姻家庭关系,已经成为当下各民族处理婚姻家庭关系的基本准则。但是,在日常生活中,宗族的观念仍然存在,宗族组织也活跃于民间。在西部少数民族社会中,尽管社会变迁已经使一些旧时的家族法失去了效力,然而,由于家族组织的存在,传统家族法中与国家法不冲突或冲突较小的内容也还作为传统法文化的重要内容保留着。因此,从民间法的层面上,揭示近现代西部少数民族民间社会中存在的家族法,有益于了解当代西部少数民族的宗族制度和婚姻家庭制度的渊源和变迁。

第一节 家族法的类型、特点与功能

家族法普遍存在于西部少数民族社会中,受民族文化的相似性和差异性影响,各民族的家族法呈现出多样性特征的同时,也具有一些相同的特点和功能。

---

① 对于家族法还有一种狭义的解释,例如,日本学者滋贺秀三在《中国家族法原理》中将中国"家"的概念分成广义与狭义两种:广义上的"家"与"宗"同义,指男性继嗣血统中的亲属集团;狭义的"家",仅指共同维持家计的生活共同体,即家庭。滋贺秀三的这本著作主要是对家庭关系的研究,所以,他对家族法定义是,所谓家族法,无非是有关宗上的身份关系,在同居共财这样的场合中表现出来的某种权利关系。参见〔日〕滋贺秀三:《中国家族法原理》,张建国、李力译,法律出版社2003年版,第46页。

一、家族组织的规模与形式

（一）家族组织的规模

家族是一种主要以血缘关系为纽带形成的社会组织，它由数个、数十个或更多的同宗家庭组成。家庭和家族虽然密不可分，但是，二者在社会中的职能并不相同，"家为家，族为族，前者为一共同生活团体，后者则为家的综合体，为一血缘单位，每个家自为一经济单位"①。

在西部少数民族社会中，由于社会发展不平衡和民族文化的差异，家族组织的规模呈现出多样化的格局。

有的家族组织将具有同宗血缘关系的均视为同族，家族规模庞大，形成跨越地域的宗族组织。例如，贵州省江口县土家族同一血缘关系的各姓均有自己的宗族组织。有的大姓如杨、张、陈、李、刘、黄等，人口成千上万，分布面广，宗族组织甚至包括县内外、省内外同一血缘的同姓成员，故有的大宗族下，还有小宗族，一般由同寨或少数不同寨的同一血缘的成员组成。大小宗族之间有一定的间接从属关系。大宗族组织由于分布面广，组织活动有一定困难；小宗族组织一般一年至少召开一次全体成员大会，每年清明节，几乎都要合族聚会，到共同的祖先坟前扫墓，共饮共食。②

有的家族组织在血缘关系的基础上，又以一定地域为家族的居住区域，形成以一村一寨或数村数寨为单位的家族组织，在这种形式的家族组织中，村或寨的首领往往也就由家族的族长兼任。例如，广西壮族自治区大瑶山5个族系的瑶族，大都各分族系而自成村落。两个族系共村杂居的现象极不易见。其中，茶山瑶、花篮瑶、坳瑶，由于最初进入瑶山时，占有广阔的山场，在较平坦而肥沃的地方开辟了水田，建村定居。一村里面，共同聚居的往往是一个或几个同姓的血缘亲族。而在一个原来共祖先的某姓家族下，由于子孙繁衍，又往往分为几个小集团。前者称为家族，后者称为"房"（也称房族）。瑶族常把这种由一个祖先的后裔所分出来的房比作树的枝丫。家族是较疏远的血缘关系，房却是较亲近的血缘关系。房下面则为家，一房之下往往包括数目不等的家，有的房只有2—3家，有的房有10多家，但20家以上数目的房在调查中还没有发现。可见房这种社

---

① 瞿同祖：《中国法律与中国社会》，中华书局1981年版，第5页。
② 赵大富：《江口县土家族社会历史及社会组织》，载贵州省民族研究所、贵州省民族研究学会编：《贵州民族调查（之六）》，1989年印行，第369页。

会组织形式仅是一个成员不多的小集体。①

有的家族规模不大,由于历史上迁徙或合作等原因,几个家族共同居住在一个村寨,不同的家族以姓氏为识别同宗的符号。贵州省罗甸县平亭村布依族有7—8个较大的姓氏,每一个姓基本上是一个家族。但由于姓氏的来源不同,也有一个姓是两个不同的家族,例如,王姓中有的是属于王姓亭目的王姓家族,有的是王姓亭目统治下的另一个王姓家族。②

除了血缘关系的家族组织之外,有的民族还存在将拟制的血缘关系视为同宗家族从而扩大血缘家族规模的情况。例如,贵州省黔东南地区的台江、剑河一带的苗族将结拜兄弟也视为同宗,享有并承担与血缘家族成员一样的权利义务。③

（二）家族组织的形式

家族组织虽然普遍存在于西部少数民族社会中,但是家族的组织形式却因民族和地区的不同有很多差异。如果做一般性的归纳,可以将家族的组织形式分为两种,即复杂的家族系统和简单的家族系统。

复杂的家族系统中家族组织有多个层级,由上至下,界限清楚,秩序各异。有的地区的少数民族群体具有十分复杂的家族组织系统,在这个系统中,家族被分为不同的层级,每一个层级相互之间有不同的联系。例如,贵州省黎平县肇洞侗族村寨的家族组织系列分为"胜""督""翁""高然岱侬""然"等5个层次。"胜"的含义与汉字的"姓"相同,肇洞的居民以陆姓为主,约占总人口的90%。"督"即一伙人之意,肇洞的陆姓共分13个督,同一寨的督与督之间,经常有来往,但本督内严禁通婚。"翁"即公,就是祖父的意思,翁是家族组织中的第三个层次,是由督第一代祖公下分出来的几个支系。各翁之间交往较多,各翁各有各的内部规定。"高然岱侬"中"高然"指的是住房内安设有火塘用于饮食的一间屋子,"岱"指兄,"侬"指弟,故"高然岱侬"意为共用一个火塘的兄弟,是包括几个或十几个父系小家庭在内的社会组织,其成员中凡大小事,都看成自家的事,均需共同商量处理,并对外严守秘密。"然"即家或家庭的意思,是由本"胜"（姓）开始的

---

① 国家民委《民族问题五种丛书》编辑委员会办公室:《中国少数民族社会历史调查资料丛刊》第110卷,《广西瑶族社会历史调查（一）》,中央民族大学出版社2005年版,第331页。
② 国家民委《民族问题五种丛书》编辑委员会办公室:《中国少数民族社会历史调查资料丛刊》第117卷,《布依族社会历史调查》,中央民族大学出版社2005年版,第589页。
③ 《苗族简史》编写组:《苗族简史》,贵州民族出版社1985年版,第321页。

向外联姻而组成的一个父系小家庭。①

简单的家族系统中家族组织层级较少,家族成员人口不多,没有明确的族长或家族组织机构。例如,新疆疏附县维吾尔族的宗法制度并不严整,亲属之间的权利义务一般不超出直系血亲的范围,没有"同宗同姓"的血缘联系,非直系亲属以外的居民主要是按宗教社会联系起来,一个礼拜寺便是联结一群居民的纽带。②

除了复杂和简单的家族组织之外,常见的家族组织系统往往分为两个层次。一个层次是宗族,凡是有血缘关系的人员均为宗族的成员;另一个层次为小的家族,以一定血缘关系范围为确定族人的标准,凡是属于该范围的人员即为本家族的成员。例如,广西罗城县四把乡仫佬族新村、大梧、覃村等仫佬族,其社会组织,都以父系家庭为单位,但仍聚族而居,新村有谢吴两姓,大梧全是吴姓,覃村全是覃姓。除大梧吴姓共有3个不同宗族的祖先而外,新村的谢姓和覃村的覃姓都各自是同一始祖的子孙。同宗共祖的血缘宗族之下,往往以血缘较近的亲属,分成若干房族。一个宗族,都建有宗祠,多数都置有蒸尝田产(俗称清明田)作为祭祀祖先的费用。各房族也有这种公共财产。同一宗族,往往修有谱牒,定有族规,由族长执行。家族之下的小家庭中,家庭财产由家长支配,家庭成员地位不平等,男尊女卑,共父之子,平均分占财产,女子无财产继承权。老人在家庭中一般受尊重,儿子对父母须生养死葬。③

二、家族法的类型和特点

(一)家族法的类型

作为社会组织的家族,要维系家族组织内部的和睦和外部的和平,必须建立与家族组织生存条件相适应的规则,并使家族成员遵守,这种规则即为家族法。家族法是由家族组织制定,规定家族成员相互关系、家庭财产处分、家族重大活动和家族对外行为等事项的行为准则,由家族组织的执行机构或全体家族成员监督实施的规范体系。由于家族法代代相传,历史久远,其中的大部分内容已经

---

① 黄才贵:《黎平县肇洞侗族社会调查》,载贵州省民族研究所、贵州省民族研究学会编:《贵州民族调查(之四)》,贵州省民族印刷厂1986年印行,第467—470页。

② 全国人民代表大会民委员会调查组:《疏附县托古扎克区第六乡调查材料》,载新疆维吾尔自治区丛刊编辑组:《维吾尔族社会历史调查》,新疆人民出版社1985年版,第9页。

③ 国家民委《民族问题五种丛书》编辑委员会办公室:《中国少数民族社会历史调查资料丛刊》第117卷,《广西仫佬族社会历史调查》,中央民族大学出版社2005年版,第198页。

成为该地区或该家族的风俗习惯。

西部少数民族家族法以是否受汉族文化影响为标准,可以分为两类,一类是受汉族儒家文化影响形成的家族法,另一类是少数民族固有文化发展过程中形成的家族法。

受汉族儒家文化影响形成的家族法,主要存在于较多接受汉文化的少数民族地区。在这些地区,少数民族往往以代表儒家文化的汉族家规家训为蓝本,制定本家族的族规。清代担任过贵州省铜仁地区省溪司土司的土家族杨氏家族的家族法便是一例。杨氏家训条例共 9 条,涉及家训宗旨、家庭财产处分、家庭成员之间的关系、行为操守、族人分布、祖宗祭祀、族人互助、婚姻缔结和族内纠纷处理等内容,其中援引了儒家文化中关于治家的家训格言,并以此作为家训条例的权威来源和合法性依据。例如,"兄弟既翕,和尔且耽",意为兄弟一条心,才有快乐与和睦;"戚戚兄弟,莫远具迩",意为相亲相爱的兄弟应该亲密无间,这两句诗出自《诗经》。"朱文公有居家四本曰:读书起家之本,勤俭治家之本,和顺齐家之本,循礼保家之本"则出自宋代儒学大家朱熹的"家训格言",所谓"四本",是将读书、勤俭、和顺、循礼作为家庭之根本,不可放弃之原则。"害莫大于婢子造言而妇人悦,妇人附会而丈夫信,禁此二者,家政肃矣",出自明朝思想家吕坤(吕叔简)的《呻吟语》,原文为"犹莫大于婢子造言而妇人悦之,妇人附会而丈夫信之。禁此二害而家不和睦者鲜矣"。意为家里的主妇喜欢奴婢造谣或者丈夫轻信其妻故意附会的谣言,这是危害家庭的行为,只要能禁止这两种有害行为,家庭的和睦就能实现。除了这些家训格言之外,杨氏家训条例中的其他内容受汉族族谱家训的影响也较明显。[1]

尽管许多少数民族的家族法都或多或少有受汉族家训影响的内容,但是,也有一些西部少数民族的家族法并无汉族文化影响,而是与相近的地缘文化融为一体,具有明显的地缘文化特点。例如,云南省西双版纳州的傣族传家祖训[2],是以南传上部座佛教的经典和傣族的文化为基础形成的具有民族特色的家族法。与内地受汉族文化影响较多的少数民族家族法相比,傣族的《传家祖训》有几个特点:其一,它的保存形式是傣文记载的文本形式,而内地很多受汉族文化影响

---

[1] 赵大富:《江口县土家族社会历史及社会组织》,载贵州省民族研究所、贵州省民族研究学会编:《贵州民族调查(之六)》,1989 年印行,第 369—370 页。

[2] 刀光强、高立士:《傣族传家祖训》,载云南省编辑组编:国家民委民族问题五种丛书之一,中国少数民族社会历史调查资料丛刊,《傣族社会历史调查(西双版纳之九)》,云南民族出版社 1988 年版,第 201—208 页。傣文《传家祖训》,原名"布双朗",直译为"爷爷教育子孙",是 1950 年以前流传于西双版纳傣族上层和民间的一种傣文抄本。该抄本全文约 3000 字。

较多的少数民族家族法的保存形式则是汉文记载的文本形式。其二,它的内容多是以日常生活中的常识和道理劝导人们从善避恶,与南传上部座佛教的佛经联系密切;而内地受汉族文化影响较多的少数民族家族法的内容主要涉及家庭或家族成员之间的关系,以儒家的礼教规范家族成员的行为。其三,它的行文方式多用排比的句型,用简单通俗的话讲出经验和道理,类似谚语,通俗易懂;而内地受汉族文化影响较多的少数民族家族法多是由有儒学知识的先生撰写,行文讲求循礼且古雅,脱离口头表达的习惯,有些句子深奥难懂。

(二)家族法的特点

西部少数民族的家族法形式多样,内容繁简不一,然而,就其历史、形式和主要内容而言,依然具有一些共同的特点。

(1)民族性。家族法是约束生活在特定地域的特定族群的行为规范,这种规范必须具有合法性才能被适用和遵守,而家族法所谓的合法性之一就是家族法反映了适用和遵守家族法的家族与其所属民族在地缘和族群上的联系,这种联系就是少数民族家族法的民族性,它是少数民族家族法的一种特质。同一少数民族的家族法往往会有很多相似性,其中的原因就在于不同家族所具有的共同的民族性。首先,在同一地域上生活的一种少数民族具有相同的民族文化,这种民族文化影响着他们的共同行为;其次,在同一地域上生活的一种少数民族具有相同的生产方式和生活方式,在物质和精神上的需求也基本相同,能够形成一致的价值观念和行为规范;最后,在一个民族内部,人员往来频繁,文化交流密切,家族间的认同度高,好的家规家训易于传播。所以,从民族文化的视角看,少数民族家族法是民族文化在处理家族关系上的制度化,家族法的内容是民族文化的组成部分之一。从规范的视角看,少数民族家族法的行为规范能够反映本民族的民族文化,与本地方本民族的生产生活条件相适应,体现着具有民族特点和地域特点的价值观念。这种文化上和规范上的民族性使特定地域的一种少数民族的家族法具有了与居住在同一地方的其他少数民族或居住在其他地方的少数民族的家族法不同的民族特征。

(2)历史性。家族按照父系血缘关系的继嗣谱系可以上溯若干代,少的三代,多的数十代。从时间上计算,一个家族的历史短的有数十年,长的有数百年或数千年。与家族历史相伴的不仅仅是人口的繁衍,也还有家族文化的传承。家族法作为家族文化中的制度文化,是家族文化中的核心文化,它通过文字的方式或口耳相承的方式一代代继承下来。在传承之中,家族法借助祖宗崇拜的信仰和祖宗的威严不断得以加强,成为全族必须遵守的祖宗之法。所以,不同地方的少数民族家族法均强调是秉承祖宗的训诫制定行为规范,很多少数民族的家族法具有源远流长的历史,在家族的历史演变中发挥了重要的作用。

（3）劝导性。家族法处理的是家族成员之间的关系,家族成员不论血亲远近,相互之间都是亲属,这种亲情维系的关系,决定了家族法主要以劝导的话语督促族人多行善举,光宗耀祖,尊重长辈,孝敬父母,兄弟同心,劳动致富,勤俭节约,体恤同族,共御外敌。劝导的规定有几种方式:其一,以祖先的丰功伟绩或艰难创业的事迹激励族人;其二,以家族或祖先的挫折和教训警示族人;其三,以家族中出现的不端行为使家族蒙羞的实例教育族人;其四,以重振家族声望,促进家族发展为目的,提振族人自强自律。例如,1920年镌刻在广西仫佬族大悟村吴姓二冬的《祠堂规则》引言说:"自来伦常固宜首重,祠堂尤贵分明。稽余二冬自鼻祖以来,生数十余代,烟户稍近七八百家,或世居本村有之,或分支别地亦有之,悉同归一祠,实同归一脉所生者也,迄今年深日久,房族间有牛马襟裾,不守道德,不从天伦,擅作欺宗灭祖,专为貌族慢尊,或乱伦而同族为婚,或勾匪而残害同宗,或田地而私买外人。有此等人,不特为本祠所不容,抑亦为法律所不许也。襄者曾因此等人物,扰乱本祠,诉至公庭,爰阖祠人等协拟本祠规则,勒附石碑,以儆来者之效尤也,是为引。"①

（4）规制性。家族法的宗旨是告诉家族成员什么行为应该做,什么行为不能做,从而确立家族成员之间的权利义务关系和与之相关的行为准则,规范家族成员的观念和行为,构建家族生存和发展所需要的秩序。从秩序的层面看,家族法的规制是保证秩序建立和维护的必要一环。家族法涉及生产和生活中的家族和家庭的关系、家族成员之间的关系、家庭与家庭之间的关系、家庭成员之间的关系、婚姻的缔结与撤销形成的关系、家族或家庭财产的共有、分割、继承的关系等诸多方面,通过劝导性规范和禁止性规范从软硬两个层面对族人的观念和行为进行规制,使族人的言行举止有规可循,从而在家族内部建立起尊卑有序、尊老爱幼、男女有别、倡导善行、杜绝恶行、互帮互助、人丁兴旺的家族秩序。

（5）灵活性。家族法虽然有悠久的历史和祖先的遗训,但对于使用家族法的家族而言,家族法毕竟是处理当下家族事务的规范,必须根据当下族人的生产生活方式的现实顺势而变,才能有利于家族的发展和族人的生存。因此,家族法受到家族成员的拥护和遵守,重要的是家族法具有灵活性,它能顺应社会的变迁

---

① 《仫佬族简史》编写组:《仫佬族简史》,广西民族出版社1983年版,第42页。

而及时做出改变,以维护整个家族和所有族人的利益。家族法的这种灵活性除了体现在顺应情势改变规则上以外,还体现在具体适用规则的过程中,家族中发生的个案性质不同,当事人的地位、为人不同,事件发生的地点时间不同,都会引起对个案处理的差别,在不违背基本规则和伦理的前提下,执法者会在处理过程中灵活地使用家族法,从而在一定程度上更好地体现公平公正。

三、家族法的功能

西部少数民族家族法之所以能够在很长的历史时期存在,并被本家族的族人所遵守,一个重要的原因就是家族法的功能体现了家族成员的共同需要,维护了家族的繁衍和发展,而家族的繁衍和发展也在强化着家族法的功能。概括起来,西部少数民族家族法的功能主要体现在以下几个方面。

(一) 彰显祖宗德行,增进族人团结

家族祖先是家族认同的象征和精神寄托,作为继嗣族谱的重要内容,许多少数民族的家族法开篇总是先讲祖先创业的事迹和祖上的行为典范,一方面为后人树立榜样,另一方面也通过彰显家族先辈的德行和荣光,加强本族子孙对祖宗的认同感,增进族人的团结。

(二) 扬善惩恶,规范行为准则

在家族中,家族成员的行为影响着家族内部的稳定和家族外部的关系。家族法通过设立规范,构建家族内部的秩序,协调家族与外部的关系,家族法规范的设立、执行体现了家族扬善惩恶的价值观,从而为家族成员确立行为准则。例如,贵州铜仁地区的土家族内部有严格的家族法规。他们按血缘关系组合的家族社会秩序,主要靠家族法规来维持。该地区江口县的土家族有:"家法大于国法,国法可避,家法难逃"之说。[①] 可见宗族组织的家训族规,内容比国家法更为繁杂具体,实效性更强。

(三) 提倡族人互助,共同安内攘外

在一个家族中,族人之间贫富不均,生活条件不尽相同,碰到喜事应当有人庆贺,碰到难事也应当有人出手相助,这样的家族才有凝聚力,也才能繁荣昌盛。家族法对族人之间的相互关系的规定中,普遍规定了族人之间尊老爱幼,相互扶

---

① 赵大富:《江口县土家族社会历史及社会组织》,载贵州省民族研究所、贵州省民族研究学会编:《贵州民族调查(之六)》,1989年印行,第369—371页。

助,排难解忧,共同安内攘外的义务。贵州省铜仁地区土家族一般都是一村一寨聚居,每个自然村多为同姓同宗,同姓者都是有血缘关系的族人,同一近祖的人称为同一房。这种同姓人组成的村寨内聚力很强,虽然他们平时相互间难免会有些矛盾,但在对外关系上往往能充分地表现出和谐的一致性。①

(四)确定族人的婚姻家庭关系,保障家族繁荣

婚姻是家族繁衍的基本方式,在外婚制的婚姻形式中,婚姻是以外族女子加入本族得以实现的,同时,婚后形成的家庭和生育的子女,也产生了家族和家庭中的尊卑长幼秩序和家庭财产的分割与继承。因此,家族法需要通过对族人婚姻家庭关系的规定维护家庭的稳定,保障家族的繁荣。例如,四川羌族婚姻习惯法中,有"同姓不婚""近亲通婚""早婚""包办强迫""神灵定亲""水开不开""容忍性乱"等原则,彼此间相互联系,构成一个缺一不可的有机整体,共同维护着 20 世纪 50—60 年代以前羌族的婚姻家庭结构。②

(五)维护家庭和家族财产,防止家产外流

家庭财产和家族财产是家庭和家族生存和运作的经济基础,财产的稳定和增加与家族内部的繁荣和稳定关系密切,因此,以家族法的形式对家庭或家族财产的使用和处分作出规定,有利于维护家庭和家族财产,防止家庭或家族财产外流。例如,1950 年以前,新疆阿勒泰地区的哈萨克族家族法规定,哈萨克族只有男子才有家庭财产继承权,女子没有权利继承财产,妻子亲属也无权继承财产。家长死后,其财产由其子继承,无子则由其兄弟继承,无兄弟则由本家族的成员继承,如家族中无人继承时,财产由本氏族成员分得。如果丈夫死后,妻子带着儿女嫁给丈夫的兄弟或者其他本氏族成员,则财产可以全部带到第二个丈夫家中,如嫁到外氏族中去,那么前夫的财产必须留在本氏族内。③

---

① 罗勇、石海波:《铜仁地区土家族概况》,载贵州省民族研究所、贵州省民族研究学会编:《贵州民族调查(之四)》,贵州省民族印刷厂 1986 年印,第 249 页。
② 龙大轩:《乡土秩序与民间法律:羌族习惯法探析》,华夏文化艺术出版社(香港)2001 年版,第 109 页。
③ 国家民委《民族问题五种丛书》编辑委员会办公室:《中国少数民族社会历史调查资料丛刊》第 72 卷,《阿勒泰哈萨克族文化习俗调查报告》,中央民族大学出版社 2005 年版,第 521 页。

第二节　家族成员的人身关系

对人身关系的规定是家族法中的重要内容,它涉及家族和家族成员的识别、确立家长和族长的权威以及家庭成员相互权利义务等社会关系的调整。

一、家族的识别

家族的识别是确定家族成员人身关系的前提,只有确定某人是本家族的成员,其才能享有本家族的权利,并承担本家族的义务。一般来说,家族组织是一种血缘组织,在父系继嗣的社会,以父系血缘为标准,即可确定家族成员的身份。但是,由于家族规模的不同和家族的分化,世系的血缘关系并不等同于家族血缘关系;社会关系中拟制的亲属关系加入家族的情况,又会使血缘关系为基础的家族组织发生非本质的变异。因此,在西部各少数民族的家族法中,家族的识别往往是较为重要的内容。

（一）以祭祀活动识别家族成员

祭祀活动的价值之一是认祖归宗,缅怀祖先,启迪后人。所以,以祭祖为内容的家族祭祀活动,是家族成员认同家族和密切相互关系的契机,也是家族组织展示家族权威,团结族人的重要手段。例如,广西罗城县四把乡仫佬族很重视同族的祭祀活动,同一祖先的后裔,往往聚族而居。同族而居的村落,往往建有宗祠,作为供奉祖先灵位的所在。凡是建有宗祠的,都必须购置田产,作为春秋二祭的费用。按当地仫佬族的风俗,每逢清明节,例须备办猪鸡糯米饭香烛纸钱等祭品,在宗祠里祭祀祖先,及到公共坟场扫墓一次。祭毕,祠里还须备办酒肉,招待六七十岁以上的男性老人一餐,以示敬老之意。族中生育男孩的,必须于这天到宗祠内报丁,把名字登上报丁簿,并须缴纳报丁费铜钱一百文,作为购买香灯之用。宗祠主办清明祭典的头人,则分给报丁者猪肉、豆腐、糯米饭、烧酒各四两,以示祝贺。其余的猪肉、糯米饭,按族中此次回祠扫墓的户数多少,平均分配给每户一份,称为"拈份"。这一天,许多远迁他处的子孙,都要回来参加祭祀,因此,家族尊卑老幼,便有机会团聚,互相认识。中元节日,祠内又须备办纸钱财马,烧化给祖先。这些祭祀手续,都由族中轮值头人负责办理,族中子孙却不参加。①

(二)以族谱记载识别家族成员

族谱是记载家族谱系的工具,在以父系为继嗣系统的家族中,家族中的男性成员应当在族谱中予以登记;在双系继嗣系统中,家族中的男性和女性成员均登记于族谱中。所以,凡是添丁生子均要向族长禀报,由族长登记在族谱之中。有的民族将家族成员的登记和除名视为本家族大事,须在全体家族成员参加的祭祀活动中,以特定的仪式才能完成。例如,内蒙古的蒙古族看重家谱和世系的记录和撰写,大家庭都有家谱、世系,王公贵族还有家庙和家族墓地,设专人守护,按时举行家祭。②

也有实行父子联名制的民族,通过父子联名的方式记忆族谱,识别族人。四川省凉山地区的彝族的家支系谱是父系血缘链条,其中:20—30代以前的祖先是一个共同的主干链条,它以长子为一个主干系连名到最小的一个子孙的长子名,这是公共链条,即是家支的系谱,即一个家支就有一个单线的从始祖到今最小的子孙的父子连名系谱,这是整个家支成员都要记住的名字,是一个氏族的徽号。而家支中各个分支也有各自的父子连名系谱,各自记名连名,但要求各个分支处要根系清楚。如曲木氏族连名系谱是:木乌(天)——乌洛洛——曲木——海尼木出——木出潘差——潘差阿伙——阿伙尼额——鲁都什哩——什哩约质——约质拉莫。③ 西藏的珞巴族也实行父子连名制。每个人的名字前要加上父亲的名字,父亲的名字前加上祖父的名字,这样代代相连,一个宗族就形成了一个世代相承的谱系。女儿虽然也连父名,以表明她是谁家的女儿,但是嫁出去后,所生的子女只能连夫家父系的名字。这种连名能够表明宗族成员的尊卑、辈分,可以辨别不同的宗族,所以,记住宗族的连名谱系是每个珞巴族人需要具备的知识。阅历多的珞巴族老人能够随口说出本氏族十几代的谱系。④

除了族谱上记载的名册之外,族谱上确定的排辈名序也是识别家族成员的依据。例如,地处边远的广西少数民族对起名字辈的重视也不逊色于内地的汉

---

① 国家民委《民族问题五种丛书》编辑委员会办公室:《中国少数民族社会历史调查资料丛刊》第117卷,《广西仫佬族社会历史调查》,中央民族大学出版社2005年版,第198—199页。
② 王迅、苏赫巴鲁编著:《蒙古族风俗志(上)》,中央民族学院出版社1990年版,第83页。
③ 张晓辉、方慧主编:《彝族法律文化研究》,民族出版社2005年版,第320页。
④ 姚兆麟:《西藏民族志》,中国藏学出版社2006年版,第133页。

族,广西罗城县四把乡仫佬族认为族谱是联系族人的重要工具,凡聚族而居的同姓,绝大多数都修有族谱,详载自远祖以来的各代世系。有族谱的,必订有排辈用字的号谱诗,或五言,或七言;或四句,或八句。子孙须按排辈诗依次命名,故虽族繁人多,而尊卑次序,秩然不紊。①

（三）以继嗣的范围识别家族成员

继嗣是指对于某人与其祖先之间公认的关系,继嗣的范围实际上是家族成员根据亲属关系的远近确定本家族作为宗族分支与宗族的关系,以及本人在家族关系中的位置。例如,云南省贡山县的独龙族同一祖先的后代称为"尼勒",实际上是以血缘关系予以识别的氏族共同体,虽然,同一氏族的成员互相认为有亲属关系,但是氏族由于人口增加,不断分化,加上氏族成员住地相隔较远,交通不便,氏族内部在政治、经济上的联系越来越淡薄,以至于有的氏族成员已经忘了自己的氏族。氏族之下,独龙族有规模较小的家族,称为"吉可罗"。独龙族的家族是以血缘亲族关系及一定数量的土地共有为基础的,每个家族都有独特的家族名称,以示区别于别的家族,家族的成员有使用本家族姓氏的权利,姓名以家族名称——父名——本人的排行次序命名,可以从其名字中清楚地看出他属于哪个家族的成员,谁的子女,是第几个儿子或女儿。②

（四）以血缘亲疏识别家族成员

家族从广义上说包括宗族,凡是同一祖先的后裔,均可视为同宗。同宗之下,按照血缘的亲疏远近,又可分为各个小宗,小宗之下可能又有更小规模的家族。西部许多少数民族在家族识别时,往往以血缘亲疏为识别家族成员的标准,在宗族之下识别与自己更为亲密的家族。例如,广西环江县龙水乡壮族的家族观念在各姓居民中已不很深了,各姓同族的子孙,虽然聚族而居,但已没有什么族长或族规的约束力量存在。就相互关系来讲,因年长月久,家族分支过多,散居村屯较广,以及内部阶级分化之明显而逐渐疏远了。同宗的族人虽然共同供奉一个祖先,但五代以外,关系就非常淡漠了。五代以内的家族,不但在感情上有较亲密的联系,就是在经济上也是如此,特别是三代以内的家族,关系更为密切。以往五代以内的家族,无论哪家有婚丧庆吊等事,都要互相邀请参加;三代

---

① 国家民委《民族问题五种丛书》编辑委员会办公室:《中国少数民族社会历史调查资料丛刊》第117卷,《广西仫佬族社会历史调查》,中央民族大学出版社2005年版,第198—199页。
② 张瑛、温继铭调查整理:《第一行政村独龙族社会经济调查》,载云南编辑组:《独龙族社会历史调查（二）》,云南民族出版社1985年版,第40—43页。

以内的家族,必要时,还得以钱米酒肉等相助。已分居的弟兄的叔伯兄弟,遇家族娶亲时,还得在自家备办酒席,分担招待一部分宾客。①

二、 家长与族长

(一) 家长

家庭是最小的社会组织,在以农耕、放牧、采集、狩猎和捕捞为主要生产方式的小农社会中,家庭既是一个直系亲属共同生活的场所,也是一个劳动生产的组织,家庭承担着组织家庭成员生产,为家庭成员提供基本生活资料,繁衍后代,赡养老人,交往邻里等社会功能。同时,在父系继嗣的家庭中,家庭关系错综复杂,有夫妻关系、父母子女关系、兄弟姊妹关系、宗族关系和姻亲关系,等等,这些关系交织在一起,处理不好势必影响家庭社会功能的发挥。因此,在家庭中,建构一定的秩序,以调整家庭成员的相互关系,才能保证家庭社会功能得以实现。在人类的历史中,最普遍的家庭秩序就是建立家长制,以家长为家庭的核心和家庭的最高权威,从而理顺家庭关系,实现家庭功能。在父系继嗣的社会中,一般以共同居住的父系长辈为家长,在母系继嗣的社会中,共同居住的母系长辈为家长。家庭中,家长的话就是命令,家庭成员均要服从,从伦理上说,这是孝的重要内容;从生存方式上说,这是家庭组织生产和生活的必要条件。

在云南省红河州居住的哈尼族,"家庭中以长者为尊,父亲和长兄在家庭中拥有最高的权力,负责安排全家的生产活动,管理经济开支。生产工具如锄头、犁、耙、镰等均由父亲和长兄准备。家务由母亲和长媳负责。未分家的人家,众媳妇轮流做饭,第一个起床的就是做饭人,相继起床的媳妇分别担任背水、舂米等劳动"。"分家独立生活的儿子,每年要给大房上交一定的谷米等实物,以尽赡养老人的义务。已出嫁的女子没有分配父母固定资产的权利"②。新疆克孜勒苏柯尔克孜自治州的柯尔克孜族有尊老爱幼的传统,在放牧的生产劳动中采取大家庭(家族)合作的方式,在大家庭内部形成团结互助、互敬互让、戚戚相依的亲密关系。但是,在小家庭中,家长享有绝对的权威,一家老小必须绝对服从,在父

---

① 国家民委《民族问题五种丛书》编辑委员会办公室:《中国少数民族社会历史调查资料丛刊》第107卷,《广西壮族社会历史调查(一)》,中央民族大学出版社2005年版,第287页。
② 红河哈尼族彝族自治州民族志编写办公室编:《云南省红河哈尼族彝族自治州民族志》,云南大学出版社1989年版,第44—45页。

母与子女之间,子女必须服从父母;在夫妻之间,妻子必须服从丈夫。①

(二) 族长

家族实际上是家庭的扩展,在这个大的家庭中,族长就是家长,只是家庭中的家长是父系的长辈,家族中的族长则并不当然地由家族中的父系长辈担任,而是按照一定的惯例产生。族长选举最为民主公平的要数云南省红河州瑶族村寨的寨老制度。在一年一度的"丛会"(宗族或村社年会)上,参加会议的各户成年男性通过比较候选人酿制的白酒质量,或候选人点燃的香燃烧的快慢,或置放在簸箕内代表候选人的谷粒(或豆子、苞谷)簸剩的最后三粒来决定当选人。能被选为寨老的人,都认为是人生最大的荣幸,一经选上绝不推辞,会尽心尽力为族人服务。②

有的家族中,族长由特定的继嗣子孙担任。例如,广西龙胜各族自治县有的瑶族村子族长并不经过选举,而是由长房的长子充任,代代如此。③

有的家族中,族长由家族中的老人来推举。新疆的鄂温克族由年长者推举,族长年老体衰时就会进行改选。改选时,由老族长召集各户老年人提出改选,商量看谁行。大家通过之后就选谁。在家族会议上,老族长把族谱交给新当选的族长,鄂温克人对族谱是很严肃的,用黄布包上保存在族长家里。④

有的家族中,人口较多,支系复杂,族长不止一个,可由不同支系的人来推举本支系的族长。广西罗城县四把乡的仫佬族村寨中同村的宗族,都选有族长,人数多少,看宗族大小来决定,一般都有4人以上。担任族长的,大都是30岁以上、60岁以下的人。族长的条件:知书识字,能讲话,会办事,为人公正,族人信任。办事不公正的,族人有权罢免他;年老体衰的,往往自动提出辞职,遇有这种情况,则由族中各户的家长集会另选。族长的任期不定。⑤

族长是家族的首领,也是家族活动的组织者和家族法的执行者。西藏珞巴族的氏族首领实际上是父系继嗣宗族的族长,在氏族中承担着召集、主持氏族议

---

① 贺继宏、张光汉主编,克孜勒苏柯尔克孜自治州民委、克孜勒苏柯尔克孜自治州史志办编辑:《克孜勒苏柯尔克孜自治州民族志》,新疆克孜勒苏柯尔克孜文出版社1992年版,第133页。
② 红河哈尼族彝族自治州民族志编写办公室编:《云南省红河哈尼族彝族自治州民族志》,云南大学出版社1989年版,第194页。
③ 国家民委《民族问题五种丛书》编辑委员会办公室:《中国少数民族社会历史调查资料丛刊》第112卷,《广西瑶族社会历史调查(四)》,中央民族大学出版社2005年版,第327页。
④ 国家民委《民族问题五种丛书》编辑委员会办公室:《中国少数民族社会历史调查资料丛刊》第68卷,《鄂温克族社会历史调查》,中央民族大学出版社2005年版,第128页。
⑤ 国家民委《民族问题五种丛书》编辑委员会办公室:《中国少数民族社会历史调查资料丛刊》第117卷,《广西仫佬族社会历史调查》,中央民族大学出版社2005年版,第198—199页。

事会,主持祈神祭鬼活动,调解、裁决氏族内部的纠纷,主持处罚违法的氏族成员,对外接待外氏族借地、借猎场等要求,并代表氏族接受馈赠,代表氏族处理氏族间的纠纷、结盟,领队进行氏族械斗和血族复仇的职责。①

三、家族成员的关系

家族的存在和沿袭与家族成员的相互关系密切相关。因此,规定家族成员之间的关系,确定家族成员相互之间能做什么,不能做什么,是家族法的一个重要内容。通过对家族成员相互关系的规定,能够使家族成员对行为的对象和边界有明确的认识,以求维持家族中的等级、权威、亲疏、和睦、内聚力等秩序。

关于家族成员关系的规定普遍存在于西部少数民族的家族法中。这里仅以广西罗城县仫佬族为例。该县仫佬族1920年6月29日刻在石碑上的家族法对家族成员之间的关系有详尽的规定:

一、开祠议事,须要听族长公论,分别情由,年居卑幼,不得参语高声乱喊,有此等人即非谦让;

二、为人须葆其固有之良,不得任意妄为,而恣淫乱伦等情。有之,不啻禽兽;

三、婚姻之事,凡同宗共祖姐妹、婶嫂,不得以疏族而娶为妻媳,亦不得以远居异地而乱为匹配。有此原因,即是灭天理之人;变卖房屋田地,须要先尽六房族内人等,无人承领后,即任由卖出外人。如有贪图串通受贿,族内未尽,遂卖出外人。有之,即是蔑族之人;

四、为人宜守本分,不得违法例为非作歹,或盗贼与窝藏匪类,通匪、勾匪忤害族内等情。有之,即是首恶之人;

五、事理不平,应行具控,必先由族长等公论。倘若不清,任其经凭团总理论。以定其可否,若仍不清,即任其向前控诉,不得以口角是非或毫末之理,即听讼棍唆使,捏以大题,往往致人冤屈大受。有之,是蔑法之徒;

六、从勤息之人,必要公是公非,不得殉情庇护受贿扶同。有之,我等众人金呈攻忤,如有退缩不前者,即以殉情受贿论,一并指名,俱难逃罪。

以上议条,各宜恪守,倘有不遵,或听讼棍唆使,动辄移秧嫁害与抢控抵塞等情,必经众族人等先行举罚,后论是非。小则公罚,大则送官究治。庶

---

① 姚兆麟:《西藏民族志》,中国藏学出版社2006年版,第135页。

一道同风,而千门和乐,共享升平之福,永称礼义之乡,是所望也。①

从上述规定中可以看出,广西罗城的仫佬族家族成员的基本关系有以下几个方面:第一,家族成员按年龄分尊卑,年居卑幼者在家族开祠议事时,"不得参语高声乱喊",否则视为不谦让行为;第二,家族成员不得乱伦,否则视为禽兽;第三,家族成员不得互为婚姻,否则视为违背天理;第四,家族财产的出卖要"先尽六房族内人等,无人承领后,即任由卖出外人",否则视为藐视族人;第五,族人不得行违法之事,不得做盗贼或通匪等祸害族人的行为,否则视为家族中的首恶之人;第六,家族成员之间的纠纷,应先由族长调停,不得随意诉至官府,否则视为藐视家族法;第七,家族中出现不守家族法的人,家族成员不得徇情包庇,而应全族讨伐,不参与者与违法者同罪。这些基本关系实际上是以禁止性规范规定了家族成员的基本义务,也是家族成员的行为底线。

第三节 家族的婚姻

婚姻是日常生活中最能反映一个社会中特定族群的观念、规范和社会关系的社会事实,它影响着家族的繁衍、家族的生产生活、家族成员之间和家族之间的关系。所以,关于婚姻的规定是家族法的基本内容之一。

一、同姓不婚

同姓不婚也可以称为同族不婚,意为同一家族的男女不能结婚或不能互为择偶对象,它反映了外婚制习俗对家族内部婚姻的约束。在西部少数民族的家族法中,普遍都有同姓不婚的规定。

同姓不婚有宽严之分。有的民族中执行的同姓不婚十分严格,凡是宗族成员都不能通婚。广西罗城县集环乡的仫佬族分别血缘亲属的亲疏关系,往往把共祖父三代以内的近亲称作"内六房",五代以内的称为"外六房",五代以上的仅

---

① 国家民委《民族问题五种丛书》编辑委员会办公室:《中国少数民族社会历史调查资料丛刊》第117卷,《广西仫佬族社会历史调查》,中央民族大学出版社2005年版,第526—527页。

称为同族。九代以上,则认为血缘疏远,可以"打老庚"和"认寄爷",但无论相隔多少代,凡清明一同祭扫老坟的同族都不得通婚,只是子死留媳招婿上门的,则可招同族的人。① 内蒙古达斡尔族的家族分为哈拉和莫昆两个层级,哈拉是大家族,哈拉之下有以村聚居的小家族莫昆。哈拉内部禁止通婚,而莫昆是血统关系比哈拉更近一层的共同体,当然更要禁止内部通婚。所以,哈拉和莫昆成员都要遵守这一习惯,如果有人违背了,就要受到制裁和处分。②

有的民族则规定宗族中一定亲等范围的家族成员不能通婚。四川甘孜地区的藏族六代以内有亲缘关系都不能结婚,如果有人与六代以内的亲戚结婚,会被认为是不祥或耻辱。③ 在广西环江县壮族的家族中,据老人们谈,过去老辈原是七八代以外才许通婚的,否则就要被人非难。到了民国以后,不仅六七代可以通婚,甚至四五代也有人通婚,而且不拘辈分,只要年龄相当,虽是叔侄、祖孙亦可结婚。④

同姓不婚也有例外,在贵州省从江县秀塘村,壮族群众同姓同族一家亲,家族人口庞大,人口不外流,可以对抗外族的排斥和压迫,所以,族内婚流行,实行同姓同族优先婚和亲戚优先婚。同姓同族优先婚主要表现为在:姑娘经舅家同意放弃优先婚的权利,可以外嫁时,同姓同族的某家要娶这个姑娘,姑娘及其家长应首先考虑同意,然后再考虑外姓外族,否则将被认为是不忠于本姓本族,以后在社会生活中会受到冷落。亲戚优先婚(如姨妈表亲)表现得多种多样。两姐妹出嫁后,她们所生的女孩除舅家娶外,如双方有男有女,便互为亲家,缔结姻缘;不论与夫妻的哪一方有亲戚关系,都可以向他们的女儿提亲,姑妈征得舅家的同意,也应优先考虑这方面,再答应外姓外族或无亲戚关系的人家提亲。秀塘乡的壮族几乎村村挂亲,寨寨有缘。⑤ 云南省怒江州的傈僳族和怒族除了姑表舅婚优先外,还有族内婚,同一家族的男女,除了亲生父母、亲兄弟姐妹外,其余姑、

---

① 国家民委《民族问题五种丛书》编辑委员会办公室:《中国少数民族社会历史调查资料丛刊》第117卷,《广西仫佬族社会历史调查》,中央民族大学出版社2005年版,第244页。
② 国家民委《民族问题五种丛书》编辑委员会办公室:《中国少数民族社会历史调查资料丛刊》第68卷,《达斡尔族社会历史调查》,中央民族大学出版社2005年版,第444—451页。
③ 康定民族师专编写组编纂:《甘孜藏族自治州民族志》,当代中国出版社1994年版,第171页。
④ 国家民委《民族问题五种丛书》编辑委员会办公室:《中国少数民族社会历史调查资料丛刊》第107卷,《广西壮族社会历史调查(一)》,中央民族大学出版社2005年版,第287页。
⑤ 覃东平:《从江县秀塘乡婚姻及节日调查》,载贵州省民族研究所、贵州省民族研究学会编:《贵州民族调查(之四)》,贵州省民族印刷厂1986年印,第301页。

叔、伯的兄弟姐妹都可以结婚。①

有的民族在实行同姓不婚的同时,还实行严格的等级内婚。例如,四川凉山的彝族就实行等级内婚制,在等级森严的凉山,诺伙(黑彝贵族家支)与其他等级的界限不可逾越,曲伙(受诺伙支配的下等级家支)与其下一等级的界线亦然,以此保证家支的血统的纯洁和固定。因此,对破坏等级血统者,家支都要给予惩罚。如果诺伙男子要和曲伙或以下的女子结婚,或曲伙男子要和其等级以下的女子结婚,则被认为犯了弥天大罪,即使不被处死,也要被开除家支,被开除者因此会失去对低下等级的统治地位。②

同姓不婚的家族法还衍生出另外两个基本规定,一是严厉禁止家族内部的通奸行为;二是不养外姓或不养非家族成员。家族内部的通奸行为被家族法规定为最严重的违法行为之一,在西部少数民族的家族法中,该行为往往被认为既是一种亲属中的乱伦行为,又是一种严重危害家族内部团结的行为,一旦发现必定严惩不贷。不养外姓的家族法规定,主要是出于保证家族成员的血统纯洁和防止家族财产为非家族成员侵占。很多少数民族的家族法规定,家族成员有收养本家族遗孤或扶助本家族贫困家庭的义务,避免家族成员的遗孤或贫困家庭的子女流落外族,被外族欺辱。但是,也有例外,如果本家族的遗孤或贫困家庭的子女在家族中无人领养,则可以由其他家族收养。收养非本家族的孩子,对一个家庭和家族都是大事,一般都有严格的程序或仪式,以保证被收养的人真正脱离原来生养他的家族和家庭,成为新家族和家庭的一员。在这些程序和仪式中,最普遍的做法就是改名换姓。③

二、妇女在家族中的地位

在以男性继嗣为中心的家族中,女性的地位很低,未婚女性一般不记录在族谱中,有的家族族谱中女性的名字随其丈夫的名字而被登录,归入丈夫的宗族。也有的家族族谱根本就不记载女性的名字。例如,内蒙古达斡尔族的家族组织莫昆在缮修莫昆族谱时,只写男子的名字,族谱内某男子的母亲是谁,或者她是什么哈拉的人,都无法知道。因为,母方是由别的哈拉娶来的,不是本哈拉的人。

---

① 怒江州民族事务委员会、怒江州地方志编纂委员会办公室编:《怒江傈僳族自治州民族志》,云南民族出版社1993年版,第32、81页。
② 张晓辉、方慧主编:《彝族法律文化研究》,民族出版社2005年版,第323页。
③ 国家民委《民族问题五种丛书》编辑委员会办公室:《中国少数民族社会历史调查资料丛刊》第113卷,《广西瑶族社会历史调查(五)》,中央民族大学出版社2005年版,第74—75页。

同样,本莫昆成员所生的女儿,也不写在族谱里面,因为,她早晚要嫁给其他哈拉的男人,不能成为本莫昆的成员。为了保持血统,每个莫昆都有这样的男系族谱。此外,每个莫昆还有共同祭祀的敖包(把石头堆成堆儿,中间插进很多柳条),每年春秋二季各祭一次,杀牛或猪供献,祈求风调雨顺、五谷丰登、免除畜疫,接着进行赛马和摔跤等体育活动。如遇虫灾和畜疫流行,也要祭祀敖包,祭祀所需费用由各户按耕地面积和牲畜头数多寡分担。但家族法规定,妇女不能参加以上的敖包祭祀活动。妇女能做的祭祀活动是遇到天旱时,可以由妇女祭祀敖包,但不能杀牲畜,只能杀鸡献祭或用素供(如奶制品或米粥等食物);还可以由妇女进行求雨仪式,莫昆中的成年妇女相约到江河滩祭河神,以鸡为供物,祭完互相泼水,以为降雨。①

结婚后妇女在家庭和宗族生产劳动和家庭管理中的权利反映着妇女的地位。内蒙古的蒙古族有一些涉及妇女的家族禁忌,除家庭主妇外,一般女人不能参加重要的祭祖活动;东蒙农区和牧区,称粮食时,女人不能在现场;女人不能上房;女人不能坐在男人的帽子上等。这些禁忌实际上也是为维护家族中男子的尊严设立的。② 不过,也有少数民族妇女在家庭生活中享有优待或支配权的情况,例如,青海的蒙古族放牧时以十几家为一部落,一家住一个帐篷,同部落的族人十分亲密,闲暇时聚居一处,高谈阔论,共同议事。可谓守望相助,疾病相扶持。若要迁徙,商定日程和路线后,部落人员分成 3 队,妇女为第一队,骑马持枪,身着美丽的服饰,第二队为家具,第三队为牛羊。妇女先行,有时竟比后队早到 2—3 日。③ 云南省红河州一些地方的彝族妇女不仅主持家庭事务,而且有权参与家庭开支的安排,当地流传着一句俗话:"夫找钱来交妻管,妻用钱后向夫报"。在家庭生活中,占支配地位的是女人,男人干了一天活,只要有烟抽、有酒喝就满足了。④

离婚是妇女作为当事人参与的活动,妇女在离婚中的权利最能体现妇女的地位。西北回族的离婚,丈夫只要说三声休妻的话,就可以不要妻子了,俗称"打三休"。要是妇女想离婚,男方不同意的话,一辈子也离不成。撒拉族离婚也要丈夫的口唤"我不要你了",否则不能离婚或再嫁。维吾尔族妇女在丈夫说出"放

---

① 国家民委《民族问题五种丛书》编辑委员会办公室:《中国少数民族社会历史调查资料丛刊》第 113 卷,《广西瑶族社会历史调查(五)》,中央民族大学出版社 2005 年版,第 452—453 页。
② 王迅、苏赫巴鲁编著:《蒙古族风俗志(上)》,中央民族学院出版社 1990 年版,第 115 页。
③ 同上书,第 266 页。
④ 红河哈尼族彝族自治州民族志编写办公室编:《云南省红河哈尼族彝族自治州民族志》,云南大学出版社 1989 年版,第 82 页。

了你"后,就形成了离婚的格局。赫哲族离婚时男子用桦树皮或皮革画一个右手印和一个左脚印,表示丈夫用右手打妻子一个耳光,左脚将她踢出门,体现了夫权对妇女的欺压和侮辱。水族男子碍于脸面,夫妻不和也不离婚,男子可以停妻再娶,妇女则只能独守终老。当然,也有许多少数民族,对离婚的妇女照顾有加。云南的拉祜族妇女在离婚中得到照顾,不论哪方提出离婚,都要给对方一定赔偿,但如果是男方主动提出离婚,就要付出比女方多 2—3 倍的赔偿。孩子由双方分别抚养,男孩归父亲,女孩归母亲。①

在财产继承上,妇女的权利往往是被否定的。广西罗城县集环乡仫佬族的女子无财产继承权,无子的人,便算绝后,他死后,其财产由侄儿或堂侄等内六房近亲占有,以承顶他的"香烟"。如果没有侄儿来承顶香烟,则由内六房近亲瓜分。② 贵州省铜仁地区土家族的丈夫是家长,在家庭中占有支配地位,家庭内部的一切问题,丈夫可以不考虑家属的意见而作出决定,并能得到社会的承认。妇女在家庭中从属男人,因而重男轻女已成为土家族社会的普遍风气。父母的财产由儿子们继承,女孩无继承的权利。③

比较特殊的是居住在云南丽江和四川凉山地区的摩梭人,他们中的一些家庭保留着母系大家庭的传统,妇女在家庭中有很高的地位。例如,丽江市宁蒗县永宁乡扎实村在 1999 年时有 71 户摩梭人村民,其中有 20 余户人家保持着完整的母系大家庭生活方式,即家中以母系血缘为主体,由母亲担任家庭主妇,没有父系成员,家庭成员都属于一个祖母或外祖母的后代,实行暮合晨离的"走婚制"。除了母系大家庭的家庭外,该村还有 30 余户母系父系并存的家庭和 10 余户一夫一妻制的家庭。④

三、 舅权制与姑表婚

尽管在婚姻关系中已婚女性归入丈夫的宗族,但是,女性的宗族也会通过舅权的习俗主张对未婚或已婚女性的权利。

舅权制在贵州省从江县秀塘乡壮族中非常普遍。外甥女的婚姻问题,舅家有绝对的优先选择权,外甥女首先由舅家支配。如姑妈家有几个姑娘,舅家至少

---

① 严汝娴、刘宇:《中国少数民族婚丧风俗》,商务印书馆 1996 年版,第 108—115 页。
② 国家民委《民族问题五种丛书》编辑委员会办公室:《中国少数民族社会历史调查资料丛刊》第 117 卷,《广西仫佬族社会历史调查(五)》,中央民族大学出版社 2005 年版,第 243 页。
③ 罗勇、石海波:《铜仁地区土家族概况》,载贵州省民族研究所、贵州省民族研究学会编:《贵州民族调查(之四)》,贵州省民族印刷厂 1986 年印,第 249 页。
④ 杨福泉:《纳西民族志田野调查实录》,中国书籍出版社 2008 年版,第 287 页。

得娶一两个;如果姑妈或姑娘不同意婚事,舅家又非娶不可,问题比较严重,甚至以断绝亲戚关系要挟。如果舅家无男孩,或者愿意放弃优先权,经过协商也会向未来的外甥女媳要一笔赔偿费;姑妈在女儿出嫁时,也一定要备彩礼送到舅家以示赔偿。据说,姑妈是舅家的人,既嫁出来,其女儿应回舅家去代为料理老人,补偿舅家的损失。在日常生活中,外甥们见到舅舅,必须垂手侍立,听从吩咐;舅舅到姑妈家,被待为上宾,一般要坐首座,即使家里来了比较重要的客人依然如此。姑娘出嫁后,不论年龄如何、路途远近,去世时夫家必须立即禀告舅家,待舅舅亲自来查看认可后方能下埋。姑娘到夫家后,如因感情不和,丈夫无理取闹等因素常闹家庭矛盾的,舅舅有权出面干涉,提出解决办法或警告;夫家必须认真对待,否则一旦矛盾激化,就有斗殴的危险。① 云南省红河州的布依族也存在舅权制的习俗。当地的布依族十分尊重舅权,舅父在外甥家享有特权,娶亲嫁女,起房盖屋,分家诉讼,落户迁徙,都要经过舅父的同意,并分给舅父一份"舅爷钱"。家中有女去世,舅父不到不得入殓安葬。②

西藏门巴族的舅舅也是极有权威的人,特别是在婚礼上,作为女方代言人的舅舅风头最盛。在送亲队伍中,舅舅不可缺少;在婚礼宴席上,好酒好菜放在舅舅面前,舅舅还有百般挑剔,大喊大叫,怒发冲冠,不依不饶,逗得宾客大笑,吓得男方父母讨饶,叫人换酒换菜,待酒菜重新摆上桌,舅舅便转怒为喜。原来这是婚礼上舅舅必须演出的一场戏,以考验新郎的耐心和诚意,也给新娘抖抖威风,省得新娘在婆家受欺负。③ 门巴族也推崇姑表舅婚,甚至认为没有娶到舅舅家的女儿做妻子是无能的表现。④

在云南省昆明市近郊彝族的黑彝语言中,"对平表(叔伯或姨的子女)的称谓,相同于对自己的兄弟姊妹的称谓,而不同于对交表(舅或姑)子女的称谓。同时在交表中,对舅表(舅的子女)的称谓与对姑表(姑的子女)的称谓有严格的区分。之所以有这样的亲属称谓系统,是因为黑彝实行一种限定性的交表婚的制度。所谓交表婚,指优先与交表结婚,而不能与平表结婚的制度。在黑彝的交表婚中又有限定,只能与舅的女儿结婚,但不能与姑的女儿结婚。这种制度反映在

---

① 覃东平:《从江县秀塘乡婚姻及节日调查》,载贵州省民族研究所、贵州省民族研究学会编:《贵州民族调查(之四)》,贵州省民族印刷厂 1986 年印,第 301 页。
② 红河哈尼族彝族自治州民族志编写办公室编:《云南省红河哈尼族彝族自治州民族志》,云南大学出版社 1989 年版,第 267—268 页。
③ 严汝娴、刘宇:《中国少数民族婚丧风俗》,商务印书馆 1996 年版,第 95—96 页。
④ 姚兆麟:《西藏民族志》,中国藏学出版社 2006 年版,第 205 页。

亲属称谓中就是,严格区分平表和交表的称谓,同时在交表中,严格区分姑表与舅表的称谓"①。

第四节 家族的财产关系

家族的财产是家族的经济基础和家族内部稳定的重要保障,因此,家族法对家族财产的规定十分严格。

一、家族的财产

家族财产实际上包括两类财产,一类是家族共有的财产,它属于整个家族所有,家族中的每个成员虽然不能对该财产主张所有权,但都有分享该财产利益的权利。另一类是家族成员的家庭或个人财产,尽管这一类财产有家庭或个人作为明确的所有人,但是,从家族整体利益来看,这类财产仍然与家族的兴衰相关,因此,家族对这类财产的处分和继承有必要的限制。从这个意义上讲,这类财产也是家族财产。

家族共有财产的种类、多少与不同家族的历史、人口和地理环境相关,也受社会变迁的影响。富裕的家族,家族财产种类较多。例如,广西上思县思阳乡凡是同姓的壮族都设有祠堂,还有族坟。祠堂有公田、山林、土地等公产,也有扫墓田。祠堂田每年租给族内外的人耕种,租额40%左右,收入作为本族宗祠会宴、诉讼等开支;扫墓田也是放租,租额40%,收入作为每年三月、十月扫墓时动用。②宜山县洛东乡壮族的家族往往建有宗祠,供奉祖先牌位。祠堂往往有一些公共财产——蒸尝田或由族人捐谷作本,放高利贷生息,并以其利息收入做春秋二祭之费用。③ 云南省红河州石屏县的回族在清末曾因反抗清朝统治而遭镇压

---

① 罗常培:《语言与文化》,语文出版社1989年版,第79—81页。
② 国家民委《民族问题五种丛书》编辑委员会办公室:《中国少数民族社会历史调查资料丛刊》第108卷,《广西壮族社会历史调查(三)》,中央民族大学出版社2005年版,第83页。
③ 国家民委《民族问题五种丛书》编辑委员会办公室:《中国少数民族社会历史调查资料丛刊》第109卷,《广西壮族社会历史调查(五)》,中央民族大学出版社2005年版,第69页。

(史称"咸同滇变"),原有的 500 多户 2000 多回民几乎被清兵杀尽,赛、林、余、马、白、周六个大姓只有赛、马二姓中有几人化装成汉人逃出。1874 年,清政府归还了石屏县回族的清真寺及回民财产,赛、马两姓人少产业多,每年可收谷 2000 多担,于是自愿将所收入的七成提交地方建学校,兴学育才,三成归清真寺,此举深得地方人士赞扬。①

不富裕的家族,家族财产种类就会较为单一,例如,广西富川县富阳区的瑶族家族有时也占有财产,这种财产是祖辈遗留下来的,属于全族共有,任何人不得私自盗卖或侵吞。这种财产有的是山场,有的是水田,一般都租给别人耕种,租谷作为清明扫墓祭祖的费用。扫墓时,同姓同族各户去代表一人,并且在祠堂内集体共餐。60 岁以上的男性老人还由族内设宴另行款待。②

有的家族由于人口增加、生财无方或天灾人祸,家族财产也会出现衰败的现象。罗城县仫佬族的家族财产经历了由多到少的过程。共祖的房族往往占有一些公共山场,原来是各户共占,后来子孙多了,又分作几份。公山内的土地原来是同族人可以自由耕种,但到后来,有人便将垦熟的地据为一家私有,并可出卖。剩下来的,只是一些不能垦种的石山,留着生长柴草,供同族做烧柴。这些山场都要叠石为墙,作为界限,不同家族彼此都不得越界砍伐或放牧。③

有的家族实行共有制,在家族内部家族成员就像家庭成员一样,共同劳动,共享劳动获得的财产和收益。例如,四川省凉山地区的彝族家支内部,生产资料公有,共同耕作和消费。公共事务由家支成员公认的酋长管理,重大问题由家支成员大会决定。彝谚说:"家支有的就是我有的,我没有我家支有,我的生命是家支的。"④

二、 家族财产的处分

家族财产的处分涉及家族共有财产的处分和家族对家族成员财产处分的权利。对于家族共有财产的处分,一般需要征得所有家族成员的同意,所得利益由整个家族分享。云南省红河州红河县一些地方的哈尼族有同父系大家族几十代

---

① 红河哈尼族彝族自治州民族志编写办公室编:《云南省红河哈尼族彝族自治州民族志》,编撰人员:邓玮,龙壮图,吴琼华等,云南大学出版社 1989 年版,第 222 页。
② 国家民委《民族问题五种丛书》编辑委员会办公室:《中国少数民族社会历史调查资料丛刊》第 111 卷,《广西瑶族社会历史调查(三)》,中央民族大学出版社 2005 年版,第 453 页。
③ 国家民委《民族问题五种丛书》编辑委员会办公室:《中国少数民族社会历史调查资料丛刊》第 117 卷,《广西仫佬族社会历史调查(五)》,中央民族大学出版社 2005 年版,第 243—244 页。
④ 张晓辉、方慧主编:《彝族法律文化研究》,民族出版社 2005 年版,第 321 页。

聚居不散的现象,如果大家族的人口自然增殖仍不分化,就在大房侧边扩建同样规模和格局的房屋,以避免因住房好坏不一造成家族成员间的不和。大家族统一生产粮食,统一安排消费,并以尊敬长者的传统以及家长对晚辈和全家族成员的公平态度来维护家族的调节,他们当中有人外出买东西回来,都要均分给大家族中的每一个成员。①

而对于家族中家族成员要处分的财产,家族或本家族的其他成员往往享有优先受让权或否决权。广西罗城县集环乡仫佬族卖田必须征得内六房族人的同意,否则别人便不敢买;至于分家、离婚写字据时,也得请内六房到场,否则就认为无效。② 云南省双江县的佤族寨子有属于村寨公有的荒地、森林和牧场,除牧场供村民放牧,不允许私人开垦外,其余的公有荒地和森林均可以由本寨村民自由开垦,有俗语称:"蒿枝开花人人种"、"谁的砍刀长,谁个开地多"。但是,外寨人不得来使用本寨的土地,外寨人来本寨界内砍一棵树,挖一锄土,都会引起纠纷。公有土地之外,还有私有土地,私有土地可以转让、抵押和买卖。但有两条限制:一是本寨的土地不能卖给外寨人;二是出卖土地时,必须依次问亲兄弟、堂兄弟是否要买,若他们不买,方可卖给异姓人。否则,不仅要受到亲属的指责,他们还会把卖出的土地收回来。另外,绝嗣户的土地按传统应由其家族近亲继承。③

家庭财产的处分除了有家族的限制外,在家庭内部也受家长的制约,家长享有对家庭财产的处分权利。贵州省台江地区的苗族家庭中,父亲对家产有完全的处置权,在买卖耕牛、田地、放债、借债和建盖房屋时,虽然必须由父亲来主持,但是他还是要与妻子和成年的儿子商量。如果没有得到他们的同意,难免会引起争吵。至于购买农具、衣服或其他日用品,则不用与家属商量,父亲自己可以随意决定。但是,任何有关家产的问题,强悍的父亲可以完全不理睬家属的意见,而做出完全有效的决定和处理,也会得到社会的承认。唯一的限制是,出卖田地山林必须先由家族购买,家族不要,才能卖给外姓。母亲对重大家庭财产的处理虽然可以发表意见,但没有决定权。关于她养的鸡、鸭、猪的买卖,一般地说

---

① 红河哈尼族彝族自治州民族志编写办公室编:《云南省红河哈尼族彝族自治州民族志》,云南大学出版社1989年版,第45页。
② 国家民委《民族问题五种丛书》编辑委员会办公室:《中国少数民族社会历史调查资料丛刊》第117卷,《广西仫佬族社会历史调查(五)》,中央民族大学出版社2005年版,第243—244页。
③ 双江拉祜族佤族布朗族傣族自治县民族事务委员会编:《双江拉祜族佤族布朗族傣族自治县民族志》,云南民族出版社1995年版,第100页。

她可以自己做主,但往往也需得到丈夫的同意。①

三、家庭财产的继承

西部少数民族的财产继承制度一般有三种,即长子继承制、幼子继承制和家庭成员平等继承制。

四川省甘孜地区的藏族系父权制,实行长子继承制,父亲支配家庭收入、家庭生活和子女婚配,父亲年迈或去世,由长子继任家长,无长子的由长女婿继任家长。② 云南省澜沧县的拉祜族虽然由长子负责父母的养老,但父母去世后,父母的老屋由长子继承,其他财产由子女均分,女儿和儿子享有同等的继承权。③ 云南省临沧地区的佤族有长子赡养父母,次子和幼子另立门户的习俗。④

少数民族中实行幼子继承制的,家庭财产一般由幼子继承。贵州省铜仁地区的土家族,父母一般随幼子居住,兄弟分家时要给父母留下一份"养老田",其余多半采用平分的方式,每个儿子各有一份,父母随幼子居住后,养老田归幼子,生养死葬都由幼子负责。⑤ 贵州省册亨县者述村的布依族用事前占有的方式保证幼子继承制的习俗得以实现。据 2007 年的调查,当地布依族父母过世后,父母有使用权的田地由儿子平均分配,父母去世后的花费也由儿子分摊,但实际上,父母生前大多都是跟小儿子过,父母住的房子和养老田都与小儿子的财产在一起,按照传统,跟父母住的小儿子往往分得好的房子和好的有使用权的土地。⑥

财产继承事关父母健在时的养老,所以,幼子继承制并不完全表现在父母死后遗产的分配上,其实当兄弟分家时,幼子就承担了赡养父母的责任,分家时就有优先占有家庭财产的权利。例如,内蒙古的蒙古族虽然也实行幼子继承制,但是,幼子以外的其他儿子也能分到财产。按照传统的习俗,兄弟分家时,财产按照年长者多得,年少者少得,幼子继承父业的原则分配。⑦ 与此类似的有云南省

---

① 全国人民代表大会民族委员会办公室编:《贵州省台江县苗族的家族》,1958 年印刷,第 21 页。该文后收入贵州省编辑组:《苗族社会历史调查(一)》,贵州民族出版社 1986 年版,文章题目为《台江县苗族的家族》,署名为顾华、张文杰调查,罗时济整理。
② 康定民族师专编写组编纂:《甘孜藏族自治州民族志》,当代中国出版社 1994 年版,第 164 页。
③ 颜思久、徐柏操、齐泽莲调查整理:《澜沧县东河区拉巴寨拉祜族社会调查》,载《民族问题五种丛书》云南省编辑委员会:《拉祜族社会历史调查》,云南人民出版社 1982 年版,第 98—99 页。
④ 双江拉祜族佤族布朗族傣族自治县民族事务委员会编:《双江拉祜族佤族布朗族傣族自治县民族志》,云南民族出版社 1995 年版,第 114 页。
⑤ 罗勇、石海波:《铜仁地区土家族概况》,载贵州省民族研究所、贵州省民族研究学会编:《贵州民族调查(之四)》,贵州省民族印刷厂 1986 年印,第 249 页。
⑥ 周相卿:《者述村布依族习惯法研究》,民族出版社 2011 年版,第 117—118 页。
⑦ 王迅、苏赫巴鲁编著:《蒙古族风俗志(上)》,中央民族学院出版社 1990 年版,第 84 页。

双江县布朗族的继承方式,在布朗族村寨中,留在父母身边的儿子,分家时可以多分得一份家产,父母的住房、园地归小儿子。没有儿子的,可以收养子,养子的地位与亲生子相同,不受歧视,并有财产继承权。入赘的女婿被明确了"儿子"身份的,也有继承权。但出嫁的女儿没有继承权,即使家庭绝嗣,也不能继承。① 如果幼子不承担赡养父母的责任,其就会丧失继承财产上的优待。

我国少数民族中实行幼子继承制的民族较多,彝族、景颇族、苗族、珞巴族、瑶族、傈僳族、拉祜族、布朗族、哈尼族、阿昌族、普米族、独龙族、蒙古族、鄂伦春族、鄂温克族、哈萨克族、柯尔克孜族、撒拉族等都实行幼子继承制。

有的少数民族在财产继承上实行家庭成员平等继承。例如,新疆的维吾尔族在家庭财产继承上没有剥夺妻子的继承权,遗产一般由直系亲属分配,最根本的原则是丈夫死后,妻子、儿子各得一半遗产,或除去妻子应得的部分,其余的归儿子。死者无妻儿的,遗产继承由亲戚定夺,给其他直系亲属一部分或全部。祖孙三代,父先死,祖父的遗产可以不给孙子,若有遗嘱,也可给孙子。儿子在父死前已经结婚另立门户的,不得继承父亲的遗产。死者的儿子年幼,不能自立时,遗产可交寺院的阿訇代管,等幼子长大成人后全部交还。② 云南省丽江地区的纳西族虽然也是幼子负责父母的养老,但是家中老人死后,要由家族中的长辈主持兄弟分家事宜,一般是共同商量,老屋由幼子留守,长子和次子另建新房居住,田地、牲畜、农具和其他生产生活资料一般平均分配,幼子略多分一点。③ 云南省西双版纳傣族的财产继承制也很公平,父母死后,遗产由与父母同住的子女继承,如果父母死前立有遗嘱,则按遗嘱分配,无遗嘱的,按习惯由家族长主持分配。分配办法是,1/3用作死者的丧葬和赕佛费用,其余2/3分成3份,2份分给与父母同住的长子或长女,1份分给其他儿女。④

大多数实行父系继嗣的少数民族在财产继承上,往往排除女性的继承权,只有男子享有继承权。例如,云南省大理白族只有男子才有继承财产的权利。继承者首先是儿子,有女无子的,可以招赘女婿,叫做"讨实子",无儿无女的也可以

---

① 双江拉祜族佤族布朗族傣族自治县民族事务委员会编:《双江拉祜族佤族布朗族傣族自治县民族志》,云南民族出版社1995年版,第148—149页。
② 贺继宏、张光汉主编,克孜勒苏柯尔克孜自治州民委、克孜勒苏柯尔克孜史志办编辑:《克孜勒苏柯尔克孜自治州民族志》,新疆克孜勒苏柯尔克孜文出版社1992年版,第279页。
③ 许鸿宝调查整理:《丽江县纳西族婚丧礼俗调查》,载《民族问题五种丛书》云南省编辑委员会编:《纳西族生活历史调查》,云南民族出版社1983年版,第60页。
④ 刀永明、刀述仁、曹成章编:《西双版纳景洪地区傣族婚姻习俗调查》,载《民族问题五种丛书》云南省编辑委员会:《西双版纳傣族社会综合调查(二)》,云南民族出版社1984年版,第131页。

抱养同族弟兄的子女(过继)或"养子"。但都必须取得家族的同意;赘婿和养子要改名换姓,才能取得财产继承权,所生之子就是这一家庭的继承人。①

一些少数民族将妇女视为财产,对丧夫的妇女再嫁有很多限制。最典型的就是所谓"转房"的制度,若兄死,嫂子转给弟为妻,若弟死,弟妹转给兄为妻,如果兄或弟已有妻子便形成一夫多妻的家庭。云南省怒江州的独龙族实行转房制,兄死,嫂子转给弟,二弟死,二嫂转给三弟,三弟不要,可以转给堂兄弟或叔父为妻。总之,妻子作为家族内部的财产和劳力是不能外溢的。在这样的观念下,甚至父死,父亲的小妻归长子占有;儿子死,如果没有兄弟,儿媳归公公所有。②西藏的珞巴族将妻子视为家族的财产,在丈夫死后儿子又未成年时,遗妻连同财产、子女都转给其夫的兄弟继承,做后者的老婆。如无合适的同胞兄弟,也可由同家族或由近及远的同氏族兄弟继承为妻,如果无人继承,则由近亲做主将其卖出氏族。③ 云南省红河州有的地方的哈尼族留存着叔配嫂的转房婚,故有"鸭子是老鹰的面份,嫂子是小叔的面份"的民谣。④ 贵州省铜仁地区土家族的男子若中年丧妻,可以再娶,但妇女中年丧夫,却不得改嫁,首先要坐床转房,即弟收兄嫂,若弟弟不愿坐床,寡妇才能外嫁,但在夫死不满三年的情况下,若外嫁,就得由婆家索取很高的银两作"赎身钱"。三年后改嫁时也不能带走原夫妻双方的财产,而只能带走原自己带到夫家的嫁妆。⑤

将妇女视为财产的民族,对侵害妇女的不法行为往往给予严厉的处罚。例如,四川省凉山地区彝族的支系罗彝在处理通奸行为和拐骗妇女行为上便考虑了妇女的财产性。对于通奸行为,因奸夫的行为不至于使财产流失,故对奸夫重者罚牛1头,轻者罚猪或羊1头。而拐骗妇女则是重罪,因为妇女走了会使家族损失财产、势力和劳力,因此,抓住拐骗者,一般要处死。故罗彝畏拐不畏奸。⑥

财产继承往往涉及绝户财产的处理问题,家族法对这种情况的一般规定是,绝户的财产或是由养子继承,或是由近亲属继承,或是由家族充为公产。广西龙

---

① 《白族简史》编写组编:《白族简史》,云南人民出版社1988年版,第240页。
② 怒江州民族事务委员会、怒江州地方志编纂委员会办公室编:《怒江傈僳族自治州民族志》,云南民族出版社1993年版,第130页。
③ 姚兆麟:《西藏民族志》,中国藏学出版社2006年版,第141—142页。
④ 红河哈尼族彝族自治州民族志编写办公室编:《云南省红河哈尼族彝族自治州民族志》,云南大学出版社1989年版,第43页。
⑤ 罗勇、石海波:《铜仁地区土家族概况》,载贵州省民族研究所、贵州省民族研究学会编:《贵州民族调查(之四)》,贵州省民族印刷厂1986年印,第249页。
⑥ 马长寿:《凉山罗彝考察报告(下册)》,李绍明、周伟州等整理,四川出版集团巴蜀书社2006年版,第399—400页。

胜县龙脊乡的壮族在继承上,如果无子女,可在生前经房族同意在侄子中指定一人或向远房外族要一子作为养子来继承财产,但得将田产的一部分分给亲侄子,才能得到他们同意而立契保障养子的继承权,若生前没有养子或指定的继承人,死后则由兄弟或亲侄平均分取财产。如果没有兄弟或侄子,绝户的财产应由房族或远一点的宗族平分。如果连房族宗族都没有,便为本寨所有,称为"有亲归亲,无亲归旁,无旁归外"[①]。云南省德宏地区的阿昌族对死绝户财产的处理则是先由近亲继承,若无近亲,可由较近的家族继承,若无家族,则成为村寨的公共财产,由村寨招租放佃,收益作为村寨的公益费用。[②]

第五节　对违反家族法行为的惩罚

家族法是一种熟人社会的法律,它的遵守有赖于族人相望相守的相互监督,也依赖于惩罚违法行为的威慑效应。

一、执行惩罚的机构

家族法虽然是一种民间法,但是却有强有力的执行机构,族长、家族议事会、专职执法人员等组成执行家族法的公共权力机构,凭借家族成员的认同和地方管理者的支持发挥作用,使家族法在处理家族纠纷中具有比国家法还强的权威。

在很多少数民族家族中,族长是家族法的当然执行者。例如,贵州省榕江县三宝乡的侗族过去有一句谚语说:"大树护村,老人管寨"。三宝各寨都有负责管理寨内事务的寨老。寨老一般由社会上层人士担任,多为清末秀才或家境富裕的人。寨老的职责一般是管理寨内公益事务(重大祭祀活动、道路修筑、水井维修、防火防盗等)和排解民众纠纷。在处理纠纷时,一般分两步调解,如某两家因地界发生纠纷,先在本家族内调解,即先由首先申诉一方备一桌酒菜,请族长数

[①] 国家民委《民族问题五种丛书》编辑委员会办公室:《中国少数民族社会历史调查资料丛刊》第107卷,载《广西壮族社会历史调查(一)》,中央民族大学出版社2005年版,第120页。

[②] 李成洪、刘达理等整理:《户腊撒阿昌族社会经济调查》,载《民族问题五种丛书》云南省编辑委员会编:《阿昌族社会历史调查》,云南民族出版社1983年版,第37页。

人到家里吃饭并讲述自己的理由,然后对方也备一桌酒菜邀请族长吃饭并述说自己的理由,此后经族长往返调解,纠纷一般得到圆满解决。如果矛盾较深,一时解决不了,或经族长作出裁决而有一方不服者,不服的一方便邀请全寨各寨老出面解决,解决过程如前所述,只是吃些便饭。经寨老们反复调解,纠纷一般也就解决了。经寨老裁决的案件,不服者只能忍让了事,很少有人到官府去申诉,即使去官府申诉,打赢官司的也是少有的。因为寨老可以操纵民众造成全寨一边倒的情势,使不服寨老裁决者处于一种孤立状态,而民众最怕的是"村往一边倒,寨往一方偏"。寨老的作用从这句谚语中得到了体现。①

有的少数民族在家族中设有家族议事会,并赋予其执行家族法的职权。云南省红河州的瑶族有寨老组织,寨老组织由"寨老""寨长"和"当龙师"组成,寨老是一寨之首,寨长是村社活动的指挥者,当龙师是宗教活动的组织者,各司其职,各负其责,他们都是经民主选举产生的宗族中有德有识的男性长者,在群众中享有很高的威望。每年一次的"丛会"是寨老履行职权的重要场合。"丛会"是氏族(宗族)和村社一年一度的定期会议,每年大年初一,各户成年男性自动凑上1—2斤白酒、猪肉或鸡,汇集在当值的寨老家中聚餐,商讨村寨事务,寨老也在"丛会"上向村寨成员报告村寨重大事务的处理情况。②

凉山彝族家支虽然设有确定的常设管理机构,但是每个家支一般都有数目不等的头人,头人一般有"苏易""德古"和"扎柯"三类。"苏易"和"德古"都是阅历深、见识广、熟悉习惯法,并善于依据习惯法排难解纷而成为在本家支乃至数个家支内的自然领袖人物。他们还要具备处事公正、正派、能言善辩习惯法、有威望、有统帅才能,有责任心为本家支的事务服务,并且勇武善战,有超强谋略的品质。"德古"的地位较"苏易"为高,他是彝族社会的司法官、法官。"德古"一般都是头人,而头人不一定能当"德古"。"德古"不需经选举而自然形成,亦不需罢免,但如果一次处事不公,便会自然失去其职位。"德古"主要是根据习惯法调解纠纷,主持家支会议,执行家支议事会议的决定,动员、组织、领导、指挥冤家械斗,安排命价银子的赔偿与分配。遇有雹灾、风灾、水火之灾时,请毕摩作法禳解;分派人手帮助、安排救济,安排社会保障,等等。在调解重大纠纷时,"德古"虽然能得到当事人双方的一些报酬,但并没有固定的俸禄,也没有高居于一般家

---

① 向零:《榕江县三宝侗族的社会组织》,载贵州省民族研究所、贵州省民族研究学会编:《贵州民族调查(之七)》,1990年印行,第217页。
② 红河哈尼族彝族自治州民族志编写办公室编:《云南省红河哈尼族彝族自治州民族志》,云南大学出版社1989年版,第194页。

支成员之上的特权或强制权力,也不能世袭。"扎柯"是在冤家械斗中勇敢善战、带头冲锋陷阵的人。在头人的安排下,凉山彝族的家支成员必须无条件地维护家支的利益。例如,家支成员杀死了外人,而肇事者是独子,又没有后代,当经"德古"调处必须抵命时,家支的任何成员都可能会被指派去代替凶手向死者及其家支抵命,被派抵命者会自觉自愿地赴死,被视为英雄行为。①

在一些少数民族地区,还有专职的依靠家族法和其他习惯法处理家族纠纷的人员。例如,贵州省铜仁地区的土家族,有一种被尊称为"土老师"的人,土老师虽不是官,但却是土家族中的地方首领,权力很大,过去凡地方上的祭祀、治病、婚姻、诉讼等事都由他管。土老师可以结婚,其职务也可世袭。土家族内部的纠纷,同族找族长解决,不同族则找土老师解决。民国以后,族长和土老师的社会地位逐渐衰退,族长只余一个空名,而宗祠的作用也随之消亡,土老师则只是土家族民间宗教仪式的执行人。②

二、惩罚的程序

在家族法的实施过程中,程序的公正是保证执法结果公正和家族法权威的必要条件。所以,少数民族的家族法往往以具有地方和民族特点的规定确立实施程序的公开和公正,以保证裁判结果能够得到家族成员的认同。

有的少数民族的家族法十分讲求处理纠纷时的说理和表达方式。例如,贵州省台江县的苗族在处理家族内部和外部纠纷时,有一种叫做"六方"的组织。"六"指老人或长老,方指"地方","六方"实际是专门调解、处理纠纷的有知识的老人。每个村寨中总有一两个"六方",当一个家族内部有纠纷时,虽然可以由这个家族中有威望的人来调解处理,但是,如果碰到疑难复杂的纠纷,则只有"六方"才能处理得了。如果这个村寨只是一个家族,那么这些"六方"就是家族的"六方"。此外,临近的几个村寨或更多的村寨还会有一个共同的"六方",所以,"六方"行使职权的范围大小并不相同,他们的社会地位和社会威望也不相同。"六方"不靠选举或任命产生,而是由于他善于说理,富有辩才,经常自愿而耐心地为人解决纠纷,受到群众的赞许而逐渐地被承认为"六方",就像一个自然的领袖,碰到争执,双方都会请他去解决。"六方"调解纠纷除接受当事人的酒食供应之外,如果调解的纠纷有现钱赔偿的话,"六方"会取赔偿的 1/10,如果没有现钱

---

① 张晓辉、方慧主编:《彝族法律文化研究》,民族出版社 2005 年版,第 319—321 页。
② 罗勇、石海波:《铜仁地区土家族概况》,载贵州省民族研究所、贵州省民族研究学会编:《贵州民族调查(之四)》,贵州省民族印刷厂 1986 年印,第 249 页。

赔偿,当事人双方也要送一两角钱给他,希望今后对方反悔他能出来作证。当家族中发生田土、山林、借债、婚姻、吵架等纠纷时,就会请"六方"来调解。"六方"调解时主要采取说服的方式让双方让步妥协。调解时"六方"往往用韵语演唱一番道理开导当事人,并借以取得在场群众的支持。这些调解的演唱词生动诙谐,富有地方特点,易懂易传,而且,每种纠纷的调解或不同的"六方"都有不同内容和情景的唱词,当事人和群众都容易接受。例如,在调解离婚纠纷时,"六方"劝导提出离婚要求的男子不要离婚的唱词是:"架桥为了过路,开亲就要走亲。架桥有德,拆桥有罪。这家也有婚姻,那家也有婚姻。娶了她,就要对她好。又不是谁强迫你的,又不是包办的。水牛配水牛,黄牛配黄牛。大家搞生产才得吃,大家纺织布才得穿。这边腰子(心里)想一想,那边腰子商量一番。不听劝,你就再去找人讲理,不答应,你就再去找人调解。"在这段唱词中,"六方"表明自己的态度:首先,劝和不劝离;其次,结婚时两人是自愿的,相配的;再次,夫妻要齐心合力日子才好过;最后,当事人要思前想后,听从劝导,打消离婚的念头。这些态度代表了苗族社会对待离婚的基本原则,即不能随便离婚。①

有的少数民族家族法注重处理纠纷过程的公平。例如,云南省怒江州的独龙族发生家族内部纠纷双方争吵不休时,由族长根据家族习惯法来进行适当调解,判断是非。族长在听取双方说理的过程中,常以小木片或玉米粒作为裁判的记号,待讲完理,就以得到小木片或玉米粒多的为胜,获胜者当场就能把规定赔偿的东西带走。② 云南省德宏地区的景颇族过去实行山官制,山官由富裕的家族头人或家长奴隶制的家长担任,是其辖区内景颇族习惯法的最高执行者。当发生纠纷时,山官按照习惯法来判断是非,维持社会秩序,必要时山官会和"司朗"(村寨中各姓的自然领袖)、董萨(原始宗教的神职人员)等一同协商判决,当无法判明是非时,就按习惯法的规定请鬼神裁判。景颇族采用的神判有很多方式,如卜鸡蛋卦、捏鸡蛋、埋鸡头、诅咒、斗田螺、煮米、捞开水、闷水等。景颇族的习惯法被景颇人认为是"阿公阿祖"传下来的做人道理,但由于它是约定俗成的不成文法,也为山官留下了随意解释的缺口,有的山官出于自己的需要,往往曲意解释或修改习惯法。景颇族群众说:官错了不算错,装酒的竹筒裂了看不见缝。③

有的少数民族的家族法强调纠纷处理程序的公开性。例如,四川省茂县羌

---

① 全国人民代表大会民族委员会办公室编:《贵州省台江县苗族的家族》,1958 年印行,第 34—41 页。
② 怒江州民族事务委员会、怒江州地方志编纂委员会办公室编:《怒江傈僳族自治州民族志》,云南民族出版社 1993 年版,第 136 页。
③ 龚佩华:《景颇族山官制社会研究》,中山大学出版社 1988 年版,第 88—95 页。

族的"清明会"是家族长辈行使族权的常规程序之一。每年三月清明节那天,族长召集全族男子到祠堂,先举行祭祖仪式,然后进入具体议事日程,处理具体纠纷,处理结果具有拘束力和执行力。①

有的少数民族的家族法对定案证据作出细致的规定。例如,侗族的"约法款"是居住在贵州、湖南、广西的侗族普遍适用的习惯法,以"约法款"为核心,加上各村寨、家族制定的制度,共同构成了侗族的制度文化。"约法款"中的"六面阳规"是关于轻罪的处理规定,其中讲到对轻罪的定案程序:"讲到红薯地,讲到芋头山。菜园有主,豆角有杆。如果谁人的子孙,夜晚走路不点灯,白天进村不守约;不怕雷公轰顶,不怕雷婆放火。地头偷红薯,地尾偷豆角。园内偷白菜,田中偷萝卜。抓不得不讲,如果抓到哪个,肩上得担,背上得篓;筐里得青菜,篮里得豆角。瓜薯菜豆罚四两四,还要罚他喊寨敲锣。"这样细致的程序规定体现了一个重要原则,即捉贼捉赃,如果不是人赃俱获,就不能定案。② 四川的羌族也有类似的证据法则,羌族地区有谚语这样说:"贼无赃,硬如钢","贼从门前过,无赃不定罪"。③

三、惩罚的种类

家族法的处罚种类与不同少数民族的文化和地理环境有密切关系,民族文化影响着家族法惩罚种类要体现的处罚目的,而地理环境影响着家族法惩罚种类的手段选择。

内地的少数民族家族法的处罚受汉族影响,多是儒家的训诫和同族公议定罚的内容,已经和汉族的家族法一致了。清末四川西阳县后溪土家族白家的族谱中记录的新列戒规十条,将同姓结婚、叔嫂转房、不孝、不悌、以下犯上、以尊凌卑、败坏纲常、不守王法家规、擅自打官司、贪污宗族财产十种行为列为触犯家族法的重罪,对这些行为施以重罚,或以官法处治。所谓重罚,有杖责、族人共击、流放、逐出家族、没收田产、赔偿等。④ 所谓以官法处置的行为是不孝,按清律,不孝为重罪,如不听父母教诲的,杖一百;别籍异财的,杖八十;骂祖父母父母的,是

---

① 龙大轩:《乡土秩序与民间法律:羌族习惯法探析》,华夏文化艺术出版社(香港)2001年版,第268页。
② 吴大华等:《侗族习惯法研究》,北京大学出版社2012年版,第39—40页。
③ 龙大轩:《乡土秩序与民间法律:羌族习惯法探析》,华夏文化艺术出版社(香港)2001年版,第146页。
④ 李星星:《曲折的回归——四川酉水土家文化考察札记》,生活·读书·新知三联书店上海分店1994年版,第107页。

十恶之罪,可处绞刑;殴祖父母父母的,处斩决刑。四川省羌族地区的羌族族规对违背贞洁之道行为的处罚比起国家法来毫不逊色,有处死、体罚、撵出村寨和赔偿等处罚种类,各地方的处罚方法又有不同。例如,汶川对失节的女性要"脑壳揪了甩下河";茂县是把通奸者一起弄来架起火烧死(全村人都凑柴)或用炮火打死;理县是使用沉河的方法处死通奸者。①

地处边疆或边远地区的少数民族,违反家族法的惩罚更多来源于本民族对违法行为危害性的认识。1950年以前,凉山彝族社会实行家支统治,彝族的谚语说:"老虎靠牙齿,诺伙(贵族)靠家支","想家支想得流泪,怕家支怕得发抖"。家支既是奴隶主实现对奴隶进行统治的工具,也是调整奴隶主内部关系的组织机构。按照彝族的习惯法,奴隶主可以处置自己占有的奴隶,对奴隶有生杀予夺之权,有些奴隶主还修了关押奴隶的牢房,一般能容20—30人,有的牢房甚至可容50人。习惯法所允许的刑罚种类有分尸、抽肠、沉水、滚岩、订门钉等酷刑,这些刑罚只适用于某些实施了严重违反习惯法的奴隶。如果是贵族犯了罪,无论罪大罪小,都禁止使用酷刑,即使按习惯法应处死,一般只是令其自杀。② 除了上述酷刑外,凉山彝族家支的处罚还有诅咒、赔偿、除籍、处死等。诅咒是受害家支对已知或未知的侵害人进行谴责并期望神灵惩罚侵权人的集体行动。以对拐卖妇女的诅咒为例,如果本家支的妇女被拐卖,那么全家支的妇女都要杀鸡、狗、马等动物来集体诅咒,诅咒中请毕摩念咒语,并将拐骗人(没抓到拐骗人,就用毕摩扎的草人代替)处死。赔偿的适用范围较宽,杀人要赔命价,伤害要根据伤害的身体部位和伤害程度赔偿不同的金钱甚至人的肢体。除籍是开除侵害人的家支户籍,是最严重的处罚之一,凡是被开除家支的人,族人不认其为家门亲戚,见面不打招呼,被人欺负也不过问,死后不得在家支祖坟上烧葬。处死包括勒令自杀和他人行刑两种。勒令自杀包括吊死、服毒、剖腹、投水、跳岩;他人行刑包括勒死、吊打、捆石沉水、滚岩、刀枪杀、烧死、活埋、捆投深洞等。处死的方式按身份等级有区别,奴隶主贵族的处死采用勒令自杀的方式,奴隶的处死一般采取他人行刑的方式,故有谚语说:"奴隶作恶沉水底,黑彝作恶吊路边"。③

少数民族家族法中设置较多的惩罚种类,也使违反家族法的行为在处理上能够通过选择不同的处罚,做到罚当其罪,罪罚相当。云南省怒江州的傈僳族对

---

① 龙大轩:《乡土秩序与民间法律:羌族习惯法探析》,华夏文化艺术出版社(香港)2001年版,第273页。
② 杨怀英主编:《凉山彝族奴隶社会法律制度研究》,四川民族出版社1994年版,第28—29页。
③ 同上书,第62—88页。

不同的违法行为有不同的惩罚。对盗窃行为，一般是偷一罚二，如偷 1 头牛，罚 2 头牛的赔偿。如果无能力赔，则由亲戚代赔。如果是发现在地里或家里偷窃他人的粮食、财物，可以当场将小偷打死、打残，小偷还要受斥责。如果诬陷他人盗窃，诬陷者要受到处罚。对通奸行为，如果是与有妇之夫通奸的，有的只罚 1 筒酒或数元半开了事，有的则要由头人召集全村人"评理"当场斥责奸夫，还要罚 1 头牛，1 盘铁三角，1 件衣服给对方。如果发现拐别人的妻子或未婚妻，则要由拐骗者的姊妹去顶替，还要赔牛若干头。①

有的少数民族家族法在惩罚原则上，十分注意区分初犯和再犯，给予初犯和再犯轻重不同的处罚。例如，贵州省台江县的苗族榔规是在几个寨子的"六方"主持下，各寨成年群众集体参加的议榔会议制定的族规或寨规。议榔当日会杀牛分肉，以后如遇有违反榔规者，人们必质问他是否分了肉？意思说你已知道了榔规，是明知故犯，应当接受处罚。违反榔规的处罚种类有烧死、投河淹死、吞针、开除寨籍、罚款、赔偿等。当地反排寨的村民还记得在 1957 年榔规中，偷窃粮仓内的粮食，或屋内的钱、衣、布和牛的，初犯罚银 33 两，再犯要用火烧死。②

---

① 怒江州民族事务委员会、怒江州地方志编纂委员会办公室编：《怒江傈僳族自治州民族志》，云南民族出版社 1993 年版，第 39 页。
② 全国人民代表大会民族委员会办公室编：《贵州省台江县苗族的家族》，1958 年印行，第 39—40 页。

第十三章　少数民族民间法在现代社会中的变迁与作用
——关于云南 25 个少数民族村寨民间法律文化的分析[①]

第一节　少数民族民间法的渊源
第二节　少数民族民间法的基本内容
第三节　少数民族民间法的变迁
第四节　少数民族民间法在社会控制中的作用

---

① 该文由张晓辉执笔,王启梁负责部分资料的整理。其中的部分内容原载《现代法学》2001 年第 5 期,论文标题为《民间法的变迁与作用——云南 25 个少数民族村寨的民间法分析》。

本章的题目是一个令人兴奋的命题,它不仅是国内外法人类学研究的热点问题①,而且对于推进"依法治国"的进程具有重大的意义。众所周知,我国是一个多民族的国家,不同民族在发展中所形成的多元文化格局是中华文化的一个显著特点。与此相适应,多元文化也造就了法律多元的现象,不同的民族总是会有独特的法律文化,作为表现民族法律文化的民间法调整着村寨生活中的方方面面,使远离国家法的少数民族村寨秩序井然。

2000年年初,云南大学派遣了25个调查组对云南境内25个5000人以上的少数民族村寨进行了为期一个月的田野调查,村寨中的民间法是这次调查的内容之一。参加调查的调查组才进入村寨不久,便对民间法的权威和效力有了深刻的印象,大部分村民不知道国家法为何物,但他们知道该做什么,不该做什么,还知道做了不该做的会遭受什么样的惩罚,而这些知识都来自时下理论界热衷讨论的本土资源——具有民族性、地方性的民间规范,诸如禁忌(taboo)、习惯(custom)、惯习(mores)、惯例(conventional law)、习惯法(customary law)等。调查者的这个印象从理论上来概括的话,便是本章的标题和所要分析的问题。25个村寨的民间法调查为本章分析民间法在少数民族村寨中的现状提供了大量实证材料,使本章的写作可以避免从理论到理论的演绎。② 除了此次民族调查的材料外,1950—1960年代民族调查留下的宝贵资料,使本章能够对民间法的变迁进行必要的讨论。③

本章所依据的调查材料表现了一个个微观社会(村寨)中民间法的产生、运行和变迁的情况,而本章要揭示的是这些微观社会中民间法的变迁过程和作用,

---

① 日本学者千叶正士在其著作《法律多元》(中国政法大学出版社1997年版)中,较细致地介绍了1960年代至1980年代法律社会学界和法人类学界关于民间法的讨论;在国内,梁治平先生、苏力先生在他们的著作中对习惯、民间法、法的本土资源等问题做了颇具影响力的研究,以致在2000年前后的研究中,对民间法的讨论成为法理学界的一个热点问题,相关的著作和论文可参见梁治平:《清代习惯法:社会与国家》,中国政法大学出版社1996年版;苏力:《法治及其本土资源》,中国政法大学出版社1996年版;王铭铭、〔英〕王斯福主编:《乡土社会的秩序、公正与权威》,中国政法大学出版社1997年版。

② 本书作者也是本次调查中傣族调查组的成员,尽管参与调查的经历和感受有助于对调查资料的解读,但对于未参与调查的资料,在作者的认识上仍把它们当作第一手资料来运用。

③ 关于1950—1960年代民族调查研究得失评价,可参见周勇:《法律民族志的方法和问题——1956~1964中国少数民族社会历史调查对少数民族固有法的记录评述》,载王筑生主编:《人类学与西南民族——国家教委昆明社会文化人类学高级研讨班论文集》,云南大学出版社1998年版。

所以,在研究方法上,本章一方面可以使用社会人类学对小型社会进行研究的方法,另一方面也可以使用对民间法进行分析比较的法学研究方法。不过,作者更关注的是用社会人类学的方法来分析少数民族民间法的现状,以求对这些民间法作出合理的文化解释。

除了材料和研究方法外,对本书分析的对象——民间法进行一番界定也是必要的。在本章中,民间法是相对于国家法而言的,指社会中存在着的非国家制定或认可的行为规范。在法学界,这个意义上的民间法(folk law)并不是只有一个名称的概念,而是可以有多种名称的概念,例如,习惯法(customary law)、传统法(traditional law)、固有法(indigenous law)、初民法(primitive law)、本地法(native law)等。① 本章采用民间法来命名非国家制定或认可的社会规范,是因为民间法的内涵与名称比较贴切,民间的对应词是官方,所谓官方法即为国家法或与国家权力相关的规范。而前述的其他名称在内涵上有歧义,很难贴切地表示前述民间法的内涵。例如习惯法的对应词是制定法,习惯法可以是一种国家(官方)法;传统法的对应词是现代法,传统法可以指代历史上存在过的国家法和民间法;固有法可以指代历史上存在过的国家法和民间法;固有法的对应词为移植法,固有法指未受外来法律文化影响的法,它仍可以包括国家法和民间法;初民法的对应词应为西方法,强调的是未受西方文化影响的处于原始状态的法,这个词本身就带有歧视的倾向;本地法的对应词是外地法,它难以区分官方的地方立法与非国家法之间的界限。由此可见,相对于其他名词来说,用民间法来命名少数民族村寨中的禁忌、习惯、惯例、习惯法或其他非国家制定或认可的规范更为准确些。

---

① 这些名词的来源可参见前引千叶正士《法律多元》,第2页。在国内学者的论著中,对非国家制定或认可的社会规范的命名和使用极不统一。例如,梁治平称之为"习惯法",参见梁治平:《清代习惯法:社会与国家》,中国政法大学出版社1996年版,第36页注[4];苏力称之为"民间法",参见苏力:《法治及其本土资源》,中国政法大学出版社1996年版,第61—66页;周勇称之为"固有法",参见周勇:《法律民族志的方法和问题——1956—1964中国少数民族社会历史调查对少数民族固有法的记录评述》,载王筑生主编:《人类学与西南民族——国家教委昆明社会文化人类学高级研讨班论文集》,云南大学出版社1998年版。

第一节　少数民族民间法的渊源

在 25 个少数民族村寨的调查中,调查者收集了有关民间法的丰富材料,透过这些材料,我们可以把 25 个民族村寨中民间法的渊源进行分类和归纳,从而解决民间法是什么的问题。

任何一种规范,不论是国家法还是民间法,都必须有一定的存在形式,才能很好地来表现规范的内容,这种规范的存在形式或表现形式就是规范的渊源。对于国家法的渊源,法学界已经不存在太多的争论;然而,民间法的渊源则是法社会学家、法人类学家颇感头痛的问题。马克斯·韦伯曾对习惯、惯例和习惯法做了界定,他认为"习惯是指在没有任何(物理的或心理的)强制力,至少没有任何外界表示同意与否的直接反映的情况下做出的行为"。"惯例是指一种典型的、根据常规的统一行动,行动者'习惯于'这样做,并且毫不思索地模仿着做。这是一种集体性行动,没有谁'要求'这样做。"而"作为习惯法的规范,其效力在很大程度上依赖了一种类似的强制性实施机制","这种强制性机制是指有一部分人相对确定地担负着运用物理或心理手段实施强制力的特别任务"。尽管作了这样明确的定义,韦伯还是不得不承认惯例与习惯之间的界限模糊不清,甚至还认为"法律、习惯和惯例属于同一个连续统一体,即它们之间的演变难以察觉"[①]。这种混淆的理论,其实根源是在现实社会中民间法渊源的混淆和民间法与国家法之间互动的复杂性。

在 25 个村寨的民间法调查中,调查者根据事先设计的民间法调查提纲进行调查,并把民间法分为禁忌、习惯、村规民约三种形式。我们认为,禁忌是一种禁止性的规范,它限制着人们的行为选择和行为范围,并依靠自然力、世俗权威或超自然力的报复性惩罚来维持和保证遵守。习惯的概念可以借用韦伯关于惯例的定义,它是一种处于特定文化区内的人难以摆脱的行为模式,人们依习惯而作

[①] 〔德〕马克斯·韦伯:《论经济与社会中的法律》,张乃根译,中国大百科全书出版社 1998 年版,第 20—21 页。

为或不作为,任何违反习惯的行为都会引人注目,影响一般人的心理状态。至于村规民约则是一种由村寨公共权力机构——村委会或村民大会制定的具有自治性质的规范,并由村寨的公共权力机构保证其实施,它的产生和实施都有别于禁忌和习惯,但它的内容往往有一部分是对禁忌和习惯的认可。有了上述界定,我们便可以较为清楚地认识25个村寨的民间法在形式上的表现并进一步认识三者之间的关系。

村寨中的禁忌种类繁多,涉及方方面面,特别是哈尼族,日常生活几乎都浸润在禁忌之中,甚至牲畜家禽都在禁忌约束之列。[①] 其他少数民族村寨的民间法中,禁忌也占有重要的地位。

按照约束行为的性质来对禁忌进行分类,可以把禁忌分为宗教禁忌和世俗禁忌两种。宗教禁忌规范的是人们在宗教活动中的行为和在日常生活中对宗教的态度。譬如西双版纳州勐海县曼刚寨缅寺的"十戒",怒江州贡山县小茶腊村基督徒遵守的"五戒"。宗教禁忌又可分为原始宗教的禁忌和其他宗教(佛、道、基督、伊斯兰教等)的禁忌。原始宗教的禁忌普遍存在于各少数民族村寨中,属于本土文化的范畴,而道、佛、基督、伊斯兰教的禁忌则因各村寨的信仰不同而被有选择地存在于村寨之中,与原始宗教相比较的话,其他宗教禁忌属于外来文化的范畴。[②] 世俗禁忌规范的是人们非宗教的行为,包括生育、婚姻、丧葬、生产、建房、日常生活等方面的禁忌,内容十分丰富。尽管世俗禁忌与原始宗教的禁忌在所约束的行为性质上可以区分得开,但是,世俗禁忌的产生和保持却与原始宗教有密切的关系。例如,在傣族、布朗族村寨中,很多禁忌都是因鬼神的信仰而产生,并依靠鬼神的力量得以保持。[③]

禁忌的来源多种多样[④],调查材料中虽然没有对禁忌的来源做细致的分析,但从对禁忌的描述中仍然可以看到禁忌的几个来源。其一,禁忌来自恐惧。例如,沧源县勐董镇帕良村的佤族忌深夜洗碗筷,认为这样做会冲走饭魂,造成缺粮饿肚子的结果。其二,禁忌来自歧视。香格里拉县尼西乡形朵村的藏族家里

---

① 绿春县大兴镇新寨的哈尼族有关于牲畜家禽的禁忌5条。其一,牛、猪、狗、鸭忌上房顶;其二,吃饭时忌鸡上桌;其三,忌鸡鸭交配;其四,忌母鸡学公鸡叫;其五,忌牲畜家禽自生自食。由此种种犯忌之牲畜家禽都须杀而食之,不得有误,否则会给家人、村寨带来灾难。

② 除了回族之外,云南其他民族的宗教禁忌均可以分为本土文化与外来文化两个范畴。但回族有所不同。

③ 在勐海县曼刚寨,每年祭祀寨神的日子忌外人入寨,傣族群众认为此时外人进寨会冲撞寨神,带来灾难。

④ 梁治平先生对习惯法的来源进行概括,认为习惯法出于自然,出于乡民之公正观念,出于社会常态或社会变动等。参见梁治平:《清代习惯法:社会与国家》,中国政法大学出版社1996年版。

有人出远门,当天不能扫地,三天内妇女不能洗发梳头;绿春县大兴镇新寨的哈尼族祭寨神时女子不得参加。其三,禁忌来自礼仪。泸水县上江乡百花林村的傈僳族忌在头上以白色的东西为头饰(白头巾、白头绳),认为只有当家人死亡时才可戴白色的头饰,此时如果不戴,则视为不尊重死者,将来会遭报应。其四,禁忌来自宗教。如前所述,禁忌中的宗教禁忌来自宗教的戒律,世俗禁忌中也有来自宗教的禁忌。① 其五,禁忌来自经验。绿春县新寨的哈尼族忌 66 岁以上的老人从事繁重的生产劳动。传说古代有一名叫岩优的不孝子,逼迫年已 66 岁的生病之父下田干活,使其父累死在田中。

习惯是一种被自觉遵守且习以为常的规范。它不仅靠报应或惩罚来予以维护,而且靠人们内心的自愿和对做出"与众不同"的行为而遭非议的畏惧心理得以保持和推行。除此之外,习惯更多的是"应然"的行为,它指导人们做出某种行为,而不是一味地禁止人们做出某种行为。可见,习惯和禁忌还是可以区分的。②

习惯的分类一般是按规范所涉及的领域来划分。例如,婚姻、生育、生产、生活、丧葬等习惯。婚姻中的订婚与结婚仪式,千百年来早已形成了一种惯例,大家都模仿着做,把程式中的事做完了,亲朋好友及当事人才会认可订婚和结婚,倘若不做,则公众或自己都难以认可。当然,习惯可以按照是否调整宗教行为或事宜被划分为宗教习惯和世俗习惯,但由于有关习惯的调查中涉及宗教的不多,故我们只将宗教习惯作为习惯中的一种来对待,而不将它与世俗习惯相对应。

习惯的来源更多是来自传统,来自模仿,来自对群体的认同。例如,傣族、布朗族、布依族等调查点祭寨神的习惯就源于传统,千百年来,传统的祭祀一直保留着。由模仿而产生的习惯多为宗教方面的习惯和生产劳动方面的习惯。1980年以来,宗教恢复和发展过程中逐步形成的道、佛、基督、伊斯兰教的习惯,多是通过模仿习得。而生产劳动中科技因素的增加,也使新的生产劳动习惯随着科技推广而产生。③ 习惯是一种表现民族性和村寨群体特质的规范,具有很深刻的文化底蕴,违反习惯的人往往会被恪守习惯的民族群体或村落群体所排斥,而自觉遵守本民族、本村寨习惯者才能表示对本民族、本村寨群体和文化的认同,也才能赢得本民族和本村寨群体的认同,完成个体与群体之间的互动过程。例如,

---

① 这是宗教泛社会化的结果之一,它导致宗教禁忌与世俗禁忌合一的现象,例如,少数民族村寨中砍神树、神林的禁忌,这种禁忌便兼有宗教禁忌和世俗禁忌的性质。
② 调查报告中,习惯和禁忌往往有混淆,这和调查者对两者的界定有关。
③ 例如,勐海县曼刚寨的傣族群众原来种田没有施肥的习惯,现在除了人粪外,牲畜粪和化肥被广泛使用;原来插秧是妇女的劳动,现在随着抛秧技术推广,男女都能抛秧。

通海县纳古镇古城村的回族群众的饮食习惯是被本民族群体遵守的习惯,违背回族饮食习惯的人,在该村是不会被接纳的。

村规民约是民族村寨调查材料中记载较多的另一类民间法,一般都有文字记载。与1950年代民族调查中记录的寨规相比,村规民约的内容和产生方式都发生了很大的变化。

村规民约在新中国成立前叫寨规,是头人管理村寨、维护旧秩序的规范,而现在的村规民约是村民自治中实现自我约束的规范,二者的目的不同、性质不同,内容也不尽相同。为了便于比较,这里将澜沧县糯福乡南段老寨拉祜族调查组调查材料中的新旧寨规照录如下:

过去的寨规(1950年代)	现在的寨规(1995年)
1. 不准杀人,杀人者偿命。 2. 不准打架,打架伤人者,要赔偿医药费。 3. 不准偷盗,如被抓获加倍处罚。 4. 不准睡别人的女人,女人不准养汉子,如有发现乱棒打死,牛猪供全寨人杀吃。 5. 不准砍伐水源林、神山林,砍伐者要给予罚款处理。 6. 不准有意毁坏寨子里的神桩、佛房,对有意破坏者要处以罚款,还要修复被破坏的部分,费用由破坏者承担。 7. 寨里的人要互相团结,维护寨子的利益。 8. 父母、舅舅要教育好后辈。后辈出了什么问题,父母、舅舅要负责;如遇经济赔偿,舅舅等亲戚都要承担部分赔偿费。 9. 春节前,全寨人都要来扫寨子,干干净净地迎接"天神"回寨过年。	1. 不准食大烟,抓获吸食者送交政府处理。 2. 不赌博,抓获者给予罚款处理。 3. 不调戏妇女。 4. 不偷盗、不打架,要团结友爱。 5. 不欺骗人,要诚实。 6. 要孝敬父母,尊重长辈,尊重头人,对头人要有礼节,要听老人的话,要永远保持自己民族的礼。 7. 不准砍水源林、神山林,不准割水源林、神山上的草。 8. 不准放牛进茶地,不准放牛吃别人的庄稼。 9. 要孝敬父母、尊敬头人和老人,太阳是他们先看到的。 10. 恋爱自由,婚姻自己做主张,但在农忙季节不能串姑娘。

以上记述的寨规年代不同,内容反映了不同时期村寨所要处理的事件。由于村寨社会生活变迁的缓慢,过去寨规中的内容在新寨规中仍保留着。尤其值得注意的是,寨规也包容了属于禁忌或习惯的内容,例如关于对水源林、神山林的禁忌和关于春节前扫寨子的习惯。这些内容表明,尽管我们能把民间法的表现形式分成禁忌、习惯、村规民约,但在三种渊源中的内容却是你中有我、我中有你,构成了民间法的规范体系。

村规民约的来源有几种,一是来自旧寨规,把以前的规范直接变为现代的村规民约,在属于这个来源的村规民约制定中,村寨中的老人起到了关键作用,他们不但凭记忆复述过去的寨规,而且还唤起村民对祖先的敬畏,以增强规范的权威。① 二是来自乡政府或村公所制定的乡规民约。鉴于1980年代末村规民约复制旧寨规的现象,不少乡镇的政府在县司法局的指导下,以国家法律为依据制定了乡规民约,并要求所属村寨以此为典范来制定村规民约,于是在同属一个乡的村寨中,便出现了内容几乎同一的村规民约。②三是来自旧规范与新情况的结合。村规民约的作用之一是对传统的恢复,所以,再现凝集传统的旧规范是难免的;同时,由于社会的变迁,新情况的出现需要用规范来调整,因此,村规民约在体现传统的同时也被赋予了新的内容。③

第二节 少数民族民间法的基本内容

按照民间法的调整对象来分类,25个少数民族村寨民间法的内容可以分为六类,即婚姻家庭制度、物权制度、债权制度、生产制度、公共事务管理制度、违法犯罪的处罚。④

一、婚姻家庭制度

婚姻与家庭是社会生活的两个基本方面,在禁忌、习惯和村规民约中,涉及婚姻家庭的民间法最为细致。

(一)择偶规则

少数民族在择偶上往往有许多避免近亲结婚的禁忌。蒙古族禁止五服之内的通婚,傣族忌同"哈滚"(家族)成员通婚,拉祜族忌母系三代以内通婚,等等。

---

① 例如上述澜沧县南段老寨的村规民约。
② 丽江县白华乡的乡规民约和所属的白华行政村的村规民约,吉来自然村的村规民约的内容大致相同,略有增减。
③ 例如勐海县曼刚寨的村规民约中规定:强奸的交派出所处理。强奸行为在传统的规范中没有规定,现在由于妇女权利意识的提高和法律的普及,该行为已被村规民约禁止。
④ 这种分类方法是现代法学的分类法,而民间法往往是各种内容混杂在一起,无论哪一种渊源的民间法中,都会有调整相同对象的规范,由于这些规范的存在和被实际执行,因此,便有了与这些规范的分类相一致的种种民间的制度。

在择偶规则上,独龙族的择偶规则最多最细。独龙族调查组把这些规则分为两部分,一是禁止性规则,规定禁止乱伦;禁止家族内通婚;禁止姑表婚。二是优先规则,独龙族盛行"转房制"和"妻姊妹婚",转房制要求死去丈夫的妇女应转嫁给前夫的亲兄弟或堂兄弟;妻姊妹婚的习惯允许一男子可以娶两个或数个互为亲姐妹或堂姐妹的女子为妻,死去妻子的男子也往往续娶原妻的姐妹;前述的转房制也适用于让寡妇转房于姐夫。

(二) 结婚规则

在所调查的少数民族村寨中,结婚的年龄一般都低于婚姻法规定的法定年龄,男女 18 岁左右便结婚生子,最小的 15 岁即已结婚。①

结婚以民间的仪式作为认可婚姻的形式也是一种共同的习惯,有的民族还有先订婚、后结婚的习俗。② 订婚和结婚的仪式都比较隆重,送彩礼和大宴宾客均不可缺少,以致结婚使男女双方的家庭承受了巨大的经济负担。③ 由于民间的仪式成为社区中认证婚姻的主要形式,法定的婚姻登记便退居次位,但许多村寨中,依法登记的婚姻逐渐增多,在已婚男女中占很大的比例。④

(三) 婚后居处模式

婚后的居处模式一般有 3 种:即从夫居、从妻居、单独居住。在现代社会,虽然从夫居或从妻居是一些少数民族传统的居住方式,但婚后居处模式往往可以由双方家长协商而定,或由结婚后的夫妻自由选择。以傣族为例,在以往的调查材料中,往往把傣族婚后居处模式描述为从妻居。而现在,这种从妻居的模式已经有了很大的改变。勐海县勐遮乡曼刚寨傣族婚后的居处模式在形式上仍然保留着从妻居的模式,结婚后一般要在女方家居住,但如果男方家提出落夫家的要求,双方家长则可以协商从妻居的时间,由男方以给女方家庭补偿的方式,将从妻居转变为从夫居。⑤

(四) 离婚规则

离婚对于崇尚婚姻自由的少数民族来说是较容易的事,离婚的原因一般是由于包办婚姻、婚外性行为或双方感情不和所致。离婚意味着家庭解体,容易引

---

① 见澜沧县南段老寨拉祜族调查材料。
② 订婚是勐海县曼刚寨傣族村民结婚的必经程序。
③ 见泸水县傈僳族调查资料。
④ 见文山县壮族调查资料及澜沧县拉祜族调查资料。
⑤ 澜沧县南段老寨的拉祜族也有同样的情况。

发关于财产分割、子女抚养、婚姻补偿或彩礼退赔的种种矛盾,因此需要用民间法来做规范。在财产分割和婚姻补偿及彩礼退赔这类涉及经济的问题上,离婚的原因和谁先提出离婚是起决定作用的因素,一般来说,有过错的一方或先提出离婚的一方在权利主张上处上劣势地位。① 在子女的抚养上,女方一般居于优先地位,但如果是采取从妻居或从夫居的居处模式,则子女抚养一般由居处模式来决定,离家者不得带走子女。②

二、物权制度

物权主要指对物的所有权,在村寨生活中物权制度集中表现于土地的占有、使用、收益和财产的所有权中。

(一) 土地制度

村寨的土地属集体所有,1980年以来实行的家庭联产承包责任制,使各民族村寨的集体土地大部分划分在家庭及家庭成员的名下,由农户享有对承包土地的占有、使用、收益的权利。由于各村寨土地面积是固定不变之物,而村寨的人口却是不断增加的变数,所以,土地紧张是各民族村寨面临的问题,各村寨对土地控制得很严,土地管理成为一些村规民约中的重要内容。1999年,第二轮土地承包工作已经在调查的25个少数民族村寨中结束,土地制度更加明确。考察民间法中的土地制度,主要有这样一些内容:(1)按人口均分土地;这是1980年初第一次土地承包时的做法,在1999年第二次土地承包前,又按人口对各户土地承包的数量作了调整,使第一次土地承包后出生或因婚姻到村寨落户的人有了自己名下的耕地。③ (2) 土地使用的规定,主要涉及相邻关系、荒地开垦、集体土地使用等。④ (3) 土地的转租、出让等规定。⑤

---

① 在傣族和拉祜族村寨中,有过错的一方或先提出离婚的一方不但在财产分割上要少分或不分,而且还要对他们处以罚款。傈僳族村寨中,男方提出离婚不得索回原来送过的彩礼,女方提出离婚,则要赔男方比结婚时所得彩礼还多的东西。

② 独龙族的离婚较为独特,离婚一般是女方提出,没有男方提出离婚的。女方提出离婚时,男方会极力劝说,如果实在不行,就将女方吊起来狠打一顿,并让其妻妹前来顶替或女方家退回全部聘礼;如果由其妻妹前来顶替,则男方不必再出第二份聘礼。离婚后的女人不得分割家中的财产,也不得带走子女。

③ 勐海县曼刚寨1999年将1981—1999年间死去或因婚姻等因素离村的人的土地收回,然后按人均0.4亩的份额分给此期间出生或因婚姻落户曼刚寨的人。

④ 在蒙古族、彝族、纳西族、白族、傈僳族等寨的村规民约中都有关于土地使用的规定。

⑤ 土地的转租、出让在《中华人民共和国土地管理法》中有明确规定。集体土地使用权不得出让,不得用于经营性房产开发,也不得转让、出租用于非农业建设。在所调查寨村规民约中,关于土地的规定大多是依据1986年的《土地管理法》制定,少有允许出租、转让和承包土地的规定,多为禁止出租、转让的规定。

（二）财产制度

此次调查的村寨，除回族、白族等少数村寨外，多处于经济欠发达的地区，财产关系并不复杂，所以，相关的财产制度也较为简单，一般来说，只涉及家庭财产的所有权与继承权问题。家庭财产的所有权虽然属于家庭的所有成员共有，但名义上是属于家长，待老人去世后，再由赡养老人的子女来继承。家庭财产的继承范围相对来说比较窄，嫁出去的女儿或分家单过的子女，一般不得继承老人的财产，从而保证了赡养老人的子女能够尽心照顾老人。① 能够体现家庭财产共有特点的事情是分家，像白族、拉祜族分家一般采取平均分配的原则，而哈尼族分家则采取长子分得全家最大的一块田，小儿子继承老房的分配原则。

随着社会的发展，财产共有的形式也有变化，除了家庭成员共有财产的情况之外，对于一些重要的生产工具、交通工具的所有权也出现了亲属或朋友共有的形式，以减轻经济负担并提高使用效率。例如，在傣族调查点，拖拉机、打砖机、摩托车由数家人或数个朋友共有的情况很普遍。

三、债权制度

债权制度指的是契约制度。少数民族的村寨生活中，难免会发生互借互助的行为，同时也会由于与外界的经济交往而发生经济上的债权债务关系。从调查材料看，债的发生主要有几种情况：一是因借贷而生的财物之债。村民之间有时会因为临时的困难向他人借钱、借物，这种借贷一般是口头约定，有钱、物时即还。② 二是因互助而生的劳务之债。互助是一种生产劳动中常见的行为，尽管体现着村民之间的友情，但接受互助一方往往有负债的认识，必须以相同的方式向对方提供互助行为。③ 三是因侵权而生的损害赔偿之债。若是做出侵害他人权利或违法行为，也会因为赔偿或罚款而承担债务。④ 四是因合同而生的合同之债。现在许多村寨的生产活动和日常生活往往与外界有密切的联系，现代社会的合同制度开始渗透到村寨生活之中，村委会、村民与政府、企业订立合同，明确

---

① 各民族对财产继承人的选择不同，傈僳族、独龙族、哈尼族多为"幼子继承制"，其他民族无定制。
② 在瑞丽市景颇族调查点，群众一般会在家庭生活困难、盖房子、生病或子女上学时举债。借债多为口头协定。近年来开始写借据，但200元以下的小额借款仍不写欠条。
③ 勐海县曼刚寨的傣族群众互助行为十分普遍，得到互助是一件很有"面子"的事。村民对互惠型的互助很严肃认真，每家人都用小本子记载着为他提供互助的人的姓名、时间、项目，随时查阅，一旦互助提供者需要互助，互助受益者必须前去提供互助，否则会在寨子里丢面子。
④ 村规民约中，罚款的条文很多，只要有触犯村规民约的行为，就要交罚款。由于村寨生活中公共组织的权威和"熟人社会"的特点，罚款很容易被履行。

双方的权利义务。在这些合同中,购销合同居多,涉及农产品的销售和化肥、农药等工业品的买卖,在一些发达地区,有线电视、电话的使用和用水用电也开始用合同来约定。①

四、生产制度

生产制度一般有这样一些内容:(1) 生产禁忌。例如,贡山县丙中洛乡小茶腊寨的独龙族有9条生产禁忌,被禁止的行为均与丰收相关。小茶腊的生产禁忌是:一忌在有鬼的地方开荒;二忌开荒不祭鬼;三忌下种之日外人来拜访;四忌不将种子放粮仓;五忌田间杀蛇后不休息;六忌收获粮食之日吃鸟、鸡、鱼肉;七忌村里死人时收割粮食;八忌下种前不向天神祈求免灾;九忌一棵玉米结很多包籽(4—6包)。在这些禁忌中,第1、2、3、4、8条和鬼神有关,害怕冲撞鬼神影响丰收;第5条是劳作经验,地里蛇多,打死一条蛇后可能会惊吓其他蛇而遭受攻击,故要休息一阵,以便观察动静;第6、7条是担心到手的粮食会随动物溜走或被死人的悲伤所影响;第9条显然是把多包籽的玉米视为"怪胎"。(2) 灌溉管理。由于水与收成关系密切,水的使用成了村民关注的焦点,为了避免矛盾,许多村寨都在村规民约中对水源、公平用水的事项作了规定。如丽江县白华乡制定了《白华乡水电公约》,并成立了水利管理委员会。剑川县东岭乡下沐邑村的白族群众,有一整套关于相邻用水、排水、滴水的习惯,以避免和解决这方面的纠纷。(3) 互助方式。土地承包后,一些抢农时的生产劳动一家人难以完成,然而,少数民族村寨中的互助传统,使得村寨中的生产劳动在以家庭为基础的前提下,出现了互助小组的形式,互助小组往往是亲戚朋友间自愿组合,也有的是由村寨指定。互助小组解决了各家各户农忙时劳力不足的困难。除了互助小组外,农忙时的换工制度也很普遍。如勐海县勐遮乡曼刚寨的94户人家分为12个互助组,当互助组劳动时,如果有不能出工的家庭,往往要以出钱或换工的方式找人顶替,以便维持公平。丽江县白华乡吉来村纳西族群众有"牛亲家'的习惯,当地有"二牛抬扛"的耕地方式,由于一家农户养两头耕牛成本较大,所以,多数农户只养一头耕牛或两家农户合养一头耕牛,待需耕地时,便与其他有牛户结成"牛亲家",双方共同协商用牛的时间、耕地的先后。这种"牛亲家"关系并不稳定,每年都可以自由重组。

---

① 曼则寨涉及外界的合同有甘蔗生产收购、红薯生产加工、化肥购销、有线电视安装接收等合同。有趣的是,这些合同的受益人是村民,但签订合同的当事人是村公所或村委会。这样做一方面使合同的信誉增加,另一方面也使履行合同的环节减少,便于双方履行。

五、公共事务管理

由于每个村寨都是一个由公众组成的社区,建立公共事务的管理机构进行公共事务管理活动是十分必要的。公共事务管理的内容一般有以下几项:一是组织集体活动,尤其是节日期间的活动组织;二是组织公益活动,如修桥修路;三是组织村民完成上级指派的任务,如提留款的收取,公余粮的交售等[1];四是保护公共利益,如公共设施的管理,共有资源和环境的保护等;五是处理纠纷,如对违反村规民约行为的处理等。上述这些内容的公共事务管理一般都规定在村规民约或村寨公共组织的工作规范之中。[2]

六、违法犯罪与处罚

少数民族村寨中的违法犯罪虽然不多,但也时有发生。在村规民约中,一般都把常见的违法犯罪规定为禁止和受处罚的行为。违法犯罪的类型主要有:(1) 吸食毒品[3];(2) 打架斗殴[4];(3) 不道德的性行为[5];(4) 偷盗行为[6];(5) 赌博行为[7];(6) 违反计划生育政策的行为[8];(7) 破坏公共管理活动的行为[9];(8) 不尊敬老人的行为。[10]

对于违法犯罪的行为,村规民约一般都规定了责任和处罚标准。常见的处罚方式有三种:一是罚款,罚款是最普遍的处罚方式。罚款少则几元,多则上千

---

[1] 2006 年 1 月,我国废止了 1958 年颁布的《农业税条例》,基层组织催收税费的职能弱化了。
[2] 1995 年开展的"农村社建"工作,使得农村基层组织得以建立和完善,各种公共事务的管理趋于制度化。例如勐海县曼刚寨,除了村委会之外,还有宗教小组管理宗教活动,有经济委员会管理寨里的生产活动;另外像祭寨神之类的原始宗教活动,仍由"召曼"这一原始宗教的村寨首领来主持。
[3] 在云南边疆地区的村寨,少数民族群众对境外毒品的侵入恨之入骨,会从维护民族生存、村寨兴旺的立场来禁食毒品,如拉祜族。
[4] 打架斗殴影响团结,破坏村寨的稳定,一般由村委会或村寨里的老人来处理,如壮族、哈尼族、傣族。
[5] 不道德的性行为包括:通奸、强奸、乱伦、婚前性行为、侮辱妇女等,各村寨的村规民约中都规定了严厉的处罚条款。
[6] 少数民族村寨一是崇尚劳动,二是个人财产有限,所以对于不劳而获、侵害他人财产所有权的行为十分痛恨,处罚也最重。例如,罗平县多依村(布依族)村委会在村规民约中规定:偷盗各种财物、庄稼者,处以被盗物价值 5—10 倍的罚款。
[7] 云南农村赌博现象较严重,禁赌也成了少数民族村寨的一项重要社会工作。
[8] 计划生育是当时政府极力推进的一项政策,在乡政府制定的各种处罚中,超生、早婚生子的处罚最重,罚款金额都在 2000 元以上,甚至数万元。
[9] 主要指不参加公共活动或公益活动的行为,这类行为不处罚有损公共组织的权威。
[10] 景洪市基诺乡巴亚村的村规民约中规定:对不赡养老人者给予教育并责令赡养老人,同时给予罚款 500 元作老人的赡养费,情节严重的可强令其赡养老人并加重罚款。

元,对于农村居民来说,一年的收入并不多,所以罚款的方式有很大的威慑力。二是"洗寨子",实际上是杀猪、宰牛请全寨人或寨子中有威望的人吃饭喝酒,使因其违法犯罪行为蒙羞的寨子洗去耻辱。洗寨子的处罚方式在傣族、布朗族、阿昌族等民族的村寨中普遍存在。三是赔偿,比如致人伤亡的,要对被害人及其亲属进行赔偿,损坏财物、庄稼的也要赔偿。

第三节 少数民族民间法的变迁

此次调查的 25 个村寨基本上是 1950—1960 年代民族调查的对象,与原来的历史记录相比,这 25 个村寨发生了天翻地覆的变化。50 年来,动态发展的社会不但孕育了几代人,而且还造就了一个新的社会。与变化了的社会相适应,少数民族的民间法也发生了重要的变迁,完成了从形式到内容的覆灭与再生的轮回。

一、民间法变迁的表现举要

少数民族民间法的变迁在各民族村寨的调查报告中都有反映,确实,民间法的变迁是一个既存的事实,而我们的任务是如何来记录和阐释民间法的变迁。这里,我们以举要的方式将民间法变迁的记录作一个大致的整理。

(一)民间法在内容上的变迁

民间法在内容上的变迁是指民间规范的消失、修改和增加。50 年来,消失的民间规范主要有:(1)维护村寨头人特权的规范。中华人民共和国成立前,许多少数民族村寨存在着与土司制度、山官制度及与统治制度相联系的头人制度,据 1950 年代的民族调查材料,在阿昌族、佤族、景颇族、傣族、基诺族、独龙族、苗族等少数民族村寨中普遍存在头人制度,村寨头人掌管着村寨中的社会管理权力,并拥有种种特权。① 中华人民共和国成立后,这些有关维护村寨头人特权的制度已随着旧的统治制度的瓦解而消失,所以,在这次民族调查中,除了基诺族、布朗族、壮族的村寨调查报告中有比较性的描述外,其他少数民族村寨调查中均无此类描述。(2)维护旧土地制度的规范。在中华人民共和国成立前的民间法中,关于土地制度的规范是其中的重要内容,在不同的民族村寨中,由于社会形态的不同,土地制度也有差别,如大理白族的封建土地制度,西双版纳傣族的封建领主土地制度、中甸藏族的奴隶制土地制度、沧源佤族、贡山独龙族的原始公社土地制度等。这些土地制度经1950年代的民主改革被废除后,各少数民族村寨历经合作社和公社化的土地制度,并在1980年代初普遍建立了以土地集体所有制为基础的土地承包制度。(3)部分生活、生产方面的禁忌、习惯。在村寨中,许多与生活、生产相关的禁忌和习惯随着当地村民生活方式和生产活动以及观念的变化慢慢消失了,它们消失得无声无息,以致连当地老百姓也说不清这些民间规范是什么时候消失的。例如,在文山县攀枝花乡旧平坝上寨的壮族,以前存在的12项禁忌,现在已经消失了,"这些原有禁忌在今天的旧平坝上寨人看来很滑稽,很不可思议,但在老人们的回忆中,这些规矩在当时是很认真、很严肃的事情"②。(4)神判的规范。神判原来是少数民族普遍使用的一种审判方式,在哈尼族、独龙族、景颇族、瑶族、壮族、藏族、阿昌族、傣族、拉祜族、布依族的村寨调查中,都记录了神判的变迁,除了被调查的独龙族、瑶族和拉祜族村寨尚保留着神判传统外,其余各民族村寨中,神判已经成为历史。③

民间法在内容上的变迁还表现在被修改或新增的规范中。现代社会与1950年前的旧社会相比,已经发生了翻天覆地的变化,作为表现社会现实、调整社会秩序的社会规范来说,适应社会的需要是其赖以存在的条件之一。因此,在村寨调查中,随处可见被修改或新增的民间规范。从导致民间规范修改或增加的原因来分类,这些规范主要有:(1)因为国家法律的介入而修改或增加的规范。例如,许多少数民族村寨将有关计划生育和禁毒的工作规定在村规民约中④;有的

---

① 例如,本次景颇族调查点的邻村雷弄寨,中华人民共和国成立前存在着山官制度,山官拥有土地特权和收受百姓的纳贡等特权。参见《民族问题五种丛书》云南省编辑组编:《景颇族社会历史调查》(二),云南人民出版社1985年版,第56—58页。
② 引自文山县壮族村寨调查资料。
③ 本次调查的贡山县小茶腊独龙族村至今还保留着"捞油锅"和"砍猪头"的神判方式;河口县瑶山乡水曹村的瑶族保留着用烧香卜来选举寨老的神判方式;澜沧县南段老寨的拉祜族处理纠纷的"卡些"是由群众推荐,用"茅草掐鸡蛋清"的办法确定。
④ 所有少数民族村寨都有计划生育的规定;在被调查的拉祜族、苗族、阿昌族、回族、彝族、景颇族的村规民约中,有关于禁毒的规定。

少数民族村寨修改了以前习惯法中与国家法律相悖的规定。①（2）因生产方式改变而修改或增加的规范。例如，在通海县兴蒙乡桃家嘴村六社蒙古族的村规民约中，规定了集体土地的管理、承包合同的订立、水电的管理等内容。（3）因为生活方式改变而修改或增加的规范。例如，在婚后的居处方式上，由于男女平等的观念确立和小家庭的独立性增加，传统的从夫居或从妻居方式发生了改变，由夫妻双方自由选择居处方式的情况增多。②又例如，在家族范围识别上，由于亲属在生产活动中的意义和在通婚上的意义不同，人们头脑中的亲属观念发生了变化，一些与此相关的习惯法也相应作了修改。③

（二）民间法在权威上的变迁

民间法的权威是民间法赖以存在和保证实现的基础。50年来，民间法的权威发生了重大变化，旧的权威或者已消失，或者消失以后又复兴，新的权威也处于不断被确立或变更的状态中。从权威的来源看，1950年前，民间法的权威来自于旧的公共权威机构、宗教、家庭和老人、自然力等，现在，民间法权威从来源的形式上看并无改变，但在性质和地位上有了明显的变化。民间法依赖宗教、家族、自然力建立的权威在弱化，并处于不稳定的状态，而村委会作为一种新的公共权力机构，在政府的支持下拥有稳定而强势的权威，在许多村寨，村委会的权威使许多民间法重新确立并得以实施，而村委会承担着双重角色——村寨秩序的维护者和国家法律的执行者，使村委会在工作中交替或综合地使用民间法和国家法，由于村委会的介入，民间法的权威大大加强。

这里，我们选择两件个案分别说明民间法权威的丧失与强化。

个案 1

勐海县勐遮乡曼刚寨是一个只有94户人家的传统的傣族村寨，1993年以前，曼刚寨中的民居都是人字顶的干栏式竹木结构或砖木结构的房屋。1993年，村民岩广因做生意先富起来，便筹划建盖砖混结构两层平顶楼房，用经济实用的

---

① 例如，在文山县攀枝花乡旧平坝上寨，中华人民共和国成立前壮族妇女无继承权，现在妇女在家庭中享有和男子一样的继承权。
② 瑞丽市景颇族等嘎村传统的居住方式是从夫居，现在居处规则已开始转变为从现实情况和经济情况出发来考虑，不再有固定模式。
③ 勐海县曼刚寨亲属范围除血亲或姻亲外，以认老庚的拟亲形式建构的亲属也加入其中，亲属范围的扩大适应家庭承包制后互助活动的开展，在生活、生产中的互助多以亲属为核心。然而，土地承包后，土地的因素导致通婚半径缩小，为了在遵守禁止族内婚习惯的同时适应通婚半径变化，家族的范围也相应缩小，现在计算家族成员只以活着的老人为上限。

平台屋顶取代传统的人字顶。① 这种情况在以前的民间法中没有规定,于是以"布章"(村寨中民选的宗教活动召集人)为代表的老人们定下一条规矩:只有当曼刚寨满100户人家时,才能盖平顶楼房,否则,平顶楼房会给全村带来灾难。岩广得知这条规矩时,建房的材料已经基本备齐,所以岩广没有服从老人们订立的民间法,于同年七月盖好了全寨第一幢平顶楼房。由于沉浸在"上新房"的忙碌和欢乐中,岩广没有听从建房师傅的建议安装避雷针,结果,"上新房"后的第三天,一声炸雷砸坏了新房屋顶的一个角,应验了老人们关于建盖平顶楼房规范的预言,岩广遭到全村公共舆论的指责,只好率全家搬出新房到田边搭塑料帐篷居住。同时,应村里老人的要求,本村缅寺的和尚去新房住。一个月后,据说新房里的鬼和灾难已被和尚驱走,岩广又花了700元,象征性地从和尚手里买回新房,重新操办"上新房"仪式。岩广回家的第一件事,便是安装避雷针。雷击事件发生后,老人们定的建盖平顶楼房的规矩因自然力的作用而得以加强,第二年(1994年),寨里又有3户盖新房,都采用了人字顶砖混结构楼房的设计,但这一年岩广家新房平安无事的状况也使村民对关于平顶楼房的规矩产生了怀疑,1995年,寨里的岩龙又盖了平顶楼房。现在,曼刚寨仍不足100户,但平顶楼房已经盖了近30幢,关于平顶楼房的规矩权威扫地,成为村里的笑话。

在该个案中,我们看到老人的权威在丧失,尽管他们作为传统的保护者仍可以创立民间法,但他们创立的民间法已经很难依靠他们的权威得以实现,尤其是年轻一代追求美好生活的愿望和接受外界影响的态度,使传统的权威和维护传统的民间法受到挑战,此时的民间法需要外力来强化其权威,雷击新房的偶然事件作为一种自然力的权威加入进来,保证了这一民间法规范的实现,但是,在科学知识普及和外界影响的冲击下,依靠偶然事件建立的权威迟早仍要丧失。

个案2

澜沧县糯福乡南段老寨拉祜族村的公益事务由寨子里的"卡些""着巴"、村委会共同安排进行。② 因为这些公益事务涉及村里的每一个人,关系到全寨的利益,所以,积极参加公共事务成为村民共同遵守的习惯。公共事务主要有两种,一种是公共设施的维修,一种是集体活动的组织和参与。公共设施的维修除了

---

① 如果在砖混结构的楼房顶上建盖人字顶,建房费用将增加5万元左右,而且平顶楼房晾晒谷物的功能也会丧失。
② "卡些""着巴"是拉祜族寨子中的宗教活动召集人和纠纷处理者。

路、桥、蓄水池的维修外,主要是春节前对寨神桩、佛寺、祭礼物品的维修和准备。近几年,人们参与或服从安排去维修公共设施的积极性减弱,只好由村委会做出规定,不参加或不服从安排者罚款2元。南段老寨一年中的大型集体活动项目有请天神、祭寨神、拜年等,每年寨子里举行这些活动时,村委会和"卡些""着巴"均是采取分工负责,互相配合的方式来组织活动。例如,祭祀活动由"卡些""着巴"主持,拜年活动由村委会和"着巴"共同组织,这些活动的费用均在村提留款中支付。

这个案例表明,村委会对于民间法权威的加强和实现提供了必要的支持,使可能丧失的民间法权威得以强化。

(三)民间法在语言上的变迁

语言是民间法的表述方式。民间法在语言上的变迁主要有两个方面,一是话语体系的变化,二是语词的变化。在傣族、拉祜族、壮族、景颇族、布依族、瑶族、傈僳族、独龙族、布朗族、佤族、阿昌族、回族、藏族的村寨调查中,民间法一般有两套话语体系,一套话语体系存在于根据乡政府或村公所的要求和范本制定的村规民约之中,这些村规民约使用的话语体系是现代社会的话语体系,反映着政府对村寨的要求以及村寨的公共利益;另一套话语体系是日常生活中的民间话语体系,它存在于自生自发的民间法之中,有着悠久的历史,使用朴素的语言,不需解释就为当地群众所了解。例如,拉祜族调查点南段老寨,1991年制定的村规民约共16条1800余字,其中讲到"党的四项基本原则""精神文明"等,使用的是现代社会的语言。在此村寨中,仅有50%左右的群众知道该村规民约的内容。而同一寨子中的群众却100%地知道该寨1995年自己制定的寨规。其原因在于该寨的寨规共10条,不足200个字,简单、清楚、易记。以关于牲畜管理的规定来说,村公所的村规民约规定:"党、政、军、人民团体、个人、集体的牲畜管理。放牛一律到指定的牧场放牧,不准放到育林区和茶林区。严禁放到茶林,严禁出境放牧,避免涉外事件发生。""大牲畜糟蹋庄稼,无论损失多少,一律互相协商赔偿,严禁无理取闹,如大牲畜管理较差的看守人,不负责任地把牲畜到处放逃,加倍惩罚,惩罚部分中的食物交集体作为积累。"而南段老寨的寨规对同类事项的规定仅是十几个字:"不准放牛进茶地,不准放牛吃别人的庄稼。"

在傣族、傈僳族、回族等信教民族的村寨中,民间法还有第三套话语体系,即宗教规范的话语体系。宗教规范的话语体系的特点是以宗教的语言和权威来表述宗教戒条。例如,回族将《古兰经》视为行为规范来遵守,许多戒律和伦理规范均来自《古兰经》。在《古兰经》第五章90节中有"真主说：'信道的人们！饮酒、赌博、拜象、求签，只是属于恶魔行为中的一种污秽；所以你们要远离它，以便你们成功。'"1980年以来，民族地区的宗教迅速恢复并发展，宗教的规范随着宗教信仰的普及和宗教话语的普遍使用和体验而被一些少数民族群众所认识和遵守。

民间法的话语变化还表现在语词的使用上，即使是在民间话语体系表述的民间法中，语词的使用也有了一些变化。如罚款的规定便是最明显的例子。罚款是村规民约中最常见的处罚种类，有趣的是，在乡政府或村公所制定的民间法和村民们创制的民间法中，罚款规定的表述往往十分相似，这种趋同的现象其实是因模仿而产生的。另外，由于币制和度量衡的改革、权威主体的变更和生活水平的提高，旧规范中规定的罚款事由虽然没变，但罚款的币制、数量和缴纳对象却变化了，这种变化明显地反映在规范的话语表述中。①

二、影响少数民族民间法变迁的因素

民间法是一种文化现象，它的变迁途径一般采取渐进或突变的方式。如果没有外界强势文化的介入或没有内部的激烈变革，民间法的变迁呈现出缓慢的渐进态势，但当外界强势文化介入或内部激烈变革发生时，民间法的突变就难以避免。民间法的变迁过程十分复杂，受到诸多因素的影响，有时，民间法的变迁也会因为外部因素的改变而发生逆转，或者从一种显性的状态变为一种隐性的状态。所以，研究民间法的变迁不能不了解影响民间法变迁的因素。

在25个少数民族的村寨调查中，调查者普遍观察到了民间法变迁，一些村寨的调查报告还详细记录和分析了民间法变迁的过程和结果。为了使影响民间法变迁的因素凸现出来，我们有必要把25个民族村寨关于民间法的调查材料放到中国社会变迁的背景下来予以考察。

云南少数民族地区在自1950年至今的50年历史中，大致经历了7次重大的社会变迁：(1) 新生的革命政权建立；(2) 民主改革；(3) 人民公社化；(4) 社会主义教育运动(边疆地区还开展了政治边防的建设)；(5) "文化大革命"；(6) 拨乱反正，恢复和落实民族政策；(7) 改革开放。正是这些重大的社会变迁成就了民间法变迁的基本因素，即制度因素、替代文化因素、宗教因素、教育因素和社

---

① 勐海县曼刚寨中华人民共和国成立前的旧寨规规定，离婚者如双方同意，男女各出1.5半开请头人作证；现在新村规民约规定，此种情况男女各交50元给村委会。

生活因素。

第一,制度的变革是导致民间法变迁的根本因素。自1950年到1980年,民族地区一直处于制度变革的冲击之下,除了1978年到1980年间拨乱反正、改革开放的制度变革导致民间法的复兴以外,以往的制度变革都一次次地使少数民族村寨的民间法不断弱化,甚至趋于全面被摧毁的状态。在基诺族村寨的调查材料中,调查者这样写道:"据1958年的资料反映,当时被划成地主、富农的人,大多数是基诺山寨的长老、头人。这些长老、头人实际上是基诺族习惯法的传承者,剥夺他们指挥农业生产和主持各种仪式的权力,也就等于从整体上摧毁了形成已久的习惯法。"①对民间法造成毁灭性打击的事件应当首推十年"文化大革命",这场运动不但持续时间长,而且矛头直指"四旧",即"旧制度、旧思想、旧风俗、旧习惯",所以,属于"四旧"范围的民间法在这个时期遭到了彻底铲除。我国的制度变革在1978年前多是以政治运动的形式进行,对民间法也主要采取打压的策略。在1978年至1980年的拨乱反正、恢复和落实民族政策时期,民间法出现了复兴的现象,经过数次政治运动后几乎已不见踪迹的民间法,尤其是属于少数民族风俗习惯的部分,得以迅速恢复。②

第二,替代文化的存在是民间法变迁的重要条件。所谓替代文化,实际上是一种可被移植的文化。1950年以来,伴随着变革而发生的现象是一种崭新的社会主义文化在民族地区的传播和移植,以致当旧的民间法被摧毁后,新的文化能够替代民间法文化的位置,迅速地构建维护社会秩序所需要的新的文化体系。在这个新的文化体系中,规范的要素是很多的,如民族政策、社会主义的道德规范、政府的命令、指示、文件等。由于人民政权的力量和少数民族对人民政权的拥护和信赖,文化移植和替代的进程虽然十分迅猛,但却较为顺利,其结果是在1950年代末至1980年代期间,原来的民间法文化成了一种隐性文化。在一些少数民族村寨,如峨山县双江镇高平彝族村、丽江县黄山乡白华纳西族村、通海县兴蒙蒙古族乡,这种在1950年代即变为隐性文化的民间法,经过几十年之后,已经被淡忘或摒弃而没有再复兴。当然,在大多数少数民族村寨,1980年以前变成隐性文化的民间法,在1980年以后又渐渐地成为村寨中的一种显性文化现象。

第三,宗教的因素是部分民间法存在和变迁的基础。民间法中的一些内容

---

① 1958年9月,景洪市基诺山开展了"政治补课"运动,在基诺族中划分了阶级,并对被划分出来的地主、富农实行阶级专政。

② 1975年的《宪法》居然废除了关于允许少数民族保持和改革本民族风俗习惯的权利,该权利在1978年的《宪法》中被恢复。

与宗教有密切联系,它们有的就是宗教的禁忌,有的则是因为宗教衍生出来的规范。例如,在罗平县鲁布革乡多依布依族村的村规民约中就规定了与原始宗教相关的禁止性规范。① 在"文化大革命"期间,由于宗教被禁绝,与宗教相关的民间法也销声匿迹。1980年新的宗教政策出台后,大多数少数民族村寨中的宗教禁忌又被恢复,并出现了规范宗教活动的民间法。非宗教规范的民间法和宗教规范在内容上互有重叠,但一般互不冲突,基本上都具有维护传统文化的功能。但是,在一些信仰基督教的村寨,基督教的教规与信教民族的传统文化便出现了对抗性的冲突。例如,泸水县上江乡百花岭村的基督教对原有的生产生活方式产生了很大的影响,基督教教规中的一些内容彻底改变了该村傈僳族原有的某些习俗。基督教教规规定:不准抽烟、喝酒、奉鬼神;不准唱民间歌谣或讲述祖先的历史传统。现在该村的傈僳族教徒基本上不抽烟、不喝酒、不搞祭祀;他们也不再过传统的"阔时节",不唱傈僳族的三大调。与此同时,基督教的教规在现实生活中也与傈僳族的某些民间法达成了一种妥协,出现了乡土化的特点。例如,基督教规定不准礼拜天做农活,而教徒们实际遵循的是"礼拜天不杀生,但可以干农活"。

第四,教育的因素是民间法变迁过程中导致自觉行为的条件。在村寨生活中,教育的种类和途径是多种多样的,常见的有家庭教育、宗教教育、村寨社区的教育、国民教育和来自外界的信息所起的教育作用。教育的作用是让各民族村寨的村民们掌握一套了解和认识民间法的知识系统。当一个村民完成了从生物人到社会人的转变之后,民间法便成为一份供他解读的文本。由于所受教育的种类和途径的不同,村民们对民间法的认识和态度也不一样。在许多民族村寨中,现有的人口大致有四代,1950年以前出生的第一代人口比例很小,且他们中的大多数在1950年时已是20岁左右的年轻人,很容易接受新社会的影响,至于第二、三、四代人口都是生在新社会、长在红旗下的人。由于这四代人所受的教育基本上是以社会主义的知识体系为主的教育,所以,各村寨中的民间法与传统的民间法相比已经在性质上有了重大的变化,并且,许多民间法被赋予了新的含义,体现着现代社会的主流文化,例如,各民族村寨订立的村规民约基本上是积极向上的规范,表现着受了新社会教育的几代人对传统文化和现代社会的认识程度。

第五,社会生活的变迁是民间法变迁的基本动力。50年来,少数民族村寨的

---

① 该村规民约第9条中有4款涉及原始宗教活动的管理规定。

生产活动和生活方式都发生了重大的变迁，作为反映社会生活的民间法也必然为了适应社会生活的变迁而发生变革。像狩猎的规范、战争的规范、民族间互相仇视的规范都已经消失了，而像计划生育、土地管理与承包、农业机械的使用等规范出现在新的民间法中。尤其是随着科学技术的普及和义务教育制度的推行，农村的生产方式和生活方式的变化较为迅速，有的村寨中的民间法仅仅是村民自治、自律的规范，与过去的传统文化中的民间法相距甚远，即使其中有一些关于本民族传统节日的规定，那也仅仅是维护民族性、凝聚民族的认同意识而做的规定。①

第四节　少数民族民间法在社会控制中的作用

少数民族村寨的社会控制是村寨公共权力组织和其他社会组织通过规范、制度和其他文化模式建构的，用以保证村民普遍按照被期待、被认可的方式行动的机制和过程。在少数民族村寨的社会控制方式中，民间法扮演着重要的角色，它调整着村寨生活的方方面面，使村寨的成员生活在有序的社会之中。

一、处于多层次规范体系控制中的民族村寨

在现代社会中，少数民族村寨已经开始走出封闭的状态，尽管各少数民族村寨由于地理位置、自然条件、经济状况和文化传统不同，与外界的交往存在着差别，但是，在社会控制的规范体系上，各少数民族村寨都有着一个共同的特点，即调控村寨成员或群体行为的规范不是单一的或单层次的系统，而是一个多层次的规范系统，每一个层次又有多种规范，不同层次的规范之间既有冲突，又在不断地调适，从而适应变迁之中的村寨秩序建构的需要。

以规范的来源作为划分规范层次的标准，可以将调整村寨生活的规范分为国家法律、政府规范、乡镇的乡规民约、村公所的村规民约、寨规、习惯、禁忌等7

---

① 例如，罗平县鲁布革乡多依村布依族的村规民约第9条中规定。在此次调查的白族、纳西族、壮族等村寨中，村规民约基本上是国家法律的再现，只是操作性、针对性更强了。

个层次。在这些层次中,前三个层次的规范属于官方规范的范畴,后四个层次的规范属于民间法的范畴。① 官方规范的内容一般是统一的,但由于地方利益的左右和对国家法律的认识差距,在县、乡一级出台的规范中,也有与国家法律不一致的地方。例如,根据1996年第八届全国人大第四次会议通过的《行政处罚法》规定,乡政府制定的规范性文件中不得设置行政处罚,也不得实施行政处罚,行政处罚的罚款应当上交国库。然而,通海县纳古乡1997年3月制定的乡规民约仍然规定了"罚款"的处罚种类,而且在总共16条规定中,有9条规定了罚款,最高的罚款额度高达50000元。在1993年5月由金平县铜厂乡制定的乡规民约中设定了赔偿、警告、罚款三种处罚种类,有11条设置罚款的规定,更有甚者,该乡规民约居然规定对违反本规约的行为,村委会、村公所、联防组织均可处理,谁处理,罚款归谁使用,联合处理案件所收的罚款,按比例分配。②

民间法各层次的内容也不尽相同,有互相抵触的情况。例如,村公所制定的村规民约如果是移植乡镇的乡规民约,往往会与原来的寨规、习惯、禁忌有抵触。拉祜族调查点所在的南段村公所制定的村规民约规定:如发现偷鸡摸狗,一次罚款5元。而村寨中拉祜族的习惯则是按所偷的财物翻倍处罚,并按偷盗的次数递增,即第一次偷1罚2,第二次偷1罚3,依次递增。为了保证被害人获得有效赔偿,并加大预防偷盗的力度,村寨中还保留着处罚偷盗的"连带责任制",由偷盗者的亲属承担连带责任,偷盗者无力交罚款时,由其亲属交纳罚款。在同一层次的民间法中,也有互相冲突的规范,例如宗教禁忌与世俗禁忌就可能发生冲突。③

民间法与国家法律之间的冲突也是十分明显的。在各少数民族村寨中,常见的民间法与国家法律之间的冲突主要有:婚姻习惯与婚姻法的冲突④;收养习

---

① 使用官方规范一词主要是与民间法相对应,由于官方规范中的政府规范和乡规民约并非国家法律,故称官方规范为国家法也不妥当。村公所虽然是乡镇政府的派出机构,但不是一级政府机构,且其中的干部均是本村本土的干部,受传统文化和周围群众的影响较大,所以,我们把村公所制定的这种半官方半民间的规范归类到民间法的范畴中。需要说明的是,2000年以后,随着《村民委员会组织法》的实施,云南省将村公所改为行政村村民委员会,原村公所下属的村委会改为村民小组。

② 在收集到的6份乡政府或乡人大制定的乡规民约中,都有非法滥设罚款的现象。参见回族、蒙古族、傈僳族、纳西族、阿昌族、苗族等调查材料。当然,这些规定后来都已修改,废除了与国家法抵触的规定。

③ 参见前述傈僳族村寨中存在的基督教规禁止传统文化传播的实例。

④ 在布朗族、回族、独龙等许多村寨,未达法定婚龄结婚的现象时有发生,在独龙族村寨,还有一夫多妻的现象。

惯与收养法的冲突①;赌博习俗与有关禁赌法规的冲突②;处理违法犯罪的规范与相关法律的冲突。③ 引起上述冲突的原因很多,有对法律认识不足的原因,也有村寨管理工作利用传统规范的原因,还有国家的法律宣传不够,有关部门的工作不深入不细致的原因等。

多层次的规范体系虽然有冲突,但这些规范仍然存在于少数民族的村寨生活中,维护着村寨的日常秩序。这种多层次、不同内容、性质、来源的规范能够同时并存,实际上是它们在运行过程中经过相互调适、缓解冲突,最终整合为统一的规范体系。在这个规范体系中,每个层次的规范都有存在的位置和相应的功能,它们共同对村寨的社会控制发挥作用。即使在这个规范体系中的一些规范会发生冲突,但这些冲突的解决方案往往是采用民间法优先适用,或冲突规范相互妥协的原则。当没有国家机关介入时,采用哪一种方案的选择,往往是村公所、村委会等公共权力机构或宗教势力根据朴素的公平、合理的精神来决定。④ 所以,尽管规范的差异和冲突存在,但村寨的各项活动和村民间的相互关系仍然被这样多层次的规范体系调整得井井有条。

二、民间法在村寨中的基本作用

概括 25 个少数民族村寨的民间法在村寨的社会控制中所起的作用,比起分析这些作用的文化背景及社会价值来要容易得多,鉴于对调查材料掌握和理解的有限性,本书对民间法在村寨中的基本作用仅作简要的描述。

(一) 保持和强化本民族的传统文化

民间法中的大部分内容实际上都是存在于各民族村寨的少数民族传统文化的记载,这种以规范形态表现的传统文化,对于民族村寨保持和强化本民族的传

---

① 收养的现象在傣、布朗、独龙、景颇、傈僳等少数民族中十分普遍,但几乎都未依照法律办理收养手续。

② 在勐海县的傣族村寨中,每当村寨中有人死去,丧葬活动将持续七天,在这七天中,允许在死者家里玩牌赌博。这种习俗一方面可以使赌博的村民涌入死者家,冲淡死者家属的悲哀,另一方面也使赌博的场所、时间固定,保证了平时几乎没有赌博发生,但这种习惯显然违反了《治安管理处罚条例》(该条例已于2006 年废止)。

③ 沧源县勐董帕良村佤族的村规民约规定:禁止包办买卖婚姻、近亲结婚,如出现,罚款 30—50 元,废除婚约;情节严重的罚款 50 元,并追究当事人的刑事责任。这个条文中混淆了法定的婚姻登记机关与村公所的职责,村公所越俎代庖,尤为荒唐的是居然设置了追究刑事责任的条规。

④ 在各个少数民族村寨中,尽管有一定的普同性规范或原则,但规范间和做法上的差别也很多。在有的村寨,除重大犯罪外,所有的村寨事务都按民间法来调整;在有的村寨,选择适用的规范已成为村民的权利;在有的村寨,国家法或官方的规范成为处理纠纷的首选规范。

统文化发挥着重要的作用。

首先,民间法有利于各民族传统文化的保持。传统文化总是依靠一定的形式才能得以表现和被感受。传统文化常见的表现形式有民间的器物、民间的艺术、民间的规范、民间的语言文字等,在诸种传统文化的表现形式中,民间规范的作用十分突出,它不仅有记录传统文化的功能,还有向人们提供传统行为准则的功能。记载于民间法中的传统文化使人们能够通过口耳相传或文字的识读来了解传统文化的内涵和文化的模式。①

其次,民间法使传统文化在村寨中成为一种强势文化。民间法是一种行为准则,它指导着人们日常的行为,使人们在依照民间法行为的过程中经常且反复地体验着传统文化;同时,民间法还依赖村寨的公共权力机构、社会舆论、超自然力等形成的约束机制要求人们必须做出或不做出一定的行为,使传统文化的权威得以强化。②

(二) 建构民族村寨的社会结构

村寨的社会结构指的是村寨的组织机构、家庭模式和人与人之间的关系等各种因素所构成的社会关系网络。现代社会中民族村寨的社会结构是由村寨的自然环境、生产生活方式、社会历史和文化观念以及外界的影响所决定的,它可以分为两种类型,一种是传统的结构,如家族和祭祀组织,另一种是被安排的结构,如村民委员会、村民小组等。这两种类型的结构均是由民间法或是相关的国家法(如村民委员会组织法)建构的,传统的家族制度和祭祀组织,在许多民族村寨中仍存在着,它的设立和活动还是由民间法来规定。③ 而家庭、村民委员会及其他社会组织的设立和人与人之间的关系则是由国家法和民间法共同来规定或由国家法单独规定。④ 正是有了这些民间法或国家法的规定,民族村寨中的各种

---

① 少数民族传统文化的传承对民间法的依赖性很大,在一些少数民族村寨,传统文化的消失和复兴与民间法消失和复兴往往是同步的过程。例如,剑川县东岭乡下沐邑村,过去的习惯法已基本消失,白族日常生活中的许多传统文化也随之消失,残留下一些封建陋习,如大年初一女人不得到别家串门等。白族调查组认为,现在农村正是习惯法消退、现代法律观念尚未扎根的过渡阶段,应当搜集调查习惯法,取其精华,融入农村的现行政策、条规、条例中。如果这样做的话,会使传统文化在新的意义上复兴,成为一种为现代文明所包容的文化。

② 现在村寨里的村规民约、宗教禁忌等充满惩罚性规定,只要有违反,便会招致惩罚。

③ 例如,傣族的哈滚(家族)制度在择偶、互助、纠纷解决中仍然起着作用,以竜叭头(召曼)为代表的祭祀组织也在1980年代得以恢复,相应的原始宗教的禁忌、习惯维系着竜叭头的地位,保证了祭祀活动的进行。

④ 在村寨中,家庭是一个由民间法和国家法共同调整的社会组织,民间法中有择偶、尊卑、居处等家庭规范,国家法中有关婚姻的制度和计划生育的规定对家庭的组织和规模也起着重要的作用。由国家法单独规定的是村民委员会,1998年《村民委员会组织法》颁布后,大部分村寨的村民委员会依照该法建立和运行。

社会组织及其相互关系才得以建立,人与人之间的关系也成为一种部分程式化的、有规可循的联系。

(三)维护村寨的公共利益和村民的个人利益

村寨是一个各种利益交织的社区,利益主体有村寨集体、家族、家庭、个人等,利益的类别又划分为公共利益、个人利益(包括家族、家庭的利益),还可以划分为财产利益、人身利益。利益是村寨集体和村民生存的基本条件和追求的目标,在维护和追求利益的过程中,利益主体之间必然会发生利益的冲突,例如,土地承包中,土地的划分就有好田、差田,须搭配分,否则会产生村委会与个人及个人与个人之间的矛盾。村寨中的许多利益依靠民间法来确立和维护,在村寨中,多数利益已经被传统的禁忌、习惯和新的村规民约所规定,凡是侵犯村寨集体利益或个人合理利益的行为,都是被民间法所禁止的行为。[①] 民间法通过对侵害利益的行为予以惩罚、责令赔偿等方式,使被破坏的利益平衡机制重新恢复。在现代社会中,村寨中的集体利益和个人利益有时也会发生冲突,由于集体的观念在民族村寨中十分浓厚,所以,民间法中集体利益优先的特点十分明显。[②]

(四)组织生产活动和其他社会活动

民间法的又一重要的功能是其组织生产活动和社会活动的功能。在民族调查收集到的民间法中,有很多生产禁忌和习惯,这些禁忌和习惯一般都是长期以来农业生产活动的经验积累,对于合理使用土地和水资源、利用农时、保护庄稼很有利。[③] 也有一些与农业生产相关的民间法属于原始宗教规范的范畴。例如罗平县鲁布革乡布依族的祭青苗,贡山县丙中洛乡小茶腊村独龙族的开荒祭鬼等。这些习惯和禁忌反映了这些民族村寨的村民祈求丰收、祈求鬼神原谅人类行为的愿望。现在,布依族祭青苗只是一种娱乐性的习俗,祭神的含义已经淡化了;而在独龙族村寨,由于生产力水平低下和文化的封闭,开荒祭鬼实在是出于一种因鬼神崇拜而对开荒行为举行的恕罪仪式。除了组织生产外,民间法对村寨的其他社会活动的组织也有很细致的规定,有的不但规定了活动的程式,而

---

① 维护利益的规范还有国家的法律。在一些少数民族村寨,已经开始出现利用国家法律保护自身利益的案例。

② 多数村寨的村规民约都以规定公共利益为条文的主要内容。例如基诺族调查点的村规民约共有 26 条,其中维护集体利益的条文有 16 条,维护个人利益的条文有 10 条。

③ 在本文第二部分曾列举了许多这方面的民间法。

且连每家每户需贡献的钱物都做了规定,从而保证了这些社会活动的开展。①

除了上述几个作用外,民间法中村规民约的一项重要作用是保证国家法律和上级机关的指示得以在村寨中贯彻。在民族村寨中,通过将国家法和上级的指示变为村规民约的内容来实现民间法与国家法的对接和统一,是基层政府的一项重要工作,从目前调查的情况看,至少在形式上实现了国家法和民间法的对接。

三、 从纠纷的处理看民间法的实现方式

民间法的实现方式与国家法不一样,它不能依靠国家的强制力,只能依靠民间的力量来保证被遵守和执行。奇怪的是,在村寨的生活中,民间法与国家法相比,民间法的实际效力更强,实现的程度更高。透过各村寨调查组搜集到的一个个处理纠纷的案件,我们有可能解开民间法实现方式之谜。

个案 1

景洪市基诺乡司法助理员李阿兵会同当事人所在村的村公所和村委会干部处理的一起损害赔偿案

基本案情:1993 年 11 月 13 日,巴亚中寨村民白腊腰在山上错把同村村民腰布鲁当野兽射杀,导致误伤。腰布鲁被伤害后因治疗和误工发生的费用为 2395.48 元。1994 年 7 月,在乡司法助理员的主持下进行调解。1997 年 7 月,腰布鲁伤口复发再做治疗,又发生住院费用 8040.69 元,乡司法助理员于 1998 年 7 月又做了第二次调解。

调解结果:第一次调解形成的调解协议规定:医疗费由侵害人和受害人按 2/3 和 1/3 比例分担,受害人治疗期间的车费、生活费、误工费由侵害人承担。若以后枪伤复发的医药费由侵害人负担 2/3。第二次调解形成的补充协议规定:此次治疗枪伤复发的医药费由侵害人和被侵害人各承担一半,以后枪伤再复发,侵害人不再承担责任。两次调解确定的赔偿期限均为一年。

评说:该案的调解方式在农村较常见,乡司法助理员邀请村公所、村委会的干部参加调解,有助于调解的成功和协议的执行。但该案的调解结果使被害人处于屈辱的地位,因为如果是侵害人负完全责任的话,没有理由让受害人分担医

---

① 例如,勐海县曼刚寨每年"灵曼"(祭寨神)的活动不仅程式清楚,而且每家须贡献一只鸡的规矩也是很严格地被执行。

药费。在第二次调解中形成的补充协议,使受害人丧失了再次请求权。虽然两次协议都以自愿为基础,但受害一方显然是在每一次调解中都被迫让步,以便获得侵害方的给付。由于赔偿数额较大,赔偿的期间均确定为一年以内,有利于协议的实际履行。从本案的调解结果看,支配本案达成调解的依据,主要是基诺族的习俗和调解者对国家法律的认识。

 **个案 2**

金平县铜厂乡大塘子村村公所处理的妨害公务案

基本案情: 1999年5月9日,石桩村村委会干部收取第二轮土地承包合同书的工本费与村民古小七发生争执并斗殴,在此过程中,古小七之妻撕坏了村委会的账本;事后,古小七还诬陷村干部偷了他的100元钱。1999年5月14日,大塘子村公所村主任罗凤平主持调解此案。

调解结果: 古小七无证据证明村干部偷他的100元钱,其行为属于捏造事实诽谤他人,违反村规民约第21条,且其妻撕坏村委会账本。裁决意见:罚古小七50元。

评说: 该案处理的是干群之间的纠纷,当事人古小七妨害了村干部执行公务,还反诬陷村干部偷了他的钱。在调解中,村公所的村主任强调证据,注重以村规民约为依据,惩罚了古小七。但是,此案显然不是纠纷的调解,而是村公所依行政权处理违法者,并做出罚款的行政决定。罚款决定符合村规民约,但国家法律明确规定,村公所不具备行政处罚权,所以,村规民约中的处罚规定与国家法律相悖。

个案 3

贡山县丙中洛乡小茶腊村的盗窃案

基本案情: 1998年11月,小茶腊村村民罗某丢失了100多公斤苞谷,事后三天,有人发现木某在乡上卖苞谷,并将此情况告知罗某。罗、木两家遂起纠纷。此事先后经小茶腊村村委会和双拉村公所调解均无效,后移送乡司法助理员处理,至今无结果。

评说：此案反映了一般纠纷的调解程序，由自然村到村公所，再到乡司法助理员，每一级处理机构只有当确实无力处理时才能请求上一级处理机构接受案件。因此，在纠纷处理上，各级机构的职责是明确的。

 **个案 4**

勐海县勐遮乡曼刚寨的违反寨规案

基本案情：2000年1月26日，曼刚寨村民岩某的岳母去世，家人遣岩某骑摩托车通知勐混的亲属，岩某为了抄近路并绕开公路上的警察，便骑摩托车穿过邻寨曼短，结果被曼短寨村民拦住，认为岩某违反了曼短寨的寨规，即有死人的村寨在死人未葬之前其村民不得进入其他村寨。曼短寨的竜叭头（原始宗教认可的村寨头人）及曼短村委会依据寨规对岩某予以处罚，罚款500元。

处理结果：由于事涉曼刚寨村民与曼短寨的纠纷，曼刚寨认为罚款500元不符合传统的寨规，遂派以竜叭头、布章、村委会干部、党小组长和当事人家长组成谈判团与曼短寨谈判。谈判的焦点在于是对此种违反寨规的行为罚款500元，还是依老规矩处罚（罚15元，1只鸡、10包糯米，两只蜡条）。曼刚寨强硬地提出，如果不执行老规矩，将禁止曼短寨使用曼刚寨的竜林，并对曼短寨村民以后发生的此类事情予以更重的处罚。在这种情况下，曼短寨退回到按老寨规处理此事的原则上。

评说：这是一件违反原始宗教禁忌的事件，却引起了两个寨子的矛盾，而老寨规的创新与遵守更使该案件有激化的倾向。但是，由于村寨之间经常性的往来及对老寨规的认同，双方最后还是回到了老寨规的原则上。在傣族村寨，由于村委会和党小组的影响力大，所以，即使是原始宗教禁忌引起的纠纷，也是以村委会、党小组为主来处理，这样做强化了民间法的作用，也避免了纠纷的扩大。

从以上四件个案中，我们看到了四种处理纠纷的形式和不同的处理结果。纠纷的处理形式有多种，基层政府和村寨的社会组织在处理纠纷的过程中创造了许多有效的纠纷处理形式。除了有多种可供选择的纠纷处理形式外，民族村寨中处理纠纷的原则也是基本确定的，那就是公开、公平、以理服人，情、理、法相统一。为了保证这些原则在处理纠纷的过程中得以贯彻，在纠纷处理中，当事人的知情权、陈述权、辩论权均被原始而朴素的村寨民主所承认和保护，从而保证了程序的公正。在纠纷处理结果的执行上,大部分纠纷的处理决定和调解协议均能保证执行,其中的原因除了处理过程公正外,还在于村寨组织相互配合和权威,以及村寨舆论的压力。总之,依靠处理纠纷案件中各个环节的合理搭配与衔接,民间法在实践中得以较全面地实现。

从调查少数民族村寨的民间法到将这些收集到的民间法当作文本来解读,中间经历了一个较大跨度的飞跃,如果不把各个村寨的民间法放到村寨固有且不断变化的文化中来认识的话,很难寻找到不同民族村寨民间法的普遍性与特殊性。因此,本章在写作时不得不通过变化描述方式的手段来运用25个村寨的调查材料,并把这些材料放在宏观和微观的文化背景中进行必要的分析。尽管本章的篇幅较长,似乎面面俱到,但仍然在对民间法的批评方面有很多欠缺,这种遗漏的原因是作者觉得所占有的资料尚不足以奠定从文化批评的角度评价民间法的基础。

少数民族村寨中存在着的民间法是民族文化中的一块尚未雕琢的璞玉,它是村寨生活秩序的基础,也是民族村寨的本土文化资源,它的存在和有效运行,说明民间法在现代社会中有其存在的合理性和深厚的文化根基。在建设社会主义法治国家的进程中,农村法治建设和民族地区法治建设是两个不可或缺的重要环节,这次民族调查的材料表明,少数民族村寨的民间法是民族地区推进法治建设过程中不可忽视的规范体系,如果我们能够很好地改造和利用民间法资源来强化国家调控手段和弥补其不足,一定会在民族地区的村寨中构建出一套崭新的秩序,实现现代化与传统文化的和谐发展。